Allen Kranken
von denen ich lerne
und allen
die sich um sie sorgen

Vorwort

Diese Einführung in die Allgemeine Psychopathologie ergab sich aus dem Umgang mit Patienten, mit Studenten und Graduierten – mit jenen therapeutisch und forschend zugleich, mit diesen in Unterricht und Gespräch.

Es ist aufgenommen, was sich mir bewährte – aus dem Werk vieler Psychiater und in der eigenen Anschauung. Die Allgemeine Psychopathologie von Jaspers bleibt weiter wichtig für die Methodenbesinnung (1. Auflage 1913, Fortentwicklung bis 1942, dann nur mehr Neudruck). Im Werk Freuds wirkt die Leidenschaft der Sinnsuche, des Verstehenwollens und Infragestellens auf uns fort. Die Phänomenologen vor und nach Heidegger schulten die Hellhörigkeit für die Sache und wiesen Wege der Hermeneutik. Die Kliniker berichteten aus ihrer persönlichen Kennerschaft. Die empirisch-experimentell-statistisch orientierten Forscher lassen Wert und Grenze des Zählens und Messens am Menschen erkennen. Dies hier ist der Stand meines Verstehens. Da Verstehen zuerst ein *sich* selbst auf etwas Verstehen ist (Gadamer 1972, S. 246), ein je eigenes, persönliches, ist damit schon gesagt, daß keineswegs in allem Übereinstimmung mit anderen gewonnen werden kann. Manches in diesem Buch ist noch ungenügend befragt – Fragen i.S. von „offenlegen" (Gadamer 1972, S. 283) und sich offenhalten für den Anspruch der „Sache", d.h. der Existenz der Patienten, recht verstanden zu werden und eine gemäße Antwort zu erhalten. Wir müssen uns einlassen auf die Nähe, auf den behutsamen „Angriff", „der die Natur gleichwohl zu Wort kommen läßt" (Heidegger 1959, S. 71). Ihre Sprache zu vernehmen und davon zu sagen, ist unsere Aufgabe.

Transkulturelle Psychiatrie, moderne Bewußtseinsforschung (mittels Drogen, Meditation, sensorischer Deprivation und Überflutung u.a.), Religionsphänomenologie, transpersonale Psychologie, Ethnologie, Epidemiologie einschließlich Geschlechtsvergleich, Soziologie (und durchaus auch die Antipsychiatrie) trugen zur Reflexion über Abnormität, Krankheit und Therapie in der Psychiatrie bei. Die Kultur-, Sozial-, Situationsrelativität der verschiedenen Normen- und Abnormitätsbegiffe wurden deutlich; die Unvermeidbarkeit von Normen für unsere zeitgeist- und personabhängige Auffassung vom Menschen und was ihm als einzelnen, als Gruppe, als Menschheit gemäß sei. Daher sind Normen aus der Implizitiertheit, welche oft Unreflektiertheit bedeutet, in der Reflexion auszufalten (explizit zu machen).

Die Dimensionen verschiedener Krankheitskonzepte, verbunden mit Kausalattributionen, spiegeln das Welt- und Menschenbild (z. B. Dualisten mit Dominanz der Morphologie und Physiologie als „biologischer Basis“ des Mentalen).

Der Einfluß des Welt- und Menschenbildes, ja auch der Persönlichkeit der Forscher, Kliniker, Therapeuten auf das Beobachtete, auf die daraus abgeleiteten Schlußfolgerungen, auf Forschungsschwerpunkte und auf therapeutisches Handeln (ein Therapieangebot gegenüber bedürfnisangepaßtem vielfältigem Therapieren) ist gegenwärtig zu halten.

Das Grundanliegen der allgemeinen Psychopathologie ist:

(1) Grundsätzlich menschenmögliche Erlebnis- und Verhaltensweisen intersubjektiv und interkulturell kommunikabel zu erfassen, zu beschreiben, zu benennen.
Wir brauchen eine Ordnung des Beschreibbaren, eine Sorgfalt des Beschreibens und der Begriffsverwendung. Beschreiben und verstehendes Interpretieren sollte nach Möglichkeit nicht vermengt werden.
Die Wörter der psychopathologischen Terminologie, ja schon der Psychologie, die ihr zugrunde liegen, erschweren selbst vielfach ein Verstehen dessen, worauf sie verweisen (NB: Nicht, was sie ihrem Wesen nach erfassen!). Halluzination ist nicht mit „falscher Wahrnehmung ohne gegenständliche Reizquelle“ erfaßt. Welcher Facettenreichtum ist im Wahrnehmen zwischen Sinnesempfindung, Erfühlen, anmutungshaftem Spüren, Intuieren, differenzierendem Auffassen, Einordnen, Sinngeben, In-Beziehung-Setzen bis zum „Erschauen“ – weit über die traditionelle abendländische konstrukthafte Trennung von Kognition und Affekt hinaus.
Der Vorgang der Konstruktion eines Krankheitsbildes ist gestaltpsychologisch zu interpretieren: Sachverhalte und (internalisierte bzw. im Frageninventar vorgegebene) Suchmuster des Untersuchers sind von seiner Persönlichkeit, Motivation, von der interaktionalen Situation der Erhebung und nicht nur von einer supponierten „objektiven“ Wahrnehmungsselektion bestimmt. Psychopathologische Phänomene sind Gestalten, deren Genese von der Prägnanztendenz und Bedeutungsgebung des Untersuchers/Therapeuten mitbestimmt ist. Die Zergliederung der Gestalt „klinisches Bild“ in Symptome als „kleinste“ Beschreibungseinheiten, in subjektive Erfahrungen (engl. symptoms), objektive Zeichen (engl. signs) ist ein sekundärer Prozeß. Der Patient als Symptomträger, -produzent ist kein soziales Isolat – er wächst, erkrankt, gesundet oder chronifiziert im kommunikativen Raum (innerfamiliär, extra-

familiär, gesellschaftlich, institutionell). Und diesen bestimmt der Untersucher/Therapeut mit: reflektiert und explizit-intentional oder unreflektiert-implizit, heilsam oder unheilsam.

Die (hier vorgelegte) elementare praxisbezogene Psychopathologie wird weiter auf „Störungen" des Erlebens und Verhaltens abstellen, die wenigstens annähernd intersubjektiv übereinstimmend erhebbar und beschreibbar sind. Was von solcher Art „Pathologie" (welche Infirmsein, d.i. Kranksein begründet) außerhalb jeder Selbstverfügung des Patienten liegt oder wie weit sich des Patienten Autonomie (Blankenburg 1985) noch teilsweise sogar im „Umgang mit, im Gebrauch von" Symptomen behaupten kann, das hängt nicht nur vom Patienten und von der hauptsächlichen Verursachung seiner Symptome ab (man denke etwa an psychoorganische Störungen). Wie sehr sich ein Patient allenfalls aus Angst, aus lustvoller oder gequälter Enthebung aus den Lebensniederungen, aus Nicht-mehr-Können, -wollen, aus Selbstaufgabe Erlebensmöglichkeiten oder Verhaltensweisen hingibt, die er zunächst vielleicht sogar noch spielerisch einsetzt, deren Opfer er dann wird, das darf und soll als Frage nach „verantwortlich, teilverantwortlich, nicht verantwortlich" an Patienten und an unsere Meinung von ihm auch außerhalb forensischer Beurteilung da sein. Wir bleiben dabei der Schwierigkeit eingedenk, solche Beurteilung in ihren Grundlagen argumentativ zu belegen, darüber einen Konsensus der Betreuer zu erzielen (u.U. wichtige Aufgabe für Supervision).

Solche Fragen stellen heißt, auch über den Morbusbegriff hinausdenken, da dieser die Nichtverantwortung des Patienten für seine Störung impliziert. Es heißt, auch für die ethologische Perspektive auf den Krankheitsbegriff offen bleiben: wie weit der Patient selbst durch seine Grundhaltung und Lebensführung in einen dysfunktionellen Zustand hineingerät und allenfalls darin festfährt. Dabei sind solche Überlegungen implizit in Therapie und Rehabilitation enthalten und bestimmen autoritär-kustodiales expertenhaftes Machen und Verwalten (engl. management) des Patienten oder pädagogische, psychoedukative, psychotherapeutische, auch an mitbeteiligte Selbstverantwortung denkende Begleitung.

(2) Ihre Topographie als Phänomene der Abweichung von Funktionen des mittleren Tages-Wach-Bewußtseins und als Reaktion darauf aufzuzeigen.

Die Phänomene, Erlebnisse, Erfahrungen des Außer-Alltags-Bewußtseins (des Unter- und Über-Bewußtseins) und die funktionell damit verbundenen Verhaltensweisen sind gerade deshalb vom Psychopathologen, Psychiater, klinischen Psychologen achtsam zur Kenntnis zu nehmen (möglichst auch in Selbsterfahrung), damit eine ungemäße Pathologisierung des Außergewöhnlichen („Abnormen") vermieden werden kann (mit all den negativen Folgen). Erfahrungen besonderer Wach-Bewußtseins-Zustände erfordern ihre Integration in die Alltagslebensführung. Diese ist ihre Bewährungsstätte. Wie die pauschale Pathologisierung solcher Erfahrungen falsch ist, so führt auch die euphemistische Umdeutung von psychopathologischen Manifestationen zu religiös-spirituell-transpersonalen Krisen mit Verleugnung des Krankheitswertes der schweren, d.h. zu Dysfunktionalität führenden Krisen in die Irre.

(3) Symptomlehre und daraus abgeleitete Syndromatik ist als Wissenschaft handlungsverpflichtend: Sie soll Konstrukte („Krankheit") zu erstellen erlauben, die Gegenstand von (kausaler, multikonditionaler, systemischer) Ätiologieforschung und Therapie werden können.

Für die 4. Auflage wurde der Text nochmals überarbeitet und an vielen Stellen neu gestaltet. Dabei sollte, dem Charakter einer Einführung entsprechend, der knappe Stil, Umfang und Literaturteil beibehalten werden. Der Autor ist sich bewußt: Die Einführung ist geschichtlich gewachsen, zeitbedingt, vergänglich – und mag so lange dienlich sein, bis sie durch bessere Entwürfe ersetzt werden kann.

Dank an Herrn Dr. Thomas Scherb vom Thieme Verlag und seine Mitarbeiter für ihre konstruktiven Beiträge zur Neugestaltung. Dank auch an Frau Marie-Anne Bruderer für ihre Hilfe bei der Neugestaltung.

Zürich, im Sommer 1996 Christian Scharfetter

Inhaltsverzeichnis

1. Zur allgemeinen Psychopathologie

Aufgabe, Ziel und Haltung des Psychopathologen

„Man sieht nur mit dem Herzen gut“ (St.-Exupéry)

Aufgabe der allgemeinen Psychopathologie

Psychiatrie will – aus welchen supponierten Motiven auch immer – dem Kranken helfen. Daß sie diesen guten Willen immer schon in einem rechten Tun erfolgreich verwirklichen könne – wenn sie auch manche gute Tat vollbringt –, kann man leider nicht behaupten. Wir wissen noch zu wenig, wie die vielen verschiedenen Daseinsnöte, die den Psychiater und klinischen Psychologen angehen, zustande kommen – und wie wir diese Not wenden, wie wir am besten lindern, heilen, gar vorbeugen können. Je besser wir erklären und verstehen lernen, um so eher sollte das gelingen. Das setzt voraus, daß wir das Erleben und Verhalten des Menschen, den wir in seinem lebensgeschichtlichen soziokulturellen Kontext als krank bezeichnen, möglichst genau erfassen.

Psychiatrie bedarf des idiographisch-kasuistischen[1] *Einlebens und des nomothetischen*[2] *Forschens* nach regelhaften Zusammenhängen. Wir sollten uns auf ein gefühlshaft-empathisches Mitschwingen einlassen, ja auch affektive Betroffenheit und Erschütterung aushalten – und gleichzeitig intellektuell-rational zu Kenntnis nehmen und verarbeiten lernen.

Gegenstand der Psychiatrie ist jeweils ein ganzer Mensch in seiner Werdensgeschichte. Ganzheit ist ein angestrebtes Ideal. Zu einem möglichst ganzheitlichen Menschenbild (Scharfetter 1989) ist der somatisch-physiologische, psychologische und soziale Bereich sowie die individuumsüberschreitende (transzendierende, spirituelle) Bewußtseinserstreckung zu berücksichtigen. Von solcher ganzer Lebensgestalt Kunde zu bekommen, wird nur gelingen, wenn wir den Menschen ganz ernst nehmen und sorgsam mit ihm sind. Dann kön-

---

1 D. h. ganz dem einzelnen Menschen zugewandt.
2 D. h. nach Regeln, nach überindividuell Gültigem suchend.

nen wir uns miteinander über den Kranken verständigen. Beides ist die Aufgabe der Psychopathologie. Sie zu lernen gehört zur Grundausbildung eines jeden, der mit psychiatrischen Patienten umgeht. Sie soll uns im Umgang mit dem Kranken hören, erfahren und beschreiben lehren als Ausgangspunkt für die diagnostischen Überlegungen, die zu den therapeutischen Handlungsanweisungen führen, und für jede Forschung.

Psychopathologie, deskriptive ergänzt um die funktionale (Scharfetter 1995), ist eine unumgängliche, aber nicht die einzige Grundlage für die psychiatrisch-psychotherapeutischen Aufgaben. Die Psychopathologie weist auf die Unspezifität der Beziehung von Symptom/Syndrom und hypostasierter Ätiologie. Sie zeigt, daß Symptome, für sich betrachtet, nicht gerade schon Krankheitszeichen sind und daß sie höchstens typisch, aber nicht spezifisch für bestimmte Krankheitskategorien sind. Die Psychopathologie liefert daher keine kategorial-nosologischen Systeme von Krankheitseinheiten im Sinne von Morbus (Einheit von Erscheinungsbild, Verlauf, Ausgang, Ursache im somatischen Sinn). Für die Morbuskonstruktion braucht man andere als psychopathologische Kriterien (z. B. Heredität, Physiologie, Morphologie).

Psychopathologische Einsicht führt näher zum Menschen

Psychopathologische Symptome sind Zeichen, deren Bedeutung wir, wie bei allem, was uns begegnet, verstehen sollten. Das ist das Ziel. Daß das im Einzelfall immer schon gelingt, kann man keineswegs behaupten. Zuerst gilt es, die Zeichen zu sehen und zu beschreiben.

Das Beschreiben und Benennen bedeutet, richtig verstanden, keine Fixation der Erlebnis- und Verhaltensweise eines Menschen. Der deskriptiven Psychopathologie ist vielfach (leider nicht immer zu Unrecht) vorgeworfen worden, sie suche und fixiere gerade nur das Krankhafte. Das ist ein Irrweg, denn psychopathologisches Können sollte uns näher zum ganzen Menschen führen und sollte nicht nur seine abnormen Erlebnis- und Verhaltensweisen aufzeigen, sondern uns gerade auch erfahren lassen, was an ihm noch gesund ist, damit wir wissen, womit und woraufhin wir therapeutisch arbeiten können.

Wenn wir so mit Menschen umgehen, die im Leben nicht zurecht kommen, ist die psychiatrische Untersuchung kein „Degradierungszeremoniell" (Garfinkel 1956). Dann muß auch „die Wahl von Syntax und Vokabular" kein negativer „politischer Akt" (Laing 1967, S. 54) sein. – Auf die „Verführung der Sprache" (Nietzsche) wurden wir ja schon lange aufmerksam gemacht (Wittgenstein).

Psychopathologie als Erlebnislehre

Der Patient „hat" nicht Symptome, sondern erlebt bestimmte Erfahrungen und verhält sich daher in beschreibbar von der Gruppennorm abweichender Weise. *Nichts von seinem Tun ist schlechthin unsinnig.* Das ist keine wissenschaftliche Aussage, sondern ein Bekenntnis zur Psychopathologie als Erlebnislehre und Weg zur Therapie. Nur in dieser Einstellung werden wir dem kranken Menschen gerecht. Sogar „verrücktes" Verhalten noch plausibel zum therapeutischen Handeln brauchbar einzuordnen in eine erklärende Ableitung und eine funktionale Interpretation (aufgrund welcher Erfahrungen verhält sich der Patient in der beschriebenen Weise?), ist eine nie abgeschlossene Aufgabe.

Deskriptive Psychopathologie als Grundlage der „Psychodynamik"

Beschreibende Psychopathologie ist nicht statische Psychiatrie. Gerade der, der sorgfältig und selbstkritisch beobachten und beschreiben gelernt hat, wird deutlich erkennen, daß Psychopathologie etwas unaufhörlich Bewegtes, nichts Starres ist, daß *kein Gegensatz zwischen deskriptiver Psychopathologie und sog. „Psychodynamik"* besteht, sondern daß eine saubere *deskriptive Psychopathologie die Grundlage für eine Werdens-Geschichte ist,* die sich nicht im Spekulativen verliert.[3] Auch die kategorisierende Betrachtung hat den Mitteilungsgehalt des beschreibbaren Symptoms im Sinne. Damit ist sie eine Voraussetzung für die Erforschung eines Individuums in seinem jeweiligen lebensgeschichtlichen („Situation") und d.h. immer auch gemeinschaftsabhängigen Werden.

Interaktioneller, sozialer und kultureller Aspekt

Dem Psychopathologen wird klar, daß das Erleben und Verhalten eines Menschen in mannigfachen lebendigen Wechselbeziehungen steht. Der Mensch ist immer in seinem sozialen Kontext zu sehen, nie isoliert. Daher ist jede rechte Psychiatrie Sozialpsychiatrie.

---

[3] Vgl. Freud 1931 (im Vorwort zu Nunberg): „wenn die Spekulation das Leitseil der Erfahrung nie verläßt". – Fenichel (1971, S. 416): „The ‚microscopic' studies of psychoanalysis presuppose the ‚macroscopic' studies of psychiatry, in the same way that histology presupposes anatomy."

Eine Persönlichkeit kann sich nur in einer Gemeinschaft entwickeln (*Sozialisationsprozeß*), das gilt für Gesunde genauso wie für Kranke. Persönlichkeitsentwicklung und soziale Evolution können so wenig getrennt werden wie körperliche und seelische Entwicklung, weil beide zusammengehören zu einem lebendigen Menschen. Das mitgebrachte *Erbe*, so schwer es zu fassen ist, ist dabei nicht außer acht zu lassen – und damit auch die für die Spezies Homo kennzeichnenden Verhaltensmuster.

Erleben und Verhalten eines Menschen wechselt je nach der Umgebung, d.h. auch je nachdem, wie das Gespräch mit ihm gelingt oder mißlingt, wie es der Gesprächsführer versteht, den Kranken aufzuschließen und ihn zur Einsicht zu führen. Das Gespräch, das Hinhörenkönnen und rechte Verstehen ist eine Kunst, also nie abgeschlossen. Glückt das Gespräch, so treten viele sog. psychopathologische Symptome zurück – und sie kommen wieder, sobald der betreffende Mensch allein gelassen ist oder in einer ungesunden, d.h. vor allem isolierten, ausweglos zwiespältigen – oder kritisch abwertenden, ausbeutenden, unterdrückenden Umgebung leben muß. *Daher darf man einen Kranken nie isoliert betrachten.* Die Frage heißt also nicht: gibt es „die Schizophrenie“, sondern: in welcher Umgebung, unter welchen Bedingungen erlebt und verhält sich ein Mensch in der Weise, die man nach einer Übereinkunft schizophren nennt. Die Einsichtsfähigkeit des Kranken hängt nicht nur von seinem Bewußtseinszustand und seiner intellektuellen Begabung für Selbstreflexion ab, sondern wechselt mit seiner gesellschaftlichen Herkunft und Zugehörigkeit, mit seiner Schulbildung, mit seinem sozialen und kulturellen Hintergrund. Aus der Weltsicht der je eigenen Kulturgruppe und ihrer „Schule“ kann sich kaum einer ganz befreien. Das gilt auch für den Psychopathologen selbst.

Die *transkulturelle Psychiatrie* hat uns die *Kulturrelativität menschlichen Erlebens und Verhaltens* deutlich gemacht und die Unmöglichkeit gezeigt, den Menschen unter dem Blickwinkel allgemein gültiger Normen zu betrachten.[4] Was in einer Situation und in einer Kultur normal ist, kann in einer anderen abnorm sein.[5] Andererseits zeigt die

---

[4] Stellvertretend Pfeiffer 1994. – Die wichtigsten transkulturellen Journale: Journal of cross-cultural psychology, London/Washington. – Transcultural psychiatric research review, Quebec/Canada. – Culture, Medicine and Psychiatry, Reidel, Boston, – Curare, Wiesbaden.

[5] Im Krieg ist Töten normal, im Frieden nicht – in unserem Kulturkreis. In Kopfjägerkulturen ist bestimmtes Erschlagen normal, in anderen Kulturbereichen das Töten von Alten und unerwünschten Kindern.

interkulturell vergleichende Psychiatrie aber doch auch, daß Menschen auf aller Welt auch ohne offenkundige grobe Mißhandlung über das gruppenübliche und allgemeinmenschliche Maß hinaus in ähnlich beschreibbarer Weise leiden und/oder infirm („dysfunktionell"), also krank werden.

Persönlichkeit und Psychopathologie in der Psychiatrie

Psychopathologie darf der kritischen Betrachtung ihrer selbst, ihrer implizierten kognitiven Muster, ihren u.U. gefährlich-unreflektierten Werthaltungen und -setzungen (was abnormal und was krank sei), ihrer Zeitgeistabhängigkeit und Kulturgebundenheit nicht ausweichen. Ja sie muß sich auch der Reflexion über die in diesem Beruf tätigen Menschen, ihrer Psychodynamik, Motivation, Charakterart, ihrer Pathologie, ihren Gefährdungen stellen.

Es gibt keine allgemein angenommenen Kriterien für die Eignung zu diesem Beruf – und Aufnahmekriterien für die Zulassung werden im allgemeinen gar nicht erwogen. Die (psychoanalytisch orientierte) Menninger Clinic hat Selektionsverfahren für Ausbildungskandidaten ausgearbeitet. In einem (oder mehreren) Interview(s) und mit Tests (Rorschach, TAT, Assoziationstest) wurden die Kandidaten von einem Selektionskomitee untersucht. In Verlaufsuntersuchungen wurden Persönlichkeitszüge und Erfolg aufeinander bezogen. Es erwies sich als sehr schwierig, eine gute Einstellungsuntersuchung durchzuführen. Das freie Interview durch einen erfahrenen Psychiater, ergänzt durch einzelne Hinweise aus Tests, schien noch das ergiebigste Verfahren. Es geht ja weniger um die Zeichen gröberer Pathologie (Neurosen, Perversionen, Psychopathien, Psychosen) als um die Erfassung von Persönlichkeitszügen in der weiten Spielbreite des nicht Krankhaften. Die persönliche Integrität, Echtheit und Fassadenwesen, Opportunismus, Ernsthaftigkeit, Ehrlichkeit usw. wurden am besten im freien Gespräch „gespürt". Kontrolliertes und eher überkontrolliertes Verhalten erwies sich als günstiger als Impulsivität und plumpe Extraversion. Besonders wichtig (aber auch schwer zu erfassen) ist „emotional appropriateness". Emotionale Wärme ist besser, wenn sie still ist und indirekt gespürt, als wenn sie verbal oder mimisch präsentiert wird. Besonders schwierig zu erhellen ist die Motivationsfrage: echter Wunsch zu helfen aus Liebe und aus Identifikationsfähigkeit (ohne dabei zu unterliegen oder zu agieren) gegenüber Pseudoaltruismus aus Schuld oder als Reaktionsbildung auf Feindseligkeit und Sadomasochismus, aus Dominanzstreben. Demonstriertes Selbstvertrauen ist kein gutes Zeichen (Überheblichkeit). Die Neugierde als Wissensdurst sollte frei sein von sexueller Besetzung (Voyeurismus). Echter Wunsch zu forschen ist günstig. Ein hoher verbaler IQ im HAWIE (über 119) ist zu wünschen. Objektivität und Statusidentität gegenüber Autoritäten, Paraprofessionellen und gegenüber abhängigen Personen sind weitere wichtige Variabeln. Besonders gute (globale) Kriterien ergaben sich aus der Bewährung in der praktischen Arbeit im Gebiete der Psychiatrie (Einzelheiten s. Holt u. Luborski 1958).

Die Psychodynamik des Therapeuten wurde verschiedentlich reflektiert, auch unter Einbezug der Psychopathologie der Heilberufe (Martin 1981, Ford 1983. Zur Persönlichkeit von Psychiatern im Vergleich zu Chirurgen s. Gärtner u. Mitarb. 1985). Es wird auf frühe eigene oder fremde Krankheitserfahrung hingewiesen, in der die Machtfigur des Diagnostikers und Heilers imponierte. Die Angst vor Krankheit und Tod kann zur Reaktionsbildung (Kampf dagegen) führen. Ins Unbewußte des Therapeuten ist je nach der psychodynamischen Phantasie des Interpreten viel supponierbar: Kanalisation sublimierter Aggressivität, Überwindung der Hilflosigkeitsgefühle gegenüber dem Vater in der Identifikation mit der Rolle des mächtigen Doktors, Kompensation ungenügender Zuwendung durch die Mutter in der Umkehr (anderen therapeutische Zuwendung geben), Abwehr von Ungenügen, Hilflosigkeit, Ohnmacht in narzißtischer Omnipotenz (kontraphobische Reaktion), narzißtisches Bedürfnis, bewundert zu werden, Umkehrung von verleugnetem Haß und Schmerz in Altruismus.

Die Machtproblematik hat Guggenbuehl (1983), die narzißtischen Komponenten Schmiedbauer (1977, 1983) im „Helfersyndrom" popularisiert, 1983 unter Einbezug psychosozialer Gesichtspunkte ergänzt.

Die Psychopathologie der Helfer ist durch eine hohe Quote von Affekterkrankungen (Depressionen), Suizid, Sucht, obsessiv-compulsiver Persönlichkeiten mit dürftigen sozialen Fertigkeiten, Ehekonflikten charakterisiert (Martin 1981, Ford 1983, S. 205), wobei, wie der hinkende griechische Arztgott Hephaistos und manche Wesensbesonderheit des Medizinmannes zeigen, die (erkannte aber bewältigte) eigene Vulnerabilitätserfahrung auch als Vorbereitung für samaritäres Handeln fruchtbar werden kann.

Besonders muß auf die Gefahr von Fehlverhalten von Therapeuten im Sinne von Grenzüberschreitungen hingewiesen werden: Einbringen von Privat-Persönlichem in das professionelle Handeln, sexueller Mißbrauch von Klienten (u.U. frech als „Therapie" kaschiert und verrechnet).

Zur Problematik von normal, gesund, abnorm, krank

(Abb. 1)

Diese Begriffe sind keineswegs zureichend klar festzulegen. Darum ist ihre Problematik deutlich aufzuweisen. Der wertende (sozial diskriminierende) Gebrauch dieser Begriffe ist dabei das Hauptunglück.

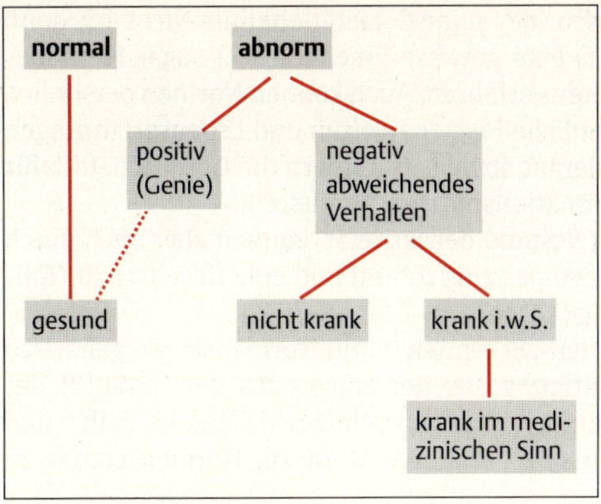

Abb. **1** Abnormität und Krankheit.

Normal

Normen (lat. norma: Maß, Richtschnur, Regel, Vorschrift) sind unumgänglich und unausweichlich in unserem ordnenden Umgang mit der Welt, für unsere Einordnung in eine Gemeinschaft und für den Bestand der Gesellschaft. Die Unausweichlichkeit der Normen wird gerade auch daran deutlich, daß selbst das Kranksein, auch psychisches Kranksein, genormt ist hinsichtlich des Verhaltensmodus und der gesellschaftlichen Anerkennung als „krank". Es gibt – wenn auch vage – Normen selbst des Abnormen im Sinne psychischer Störung (Verrücktheit, Irresein). Wer diesem Muster entspricht, darf die institutionalisierte Rolle des Kranken einnehmen (Murphy 1976).

Normen dienen der Schaffung und Aufrechterhaltung von Sozialstrukturen. Sie sind zum Überleben der Mitglieder der Gesellschaft (Schutz vor Tötung oder Ausstoßung) und der Art selbst nötig. Sie bringen dem Individuum und der Sozietät Vorteile, die allerdings mit gewissen Einschränkungen erkauft werden:

Normen bringen dem Individuum Schutz, Sicherheit, Geborgenheit, der Sozietät Struktur, Rahmen, Ausrichtung, Grenzen, Richtlinien für Verhalten, Benehmen, Werte. Eigenes und fremdes Verhalten ist reglementiert, vorgegeben, damit berechenbar, einschätzbar, vorhersehbar. Das eigene Verhalten ist im sozialen Kontext eingebettet, ist kommunikabel, wird verstanden und akzeptiert. Normen ersparen, jedesmal eine neue Anpassungsleistung zu erbringen. Dafür kann ein individualistisch orientierter Mensch (der seine Sozietät eher als Nicht-Ich denn als Gruppen-Ich erfährt) eine gewisse Einengung, ja sogar Fremdbestimmung seines Verhaltens erfahren. Auch können Normen persönlich gestaltete und ungewöhnliche Existenzweisen und Lebenserfahrungen unterdrücken oder intolerant abweisen – sofern die Gesellschaft dafür nicht wieder spezielle Funktionsnormen bereitstellt.

Normen sichern den Bestand der Sozietät, können aber auch durch Rigidität zu mangelnder Anpassung führen und eine Gesellschaft (Kultur) für den Untergang gefährden.

Normensehen (Normen-„Erkennen") und Normensetzen gehört zu Lebens- und Weltbewältigung. Bei der Frage nach der Herkunft der Normen ist zwischen der Entstehungsgeschichte des individuellen und kollektiven Normen-„wissens" und dem Motiv zur Normensetzung zu unterscheiden.

Die Quellen der Normengewißheit (internalisierte Normenmuster) sind die Anschauung, das unmittelbare Lernen und die Vermittlung der Normen durch die Sprache (sprachliche Begriffssetzung). Im Sozialisationsprozeß der Persönlichkeitsentwicklung werden die Normen akquiriert (durch Bestrafung, Verpönung, Belohnung, Versprechen) und internalisiert: Identifikation mit dem Normensetzer (der Gesellschaft). Die Art, wie ein Mensch mit den gegebenen Normen umgeht (Abwehr, Sichfreihalten, Protest, innerer, äußerer Rückzug, freiwillige Übernahme), spiegelt seine Autonomie und Reife. Die Normen konstituieren sich in einer Gesellschaft oder werden von ihren Machthabern gesetzt.

Als Motiv für die Normensetzung ist das Sicherheitsbedürfnis anzunehmen. Das führt wohl auch dazu, daß Normen nicht nur durch weltliche Maßnahmen geschützt werden (Gesetze, Gerichte, Polizei), sondern durch außerweltliche, religiöse „Maßnahmen": Sie werden als von Gott gesetzte Ordnung (z.B. Moses als Überbringer von Jahwes Gesetzestafeln) erklärt und durch Androhung „göttlicher Strafen" (Verdammung in die Hölle) gesichert.

Der in der Psychiatrie am häufigsten gemeinte Normenbegriff ist der der *Durchschnittsnorm* (diese heißt auch statistische Norm): Normal im Sinne der Durchschnittsnorm ist global das Verhalten, das der Mehrzahl der Menschen eines bestimmten Geschlechts und bestimmter Altersgruppen innerhalb eines bestimmten soziokulturellen Bereichs in bestimmten Situationen eignet. Normal ist speziell, was sie hinsichtlich eines bestimmten Verhaltensaspektes gemeinsam haben. Damit ist die Sozial- und Kulturrelativität des Normbegriffs unterstrichen. Durchschnittsnorm meint das innerhalb einer Kultur in Anbetracht einer definierten Situation akzeptierte Muß-, Soll-, Kann-, Darfverhalten. Sitte und Brauch enthalten Verhaltensnormen als Vorschriften für das Wann (als Reaktion worauf) und Wie von Verhalten. Solches Verhalten ist innerhalb einer Kultur hinsichtlich der gängigen Auslöser und der daraufhin in Gang kommenden Verhaltensmuster anerkannt, ja vorgeschrieben, damit legitimiert und u.U. auch institutionalisiert (Devereux 1974).

Das Maß „Normal" im Sinne der Durchschnittsnorm ist als internalisiertes Muster für viele Einschätzungen anderer Menschen (von einzelnen Symptomen, z.B. eines bestimmten Affekts, bis zu komplexen Verhaltensweisen im Beziehungsbereich und gesamten Lebensstil) dem Laien und „Experten" stets zur Hand. Dabei bleibt die Abhängigkeit der Gestalt „Normal" vom Eigenen, die Beteiligung der Psychodynamik und Psychopathologie des Experten selbst (S. 5) am Bildungsprozeß der Normenmuster meist unreflektiert.

Es gibt kaum eine praktisch und zum Messen (bzw. genaueren Einschätzen) brauchbare, für alle Menschen aller Kulturen verbindlich gültige Norm. Die Durchschnittsnorm ist für Menschen verschiedener Kulturen, Sozialschichten, Religionen, Situationen unterschiedlich. Qualitative und quantitative Normalitäts-, Abnormitätsaussagen von genereller Gültigkeit bleiben so allgemein, daß sie unbrauchbar sind. Daher haben Globalaussagen über normal/abnorm wenig Sinn. Eine Differenzierung von Normenfeststellungen aber hat außer dem zivilisatorisch-kulturellen, auch subkulturellen Hintergrund noch zu berücksichtigen, daß es Sippen-, Familien-, Personen-, Rollen-, Situationsnormen gibt, daß diese je nach dem Rollenfunktionsbereich auch wieder verschieden sind. Innerhalb einer Paarbeziehung, aber je nach der emotionalen Nähe, in Familien, gegenüber einzelnen Familienmitgliedern, im extrafamiliären Privatbereich (z.B. Sportclub), im Beruf, im Verhältnis zu Gleichrangigen, Untergebenen, Vorgesetzten, gelten jeweils verschiedene Normen. Jeder dieser Bereiche hat seine eigenen Muß-, Soll-, Kann-, Darfnormen. Das Verhalten eines Menschen wird aktualisiert im Sozialraum und wird also vom Gegenüber mitbestimmt. So bestimmt also auch der Sozialraum Normalität/Abnormität eines Verhaltens mit. Für das Privatissimum einer Person, das sich vielleicht in Phantasien und Träumen kundgibt, für die u.U. verborgen gehaltenen „Kammern" verschiedener Subselves, Teilaspekte der Persönlichkeit, ist es noch schwieriger, Normen anzugeben. Es wird zu wenig bedacht, daß wir kaum sinnvoll menschheitsgültige Normen angeben können, ja daß selbst innerhalb unserer Sozietät und ihrer Standards die Norm nichts so eindeutig Festgelegtes ist. Es ist zum Beispiel kaum klar, was wirklich eine normale Familie und was eine normale Familieninteraktion ist, was eine normale persönliche Entwicklung ist, welches Maß von Leiden und Konflikten „normalerweise" in einem Leben zu ertragen ist.

Dies ist aber von praktischer Bedeutung, z.B. für die über die Zielsetzung der Symptombefreiung hinausgehende Psychotherapie.

Auch die Rolle des Kranken einzunehmen, ist gesellschaftlich legitimiert und dadurch gewissermaßen normiert. Für die soziale Definition „psychiatrische Krankheit" sind die legitimisierenden Kriterien unklar und vage. Durch Krankheit erreicht ein Mensch Freistellung von Leistungen und Verpflichtungen, Schonung, Zuwendung, im Falle einer Körperkrankheit meist ohne einer Diskrimination anheimzufallen. Für „psychische Krankheit" gilt das nicht in dem Maße, jedenfalls soweit sie keine klare körperliche Grundlage (Hirnkrankheit) hat. Das Ausmaß der Verführungskraft solcher Freistellungen hängt auch vom sozialen Angebot (z.B. Kranken-, Invaliden-, Unfallversicherung) ab.

Der statistische Normbegriff ist am ehesten wertungsfrei zu halten, kann aber auch zum Abstempeln und Ausgliedern anderer Menschen mißbraucht werden. Die Gefahr ist vor allem die Gleichsetzung abnorm = krank, d.h. die Deklaration aller von der Durchschnittsnorm abweichenden Menschen (nicht nur der Kranken im eigentlichen Sinne, s.u.) als „psychisch gestört" und daher womöglich behandlungsbedürftig (Gefahr der psychiatrischen Zwangsbehandlung von Andersdenkenden, der Abstempelung von Sonderwegen der Lebensführung, des Hineinstoßens in eine Karriere des „Gezeichneten", Scheff 1973). Dann wird der Normenbegriff richtend, normativ gebraucht und kann zum Instrument der Intoleranz werden. Je unverständlicher, unberechenbarer, unbestimmbarer ein Verhalten ist, um so stärker ist die Ausstoßungsreaktion. Wenn in einer Gruppe zur Spannungsentlastung ein Opfer zum Ausstoßen gesucht wird, genügt oft schon ein mäßiges Abweichen von der Gruppennorm, um jemanden als Hexe, Zauberer, Verrückten zu verurteilen.

Für den Kliniker ist der Begriff der *Individualnorm* als individuelle Spezifizierung des statistischen Normbegriffs wichtig: Weicht das zur Untersuchung führende, vom Klienten selbst oder von seiner Umgebung berichtete Erleben und Verhalten von seiner sonstigen Wesensart ab, fällt es aus dem Duktus seines Lebens heraus?

Der zweite Normbegriff ist der der *Idealnorm*, der Norm von optimaler Daseinserfüllung, Selbstverwirklichung, Lusterlebnisfähigkeit, bzw. der Ethik. Idealmuster bestimmen auch die u.U. unrealistische, also illusionäre Vorstellung von Einfachheit, Einheitlichkeit, Konsistenz, Echtheit, Authentizität eines Selbst, einer Person (gegenüber verschiedenen Subselves, Subpersönlichkeiten mit u.U. recht verschiedenen Werten, Verhaltensmustern, ethischer Orientierung). Ein solcher Normbegriff ist zwar implizit in vielen Zielsetzungen einer Psychotherapie oder z.B. in der Beurteilung einer Familienkommunikation und dergleichen enthalten, ist aber klinisch kaum brauchbar, weil seine Grenzen nicht anzugeben sind. Eine Idealnorm von Verwirklichung des eigenen Wesens setzte ein adäquates Erfassen dieser voraus. Das ist vielleicht in einer Psychoanalyse annähernd möglich, aber nicht unter den beschränkten Kommunikations- und Verstehensmöglichkeiten einer Klinik.

Abnorm ist noch keineswegs gleich krank! Es gibt viele Abnormitäten, die nicht krankhaft sind, z.B. leichtere Grade von Unterintelligenz, viele Charaktereigenschaften. Vieles „Abnorme" hat mit Krankheit überhaupt nichts zu tun, sondern kann ganz gesund und lebenstüchtig sein (z.B. im Winter und/oder in der Nacht alleine eine hochalpine Tour zu unternehmen, im Himalaya ohne Schuhe und Kleidung mit einem Minimum an Nahrung zu existieren, ein spirituell-meditatives Leben zu führen usw.). Ja es kann sogar pathologisch sein, sich unter allen Umständen immer „normal" verhalten zu wollen. Es kann auch „normal" sein, unter bestimmten Umständen (z.B. amöbenverseuchtes Wasser oder Nahrungsmittel) krank zu sein. Die meisten Menschen brechen zusammen, wenn sich negative Einflüsse (Isolation, Schlafentzug, Hunger, Angst, Folter, Schmerz, Erniedrigung, Bedrohung) wie bei der Folter (brainwashing) häufen.

Der statistische Normbegriff läßt durchaus Raum für die Anschauung, daß die Erfahrung und damit das Verhalten (als eine Funktion der Erfahrung) in der technisierten Zivilisation „der Struktur des Seins" (wer die wohl kennt?) entfremdet sei (Laing 1967); (s. dazu Jensen 1951, Hallowell 1955 u. andere ethnologische Werke). Daher Laings Kerygma: „Was wir normal nennen, ist ein Produkt von Verdrängung, Verleugnung, Isolierung, Projektion, Introjektion und anderen Formen destruktiver Aktion gegen die Erfahrung" (S. 21). Und: „Die Formen der Entfremdung außerhalb der geltenden Entfremdungsnorm werden von der ‚normalen' Mehrheit mit dem Etikett ‚wider'- oder ‚wahnsinnig' versehen" (S. 22).

Abnorm ist, was an einem jeweils bestimmten Verhalten von der Norm der jeweiligen Gruppe abweicht. Solche Abweichungen, „Abnormitäten", gibt es in 2 Richtungen:

- In „positiver" Richtung sind solche Abnormitäten: Hochbegabung, Höchstbegabung in einem rationalen oder künstlerischen Bereich, besondere intuitive Begabung und ähnliches.
- Abnormitäten in „negativer" Richtung: Verhalten, das von der landes- und gruppenüblichen Norm im negativen, zurückbleibenden, versagenden, leidvollen, störenden[6], anderen Leid bringenden Sinne abweicht. Manche Menschen sind zugleich in „positiver" und „negativer" Richtung abnorm[7].

---

[6] Stören heißt ein Geordnetes verwirren, zerstreuen, aufrühren, vernichten.
[7] Zum Thema „Genie und Irrsinn" s. Lange-Eichbaum (1967).

Gesund/krank

Das Begriffspaar „gesund“ und „krank“ konzipiert einen *pragmatischen Bezugspunkt für ein bestimmtes Handeln* (Untersuchung, diagnostisches Prozedere, Pflege, Therapie, Rehabilitation). Von der sozialen Rollenfunktion her geht es um die Frage, ob ein Mensch von seiner gesellschaftlichen Gruppe die Berechtigung erhält, die Patientenrolle einzunehmen (Anspruch auf Freistellung, Schonung, Pflege, Therapie). Forensisch bedeutet es Anerkennung verminderter oder aufgehobener Zurechnungsfähigkeit (im Strafrecht) bzw. Geschäftsfähigkeit (im Zivilrecht).

Gesund bezeichnet den gesamten Zustand eines Menschen. Der Begriff ist für die Psychiatrie noch schwieriger zu fassen als der der Norm. Für den Gesundheitsbegriff auf das Wohlbefinden im physischen, psychischen, sozialen, ökonomischen Sinn abzustellen (WHO), ist unhaltbar. (Es postuliert einen Zustand, der dem Menschen ohnehin nur sporadisch gelingen kann. Viele Hirnkranke leiden nicht.) Man kann versuchen, dem Begriff der Gesundheit nahezukommen:

> Gesund ist der Mensch, dem u.U. auch trotz des Leidensdrucks einer Körperkrankheit und/oder gegen den Normendruck seiner Gesellschaft – *sein* Leben gelingt (Selbstverwirklichung), der den Forderungen seines Wesens (Echtheit) und der Welt entsprechen und ihre Aufgaben bestehen kann (Adaptation, Coping) – einer, der sich im Leben bewährt.

Diese Bewältigung hängt natürlich auch von den angetroffenen Umständen ab. Dieser Gesundheitsbegriff weist als wesentliches Kriterium flexible Robustheit im Sichbehaupten, Standhalten, Fortbewegen, Entfalten, Anpassen an Situationen und Bewältigung, ein elastisch handhabbares Potential an Adaptations-, Coping-, Defensivstrategien auf. Krankheitsanfälligkeit (Disposition, Vulnerabilität) bedeutet Einschränkung dieses Vermögens, Begrenzung der Variabilität (Art und Zahl) und Flexibilität dieser Weltbewältigungsmaßnahmen. Krankheit bedeutet ihr partielles oder totales, temporäres oder dauerndes Versagen (Dekompensation, Defekt, Insuffizienz). Eine solche Fassung des Gesundheitsbegriffes mag manchem zwar einleuchtend scheinen, ist aber nicht als operationalisierte Formulierung zu brauchen, an der sich gesund und nicht gesund „messen“ ließe.

Der Begriff *krank* im weiteren Sinne (wie man ihn in der Psychiatrie braucht) stellt auf das Leiden und das Versagen (engl. impairment = Beeinträchtigung, engl. disability = Behinderung) und den Beziehungsabbruch ab:

Krank ist im Selbstverständnis des „Patienten“ und im Urteil seiner Umwelt, wer, aus welchem Grund immer, an sich und der Welt über das landes- und gruppenübliche Ausmaß hinaus (sic Norm!) qualitativ oder/und quantitativ leidet (*Leidensaspekt*, engl. sickness, illness), wer mit den gegebenen nicht allzu extremen Verhältnissen bis zu einem lebensbeeinträchtigenden Maß nicht zurecht kommt, wer in der Lebens- und Weltbewährung versagt *(Versagensaspekt)*, wer infolge seines hochgradigen Andersseins nicht in lebendige Verbindung zu anderen Menschen treten kann *(Beziehungsaspekt)*.

Dieser auf Leiden, Versagen, Alienation abstellende weite Krankheitsbegriff kann auf die Unwillkürlichkeit, Unabsichtlichkeit als Kriterium verzichten, weil selbstinduzierte Krankheit, Verletzung, Invalidisierung sowie schwere Aggravation und Simulation selbst auf die genannten Kriterien bezogen werden können.

Krank in diesem weiteren Sinne ist das nicht vorhersehbare „Verrückte“, manches (nicht jedes!) Uneinfühlbare und Befremdliche, aus der mitmenschlich gemeinsamen Realität heraus Gerückte; Krankheiten in diesem Sinne sind z.B. schwerere Neurosen (heute als Anpassungs- und als Persönlichkeitsstörungen bezeichnet) und Psychosen. Als unscharfes Psychosekriterium gilt die Aufhebung oder Beeinträchtigung des Realitätsbewußtseins und der Verlust der Selbstverfügbarkeit. In diesem Begriff der Krankheit im weiteren Sinne liegt schon, daß ihre Kennzeichen („Symptome“) mit einer gewissen Regelhaftigkeit (Typus, Muster im Querschnitt und Verlauf) und in einem „gesetzmäßigen“ Zusammenhang mit einer bestimmten Begründung (Motivzusammenhang, allenfalls Ursachenzusammenhang) für das Krankwerden auftreten. Über diese „Begründung“ bilden wir uns Theorien. Dabei macht die kausale Überdeterminiertheit (anstatt Monogenie) der meisten klinischen Erscheinungen der Angabe valider und reliabler „Ursachen“ Probleme, deren Lösung sich erst in einer Synthese mit dem Systemdenken andeutet (Ciompi 1982).

Es ist klar, daß ein so weit gefaßter Krankheitsbegriff unscharf ist. Er ist aber kaum schärfer zu fassen und ist vor allem auch nicht eliminierbar. Also ist die Problematik der Begriffe bewußtzuhalten.

Krise

Krise meint eine zugespitzte, angespannte, Besorgnis, oft Angst weckende Lebenssituation. Jede Krise ist eine Zeit der Unsicherheit, des Ringens um Bestand und gleichzeitig Neuorientierung. Krise ist ein

Abschnitt in einem biographischen Prozeß, in welchem noch nicht klar ist, in welche Richtung dieser Prozeß sich entwickeln wird. Jedenfalls enthält die Krise Wandlungsmöglichkeiten sowohl zum Guten (Weiterentwicklung, Kraft, Mut, Ich-Relativierung, Loslassen im Sinne von Nichthaften, Gewinn an Autonomie, Reifung, Überblick) als auch zum Schlechten (Entmutigung, Selbstzweifel, Selbstaufgabe, Bedrohung von Chaos und Bodenlosigkeit, Zusammenbruch im Sinne der Ich-Desintegration). Zu Beginn der Krise ist es offen, ob die Krise Gutes bringt (im Sinne von Reifung, Lösung von der Verhaftung an alte Muster des Denkens, des affektiven Reagierens, des Verhaltens, Klärung und Aufräumen innerer Zwiespältigkeiten oder zwischenmenschlicher Konflikte) oder ob der die Krise durchstehende Mensch in seinem Bewältigungsvermögen überfordert ist, daran scheitert, zerbricht, niedergedrückt wird. In diesem letzten Fall wird der Betroffene funktionsuntüchtig (dysfunktionell, infirm) in dem Bestehen seiner Lebensaufgaben, in seinem Kontext, wird hilflos und hilfsbedürftig – und erfüllt damit die Kriterien des Krankheitsbegriffs.

Krisen zu bestehen gehört zum Lebensweg jedes Menschen. Wie viele und wie schwere Krisen dabei zu bestehen sind, das weiß man nicht genau. Es gibt dazu keine Normen.

Die große Mehrheit der Krisen wird außerhalb dessen bleiben, was man psychotisch nennt, also was im engeren Sinne krankhaft ist. Der Begriff des Psychotischen orientiert sich dabei an der Aufhebung des Realitätsbewußtseins (Realität gemeint im Sinne des interpersonellen Konsensus im Alltags-Bewußtsein), ferner an dem Verlust der Selbststeuerungsfähigkeit (dysfunktionelles Verhalten) und in einigen Fällen auch in der totalen Entfremdung von zwischenmenschlichem Austausch.

Im Verhältnis zum Begriff der Krankheit ist Krise ein übergeordneter Begriff. Krankheiten selbst, auch körperliche Krankheiten, Unfälle enthalten sehr wohl ein Krisenpotential, das u.U. hohe Anforderungen an das Bewältigungsvermögen des einzelnen Menschen stellt. Die heute in manchen Kreisen (vor allem der transpersonalen Psychologie) verbreitete Gegenüberstellung von Krisen (meist transpersonal, transformativ, spirituell, mystisch genannt, ohne diese Begriffe genau zu unterscheiden) und psychischen Krankheiten ist eine falsche Gegenüberstellung. Auch psychische Krankheiten müssen als Krisen aufgefaßt werden, freilich als besonders schwere, in denen die Selbstbewältigungsmaßnahmen und die Laienhilfe durch Familie und Freunde u.U. nicht genügt.

Krisen sollten nach Inhalt, Themenschwerpunkten, Anlaß und Auslöser und schließlich nach der Schwere der Störung differenziert werden:

- Nach dem *Inhalt* und den *Themen* sind zu unterscheiden: profane Themen (welches keineswegs im abwertenden Sinne gemeint ist), existentielle Themen, religiös-spirituelle Themen:
  - Krisen mit *profanem* Inhalt: Da geht es um den Beziehungsbereich, um Selbstwerterleben, Selbstbild, Autonomie, Verhältnis zu den Trieben, Ängste mit ihren mannigfachen Ursachen. Konflikte im beruflichen, im ökonomischen Bereich.
  - *Existentielle* Inhalte von Krisen: Dabei geht es um die Frage des Sinns und der Erfüllung des eigenen Lebens, um die Bewältigung von Leid, von Einsamkeit, von dem Erlebnis der eigenen Begrenztheit, Alter, Krankheit, Endlichkeit und Tod.
  - *Religiös-spirituelle* Inhalte und Themen: Hier geht es um Fragen des Glaubens, der Erlösung in der Bewußtseinsentwicklung über das Alltags-Bewußtsein hinaus und schließlich im Gipfelpunkt der Spiritualität: um Mystik.
- Man kann Krisen nach dem *Anlaß* und nach dem *Auslöser* daraufhin befragen, ob sie ihre Auslösesituation in dem oben genannten profanen, dem existentiellen oder dem religiös-spirituellen Bereich haben.
- Man kann die Krisen nach dem Ausmaß der *Störung*, der mit ihnen verbundenen Dysfunktionalität, Behinderung, Infirmität einteilen in psychotische und nichtpsychotische Krisen, wobei man natürlich Übergänge annehmen muß.

Die Bezeichnung gesund oder krank wird im allgemeinen in medizinischer Tradition im Hinblick auf einen bestimmten Menschen als Einzelwesen getroffen. Es ist bereits eine andere Verwendung des Worts „krank“, wenn man eine Ehe, eine Familie, eine Gruppe, eine Gesellschaft krank nennt, wenn man von einer krankhaften Kommunikation spricht. Schlechthin falsch ist die Gleichsetzung von pathologisch (krankhaft) mit pathogen (krankmachend). Eine Familie, deren intersubjektive Kommunikation nach bestimmten Theorien krankheitserzeugend sein könnte, muß deshalb selbst noch nicht krank sein. Eine Gesellschaft, deren Mitglieder in einem bestimmten Prozentsatz erkranken, ist deshalb nicht als krank zu bezeichnen.

In den (meist verwendeten) unreflektierten allgemeinen Krankheitsbegriff fließen verschiedene Modellvorstellungen, Konzepte, Normenvorstellungen, Werte, teils explizit und reflektiert, teils implizit und dann oft nicht reflektiert ein. Die Vergegenwärtigung der verschiedenen Konzepte ist aber von Bedeutung, denn für den praktischen Umgang mit einem allfälligen Patienten und seinen Angehörigen ist es nicht gleichgültig, welches *Krankheitskonzept* ein Therapeut hat.

Krankheit im allgemeinsten Sinne (engl. sickness) fordert verschiedene Perspektiven. Diese müssen nicht in ein Ausschließlichkeitsverhältnis gesetzt werden, können einander ergänzen. Die somatisch-physiologische „Schicht" kann ergänzt werden durch die psychologische (Persönlichkeit, Charakter, Ich/Selbst, Objektbeziehungen) und soziale Perspektive (mikrosozial im Nahbeziehungsbereich inner- und außerhalb der Familie, makrosozial: soziokulturelle Lebensbedingungen, Normen, Krankheitsverhalten) und schließlich noch durch die transpersonale Perspektive (Bewußtseinsentwicklung in religiös-spirituellem Sinn, Sinnfindung im Leiden, Erlösungssuche).

Somatisches Modell (sog. „medizinisches" Modell)

Es wird zu Unrecht oft schlechthin als medizinisches Modell bezeichnet.

> Krankheit (engl. disease) ist eine morphologische oder physiologische Abweichung, einheitlich und in sich geschlossen hinsichtlich klinischem Bild, Ursache (möglichst monogen), Entstehung, Verlauf und Ausgang.

Dieses Konzept stützt sich auf pathologisch-anatomische und pathophysiologische Befunde, sucht nach Korrelationen von bestimmten Körperkrankheiten, speziell Hirnstörungen (genetischer, enzymatischer, biochemischer, toxischer, morphologischer Art) zu bestimmten psychischen Störungen. Forschung und Diagnostik dieser „biologischen Psychiatrie" zielen auf Ursachenerhebung, die Therapie auf Ursachenkorrektur.

Das somatische Krankheitsmodell ist in der Psychiatrie nur für die psychischen Störungen in Zusammenhang mit Körperkrankheiten (im besonderen Hirnkrankheiten) anzuwenden:

- akuter exogener Reaktionstyp,
- amnestisches Psychosyndrom,
- Demenz,
- „organische" Psychosen (brain syndrome).

Dieses „medizinische" Krankheitsmodell kann also nur für einen Teil des vielfältigen psychiatrisch Behandlungsbedürftigen angewandt werden! Soweit für ätiologisch ungeklärte, sog. „endogene" Psychosen eine körperliche „Grundlage" postuliert wird, wird auch auf diese „Krankheiten" ein somatisches Krankheitskonzept angewandt – was umstritten ist. Es schließt entwicklungspsychologische und sozial-interaktionelle

Gesichtspunkte nicht ein, kann sie höchstens sekundär als Ergänzung („multikonditionale" Betrachtung) gelten lassen. Ein ausschließlich somatisches Krankheitsmodell ist für die Psychiatrie sogar der Hirnkrankheiten unhaltbar. Biologische und psychosoziale Gesichtspunkte müssen zusammengebracht werden: „Becoming ill, being ill and getting well are sociobiologic processes" (Engel 1977, Eisenberg 1979).

Soziologischer Aspekt

Hier ist die Beziehung Heilungssuchender – Therapieperson im Zentrum der Aufmerksamkeit: Der Patient, d.h. der Mensch mit soziokulturell determiniertem Krankheitsbewußtsein und Therapiebedürfnis (engl. illness behaviour, Feinstein 1967) wendet sich an einen Heiler (engl. health seeking process, Chrisman 1977), einen Therapeuten, eine Person, die diagnostisches und therapeutisches „Wissen" anderen zur Verfügung stellt und/oder anbietet: Medizinmann, Schamane, Priesterarzt, Arzt, Spezialarzt, Psychiater, Psychotherapeut sowie die paramedizinischen Berufe. Die Therapieperson hat schon seit der Dauer der menschlichen Geschichte eine diagnostische und therapeutische Autorität inne, besitzt also durch Erfahrung, Wissen, durch Tests usw. eine von ihr beanspruchte und ihr sozial zugestandene *Macht*, die sie in Beziehung zum Kranken in seiner sozial determinierten Rolle mit ihren Verpflichtungen und Privilegien ausübt. Die Gesellschaft stellt Verhaltensnormen für beide bereit, für den Patienten und für die Therapieperson sowie für ihre Interaktion. (Die Anthropologie studiert dieses Verhalten in verschiedenen Kulturen: Ethnographie der Krankheit, des Krankheitsverhaltens [Übersicht s. Fabrega 1979, Kleinmann 1986, 1987, 1988]).

Das Krankheitsverhalten psychisch Kranker ist vielfach ganz anders als das von Körperkranken: Es fehlen oft Krankheitsgefühl und -einsicht sowie der Behandlungswunsch und die Kooperation im Heilungsprozeß (Compliance).

Psychologisches Modell

Nach diesem Modell führen Lebenserfahrungen als Entwicklungseinflüsse zur Verletzlichkeit, Disposition und schließlich zum Krankheitsereignis von Neurose und Psychose. Es gibt verschiedene psychologische Modelle:

Psychoanalytisches Modell. Eine explizite Definition von normal, krank und gesund findet sich bei Freud nicht. Grundsätzlich können nach dieser Theorie dieselben dynamischen Mechanismen und (in topischer

Betrachtung) Apparate in Funktion treten, allerdings je nach Entwicklungs- und d.h. Ich-Bildungsstand. Die *Neurose* ist die Manifestation eines innerpsychischen Konflikts zwischen Über-Ich und Es. Im unbewältigten ödipalen Konflikt z.B. wird die Über-Ich-Zensur umgangen, es kommt zur Fortsetzung der unbefriedigten Triebansprüche mit anderen Mitteln (z.B. Verschiebung). Die *Psychose* hingegen entspricht einem Bruch zwischen Ich-Selbst und der Umwelt. Sichtbar werden die „sekundären" Erscheinungen: die Bemühungen der betroffenen Person, diese Krise zu bestehen, zu überwinden, abzuwehren, das Ich wieder zu etablieren. Die Abwehrformen präödipaler Konflikte in Psychose und Borderline-Syndrom sind (akut) Erregung und Hemmung, Splitting, Depersonalisation, Derealisation, Projektion und Wahn, einschließlich wahnhaften Rollenwandels. Die Symptome gelten als Zeichen für einen hypostasierten unbewußten Prozeß, wie die klinischen Zeichen z.B. auf die zugrunde liegende Lungenentzündung verweisen. (Die Psychoanalyse geht den supponierten Konflikt an, nicht die Symptome.)

Die ausschließlich intrapsychische Konzeptualisierung des isolierten Individuums der frühen Psychoanalyse mußte durch die Beachtung der Intersubjektivität des Menschen ergänzt werden (Erikson 1950, Sullivan 1953).

Vom kommunikationspsychologischen Ansatz zum Familiendelegations- und systemischen Familienmodell. Dieses Konzept deutet psychische Störung (es geht um schizophrene, narzißtische und neurotische Menschen) als Folge von gestörten Kommunikationsmodi, ursprünglich zwischen Mutter und späterem Patienten („schizophrenogene Mutter"), dann zwischen den Familienmitgliedern überhaupt. Es führte zur „Aufdeckung" pathogener Familienbeziehungen bei verschiedenen psychischen Störungen.

Die Konzeptualisierung erweiterte sich also von der ausschließlichen Betrachtung des Einzelindividuums zur Erforschung der gesamten Herkunftsfamilie (aufgefaßt als interdependentes System, z.T. schon über mehr als 2 Generationen). Die „pathogene" Familie „braucht" zur Erhaltung ihres prekären Gleichgewichts ein Mitglied, das als „Symptomträger" anwesend ist oder für immer oder zeitweise ausgegliedert werden kann.

Behavioristisches Modell. „Krankhaftes" Verhalten ist gelernt: Unangenehme Erfahrungen mit Menschen geben Anlaß zu Ausweichversuchen (z.B. sozialer Rückzug, Autismus, verwirrtes Reden, bizarres Verhalten). Diese Ausweichversuche können an ethnisch-kulturell vorgegebenen Mustern des Verrücktseins Modell nehmen (Devereux 1974). Die Symptome selbst sind das zu Behandelnde, sie sind nicht Zeichen eines supponierten Morbus.

Das behavioristische Modell ist nicht nur für die Deutung von Erstmanifestationen des „Verrücktseins“ wichtig, sondern gerade auch für die Langzeitverläufe (Sekundärschäden, Institutionalismus, Hospitalismus, s. Goffman 1961, Wing u. Brown 1970). Die therapeutische Konsequenz sind Verhaltenstherapie und präventive Maßnahmen (gegen Institutionalismus).

Psychische Störung als Normdevianz

Wer sozial vorgegebene Normen, die fraglos akzeptiert, toleriert, ja verteidigt werden, verletzt, vom „Gesetz“ abweicht, kann als Devianter, als Abweichender, als Außenseiter, Sonderling aus der Gemeinschaft ausgestoßen werden. Solches Schicksal von Ausgliederung vereinte in einem undifferenzierten Globalurteil Heilige und Narren, Asketen und Philosophen, Geisteskranke und Hexer, Seher und Propheten, freiwillig Besitzlose und Arme, Landstreicher, Prostituierte, Gesetzlose, Kriminelle. Gemeinsam ist ihnen, daß sie als Deviante unbequem sind, eine Bedrohung der scheinbar sicheren Norm. Ursprünglich sind die gesellschaftlich bereitgestellten Maßnahmen gegenüber solchen Menschen auch undifferenziert: Vertreibung, Tötung, Folterung, Einkerkerung konnte einen Vertreter jeder Gruppe treffen. Erst spät kam es zu einer Differenzierung der Abweichler und der Institutionen für sie sowie der Berufe, die sich ihnen widmeten (Szasz 1961, Dörner 1969).

Welches normabweichende (deviante) Verhalten schließlich als psychisch gestört oder krank registriert wurde, hängt von der Situation und von der Vorstellung der Sozietät ab, was psychische Krankheit sei, wie sie sich kundtut. Wie dieses Bild entstand, ist noch nicht klar (Bedeutung der offenkundigen Hilflosigkeit, der Willensunfreiheit, des impliziten Appells an karitative Gefühle usw.).

In den westlichen Kulturen ist die Tendenz groß, jedes Leid, jede Lebensschwierigkeit zu „medikalisieren“, d.h. zum Gegenstand „medizinischer“ Erklärung, Diagnostik, Therapie zu machen. Die „Psychologisierung“ folgte bald nach. Medizinisch-psychologisches Expertentum schreibt immer mehr „Unannehmlichkeiten“ dem eigenen Kompetenzbereich zu und weckt damit Heilserwartungen in seiner sich mehrenden Klientel (von welchen sie den Lebensunterhalt und das soziale Prestige erhält) (Freidson 1970).

Psychische Störung als soziale Etikettierung

Dieses Konzept stellt die Gültigkeit und Macht sozialer Normen kritisch dar und weist auf die soziale Definition, „Normierung“ dessen hin, was als krank bezeichnet werde. Die Frage, ob das Konzept psychischer Krankheit „objektiv" berechtigt sei, ist dagegen im Hintergrund. Der „Patient" wird von seiner Gesellschaft als „Geisteskranker" durch *Zuschreibung* (Etikettierung, Stigmatisierung) als psychisch abnorm, d.h. krank deklariert und damit in eine Laufbahn (Scheff 1973) gedrängt. Geisteskrankheit ist ein Mythos der Gesellschaft und ihrer Handlanger, der Psychiater, mit der Funktion, mißliebige Mitglieder auszustoßen (wie früher die Idee der Hexe und die Inquisition [Szasz 1961]).

Die Stigmatisierung einer Person als „geisteskrank" bestimmt wesentlich ihr weiteres Schicksal, das häufig soziale Invalidisierung bedeutet: Rückfallerwartung, Freistellung, Schonung, Abwertung, Abweisung von persönlichen oder beruflichen Beziehungen, uniforme Deutungen auch gesunder Verhaltensweisen und Reaktionen als „Krankheitszeichen", Dauerhospitalisation mit Institutionalismus (Goffman 1961, Wing u. Brown 1970).

Psychedelisches Modell

Nach Laing (1967) ist psychische Störung eine „normale", das ist für ihn „gesunde" Reaktion auf eine unmögliche, die Selbstverwirklichung unterdrückende, dem eigentlichen Menschenwesen entfremdete Gesellschaft. Der Psychotiker wird dann als der „eigentliche Gesunde" auf einer *„Reise nach innen"* bezeichnet. Das, was die Gesellschaft Psychose nennt, ist eine spezielle Strategie des einzelnen, um den unangenehmen Einflüssen der Mitmenschen auszuweichen. Das Konzept vom Kranken als „impaired" (Siegler u. Osmond 1974) ist aufgegeben – mit der Gefahr, daß dem „Reisenden" die Hilfe versagt werde (nicht so bei Laing selbst, der dem Psychiater die Rolle des „Reisebegleiters" zumißt).

Kosmologischer, magischer, animistischer, astrologischer, moralischer Krankheitsbegriff

Die schamanistische Deutung von Krankheit als Spiegel einer gestörten Einordnung des Menschen in seine kosmischen Bezüge (zur Erde, zur Über-, Geister-, Unterwelt) ist so umfassend wie keine andere einzelne Krankheitsvorstellung. Seine Abkömmlinge spielen in weltweiter Verbreitung auch in den sog. aufgeklärten Zivilisationen noch eine Rolle. Das magische (und animistische) Krankheitskonzept deutet Krankheit als Ergebnis magischer Einwirkungen: Verschwörung, Verhexung, Verwünschung, Geistereinflüsse, Tabuverletzungen. Der astrologische Krankheitsbegriff bezieht sich in seinem Kausalkonstrukt auf die

Konstellation der Sterne, der moralische auf Schuld und Sünde, der transpersonale auf Geburtserlebnisse und frühere Inkarnationen. Esoterische und holistische Krankheitsdeutungen sind verbreitet.

Ethologischer Krankheitsbegriff

Damit ist nicht so sehr die Frage gemeint, welche aus der zoologischen Ethologie bekannten Verhaltensweisen auch am Menschen in gesunden und kranken Zeiten vergleichbar gesehen werden können. Vielmehr ist hier die schlichte Frage aufgeworfen: Wie weit lebt ein Mensch (absichtlich, unabsichtlich, bewußt, unbewußt, selbstverschuldet oder von der Gesellschaft aufgezwungen) falsch, ungesund (im psychohygienischen Sinn), „pathogen", d.h. so, daß er sich selbst in Krankheit hineinmanövriert (Scharfetter 1987)? Im Bereich des Suchtverhaltens ist das einleuchtend. Für das Hineingeraten in bestimmte Depressionen disponiert eine bestimmte „depressiogene" Charakterartung (s. Typus melancholicus, Tellenbach 1974). Für manche Schizophrene ist eine dauernde Überforderung (durch andere oder durch zu hohe eigene Ziele) des kognitiven und affektiven Bewältigungsvermögens wahrscheinlich.

Die praktische Relevanz des ethologischen Krankheitsbegriffs ist wegen seiner Hinweise auf kognitiv-verhaltenstherapeutische Hilfen groß (auch in der Sekundärprävention).

Forensischer Krankheitsbegriff

Vor Gericht ist die Zielsetzung primär keine medizinisch-therapeutische. Im Zivilrecht geht es um die soziale Kompetenz, Berufsfähigkeit, um Mündigkeit, Geschäftsfähigkeit und das Vermögen, „seine Angelegenheiten zu besorgen". Im Strafrecht ist der Gutachter nach der Zurechnungsfähigkeit, Verantwortlichkeit, Straf- und Hafterstehungsfähigkeit gefragt. Danach sind dann „Maßnahmen" vorgesehen (z.B. Bevormundung, Hospitalisation, „Behandlung"). Versicherungsrechtliche Fragen beziehen sich auf Invalidität, Rentenbedürftigkeit.

Weitere Krankheitsbegriffe

Es sind weitere theoretische Krankheitsbegriffe möglich: z.B. der kybernetische Krankheitsbegriff, nach dem Krankheit ein regelhaftes Abweichen von komplex gesteuerten Organismen sei, die auf Störungen selbst regelhaft reagieren.

Das *Krankheitsverhalten* impliziert

- die Realisation von Beschwerden/Behinderung (Beschwerdebewußtsein, Krankheitsbewußtsein im Sinne der Laiendiagnose),
- den pathischen Affekt von Angst, Unsicherheit, Abhängigkeit, Auflehnung, Abwehr,
- Behandlungsbedürftigkeit,
- die Aktion der Hilfesuche: Therapie und Pflege im Eigenbezugssystem (Selbstbehandlung), im Laienbezugssystem (Familie, Bekannte), im medizinischen und paramedizinischen Expertenbezugssystem, welche jede ihre eigene Untersuchung, Diagnostik, Therapie haben.

Beschwerdebewußtsein, begleitende Affekte, Behandlungsbedürftigkeit und -wunsch sowie Aktivität der Hilfesuche sind individuell verschieden und zugleich auch von gesellschaftlichen Bedingungen (Erziehung, Abhärtung, Forderung, Toleranz, Aufklärung, Angebot von Diagnostik und Therapie, ökonomischen Möglichkeiten) abhängig. Das Krankheitsverhalten von intellektuell oder in ihrer Persönlichkeit gestörten Menschen ist ausdrücklich anders als bei vielen anderen Krankheiten: psychisch schwerer Kranke sind auch in dieser Hinsicht von den Normen ihrer Kultur „ver-rückt" (Verweigerung, Noncompliance, resignative oder trotzige Selbstaufgabe, sekundärer Krankheitsgewinn).

Privilegien und Sanktionen

Das Zugeständnis der Rücksicht, Schonung, Freistellung von sozialen Verpflichtungen sowie pflegerisches und therapeutisches Angebot von seiten der anderen erfährt nur der, der die sozial anerkannte Krankenrolle legitim einnehmen darf. In keinem Fall entscheidet eine Körperstörung allein, ob ein Mensch als Kranker, als Patient erkannt und anerkannt wird. Der *Krankheitssimulant* (aus Faulheit, Angst, Rentenbegehren usw.) ist besonders verpönt – er erschleicht sich mißbräuchlich Vorteile aus gesellschaftlich vorgesehenen Einrichtungen. Sexuelle Devianz an sich verschafft keinen Zugang zu den Einrichtungen für Kranke; nur indirekt, wenn das Leiden an der Diskriminierung zum Appell nach therapeutischer Hilfe wird. *Kriminalität* kann vereinzelt in psychosozialer Ableitung oder in somatischer Kausalverknüpfung (Chromosomen, Hormone) als behandlungsbedürftig gewürdigt werden. Von der Diskrimination und Ausgliederung sind z.T. auch Körperkranke betroffen (z.B. Aussatz, Lues, AIDS, Krebs). Ekel und Angst vor Ansteckung, wohl auch Abwehr der Möglichkeit eigener Betroffenheit mögen die Motive sein. Die Diskrimination psychisch gestörter Menschen (in Gegenüberstellung zu körperlich Kranken) ist deutlich quantitativ und qualitativ unterschiedlich je nach diagnostischer Bezeichnung und gängiger Kausalableitung. Oligophrenie und Demenz werden in jeweils qualitativ anderer Weise eingestuft als psychische Störungen nichtintellektueller Art. Depression und psychosomatische Störung sind viel weniger als peinlich verpönt als „Wahnsinn" (Spinner, Verrücktheit, Irrsinn) und sind auch weniger karrieredeterminierend als die diagnostische Kategorie Schizophrenie. Auch Körpergestörte, wie Epileptiker, ja körperlich Behinderte ohne psychiatrische Symptome (z.B. Verkrüppelte, Entstellte) erfahren die Ausstoßung – wie andere Randgruppen auch: Homosexuelle, Prostituierte, Fahrende, Landstreicher, Zigeuner u.v.a. Bei den Deviationen sind je nach der Art Diskrimination und Karrieredetermination sehr verschieden: Sadismus oder Sodomie z.B. sind viel stärker diskriminiert als Fetischismus; Tötung zur Besitzaneignung (Raub) ist viel stärker verpönt als Tötung durch leichtsinnige Autoraserei.

Symptom und Syndrom

Psychopathologische Symptome – nicht schlechthin krankhaft

Psychopathologische Symptome[8] sind als gleich oder ähnlich erkennbare Erlebens- und Verhaltensweisen, die sich herausheben aus dem alltäglich Gewöhnlichen der Menschen eines bestimmten Kulturkreises. Kein einzelnes psychopathologisches Symptom für sich genommen ist schlechthin abnorm oder gar krankhaft, denn alle Zeichen können auch beim Gesunden unter besonderen Umständen[9] angetroffen werden. *Psychopathologische Symptome sind nicht schlechthin krankhaft.* Abnorm ist nicht gleich krank. Viele beschreibbare Erfahrungen sind wohl ungewöhnlich, aber doch als Einzelerfahrung menschliches Allgemeingut, wie sorgfältige Selbst- und Fremdbeobachtung, besonders auch im interethnischen Vergleich, zeigt. Das gilt sogar für so „auffällige" Zeichen wie Halluzinationen, verändertes Leiberleben u.v.a.

---

8 Symptom kommt von griech. συμπίπτειν, d.i. zu gleicher Zeit vorfallen, sich zutragen, sich ereignen, davon σύμπτομα = Krankheitszeichen.

9 Im Übergang vom Wachen zum Schlaf, in Ermüdung, Sinnesisolation, gespannter Erwartung, in emotional belastender Lebenslage, in Einsamkeit (z.B. nach Verlust des Lebensgefährten), in Hypnose, im Autogenen Training, in der Meditation, im Traum, unter Halluzinogenen.

„Krankheitszeichen“ werden sie erst, wenn sie in einer – je nach der lebensgeschichtlichen Lage und dem soziokulturellen Rahmen aufzufassenden – bestimmten Schwere, Dichte, Häufigkeit, Verbindung und Dauer auftreten und damit den Menschen leiden machen und in seiner Lebensführung inmitten seiner Gruppe behindern.

Von Symptomen zum Syndrom

Das Symptom ist die kleinste beschreibbare Untersuchungseinheit in der Psychiatrie. In der klinischen Erfahrung trifft man wiederkehrende typische „Klinische Bilder“ an, konstelliert durch häufig in Zusammenhang (im Verband) auftretende Symptome. Diese Symptomverbände nennt man Syndrome. *Ein Syndrom ist also eine erscheinungsbildlich typische Symptomenkombination* (nicht unbedingt auch ursächlich!). Der Syndrombegriff ist unterschiedlich weit gebraucht (für die weitere Fassung sagt man auch Symptomkomplexe, was aber sprachlich nicht ergiebig ist). *Bei den meisten psychiatrischen Syndromen besteht keine enge Korrelation zu einer bestimmten gleichbleibenden Ursache: sie sind noxenunspezifisch!*

Beispiele:

Ein katatones Syndrom kann man bei einer psychogenen Psychose finden, aber auch bei einer Schizophrenie, bei einer LSD-Vergiftung, bei Enzephalitis. – Ein depressives Syndrom kann bei Hirnerkrankungen (z. B. progressive Paralyse) auftreten, aber auch bei der phasischen Affektpsychose, neurotisch, erlebnisreaktiv usw. – Manisches Syndrom bei der Manie, bei Intoxikation (z. B. im Rausch), bei Schizophrenie u. a.

Es gibt viele solche Syndrome in der klinischen Empirie:

- Bewußtseinsstörungen: Benommenheit, Somnolenz, Sopor, Koma, Delir, Dämmerzustand usw.,
- Erinnerungsstörungen: amnestisches Syndrom; wenn mit Konfabulationen verbunden: Korsakoff-Syndrom,
- Antriebssyndrome: Stupor, Erregungszustand, katatones Syndrom (hypo-, akinetisches und hyperkinetisches Syndrom),
- Affektsyndrome: depressives Syndrom, hypochondrisches Syndrom, manisches Syndrom, Angstsyndrom,
- Wahrnehmungssyndrom: Derealisations- und Depersonalisationssyndrom, halluzinatorisches Syndrom, Halluzinose,
- Wahn: paranoides Syndrom, paranoid-halluzinatorisches Syndrom,
- Zwänge und Phobien: anankastisches Syndrom, phobisches Syndrom, phobisch-anankastisches Syndrom.

Die von operationalisierten Begriffen und Dokumentation ausgehende statistisch-faktorenanalytische Forschung konnte einige Syndrome der klinischen Empirie bestätigen: Symptomballungen (Cluster), Gruppenfaktoren. Das führt zur Konstruktion psychopathologischer Skalen.

Ein nächstes Ziel ist die Herausarbeitung von *Kern- oder Achsensyndromen* (z.B. Devitalisierung bei Depression, Bewußtseinsstörungen beim akuten exogenen Reaktionstyp) und *Randsyndromen* (z.B. paranoides Syndrom bei Melancholie). Letztlich sucht die Syndromenlehre nach regelhaften Verknüpfungen der (möglichst genau in den Beschreibungseinheiten der Symptome erfaßten) Syndrome mit bestimmten regelhaft feststellbaren Befunden (aus verschiedenen Gebieten der Forschung: neuroanatomisch, -physiologisch, biochemisch, experimentalpsychologisch, lebensgeschichtlich, psychodynamisch usw.), und zwar möglichst „Ursachen".

Syndrome können teilweise zu bestimmten „Grundformen" psychischer Störungen zusammengefaßt werden: z.B. organisches Psychosyndrom, hirnlokales und endokrines Psychosyndrom (Bleuler 1954, 1964, 1969).

Zugang zu Symptomen/Syndromen

Man kann mit verschiedener Fragestellung, Absicht, mit oder ohne vorgängig reflektierte Theorie an Symptome herangehen.

Am Beginn sollte immer die möglichst vorurteilsfreie Beobachtung und Beschreibung stehen. Sie ist der Ausgangspunkt für alle Behandlung und Forschung.

Die Beobachtung kann im freien klinischen Gespräch und in der Verhaltensbeobachtung erfolgen – oder in standardisierter (evtl. semistandardisierter) Erhebung als Selbst- oder als Fremdbeobachtung (S. 34). Selbstbeurteilungsskalen haben in der klinischen Psychiatrie bis heute noch keine große Bedeutung, weil schwerer Kranke eine solche Selbsteinschätzung meist gar nicht leisten können.

Wenn Symptome erfaßt sind, kann man „den Befund" befragen:

- Frage nach der kennzeichnenden (pathognomonischen) Bedeutung eines Symptoms für ein Zustandsverlaufsbild[10].
- Frage nach der pathognomonischen Bedeutung eines Symptoms für eine Diagnose im ätiopathogenetischen Sinne (Einheit von Erscheinungsbild, Ursache und Entstehungsweise)[10].

---

[10] Das kann nach der klinischen Empirie („Kennerschaft") erfolgen oder mit wissenschaftlicher Methodik (S. 40).

Tabelle **1** Befragung von Symptomen/Syndromen

Deskriptiv	kategoriale Psychopathologie, ICD, DSM
Konditional	psychologische/physiologische/pharmakologische Bedingungen für Symptome in besonderen Bewußtseinszuständen
Genetisch-psychodynamisch	psychoanalytische Psychopathologie: historisch – biographisch (entwicklungspsychologisch) strukturell – topisch dynamisch (Übertragung) funktionell (Defensivstrategien)
Kommunikationspsychologisch	Watzlawik, Bateson, Haley, Erikson
Familiendynamisch	psychoanalytische (Lidz u. v. a.) Delegationsmodell (Stierlin) systemisch (Boszormenyi, Bowen, Minuchin)
Widerhall im Gegenüber	Begegnungspsychopathologie (Doerner)
Psychotherapeut, Beziehung (Dual-)	kommunikative Psychopathologie (Benedetti 1987)
Funktional-finale Interpretation	Symptom ist Reaktion, evtl. Ausdruck autotherapeutischer Anstrengung (Ideler 1847, Freud 1896, Bleuler 1911); Ich-Psychopathologie
Gestaltpsychologisch	z. B. Bash 1955, K. Conrad 1958
Strukturanalytisch	Janzarik (Struktur und Dynamik 1959, 1988)
Strukturalistisch	Peters 1980, Lang 1982, Luthe 1982
Rollenanalytisch	Kraus 1977

- Frage nach der Bedeutung eines Symptoms für den betroffenen Menschen: biographisch deutende, hermeneutisch auslegende, interpretative Methode. Welche Selbst- und Welterfahrung vernehmen wir in Symptomen? (z.B. Überaktivität als Ausdruck der Verzweiflung bei Selbstuntergang, s. Ich-Bewußtsein.) Dieses Fragen sucht das Werden und den Sinn eines Verhaltens zu verstehen (genetisches, sog. „psychodynamisches“, phänomenologisches, hermeneutisches und tiefenhermeneutisches Verstehen) (z. B. Wahn als Selbstrettung).

Im psychoanalytischen Erklärungsversuch dominiert die funktionell-finale Betrachtungsweise; „Symptome" sind Weisen der Abwehr (Triebabwehr, Konfliktvermeidung, Wunscherfüllung auf regressiver Ebene). Aus dem ursprünglich intendierten Sinnzusammenhang wurde dann eine deterministische Kausalkette konstruiert.

- Frage nach dem kommunikativen Gehalt eines Symptoms im Sinne der Interaktionspsychologie: Was teilt der Patient uns durch sein Verhalten absichtlich oder unabsichtlich mit (Kommunikation und Metakommunikation)?

In Tab. **1** u. **2** sind einige Möglichkeiten der Befragung von Symptomen/Syndromen stichwortartig zusammengestellt.

Man sollte sich seinen eigenen Zugang und seine Absicht, seine Fragestellung jeweils vor Augen halten. Wenn man glaubt, ein Symptom durch Erhellung des Motivzusammenhangs verstanden zu haben, so weiß man damit noch nicht immer, wie der Kranke dazu gekommen ist,

Tabelle 2 Funktionell-finale Befragung von „Symptomen"

Was bringt dem Patienten sein Verhalten? Was bedeutet es funktionell? Was gewinnt er damit?

- positiv (z.B. Erkenntnis, Verstehen von Zusammenhängen, Erhöhung des Selbst, Vitalgefühl, Macht usw.)

oder via

- Vermeidung (von Angst, Depression, aggressiver Auseinandersetzung, Schuld, Scham, Einsamkeit, Leere, Monotonie, Langeweile, sensorische Reizarmut, Bewegungshemmung, Isolation, bedrängende Nähe, konflikthafte zwischenmenschliche Situation)

(positiver Gewinn und Vermeidung sind 2 Seiten der selben Münze!)

Cave: eingleisige Deutungen!
Verhalten ist meist mehrdeutig (prima vista und ohne genaue Einzelkenntnis)!
Verhalten kann nur zureichend (d.h. therapiewegleitend) gedeutet werden bei genauerem Wissen um

- den situativen Kontext: physische und soziale Bedingungen: Umwelt (einschließlich z.B. Drogen, Gifte usw.), Sozialsituation
- das Individuum und seine Art zu reagieren
  - konstitutionell nach der Art seiner Anlage, Konstitution, Reaktionsbereitschaft (auch seiner Verwandten, Sippe, Stamm)
  - nach seiner Lebens- d.i. Lernerfahrung
- Selbst-/Ich-Erfahrung

NB: Funktionelle Bedeutung eines Verhaltens bei der Ersterkrankung muß nicht gleichbedeutend sein mit der Bedeutung dieses Verhaltens bei Wiedererkrankung (Rezidiv), s. Krankheitsgewinn.

daß er überhaupt solche Erlebnis- und Verhaltensweisen haben muß. Zum Beispiel kann man verstehen, wie die Devitalisierung des Melancholikers im Untergangswahn thematisiert wird. Das Auftreten der Melancholie ist damit nicht erklärt.

Theorien zur Entstehung von Symptomen/Syndromen

- Bei klarem pathogenetischem Wissen besteht zwischen Krankheit und Symptom die „einfache" Beziehung zwischen Grund und Folge[11]:
  z. B.: Aphasie bei linkstemporalem Hirnschaden eines Rechtshänders, Demenz bei diffuser Hirnkrankheit. Aber bei den meisten psychopathologischen Symptomen besteht keine klare Beziehung zwischen einem feststellbaren Schaden und dem Symptom (ganz besonders deutlich etwa bei den Halluzinationen und beim Wahn).

Beispiel:

Warum ein Kranker mit luetischer Hirnentzündung (Progressive Paralyse) einfach dement, ein anderer euphorisch, depressiv, halluzinierend, wahnbildend ist, ist unbekannt.

Optisches Halluzinieren (Abb. **2**) kann z. B. unter den verschiedensten Bedingungen auftreten (wobei die Art des Halluzinierens nicht immer eine Differenzierung erlaubt).

- Symptome bzw. Syndrome sind durch verschiedenste (somatische und psychische) „Schädigungen" uniform in Gang gebrachte Reaktionsmuster:
  - *hirnlokale Reaktionsmuster*, z. B. bei bestimmten fokalen Epilepsien (z. B. Temporallappenepilepsie),
  - *humorale Reaktionsmuster* im Sinne des endokrinen Psychosyndroms (Bleuler 1954, 1964),
  - *hereditäre Reaktionsmuster* thymopathischer, schizophrener Art (s. z. B. Schneider 1942),
  - *motorische Schablonen* (Totstellreflex, Bewegungssturm) in schwerster Angst verschiedener Begründung (Kretschmer 1953, 1958).
- Nach der Schichttheorie (Jackson 1932) werden durch Schädigungen höhere, d. h. phylo- und ontogenetisch jüngere Funktionsschichten abgebaut, ältere frei gelegt (s. Paläopsychologie). Auch die psychoanalytische Regressionstheorie folgt diesem Modell. Nach dieser Theorie führt die Noxe zunächst zu defizitären Symptomen

[11] Auf die Problematik des Kausalitätsbegriffs in den Naturwissenschaften sei hingewiesen. Man muß sich mit regelhaft feststellbaren Zusammenhängen (Korrelationen) begnügen, arbeitet also mit „Wenn … dann"-Sätzen.

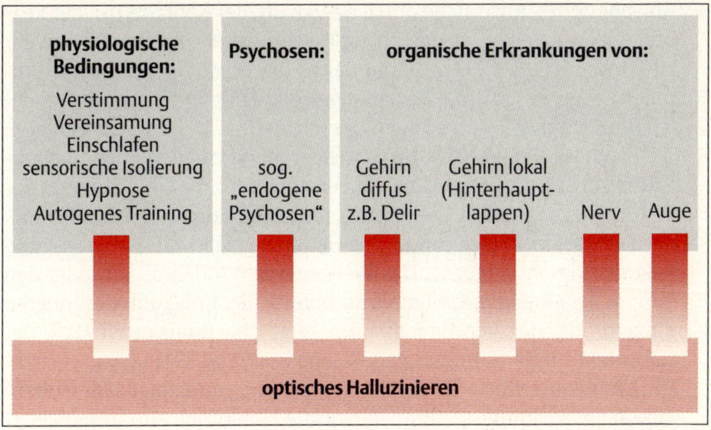

Abb. **2** Bedingungen von optischem Halluzinieren.

(z. B. mnestische Störungen, Demenz bei Hirnschäden) und auf diesem Boden dann – bei einem Defizit an Kontrolle – zu „produktiver“ Symptomatik, z. B. Triebvariationen beim hirnlokalen Psychosyndrom. Darauf können dann weitere Symptome (sog. sekundäre Symptome, S. 31) entstehen, z. B. Wahn.

Beispiel:

Eine Herzinsuffizienz führt zu Durchblutungsstörungen im Gehirn, in der Folge zur Desorientierung und Demenz, zu Affektinkontinenz, Affektlabilität, Erregung usw. Auf dem Boden der Lebensverunsicherung, unter dem Hinzukommen von weiteren Faktoren (wie soziale Isolierung, Sinnesbeeinträchtigung usw.) kann sich dann ein Beeinträchtigungswahn (z. B. des Bestohlenwerdens) entwickeln, der je nach der Lebenssituation, den Umständen ausgestaltet wird (Pathoplastik).

- Manche Symptome können als verständliche Reaktion auf Erfahrungen aufgefaßt werden.

Beispiel:

Ein Beziehungswahn bei einem Melancholiker, der sich verwesend und Leichengeruch verbreitend wähnt und dann meint, jedermann rümpfe die Nase über ihn und weiche ihm aus.

- In psychoanalytischer Auffassung liegen Neurosen und Psychosen Konflikte zwischen den Instanzen Ich, Es, Über-Ich des psychischen „Apparates“ in seiner Auseinandersetzung mit der Umwelt („äußere Realität“ im Sinne von Freud) zugrunde. Während die neurotischen Symptome den Konflikt zwischen Ich und Es widerspiegeln und die

Abwehr der Es-Ansprüche durch das Ich um des Kontakts mit der Realität willen anzeigen, ist das Ich des Psychotikers zu solcher Es-Abwehr zu schwach (Freud 1924). Damit das Es machtvoll über das Ich triumphiere, muß für das (die Beziehungen zur Außenwelt unterhaltende) Ich die Außenwelt untergehen: das Ich zieht sich auf seiner Flucht in die Psychose (Freud 1894, 1896) in Regression von den Außenweltobjekten zurück, die äußere Realität verschwindet, die Libido besetzt das Selbst (Megalomanie). Symptome entstehen durch die Abwehrmodi der Regression, Projektion und Verleugnung, sind z.T. Heilungs- und Rekonstruktionsversuche. Das Weltuntergangserlebnis z.B. zeigt den Verlust der Objektbeziehungen an und ist die Projektion der inneren Katastrophe, der Verfolgungswahn zeigt den projizierten Haß, der selbst invertierte (homosexuelle) Liebe ist (Freud 1911).
Die Weichenstellung für das Psychotischwerden erfolgt sehr früh: in einem Entwicklungsstadium, bevor die Libido sich auf Außenweltsobjekte richtet (Phase des Autoerotismus-Narzißmus, Freud 1914). (Näheres s. in den Kap. Ich-Bewußtsein und Wahn).

- Vertreter einer Psychosoziogenese mancher Psychosen (es geht dabei um schizophrene Menschen) deuten viele „Symptome“ als „gelernt“ unter dem Einfluß des Entwicklungsklimas (intrafamiliärer Kommunikationsstil). Hereditäre Disposition, besonders die Fakten der Heimkinder- und Adoptivstudien, werden dabei nicht von allen bedacht.
- In einem weiteren Schritt wird „das Psychotischsein“ (man redet nur mehr von mental disorder or illness schlechthin) zu einer normalen, ja gesunden Reaktion auf eine unmögliche, die Selbstverwirklichung unterdrückende Gesellschaft (Flucht in Eigenwelt), „der“ Psychotiker (in völliger Verkennung seiner Not) als der „eigentliche Gesunde“ auf einer „Reise nach innen“ in einer verrückten Welt deklariert (Laing 1967 u.v.a.). Zum Sündenbock wird jetzt nicht mehr nur die „schizophrenogene“ Mutter und die „schizophrenogene“ Familie gemacht, sondern die Gesellschaft schlechthin. Dabei bleibt offen, warum einige (1%) Menschen der Destruktivität der jeweiligen gesellschaftlich gültigen Norm (so sehr dem eigentlichen Wesen des Menschen entfremdet, seine Daseinsmöglichkeiten einschränkend sie auch sein mag) erliegen (und zwar in einer typischen Weise), andere aber keine solche „spezielle Strategie“ (Laing 1967) erfinden müssen.

  „Mental illness“ ist ein Mythos, aber leider kein μυϑοξ πλασϑειξ, (erfundener Mythos), kein Erdichtetes, kein satanisch Erfundenes, wie Szasz 1961 in Verkennung des wahren Wesens des Mythos meint, sondern μῦϑοξ ἀληϑήξ (wahrer Mythos), in dem sich die traurige Wirklichkeit mancher Existenz auftut und zu uns spricht.

Einteilungsmöglichkeiten von Symptomen

Einteilung hinsichtlich ihres diagnostischen Gewichts, ihrer pathognomonischen Bedeutung

- *Leitsymptome, Kernsymptome, Symptome ersten Ranges* (Schneider 1967), *Achsensymptome* (schlecht, weil mißverständlich, Grundsymptome) nennt man diagnostisch wegweisende Symptome: z.B. mnestische Störungen für Hirnkrankheiten, eine bestimmte Art von „Stimmenhören" (s. dort) für Schizophrenie. Die Herausarbeitung solcher diagnostischer Leitsymptome geschieht aufgrund klinischer Empirie oder in statistischer Forschung.
- Viele andere psychopathologische Symptome erlauben keine solchen diagnostischen Rückschlüsse (*Symptome zweiten Ranges*, Schneider 1967, *akzessorische Symptome*, Bleuler 1911): z.B. Denkverlangsamung, Konzentrationsstörung, gedrückte, gehobene Stimmung, Halluzinationen, Wahn.

Primäre und sekundäre Symptome

Bleuler (1911) unterschied für die Schizophrenien primäre Symptome, die Ausdruck eines hypothetischen Morbus im medizinischen Sinne (der „Grundstörung") seien und die als physiogen aufgefaßt wurden (z.B. Denk- und Affektstörungen), von sekundären (oder akzessorischen) Symptomen, die eine Reaktion der Persönlichkeit auf die „Krankheit" seien. Diese sekundären Symptome sind psychologisch verständlich abzuleiten (nach Bleuler vor allem „Freudsche Mechanismen"). Dadurch bekommt dann der Ausdruck primäres Symptom ein neues Gesicht: Es ist das psychologisch nicht weiter Rückführbare, Aufzuhellende, für das man dann Physiogenie postuliert.

Diagnose

Begriff und Sinn

Diagnose heißt *Erkennen* eines klinisch beobachtbaren psychopathologischen Bilds (Symptom, Syndrom, Zustandsbild, Zustands-Verlaufs-Bild) als typisch, wiederholt in ähnlicher Grundgestalt vorkommend – und heißt Zuordnen dieses Bilds zu einer Krankheitsbezeichnung.

Diagnostik – der Erkenntnis- und Zuordnungsprozeß – wird heute in Verkennung ihres wahren Sinns vielfach zu Unrecht als Etikettierung verunglimpft.[12]

Diagnostik aber brauchen wir, wo immer wir ein „Zustandsbild", d. i. eine Erfahrungs- und Verhaltensweise eines Menschen, zu beurteilen haben hinsichtlich seiner Entstehung und in Hinsicht auf die Frage, was – nach dem jeweiligen Stand des Wissens – am besten dagegen zu tun ist. *Sinn und Ziel der Diagnostik ist die therapeutische und prophylaktische Handlungsanweisung.*

Leider ergibt sich beim heutigen Stand des Pathogenesewissens und der Therapiemethoden aus der Diagnose noch nicht immer eine befriedigend erfolgreiche Therapie und Prophylaxe.

Diagnostischer Prozeß – ein Erkenntnisprozeß
(Abb. **3**)

Diagnostik ist Entwicklung des Erkennens, ein komplexer Entscheidungsprozeß, in den verschiedenste Informationen eingehen. Er spielt sich in verschiedenen Dimensionen des Erfassungsmodus, der Informations-

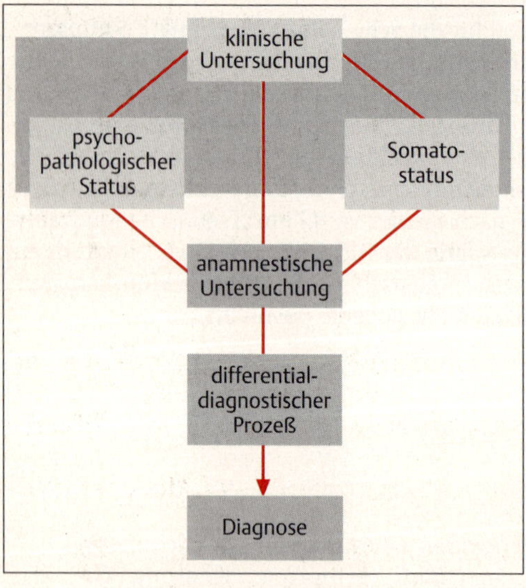

Abb. **3** Diagnostischer Prozeß.

[12] Jedes ordnende Handeln des Menschen kann mißbraucht werden, so auch die Diagnostik.

reliabilität und Informationsvalidität, der Informationsverarbeitung, des gnostischen Prozedere ab, auf die man sich jeweils eigens besinnen sollte.

Klinische Untersuchung

Die psychiatrische Untersuchung besteht aus:

- *Klinischem Interview:* liefert Informationen über
  - den *gegenwärtigen Befund (Status praesens)* von normalem und pathologischem Verhalten,
  - Die *Anamnese* (Geschichte der jetzigen Erkrankung).
    Die Eigenanamnese mit dem Patienten ist zu ergänzen durch die Außenanamnese durch Angehörige, Bekannte, Mitarbeiter u.a.
    Die Anamnese i.w.S. soll Daten aus dem Leben des Patienten erheben:
    biologische: Geburt, Entwicklung, Menarche, Krankheiten, Unfälle, Schwangerschaften,
    psychologische: „innere" lebensgeschichtliche Entwicklung, Persönlichkeit,
    soziale: Familie, Kontakte, Beziehungen, Beruf, Sozial-, Zivilstand.
- *Körperbefund (Status somaticus):* u.U. ergänzt durch Labordaten.

Das klinische Interview ist das ärztlich-psychologische diagnostisch-therapeutische Gespräch; seine *Zielsetzung* ist:

- diagnostisch: gegenwärtiger Zustand, biographische Entwicklung, aktuelle Konstellation, Situation zur Zeit/vor der Erkrankung,
- therapeutisch: das Interview soll Auskunft geben über die Gesprächszugänglichkeit des Patienten, seine Beziehungsfähigkeit und Bereitschaft, seine Therapiebedürfnisse, therapeutische Ansprechbarkeit (Introspektionsfähigkeit, Offenheit, Kooperationsfähigkeit, Flexibilität).

Das klinische Gespräch dient

- dem Patienten (direkt im Sichmitteilen, indirekt über die Information betreffend Diagnose und Therapiemöglichkeiten),
- dem Arzt/Psychologen: diagnostische Information, Therapieplanung,
- beiden als Grundlegung, Festigung, Ausbau der Beziehung zwischen Patient und Therapeut.

Von den Arten des Interviews (1. frei, offen, unstrukturiert, 2. voll standardisiert, Fragen in Reihung und Formulierung festgelegt und 3. semistandardisiert, flexibel anwendbarer Fragenkatalog) ist für praktisch-klinische Zwecke das freie Interview das wichtigste (die anderen Arten für Forschungszwecke).

Das freie klinische Interview bevorzugt direkte und offene Fragen. Wenn sie allgemein gehalten sind, regen sie zum Erzählen an (z.B.: Welche Erinnerungen haben Sie aus Ihrer Kindheit an Ihre Eltern?). Wenn Sie speziell sind, induzieren sie oft eher knappe (ja/nein) Antworten (z.B. Hören Sie Stimmen?).

Indirekte Fragen tasten sich an einen u.U. als heikel empfundenen Erlebnisbereich heran (z.B. Schlaf – Traum – besondere Erlebnisse im Wachen) oder geben eine erklärende oder amplifizierende Einleitung (z.B. viele Menschen wissen von besonderen Erlebnissen, vielleicht Gesichter, wenn sie allein, verwitwet usw. sind...) oder sind implikativ (z.B. Arztbesuch wegen Körperbeschwerden – Angst – Sorge – Hypochondrie – Leibhalluzinationen).

Alternativfragen induzieren oft knappe Antworten (z.B.: Waren Sie ein guter oder schlechter Schüler?).

Suggestivfragen sind möglichst zu vermeiden, sowohl passive (z.B.: Fühlen Sie sich körperlich, geistig gesund?) wie aktive (in positiver Formulierung: Sie hören Stimmen, nicht wahr?, in negativer Formulierung: Stimmen haben sie nicht?).

Der Untersucher sollte dem Patienten die Mitteilung seiner Beschwerden und eine mit wachsendem Vertrauen zunehmende Öffnung ermöglichen. Daher kann – trotz Neutralität (i.S. von Enthaltung von Bewertungen) – im Verlauf des Gesprächs mehr an empathischen Elementen einfließen, Beziehungsanalyse versucht werden, evtl. schon Deutung angeboten werden.

Das Gespräch ist für Patient und Interviewer am besten gelungen, wenn der Patient möglichst von sich aus zur Sprache bringt, was ihn bewegt und wie das in seiner Lebensgeschichte steht. Dann können immer noch ergänzende gezielte Fragen über noch nicht berührte Themenbereiche gestellt werden (z.B. über Suizidalität, spezielle psychopathologische Symptome).

Psychopathologiestatus

Erhebung der vom Patienten selbst spontan oder auf Befragung vorgebrachten Erfahrungen („Beschwerden“) und *Verhaltensbeobachtung*. Die Befragung kann im freien klinischen Gespräch (diagnostic interview), in standardisierter oder semistandardisierter Weise durchgeführt werden. Für die klinische Psychiatrie hat die Fremdbeurteilung Vorrang vor der Selbstbeurteilung.

Das freie klinische Gespräch hat den Vorteil größter Beweglichkeit und Spontaneität, aber u.U. (d.h. bei ungenügender Ausbildung und Selbstkritik des Untersuchers) den Nachteil der Unvollständigkeit und der Abhängigkeit des Informationsgehalts nicht nur vom Patienten (das gilt auch für standardisierte Selbst-

und Fremdbeurteilung), sondern auch vom Untersucher, seiner Motivation, seinem Interesse, seinem nosologischen Konzept, der von ihm mitgestalteten Untersuchungssituation, von der Art, dem Tonfall, der Formulierung, der Reihenfolge der Fragen. Standardisierte Erhebungen haben den Vorteil der Vollständigkeit und Regelhaftigkeit (Vergleichbarkeit), den Nachteil eines u.U. unkontrollierbaren Informationsverlusts durch den Mangel an Flexibilität und Spontaneität, der Behinderung oder Unterbindung der Patient-Untersucher-Beziehung und damit auch der Einleitung einer therapeutischen Beziehung.

Nach dem Untersuchungsgespräch sollte der Arzt/Psychologe den Psychopathologiestatus erstellen können. Das heißt, er sollte über Vorhandensein oder Nichtvorhandensein z.B. der im folgenden *Befundblatt* (AMDP 1995) aufgezeichneten Symptome Bescheid wissen (Tab. **3**).

Nach der Symptomfeststellung kommt die Syndromdiagnose.

Das klinische Interview sollte die wichtigsten Informationen zur *multiaxialen Diagnostik* (DSM-IV 1994) liefern:

- Syndromdiagnose,
- Persönlichkeitscharakteristika, evtl. -störungen,
- physische Störungen und Bedingungen (Körperbefund, Gifte, Drogeneinflüsse),
- psychosoziale Stressoren (Art und Schwere),
- Funktionsniveau der Persönlichkeit im letzten Jahr.

Tabelle **3** Psychiatrie – psychischer Befund (AMDP-System)

Bewußtseinsstörungen:
Bewußtseinsverminderung
Bewußtseinstrübung
Bewußtseinseinengung
Bewußtseinsverschiebung

Orientierungsstörungen:
Zeitlich
Örtlich
Situativ
Zur eigenen Person

Aufmerksamkeits- und Gedächtnisstörungen:
Auffassungsstörungen
Konzentrationsstörungen
Merkfähigkeitsstörungen
Gedächtnisstörungen
Konfabulationen
Paramnesien

Formale Denkstörungen:
Gehemmt
Verlangsamt
Umständlich
Eingeengt
Perseverierend
Grübeln
Gedankendrängen
Ideenflüchtig
Vorbeireden
Gesperrt/Gedankenabreißen
Inkohärent/zerfahren
Neologismen

Befürchtungen und Zwänge:
Mißtrauen
Hypochondrie
Phobien
Zwangsdenken
Zwangsimpulse
Zwangshandlungen

Tabelle **3** (Fortsetzung)

Wahn:
Wahnstimmung
Wahnwahrnehmung
Wahneinfall
Wahngedanken
Systematischer Wahn
Wahndynamik
Beziehungswahn
Beeinträchtigungs- und Verfolgungswahn
Eifersuchtswahn
Schuldwahn
Verarmungswahn
Hypochondrischer Wahn
Größenwahn
Andere Inhalte

Sinnestäuschungen:
Illusionen
Stimmenhören
Andere akust. Halluzinationen
Optische Halluzinationen
Körperhallluzinationen
Geruchs- und Geschmackshalluzinationen

Ich-Störungen:
Derealisation
Depersonalisation
Gedankenausbreitung
Gedankenentzug
Gedankeneingebung
Andere Fremdbeeinflussungserlebnisse

Störungen der Affektivität:
Ratlos
Gefühl der Gefühllosigkeit
Affektarm
Störung der Vitalgefühle
Deprimiert
Hoffnungslos
Ängstlich
Euphorisch
Dysphorisch
Gereizt
Innerlich unruhig
Klagsam/jammerig
Insuffizienzgefühle
Gesteigerte Selbstwertgefühle
Schuldgefühle
Verarmungsgefühle
Ambivalent
Parathymie
Affektilabil
Affektinkontinent
Affektstarr

Antriebs- und psychomotorische Störungen:
Antriebsarm
Antriebsgehemmt
Antriebsgesteigert
Motorisch unruhig
Parakinesen
Manieriert/bizarr
Theatralisch
Mutistisch
Logorrhoisch

Zircadiane Besonderheiten:
Morgens schlechter
Abends schlechter
Abends besser

Andere Störungen:
Sozialer Rückzug
Soziale Untriebigkeit
Aggressivität
Suizidalität
Selbstbeschädigung
Mangel an Krankheitsgefühl
Mangel an Krankheitseinsicht
Ablehnung der Behandlung
Pflegebedürftigkeit

Tabelle **3** (Fortsetzung)

Schlaf- und Vigilanzstörungen:	*Appetenzstörungen:*
Einschlafstörungen	Appetit vermindert
Durchschlafstörungen	Appetit vermehrt
Verkürzung der Schlafdauer	Durst vermehrt
Früherwachen	Sexualität vermindert
Müdigkeit	

Somatostatus

Körperliche (besonders auch neurologische) Untersuchung und Laboruntersuchungen (z.B. Blutdruck, Blutzucker, EEG, Liquor u.v.a.).

Anamnese

- Allgemeine Anamnese:
  - biographische[13], soziale, medizinische Daten,
- spezielle Krankheitsanamnese:
  - Entwicklung des jetzigen Krankheitsbilds, Verlauf,
- Familienanamnese:
  - soziale und medizinische Daten; Heredität,
- Eigenamnanese:
  - vom Patienten selbst erhobene Angaben zu den ersten 3 Punkten,
- Fremdanamnese:
  - von Auskunftspersonen (meist Angehörigen, Bekannten, Kollegen, Vormündern, Fürsorgern usw.) erhobene Angaben zu den ersten 3 Punkten.

Differentialdiagnostischer Prozeß

Welche Zuordnungen des beschriebenen Bilds zu den erhobenen Befunden und zu den anamnestischen Angaben kommen in Frage? Gibt es Hinweise für das Vorliegen körperlich begründeter psychischer Störungen?

[13] Siehe dazu Duehrssen 1981.

Gibt es Leitsymptome, -syndrome, die eine regelhafte Zuordnung erlauben („Mustererkennen")?

Welche Diagnosen scheiden aus (Per-exclusionem-Diagnose)?

Mit Hilfe welcher aus klinischer Untersuchung und Anamnese gewonnener, u. U. nachträglich einzuholender Informationen kann ich zu einer Vermutungsdiagnose kommen? Welche Zusatzdaten brauche ich, um diese *heuristische diagnostische Hypothese* zu erhärten?

In praxi spielt die „intuitive" Anhiebsdiagnose (die klinische „Nase"), oft schon nach wenigen Minuten gefällt, eine ungemäß große Rolle.

Beispiel:

- Psychopathologiestatus:
  - Symptomebene: Antriebslosigkeit, gedrückte Stimmung, Denkhemmung, Angst usw.,
  - Syndromebene: depressiv-gehemmtes Syndrom,
- Somatostatus: lichtstarre Pupillen, Reflex-, Sprachstörungen usw.,
- Anamnese:
  - Verlauf: chronisch zunehmende Erkrankung,
  - biographisch: bis vor Beginn der Erkrankung im mittleren Alter unauffällige Entwicklung, kein erkennbarer lebensgeschichtlicher Anlaß,
  - sozial: lebt in geordneten, wirtschaftlich gesicherten Familienverhältnissen,
  - medizinisch: vor 15 Jahren genitaler Infekt; einmalige Injektionsbehandlung,
- Verdachtsdiagnose: chronische Depression bei progressiver Paralyse,
- Zusatzuntersuchung im Blut/Liquor: positive Luesreaktionen,
- Diagnose: chronische Depression bei progressiver Paralyse (Zustandsdiagnose und ätiologische Diagnose).

Diagnose – Zuordnung in der Nosologie

Das Ziel des diagnostischen Entscheidungsprozesses ist die Zuordnung eines klinisch feststellbaren Erscheinungsbilds zu einer Diagnose im Sinne einer ätiopathogenetischen Krankheitsbezeichnung.

Dieses Ziel ist aber infolge noch weit verbreiteten Unwissens um die Ursachen psychiatrischer Erkrankungen (besonders auf dem Gebiet der sog. endogenen Psychosen) längst nicht immer zu erreichen. Dann muß sich die Diagnostik auf eine Zustands-Verlaufs-Typologie beschränken.

Ähnliche Zustands-Verlaufs-Bilder sind aber in der Psychiatrie ätiopathogenetisch oft heterogen. Verschiedene (somatische und psychische) Noxen können zu ähnlichen Krankheitsbildern führen (z. B. schizophrenieartige Psychosen bei belastenden Lebensereignissen, bei Temporallappenepilepsie, bei LSD-Vergiftungen u. a.). Und gleiche Noxen können zu verschiedenen Zustandsbildern führen (z. B. chronischer Alkoholismus zu Delirien, zu Halluzinose, zu Demenz, zu Epilepsie).

Die folgende Übersicht ist ein einfaches Grundschema, welches auch in den heute gängigen Diagnoseinstrumenten (ICD-10 = International Classification of Diseases der WHO, DSM-IV, Diagnostic and Statistical Manual der American Psychiatric Association) erkennbar ist.

Krankheitssystematik

- „Psychische" Folgen von Gehirnerkrankungen:
  - akute, chronische,
  - diffuse, lokale.
- Psychische Störungen schwerer Art als Folge von Erbanlagen, körperlichen und psychosozialen Einflüssen, sog. „endogene" Psychosen:
  - Gemütskrankheiten (Affektkrankheiten),
  - Schizophrenien.
- Reaktionen und Entwicklungen als Folge von ungünstigen Lebenserfahrungen, z.B. auch Erbeinflüssen und körperlichen Schäden:
  - sog. Neurosen,
  - Persönlichkeitsstörungen,
  - Reaktionen (depressive und andere, z.B. paranoide),
  - Abweichungen der Trieborientierung: Essen, Trinken; sexuelle Abweichungen,
  - Suchten,
  - psychosomatische Störungen.
- Intelligenzmangel (Schwachsinn).

Bei allen Störungen sind die in Abb. **4** aufgeführten ursächlichen Faktoren zu berücksichtigen.

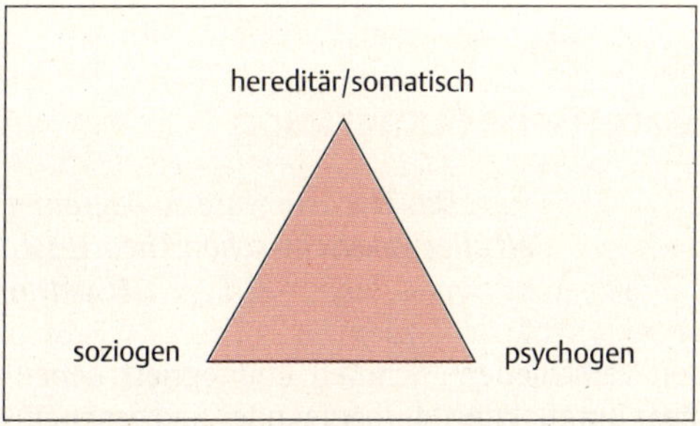

Abb. **4** Die 3 Ursachenbereiche psychischer Störungen.

Für wissenschaftliche Zwecke empirisch-statistischer Forschung gibt es zahlreiche Instrumente zu standardisierter Erhebung, Dokumentation, auch eine standardisierte Informationsverarbeitung und Computerdiagnostik.

Für die Praxis der Behandlung des einzelnen kranken Menschen aber muß man immer eine *„Individualdiagnose“* (Curtius 1959) erstellen, d.h. die Persönlichkeit des Kranken in ihrer Werdensgeschichte, in ihrem situativ-lebensgeschichtlichen, d.h. immer auch sozialen Kontext – wirtschaftlicher, familiärer, Wohnsituation usw. – berücksichtigen!

Diagnose – therapeutische Handlungsanweisung

Der Sinn der Diagnose ist die Handlungsanweisung für Therapie und Prophylaxe.

Werden die Symptome nicht sorgfältig und richtig erfaßt, so wird die richtige Diagnose versäumt – und damit vielfach die (nach dem jeweiligen Forschungsstand) einzuschlagende Therapie.

Wird z.B. eine Depression bei progressiver Paralyse nicht erkannt, sondern als erlebnisreaktive Depression mißdeutet, so unterbleibt die lebensrettende Penicillinbehandlung. – Wird eine „Verwahrlosungsentwicklung“ einer Adoleszentin nicht als Erstmanifestation einer affektpsychotischen Manie erkannt, so unterbleibt u.U. die heilende Lithiumprophylaxe. – Wird in der „Unaufmerksamkeit“ eines Schülers nicht die Absence erkannt, so unterbleibt die klärende EEG-Untersuchung und die antiepileptische Therapie. – Wird eine apathische Gleichgültigkeit und Abstumpfung auf mangelnde soziale Stimulation, auf Isolation und Involutionsalter bezogen, so kann u.U. ein Hirntumor unerkannt weiterwachsen. – Wird bei einer fahrigen Aufgeregtheit die Thyreotoxikose übersehen, so unterbleibt die gezielte Therapie. – Wird ein phasisch Depressiver als neurotisch Depressiver eingestuft, so versäumt er die Hilfe von Antidepressiva und Lithium. – Wird ein Schizophrener nicht erkannt, sondern als „Neurotiker“ „auf die Couch gelegt“, so kann seine Psychose exazerbieren usw.

Wissenschaftstheoretische Bemerkung

„Das Höchste wäre zu begreifen,
daß alles Faktische schon Theorie ist.“
(Goethe)

In der Psychiatrie stehen verschiedene Schulen unintegriert nebeneinander oder kommen gar unreflektiert durcheinander und gegeneinander zur Anwendung. Selbst- und methodenkritische Perspektivenvielfalt ist wünschenswert, nicht hingegen szientistische Monomanie, unverbindlicher Ad-hoc-Eklektizismus (epistemologischer „Eintopf") oder die kognitive Megalomanie grandioser Henosis (Union).

Beispiele für Monomanie: Biologistische Ideologie deutet alle psychopathologischen Phänomene als kausal zu beziehen auf physische, „objektiv" feststellbare morphologische, physiologische, biochemische, chromosomale Abweichungen. Psychologistische Monomanie deutet nicht nur sog. „Pathologisches" (wie Wahn, allenfalls „die Psychose" überhaupt) nach dem psychoanalytischen Abwehrmodell und einer pathologisierten frühen Ontogenese, sondern alle menschlichen Hervorbringungen, sogar religiös-spirituelle Bewußtseinsentwicklung. (Ein neueres groteskes Beispiel dafür ist Masson 1980, welcher den Buddha als „depressed" bezeichnet und seine Lehre der Leidbefreiung als „manische Abwehr", welcher die Atman-Mahaatman-Idee als megalomane narzißtische Aufblähung deutet, die Weltüberwindung im Yoga als Abwehr gegen Ohnmacht, Phobie, Isolation. Die Liebe im Sinne von metta sei „eigentlich" Haß, Abwehr gegen Aggression und Destruktivität. Das ozeanische Gefühl, mystische Union, sei Regression in den Mutterleib. Nur die Grandiosität eigenen Durchschauens, Penetrierens, Einverleibens wird nicht gedeutet.) Beispiele für monoman-ideologische Deutungen aller psychischen Krankheiten als soziogen brachte die Antipsychiatrie, als kulturelle Artefakte ein überspitzter Kulturrelativismus.

Unverbindlichen Eklektizismus findet man dort, wo mit Argumenten einer Theorie (z.B. biochemischen, behavioristischen) gegen eine andere (z.B. psychoanalytische „Ableitungen") argumentiert wird, manchmal im Bereich multikonditionaler Modelle. Imposante kognitive Omnivoren findet man unter der Flagge systemisch, holistisch, holotrop, holographisch, wo in grandioser Schau verschiedene uraltehrwürdige religiophilosophische Lehren aus aller Welt zu „einem neuen Welt- und Menschenbild" zusammengesehen werden, wo Taoismus und moderne Physik letztlich das gleiche meinen, wo sich von der Wirtschaft bis zur Philosophie alles zu einer kosmisch-ökologischen Ethik und Harmonie wendet, wo karmische Schuld in früheren, präkonzeptionellen Existenzen oder antenatale „Erfahrungen" oder perinatale Untergangserlebnisse oder postnatale Traumen für die Infirmität im jetzigen Lebensabschnitt verantwortlich „sind", wo Grundexistentialien des Menschen, seiner Seele erklärt werden.

Beobachtungen sind schon gestaltet, vom „Symptomträger", vom Untersucher, von deren Interaktion.

Beobachtungen enthalten Interpretation. Das ist unumgänglich, liegt in unserer Weltauffassung. Unser Verhältnis zur Welt ist ein interpretatives (deshalb ist der Mensch auch grundsätzlich wahnfähig – Wahn verstanden im Sinne des Herausgeratens aus der Commonsense-Deutung). Interpretation, Deutung, Bedeutung-geben, -hineinlegen, -herauslesen ist nicht vermeidbar. Aber man kann versuchen, die Interpretation als kognitiven Prozeß transparent zu machen hinsichtlich Zielsetzung, Aufgabe, Methode, zu diesem Ziel zu gelangen. Dann kann auch Interpretation intersubjektiv nachprüfbar werden.

Besonders schwierig ist das Gebiet des funktional-finalen Deutens: Welche Deutung ist für welchen Sachverhalt angemessen, legitim vertretbar? Besonders beim Motivdeuten ist die Gefahr monomaner Deutungen nach einem Deutungsmodus groß. Solche Deutungen spielen aber in der praktisch-therapeutischen Arbeit und in der Schriftstellerei darüber eine große Rolle.

Groteske Monomanien hat die „applied psychoanalysis" hervorgebracht, sei es in der Ethnologie, der Literaturwissenschaft, der Geschichte, der Philosophie und Religion (s. oben).

Auch in der Interpretation psychiatrisch-psychotherapeutischen Bemühens finden wir solche Deutungen. So z. B. wenn Helfer-Handeln als Kompensation für selbst früher erfahrenes Liebes- und Pflegedefizit (Geben, was man vermissen mußte) gedeutet wird. Oder wenn der mächtige Vater damit überwunden werden soll, daß ein viel bewunderter Arzt megaloman-narzißtisch Macht über Leben und Tod gewinnt. Oder wenn das Behandeln bestimmter Krankheiten als stellvertretender Kampf mit eigener innerer, verborgener gleicher Krankheit gedeutet wird (z.B. der „innerlich", „latent" Schizophrenienahe werde zum Schizophrenietherapeuten). Der Kinderpsychiater wehre Angst vor Erwachsenen ab, vor den eigenen Eltern. Der Gerontopsychiater überwinde in einer progressiven Strategie die eigene Angst vor dem Verfall.

Man sieht schnell: Das Deuten verliert sich in unverbindliche und dann nichtssagende Beliebigkeit – und führt ad absurdum. Als Antidot wäre eine *Ethik und Ästhetik des Deutens* zu wünschen, unter Einbezug der *Interaktionalität des Deutungsakts* und der *instrumentellen Dienlichkeit des Deutens für das Handeln.*

Was für die Wissenschaften allgemein gilt, daß der zu beforschende Gegenstand die Methode seiner Beforschung bestimmt, gilt auch für die Psychiatrie. Eine Demenz bei einer Hirnabbaukrankheit erfordert andere Methoden der Beforschung als z. B. eine Erotomanie. Dabei ist der zu beforschende „Gegenstand" in der Psychopathologie in hohem, aber unterschiedlichem Grad dem Rosenthal-Effekt ausgesetzt: der Beeinflussung des Beobachtungsgegenstands durch die Einstellung, Haltung, Absicht, Motivation des Untersuchers, ja schon durch den Akt der Beobachtung.

Psychopathologieforschung kann nur in einem kreativen Wechselspiel idiographischer und generalisierender, jedenfalls auf Prüfbarkeit im intersubjektiven Konsensus und in der Wiederholung bedachter Methodik fortschreiten.

Jede empirische Forschung in den Realwissenschaften beginnt mit der Beobachtung und Beschreibung. Sogar darin ist immer schon Theorie im allgemeinen Sinn, Anschauungsweise. So sagte Popper (1968): „Clinical observations, like all other observations, are interpretations in the light of theories". Von der Einzelbeobachtung nehmen die verschiedenen phänomenologischen Bemühungen ihren Ausgang, wenn sie in der sog. Reduktion „alles" bloß Gemeinte, Vermutete, scheinbar Sichere möglichst auszuschließen und den „Kern" (das Phänomen) eines gegebenen Sachverhalts, das Invariante im individuell Variierenden zu finden suchen (Husserl 1913). Es ist ein Idealziel, „alles Theoretische" auszuschließen, die Sache selbst rein zu Wort kommen zu lassen. Denn all unsere Auffassung ist schon Theorie!

Eine weitere Entwicklung brachte die phänomenologische Hermeneutik (Heidegger 1927, Gadamer 1972).

Von der phänomenologischen Hermeneutik ist die „Tiefenhermeneutik" (Habermas 1973) der Psychoanalyse abzugrenzen, eine explikativ-hermeneutische Methode im terminologischen Gewande der Naturwissenschaft. Es ist die große Tat Freuds, Wege zu diesem Verstehen gebahnt zu haben[14]. Leider hat er das schlichte Vorfindbare bald verlassen: „Die wahrgenommenen Phänomene müssen in unserer Anschauung gegen die nur angenommenen Strebungen zurücktreten" (Ges. Werke XI, S. 62). Darin liegt eine Gefahr: die Verführung, um der Stimmigkeit der Theorie willen die Sache vorzeitig zu verlassen, sich im Deuten aus einer kreativen Phantasie der Verbindlichkeit des Aufweisbaren durch Hypostasierung zu entziehen[15].

Auch die empirisch-nomothetische Forschung will überindividuell, „allgemein" Gültiges feststellen und regelhafte Zusammenhänge zeigen. Die Wege zu diesem Ziel sind verschieden. Einmal ist es die Idiographie und die hermeneutisch auslegende Interpretation, das andere Mal die von operationalisierten Begriffen, standardisierter Erhebung und Dokumentation ausgehende empirisch-statistische Methode. Diese Methoden sind nicht als Alternativen gegeneinander auszuspielen. Hermeneutik zielt auf Verstehen des Einzelnen und des

---

[14] Zur Vorgeschichte Freuds s. Ellenberger (1970) – Zur existentiellen Bedeutung der Psychoanalyse s. Kunz (1930, 1956, 1975). Frühe Psychodynamiker im 19. Jahrhundert s. Scharfetter 1987.

[15] Es ist die Gefahr des Sprungs in die Erklärung.
Vgl. Dazu Goethe (Maxime Nr. 428): „Theorien sind gewöhnlich Übereilungen eines ungeduldigen Verstandes, der die Phänomene gerne los sein möchte und an ihre Stelle deswegen Bilder, Begriffe, ja oft nur Worte einschiebt."
Nietzsche (1887): „Mit dem Unbekannten ist die Gefahr, die Unruhe, die Sorge gegeben, – der erste Instinkt geht dahin, diese peinlichen Zustände wegzuschaffen... Beweis der Lust („der Kraft") als Kriterium der Wahrheit."

allgemein menschlich Gültigen in seinem Gewordensein. „Hermeneutik ist Wirkungsgeschichte“ (Gadamer 1972, S. 283). Die empirisch-statistische Forschung, die den einzelnen kranken Menschen nicht erfaßt, kann auf dem Wege anderer Methoden erarbeitete Ergebnisse auf ihre Allgemeingültigkeit im Sinne von Regelhaftigkeit überprüfen helfen.

Mit der Feststellung des Sachverhalts (die immer schon Theorie enthält) beginnt die Hypothesenbildung. Plausible Hypothesen gelten so lange, bis sie widerlegt oder durch bessere ersetzt werden können. Die Wissenschaft konstruiert zur Erklärung von Zusammenhängen in der Entwicklung eigener Sprachen Theorien. Hier gehen die Versuche auseinander: Psychoanalyse, Behaviorismus, Lerntheorie, Gestaltpsychologie, Kommunikationspsychologie und viele andere Richtungen. Der Theorienpluralismus ist unentbehrlich und bei methodologischer „Sauberkeit“ fruchtbar, solange nicht in der Sprache einer Theorie gegen eine andere argumentiert wird (Abb. **5**).

Vgl. Bochenski (1954, S. 139): „Angesichts dessen aber, was unsere zeitgenössische Methodologie zu sagen hat, sind verschiedene Methoden des Denkens gar nicht ausschließende Alternativen, sondern komplementäre Aspekte des Denkens.“ – Die Wahl der Denkmethode, ja des Denkziels, ist eine vorwissenschaft-

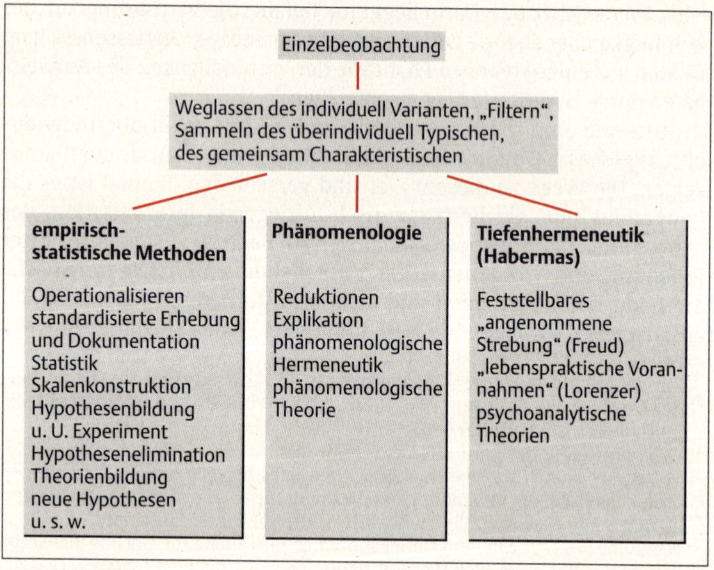

Abb. **5** Wege empirischer Forschung in der Psychiatrie.

liche Entscheidung; auch die philosophische Denkungsart ist Ausdruck des Wesens eines Menschen. Die „Psychologie der Philosophie" ist noch ungeklärt (s. Jaspers 1925).

Theorien sind Versuche, verbindlich benannte Sachverhalte sinnvoll aufeinander zu beziehen zu einem systematisch geordneten, in sich widerspruchsfreien Gefüge von Sätzen, die den Sachverhalt möglichst treffen (Formulierung in Anlehnung an Bochenski 1954).

Der Wert einer Theorie wird daran gemessen:

- Wieviel läßt die Theorie möglichst einfach (ökonomisch) erklären und verstehen?
  Anhand des Feststellbaren sollte jedes komplexe Theoriengebilde immer neu daraufhin befragt werden, was davon nötig ist und beibehalten werden darf (Theorienreduktion).
- Welche Voraussagen sind aus dieser Theorie möglich? Das heißt hier: Welchen Wert haben aus dieser Theorie abgeleitete Handlungsanweisungen für unser therapeutisches Tun?

Ausgangspunkt und „Prüfstand" für alle verschiedenen Theoriebildungen sollte die sorgfältige Deskription der „Sache" bleiben.

Jede Forschung muß sich auf Einzelbeobachtungen stützen. Dabei ist die Perspektive des einzelnen Beobachters nicht einfach auszuschalten. Daß die Sache sich von sich selbst her zeige, und zwar eindeutig, so daß wir zu einer sachgemäßen und beobachter-unbeeinflußten Aussage kämen, ist eine Hoffnung, aber nie eine Sicherheit. Einzelnes kann immer nur mit Hilfe von allgemeinen Begriffen erfaßt werden, die selbst einer Theorie (ob nun vergegenwärtigt und formuliert oder nicht) angehören.

Allgemeine Begriffe beinhalten die Gefahr, ein Wissen vorzugeben, wo wir nur Vorstellungen, Imaginationen haben oder nicht einmal das. Das gilt z. B. für die in verschiedensten Theorien so reichlich verwendeten Begriffe Struktur und Dynamik. Hin und hin werden komplizierte Konstruktbegriffe, die eine Sache im Sinne einer Theorie interpretieren helfen sollen, zur Beschreibung verwendet. Und Beschreibung wird vielfach fälschlich mit Phänomenologie gleichgesetzt.

In Konstrukten, in Bildern, die wir uns bilden, vollzieht sich unser „Erfassen" unserer Welt. Wir hoffen, daß Menschen redlichen Bemühens dabei einigermaßen ein Gemeinsames treffen. Der Mensch gestaltet sich mittels der kognitiven Funktionen des Bewußtseins (Wahrnehmung und Erkennen) „seine" Welt. Das heißt nicht, daß er sie erschaffe, kreiere. Er entnimmt aus ihr kognitive Strukturen oder legt solche in sie hinein, gibt ihr also Gestalt. In diesem Sinne, welchen heute auch die epistemologische Richtung des Konstruktivismus meint (v. Glasersfeld 1985, v. Foerster 1985, L. Segal 1986), ist der Mensch weltgestaltend: ein Kosmopoet. Der intersubjektiven Konsensus erfahrende Überschneidungsbereich dieser in Abhängigkeit von Kultur und Person gestalteten Welt gilt als Realität (i.S. der Ordinary reality, Castañeda 1968).

Infirmitäten, Leid, Beschwerde ist gegeben. Krankheiten im Sinne nosologischer Systeme sind als gestaltete „Einheiten" Typen, sind Facta (Gemachtes). Sie werden aus der Polymorphie menschlichen Infirmseins zum Zwecke diagnostischen und therapeutischen Handelns gestaltet (Nosopoesis) und haben sich als solcherart geschaffene Konstrukte instrumentell zu bewähren.

Ein Vergleich mag das beleuchten: Eine Landschaft wird durch eine Landkarte (u.U. sehr informationsreich) abgebildet. Die Landschaft ist das Gegebene, das Kartenbild die daraus je nach Betrachter, Abbildner, nach seiner Absicht, Perspektive etc. gemachte Gestalt – welche nie die ganze wirkliche, d.h. auf verschiedene Betrachter unterschiedlich wirkende Landschaft erreicht. Die Landschaft steht in diesem Vergleich für Infirmität, die Nosologie für die Landkarte.

Lorenz (1973) ist überzeugt, daß der „Weltbildapparat" des Menschen, d.h. unsere Denk- und Anschauungsformen, „ein wirkliches Bild der Wirklichkeit" ermöglichen, „allerdings eines, das in kraß utilitaristischer Weise vereinfacht ist" (S. 17). – „Der physiologische Apparat, dessen Leistung im Erkennen der wirklichen Welt besteht, ist nicht weniger wirklich als sie" (S. 32).

Die Welt ist kompliziert genug für unser Verstehen. Wir haben allen Grund, nur die Konstrukte mitzuschleppen, ohne die wir im gegenwärtigen Stand unserer Wissenschaft nicht auszukommen glauben.

Wir haben allen Grund, uns immer weiter um eindeutige und klare Begriffe zu bemühen und nicht beschreibende und interpretierende Termini, also Wörter von verschiedener Bedeutungsebene, durcheinander zu verwenden.

Herr L. schrieb davon: „Selbst Gott kann nicht Wörter mit zwei speziellen gegensätzlichen Bedeutungen benutzen, um uns Menschen in einer guten verständlichen Art zu lehren".

2. Bewußtsein

(Abb. 6)

Bewußtsein ist ein Begriff mit vielen Bedeutungen. Das Ganze des menschenmöglichen Bewußtseinsbereichs ist wie die „Natur", das Wesen des Bewußtseins dem Menschen erkenntnismäßig nicht zugänglich. Wir können immer nur Teilaspekte studieren – und sollten dabei eben diese Partikularität im Auge behalten.

Psychopathologie kann als die Lehre von gestörten Funktionen des mittleren Tages-Wach-(= Alltags-)*Bewußtseins* umschrieben werden. Zur Abgrenzung von ungewöhnlichen (in diesem Sinne abnormen) Erlebnis- und Verhaltensweisen, zur Vermeidung ihrer vorzeitigen Pathologisierung (Deklaration als Symptome einer psychischen Krankheit) ist die Kenntnis von besonderen Wach-Bewußtseins-Zuständen,

Bewußtsein

In weiter Wortbedeutung

- Das Gesamte des potentiell Erlebbaren

  entspricht
  - engl. mind field
  - dt. mentaler Bereich, psychisches (Er-) Leben

- Es schließt ein:
  - Bewußtseinsfelder:
    Wach-Bewußtsein – Schlaf-Bewußtsein
    Über-Bewußtsein – Unter-Bewußtsein
  - Bewußtes und (zumindest teilweise) Unbewußtes

In enger Wortbedeutung

- „Consciousness is awareness of self and environment (Cobb 1957)"

- Komponenten:
  - Wachheit (Vigilanz, arousal)
  - Bewußtseinsklarheit (Luzidität)
  - Selbst-/Ich-Bewußtsein und Außenwelt-Bewußtsein

Abb. **6** Bewußtsein – hauptsächlicher Begriffsumfang.

ihren hauptsächlichen Inhalten und den Auslösebedingungen wichtig. Solche besonderen Wach-Bewußtseins-Zustände (engl. altered states of consciousness [ASC]) können zur Übersichtlichkeit in einer (als Hilfskonstruktion zu verstehenden) Landkarte menschenmöglicher Bewußtseinszustände eingetragen werden (Abb. **7** u. **8**).

Am menschlichen Bewußtsein im weiten Sinne kann differenziert werden:

- der Zustand,
- die kognitive Qualität,
- der Inhalt.

Die elementaren Komponenten des Bewußtseins sind:

- Wachheit, Vigilanz, Arousal,
- Gerichtetheit,
- Erlebnisfähigkeit.

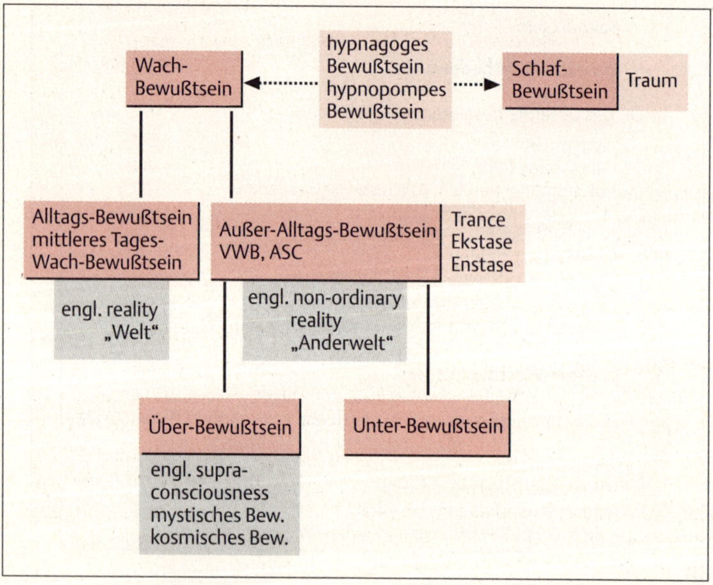

Abb. 7 Bewußtseinszustände.

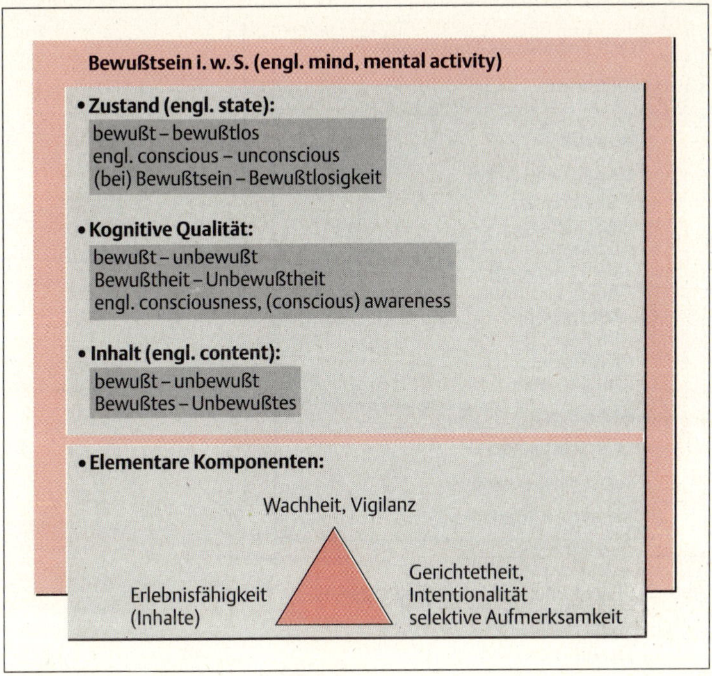

Abb. **8** Bewußtsein – Aspekte und Komponenten.

Am Wach-Bewußtsein sind für die Beurteilung die in Abb. **9** aufgeführten *Funktionskomponenten* zu differenzieren.

Die besonderen Wach-Bewußtseins-Zustände (*nicht* differenziert nach Unter- und Über-Bewußtsein) sind unabhängig von ihren Auslösebedingungen um die Themen der Ich-/Selbst-Erfahrung (positive und negative Ich-Auflösung) und Umwelterfahrung (äußere „Realität“ der Wahrnehmungswelt) zentriert (Dittrich 1985) (Abb. **10**).

In einer weitergehenden Differenzierung, wie wir sie vor allem für transpersonale, individuumsüberschreitende, religiöse, spirituelle, gar mystische Bewußtseinsbereiche brauchen, sind mittleres Tages-Wach-Bewußtsein (Alltags-Bewußtsein), Unter-Bewußtsein (Außer-Alltags-Realität, Traum) und Über-Bewußtsein (Transzendenzberührung) getrennt darzustellen. Jeder Bewußtseinsbereich hat sein für ihn charakteristisches Erfahrungsfeld und zugehörige Beziehungen zum Ich/Selbst, zur individuellen Person und zur Gültigkeit von Rationalität (Abb. **11**).

Wach-Bewußtsein-Funktionen

Funktionen:

- Wachsein
- Bewußtseinsklarheit:
  - Orientierung
  - Zeiterleben
  - Gedächtnis
  - Wahrnehmung
  - Aufmerksamkeit
  - Konzentration
  - Denken, Sprechen
  - Intelligenz
  - Affekterleben
- Erfahrungsbewußtsein
- Realitätsbewußtsein
- Selbst-Ich-Bewußtsein
- Außenwelt-Bewußtsein

Abb. **9** Funktionen des Wach-Bewußtseins.

Ich

positive Ich-Auflösung	spirituelle Transformation Mystik
negative Ich-Auflösung	Horrortrip desintegrative Krise

Welt

andere, „neue" Welterfahrung

Abb. **10** Außer-Alltags-Bewußtsein-Inhalte.

Bewußtseinsbereiche

Bereich	Ich/Selbst/Person Ratio	Erfahrung („Realität“)
Über-Bewußtsein	trans – ego – narzißtisch – personal – rational	Absolutes Gottheit Gott Hierophanie
Mittleres Tages-Wach-Bewußtsein	Ich/Selbst persönliche Individualität rational	Alltagsrealität (engl. ordinary reality)
Unter-Bewußtsein	prä – ego – personal – rational	Außer-Alltags-Realität (engl. non-ordinary reality) Traum traumähnliche Bewußtseinszustände

Abb. **11** Bewußtseinsbereiche.

Tages-Wach-Bewußtsein, Über-, Unter-Bewußtsein und der Ort der Psychopathologie

Psychopathologie ist die Lehre von den Störungen des Erlebens und Verhaltens im mittleren Tages-Wach-Bewußtsein.

Das Erleben und Verhalten bezieht sich auf sich selbst (Ich/Selbsterleben) und auf seine Welt. Verhalten ist eine Funktion des Erlebens. Das heißt, das Selbst- und Welterleben ist Motivationsgrund für das Verhalten.

Das Selbsterleben als Grundlage für das Verhalten zu erfahren, ist wichtige Aufgabe des Psychiaters. Manches „gestörte“ Verhalten kann funktional gedeutet werden. Symptome sind aus solcher Sicht Indikatoren der Betroffenheit des Patienten, seiner Therapiebedürfnisse und Ansprechbarkeit. Dies ist für die Ich-Psychopathologie ausgearbeitet (Scharfetter 1995).

Psychopathologie befaßt sich mit Störungen des Funktionierens im mittleren Tages-Wach- oder Alltags-Bewußtsein. Dieses ist nur einer von vielfältigen Bewußtseinsbereichen. Die hier gegebene Einteilung (Tab. **4**) in ein mittleres Tages-Wach-Bewußtsein, Unter- und Über-Bewußtsein dient nur einer ersten Ordnung menschenmöglicher Bewußtseinsbereiche.

Tabelle **4** Bewußtseinsbereiche und das Gebiet der Psychopathologie

Bewußtsein	Funktionen beim Gesunden	Pathologie i. S. konventioneller psychiatrischer Nosologie
Über-Bewußtsein	meditatives Bewußtsein mystische Erfahrung Versenkung, Erleuchtung Grenzbereich: religiöses Bewußtsein kreatives Bewußtsein kontemplatives Bewußtsein	
Mittleres Tages-Wach-Bewußtsein oder Alltags-Bewußtsein	Reife Besonnenheit Intentionalität, Wille Selbstverfügbarkeit Autonomie Selbstbild Ich-Stärke mit kognitiv-affektiv-konativer Integration (und Beziehungsverhalten)	Neurose und Persönlichkeitsstörung narzißtische Persönlichkeit Borderline-Persönlichkeit
	Ich-Bewußtsein: ● Identität ● Demarkation ● Konsistenz	schizophrenes Syndrom
	● Aktivität ● Vitalität	depressives Devitalisierungs- und manisches Syndrom
	Erfahrungsbewußtsein Realitätsbewußtsein intellektuelle Funktionen; mnestische Funktion; Orientierungsfunktion; kognitive Funktion; perzeptive Funktion	akutes und chronisches „brain syndrom“ Oligophrenie psychoorganisches Syndrom (Demenz)
	Bewußtseinsklarheit	akuter exogener Reaktionstyp
	Wachheit	Somnolenz, Sopor, Koma
Unter-Bewußtsein	hyponoisches Bewußtsein; hypnoides Erleben; Traum	

Bereich der Psychopathologie (↕ Mittleres Tages-Wach-Bewußtsein)

Im mittleren Tages-Wach-Bewußtsein (Alltags-Bewußtsein) haben wir mit den Menschen unserer Kultur eine (mindestens teilweise) gemeinsame Welt. Diese konstituieren wir mit den von der traditionellen Psychologie behandelten Funktionen, welche in eine hierarchische Reihe geordnet werden können.

Gegenstand der Psychopathologie sind Abweichungen, Fehlleistungen dieser im mittleren Tageswachbewußtsein gegebenen Funktionen sowie nichtintegrierbare Einbrüche anderer Bewußtseinserfahrungen (aus dem Unter- und Über-Bewußtsein). Sie führen – einzeln oder in Kombination, unmittelbar oder sekundär durch die Reaktion der Umgebung – zum Versagen vor den Alltagsaufgaben des Lebens, zu Leid und Alienation – und erhalten damit Krankheitswert (Krankheit i.S. von Infirmität). Auch psychopathologische Syndrome können sinnvoll hierarchisch dargestellt werden.

Die in Tab. **4** jeweils tieferen Syndrome löschen die darüber angeordneten aus (schizophrenes, depressives und manisches Syndrom können zugleich bestehen). Im Koma ist jede erkennbare mentale Tätigkeit erloschen. In der schweren Demenz geht alle andere Pathologie unter.

Mit der Bezeichnung von diesen 3 Bewußtseinsbereichen ist nicht imaginiert, daß dies klar begrenzte und getrennte Gebiete sind. Schon im mittleren Tages-Wach-Bewußtsein fluktuieren wir dauernd im Bewußtseinsstrom (James 1902), in (von außen nicht immer gut erkennbaren) diskreten Schwankungen hinsichtlich Wachheit, Klarheit, Umfang, Horizont, Tiefe, Weite, Höhe, Stimmung, Fokussierung auf inneres oder von außen angeregtes Erleben, Rezeptivität, gerichteter Aktivität usw.

Manche dieser Fluktuationen gehen weiter, über den Bereich der (unscharfen) Normen des mittleren Alltags-Wach-Bewußtseins hinaus. Wir „sinken" in verschiedenen Stufen bis in das Traumbewußtsein (als deutlichstem und allgemein zugänglichem Beispiel für Unterbewußtseinserscheinungen). In hellwachen und aktiven, hochkonzentrierten „Geistes"-, d.i. Bewußtseinszuständen tiefer Meditation, religiöser Ergriffenheit von Transzendenzerfahrung, in der mystischen Versenkung mit der Erfahrung der Alleinheit des sich selbst relativierenden Individuums mit dem Kosmos, dem Einen, Gott, Brahman, Tao werden dem Menschen Überbewußtseinserfahrungen (engl. cosmic, divine, supraconsciousness) zuteil.

In welchem Verhältnis zueinander Unter- und Über-Bewußtsein vorzustellen sind, ist nicht eindeutig festzulegen. Denn die Rede (Sprachgebrauch) über Bewußtseinsbereiche ist nicht von verifizierbaren quanti- und qualifizierbaren Regionen, die man hat, die man feststellen kann, über die der Mensch verfügt. Der Mensch „hat" (besitzt) überhaupt nicht Bewußtsein, sondern ist eingeleibtes (inkarniertes) Bewußtsein, ist selbst in individueller Manifestation Teil, Abkömmling, Derivat und Partizipant eines individuumüberschreitenden (kosmischen) Bewußtseinsstroms, Geschehens.

Bewußtsein muß also nicht als ein Epiphänomen des Gehirns, als eine Hervorbringung der beiden Hemisphären konzipiert werden. Vielmehr kann das Gehirn und sein Funktionieren als menschliche Manifestationsstätte des begrenzten, vergänglichen, wandelbaren, instabilen, fluktuierenden Bewußtseins angesehen werden.

Sprachliche Verständigung über Bewußtsein ist eine person- und kulturabhängige Hervorbringung von Gestalten, Bildern eben dieses Bewußtseins (in der Beschränktheit der individuellen Manifestation). Sprachliche Begriffe sind nur Hilfsinstrumente, die bestenfalls auf das Gemeinte hinweisen. Als solche Instrumente sollen sie bestimmte kognitive Gestalten zeigen, ordnen. Es ist also nicht zu fragen: Gibt es Überbewußtsein? Sondern nur: Für welche Perspektive des Fragens, Suchens, Umkreisens ist es dienlich (instrumentell nützlich), eine solche Unterscheidung zu treffen?

In diesem Sinne scheint es mir nützlich, mittleres Tages-Wach-Bewußtsein (Alltags-Bewußtsein), Über- und Unter-Bewußtsein zu unterscheiden. (Zur Begründung der Unterscheidung, möglichen Beziehungen s. Scharfetter 1995, zur möglichen Differenzierung in der kulturellen Evolution s. Scharfetter 1986).

In der Bewußtseinsforschung wird meist das Tages-Wach-Bewußtsein, welches die intersubjektiv übereinstimmende Alltagsrealität (engl. ordinary reality, Castañeda 1968) vermittelt, dem Außer-Alltags-Bewußtsein, welches „nonordinary reality“ erfahren läßt, gegenübergestellt. Dieses „umfaßt“, „enthält“ die Erfahrungen aus dem Unter- und Überbewußtsein. Das mag für viele praktische Zwecke genügen, da offenbar ausgeprägte Überbewußtseinserfahrungen in der westlichen Kultur selten sind und da sie empirisch kaum zugänglich sind (Empirie dient ja dem Alltagsbewußtsein). Dann ergibt sich die in Abb. **12** dargestellte Übersicht.

Die Altered states of consciousness (Tart 1969) meinen nicht nur die „auffälligen“ besonderen Bewußtseinszustände von Trance, Ekstase, Besessenheit, dissoziative Zustände, sondern sollten auch die diskreteren mentalen Zustände einbeziehen, die wohl viel häufiger sind. Wir wissen davon aus der Selbsterfahrung spontaner oder intendierter, nichtpharmakologisch oder pharmakologisch (oder kombiniert) induzierter besonderer Bewußtseinszustände oder aus den Erlebnisberichten anderer. Gelegentlich können wir sie erschließen aus der Beobachtung von Verhaltensweisen, die auf eine andere als die Erlebniswelt der Alltagsrealität hinweisen.

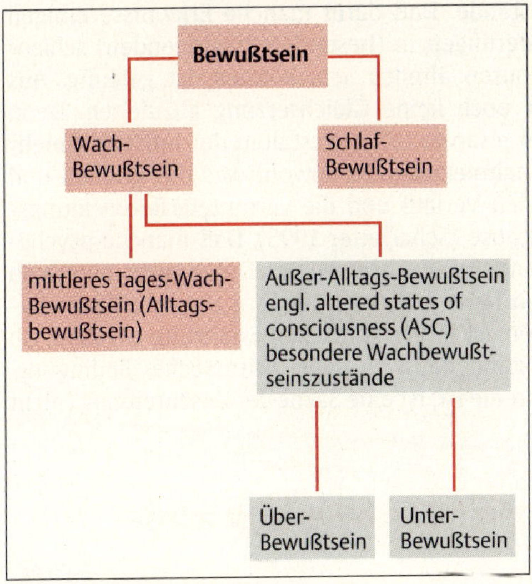

Abb. **12** Bewußtseinszustände.

Für die Psychiatrie ist die Kenntnis solcher besonderer Bewußtseinszustände, ihrer Erlebnisinhalte und ihrer Auslöser wichtig. Zunächst einmal schon aus differentialdiagnostischen Gründen, um vorschnelle Pathologisierung solcher Bewußtseinszustände zu vermeiden (mit allen Folgen). Die Auslöser, welche den Menschen in besondere Bewußtseinszustände bringen, sind wahrscheinlich auch für manche pathologischen Zustände wichtig (z.B. Sinnesisolation und Alleinsein als Auslöser von halluzinatorisch-paranoiden Syndromen). Grundsätzliche Erlebnismuster in besonderen Bewußtseinszuständen (angstvolle Ich-Auflösung, positive Ich-All-Verschmelzung, perzeptive Umgestaltung der Umgebung, s. unten genauer) tauchen auch in manchen psychopathologischen Syndromen auf.

Damit ist die nicht geklärte Frage aufgeworfen, wie weit manchen psychopathologischen Zuständen (meist denkt man hier an sog. schizophrene Erlebnis- und Verhaltensweisen) ähnliche Entstehungsbedingungen (zumindest mitbedingende) zugrunde liegen. Dem schließt sich dann die weitere Frage an, wie weit die soziokulturellen Bedingungen das Entgleisen aus besonderen Bewußtseinszuständen und das Festfahren darin und die sekundären Verarbeitungen und Reaktionen der Umgebung psychotische Zustände bahnen können. Hierher gehört das Problem der psychedelischen (d.h. durch sog. Halluzinogene ausgelösten) mentalen Zustände. Daß darin manche Erlebnisse einigen Selbst- und Weltveränderungen in (besonders beginnenden) schizophren genannten Psychosen ähnlich sein können, ist geläufig. Aus dieser Beobachtung ist noch keine Gleichsetzung abzuleiten. Denn Schizophrenien sind als gesamte Lebensgestalten der Infirmität mehr als psychedelische Ausnahmezustände, sowohl was das Erleben und Verhalten betrifft wie den Verlauf und die vermutete Entwicklungsgeschichte in diese Psychose (Scharfetter 1995). Daß manche psychedelikainduzierten Zustände nach Absetzen der Droge nicht innerhalb von Stunden bis wenigen Tagen aufhören, sondern als „verselbständigte" Psychose weitergehen, ist in der klinischen Erfahrung gegeben. Ob der psychedelische Zustand dann Ursache, Mitursache, Bedingung, Auslöser einer Schizophrenie ist, ist eine Sache der Zuschreibung (nicht des Wissens).

Typologie besonderer Wach-Bewußtseins-Zustände

Ludwig (1966) hat aufgrund zahlreicher Berichte von experimentellen und akzidentellen besonderen Bewußtseinszuständen Grundmuster der Erlebnisse herausgearbeitet und gezeigt, daß diese Kernerlebnisse unabhängig von den Auslösern sind. Dittrich (1985) hat, Ludwig bestätigend, in einer großen empirischen Studie 3 Dimensionen der Erfahrungen in besonderen Bewußtseinszuständen gefunden und belegen können, daß diese ätiologieunabhängig vorkommen.

Diese 3 Dimensionen sind:

- „*Ozeanische Selbstentgrenzung*": Sie ist durch eine Aufhebung von Logik, Raum, Zeit, Körperschema und Grenzen charakterisiert, bis hin zu einem mystischen Verschmelzungs-, Alleins-Erleben, Glück und Frieden.
- „*Angstvolle Ich-Auflösung*". Sie entspricht im wesentlichen einem Bad trip unter Halluzinogenen: gequält, abgetrennt, zerteilt, gelähmt, verloren.
- *Visionäre Umstrukturierung:* Umstrukturierung des Wahrnehmungsfelds mit optischen Halluzinationen, Synästhesien, verändertem Bedeutungserleben von Gegenständen der Umgebung.

Die Parallelen dieser 3 Inhaltsdimensionen in veränderten Wachbewußtseinszuständen, in „transpersonalen Erfahrungen" (Grof 1987), in schamanistischen Seancen und im schizophrenen Syndrom sind deutlich (Tab. **5**).

Tabelle **5** ASC in nichtpathologischen und pathologischen Erfahrungen

Empirische Dimensionen (Ludwig 1966, Dittrich 1984)	**Transpersonale Erfahrungen** (Grof 1978)	**Schamanische Seance**	**Psychopathologie des schizophrenen Syndroms**
Ozeanische Selbstentgrenzung	antenatale Erfahrung (engl. amnictic universe) Paradies, Himmel	Kommunikation mit dem Transintelligiblen Überwelt, Kraft, Possession, Ekstase, Metamorphose, Transsubstantiation	Megalomane Selbstüberhöhung (Wahn, positiv) Omnipotenz All-Einheit
Angstvolle Ich-Auflösung	perinatale Erfahrung (engl. birth trauma) Tod, Hölle, Enge (Angst)	Zerstückelung, Unterwelt, Hölle (Rückkehr und Neugeburt)	Selbstuntergang (Ich-Psychopathologie) Angst, Depression, Hölle, Wahn, negativ
Halluzinatorische Umstrukturierung (optisch, akustisch)	visionäre Welt, ununterschieden in innen/außen engl. Ordinary/Non-ordinary reality	Wahrnehmung der Non-ordinary reality (dissoziiertes Bewußtsein: auch offen für Ordinary reality)	Halluzination Wahn (Interpretation)

ASC = Altered states of consciousness

Auslöser besonderer Wach-Bewußtseins-Zustände

Die pharmakologischen und nichtpharmakologischen Auslöser besonderer Bewußtseinszustände sind in Tab. **6** dargestellt.

In schamanistischen Ritualen sind vielfach mehrere Induktoren kombiniert. Ähnlich verfährt Grof (1987) in seinen „psychedelischen workshops" (heute holotrope Therapie genannt). Auch bei spontanen veränderten Wach-Bewußtseins-Zuständen lassen sich vielfach kombi-

Tabelle **6** Induktion besonderer Wach-Bewußtseins-Zustände

Psychophysiologisch	Hunger, Fasten Kälte, Hitze Überatmung Joggen, Bergsteigen, Tauchen Biofeedback
Psychopharmakologisch	sog. Halluzinogene, Psycholytika, Psychedelika
Psychologisch/Wahrnehmung	Veränderung des Reizzustroms Verringerung/Vermehrung (quantitativ) Abschwächung/Verstärkung (intensitativ) Eintönigkeit/Vielfältigkeit Rhythmizität/Variabilität
Psychologisch/Gefühle	Provokation starker Gefühle: negativer Art (Angst, Schmerz, Verlassenheit) positiver Art (Geborgenheit, Glück Selbstwertgefühle, Erwähltheit, Gnade, Kraftfluß)
Psychologisch/Wachheit	Einschlaf-, Aufwachstadien Schlafentzug, Übermüdung Überwachheit dissoziierte Wachheit (Aktivierung bei Müdigkeit)
Psychomental	Meditation Autogenes Training Hypnose
Psychosozial	Alleinsein, Rückzug (engl. retreat), Isolation Gruppenerlebnis

NB: Kombination von Induktoren

nierte Auslöser finden (z.B. dissoziierte Wachheit, d.h. Übermüdung und krampfhaftes Sich-wach-Halten, sensorische Monotonie). Auch für die Analyse des Bedingungsgefüges für das Auftreten von psychopathologischen Symptomen, Syndromen ist die Kenntnis der Auslöser von besonderen Bewußtseinszuständen wichtig.

Bewußtsein – Begriffsumgrenzung

Die Verwendung des Abstraktums „das Bewußtsein" darf nicht darüber hinwegtäuschen, daß Bewußtsein nicht substantivierbar ist im Sinne einer Substantialisierung (wie z.B. bei Descartes: res cogitans). *Bewußtsein ist bewußtes Sein* (Ey 1963: être conscient), wissend um sich selbst und die Welt. Mit anderen Worten: Der wache Mensch hat nicht Bewußtsein, sondern ist bewußt Seiender, ist selbst unterschiedlich waches, empfindendes, erlebendes, fühlendes, gestimmtes, rational wissendes, tätiges Bewußtsein.

Bewußtsein als Conscientia ist immer vernehmendes Wissen i.w.S. um etwas, ist immer bezogen auf etwas.[1] Damit ist die soziale Dimension des Bewußtseins (im weiten Sinne des Mitseins mit Menschen und Dingen, des Bezogenseins) genannt. Bewußtseiender Mensch und Gegenstand des Bewußtseins gehören zusammen. Die konstrukthafte Trennung von Bewußtsein als Akt von Bewußtsein als Inhalt ist unnötig.

Das Wort Conscientia, Bewußtsein, enthält viele Bedeutungen. Diese werden z.B. im Vokabular des Griechischen deutlich: Syneidesis ist das Zusammenwissen, die Zusammenschau. Es ist eine Funktion des Nous (Geist, Wachbewußtsein), ermöglicht Wahrnehmung (Aisthesis) vermittels der Sinne (Phrenes), führt durch begleitendes Gewahrsein (Synesis) unter Einbezug des erinnernden Verknüpfens mit Vorerfahrungen (Mneme) zur Erkenntnis (Gnome). Wer voll und klar bewußt ist, ist ganz bei sich (en heauto) und weiß sich in den Kosmos einzuordnen. Einsicht aus höherer Warte und bedachtsam-einordnende Zusammenschau (Syneidesis) heißt Besonnenheit (Phronesis).

---

1 Dem entspricht auch der etymologische Sinn von Bewußtsein als bi-bei-wizan; bei = auf etwas zu; Gerichtetheit, Intentionalität des Bewußtseins. – Daher sagt man auch von einem vollbewußten Menschen: „Er ist bei sich", und von einem, der aus einer Bewußtseinsstörung erwacht: „Er kommt wieder zu sich".

Funktionsbereiche

„Consciousness is awareness of self and environment." Diese Formulierung von Cobb (1957) faßt in Kürze 3 große Bereiche zusammen, die sich wie folgt bestimmen lassen:

Übersicht

Wachsein (Vigilanz)
Wachsein ist Voraussetzung des klaren Bewußtseins.

Bewußtseinsklarheit (Luzidität)
Darin kann der Mensch die in seinem Horizont sich zeigenden Gegenstände als solche erfahren: perzeptive und kognitive Funktionen.

Selbst-(Ich-)Bewußtsein
Der Gesunde weiß sich selbst als Erlebenden und Handelnden, ist seiner selbst als lebensgeschichtlich zusammenhängendes einheitliches Wesen inne (s. dazu S. 73). Dazu gehört Erfahrungs- und Realitätsbewußtsein und Zeiterleben.

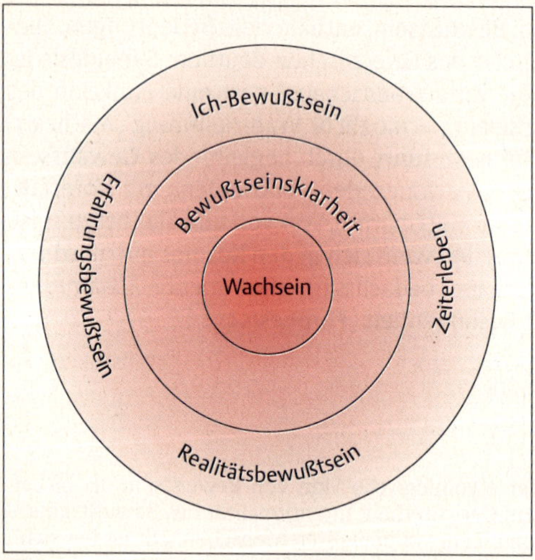

Abb. **13** Zwiebelschalenmodell des Bewußtseins.

Abb. **13** gibt eine Übersicht über die Bereiche des Bewußtseins. Die (im Kreis) „inneren“ Bereiche sind Vorbedingungen für die „äußeren“. Ohne Wachsein keine Bewußtseinsklarheit, ohne diese kein klares Ich-Bewußtsein, Erfahrungsbewußtsein, Realitätsbewußtsein, Zeiterleben.

Wachsein (Vigilanz)

Das Wachsein ist kein gleichmäßiger Zustand, sondern ein wechselndes Geschehen. Es unterliegt Schwankungen (Wachseinsstufen, Vigilanzgrade), die

- vom Organismus selbst reguliert werden (Eigensteuerung des Schlaf-Wach-Rhythmus und der Grundaktivität),
- von dem gesamten Befinden des Menschen abhängen (z.B. Gesundheit, Stimmung u.v.a.). Zum Beispiel Angst, Schreck, Freude usw. wecken, halten wach; Schmerz, kaltes Wasser, Lärm wirkt als „Weckreiz“. Eintönigkeit (Reizarmut, Langeweile) machen schläfrig.

Anatomische und physiologische Grundlagen[2]

Substantia reticularis, Hypothalamus und Stirnhirn sind die wichtigsten anatomischen Grundstrukturen des „arousal system“. Sie allein ergeben aber nicht „Bewußtsein“; sondern ihre Interaktion mit dem gesamten Gehirn ist eine leibliche Vorbedingung des Bewußtseins. Für die Aktivität dieses Systems sind humoralendokrine (z.B. Adrenalin), vegetative (Sympathikus, Parasympathikus), vaskuläre (Durchblutung), sensorische (Sinneszustrom) u.a. Abhängigkeiten anzunehmen. Es bestehen enge Beziehungen zur zentralen Atemregulierung (daher vielleicht Gähnen in herabgesetzter Wachheit), zu den Augenbewegungen (hohe Wachheit: rasche Augeneinstellung; Schläfrigkeit: Verlangsamung der Blickzuwendung, „Zufallen“ der Lider) und zur allgemeinen Motorik (im Wachen guter Muskeltonus und Bewegungsbereitschaft; in der Schläfrigkeit schlaffer Tonus und Bewegungsarmut). Der Wachheitsgrad (Vigilanzstufe) spiegelt sich in der hirnelektrischen Aktivität und kann daher mit dem Elektroenzephalogramm (EEG) „objektiv“ gemessen werden.

[2] Grundlage meint notwendige, aber nicht allein zureichende Bedingung.

Untersuchung

Der Grad des Wachseins wird erfahren:

- aus der Selbstbeobachtung,
- klinisch aus der Befragung und Verhaltensbeobachtung.

Ein wacher Mensch wendet sich aktiv einem anderen Menschen oder einer Sache zu (im Sehen, Hören, Fühlen, Denken, Sprechen usw.) und ist jederzeit handlungsbereit.

Vom Wachsein führen verschiedene Stadien der Schläfrigkeit zum Schlaf:

- Abwendung von der Umwelt,
- geschlossene Augen,
- Fehlen der Aufmerksamkeit,
- verminderter Muskeltonus,
- reduzierte Motorik,
- verminderte Reaktionsbereitschaft,
- veränderter Atemrhythmus usw.

Der Schläfer bleibt durch Sinnesreize weckbar (wichtig zur Unterscheidung von Bewußtseinsstörungen).

Bewußtseinsklarheit (-helligkeit, Luzidität)

Die Bewußtseinsklarheit ist eng mit dem Grad des Wachseins verbunden. Nur ein voll wacher Mensch hat klare perzeptive, kognitive, intellektuelle, mnestische usw. Funktionen zur Verfügung.

Die Stufen der Bewußtseinsklarheit von Erfahrung i.w.S. reichen vom

- präreflexiven (vorprädikativen, deshalb auch sprachlich nicht mitteilbaren) Empfinden (diffuse Anmutung, Protopathik) über immer deutlicher
- bewußtes Wahrnehmen mit Aufmerksamkeit und Konzentration bis zum
- reflektierten Auffassen und Erkennen (Epikritik).[3]

Damit sind bereits intellektuelle Leistungen genannt: Auffassen und Erkennen, Orientierung, Verstehen, in Beziehung setzen, in einem Sinnzusammenhang beurteilen, in Sprache mitteilen, sinnvoll und zielge-

---

[3] In dieser Sicht sind bewußt – unbewußt keine Gegensätze, sondern Extreme eines Kontinuums.

richtet handeln. Zu all dem trägt mit Hilfe der mnestischen Funktionen auch die bisherige Lebenserfahrung (alles Gelernte) bei.

Die voll reflektierte Übersicht über eine Situation in Zusammenhang mit dem gesamten lebensgeschichtlichen Kontext nennt man Besonnenheit (Besinnung, Stoerring 1953).

In der Klarheit des „bewußten" Erkennens sagt uns unser „Gegenstandsbewußtsein" (Jaspers 1959), ob wir Gegenständliches oder Ungegenständliches vor uns haben (s. Kap. Wahrnehmung) und unser Erfahrungs- und Realitätsbewußtsein (s. dort), ob das Erfahrene von uns gemeint, vermutet, vorgestellt („eingebildet") oder tatsächlich gegeben ist.

Anatomische und physiologische Grundlagen

Außer den für die Vigilanz genannten Strukturen ist für die Bewußtseinsklarheit, besonders in der höchsten Stufe der Besinnung, das gesamte Gehirn in seiner integrativen Funktion nötig.

Untersuchung

Klinisch wird die Bewußtseinsklarheit geprüft durch Befragung und Beobachtung über die Funktion der Sinne (Sensorium), Orientierung (s. dort), Aufmerksamkeit, Möglichkeit der geordneten sprachlichen Verständigung, zu sinnvollem, situationsangepaßtem und zielgerichtetem Handeln.

Pathologie des Bewußtseins – Bewußtseinsstörungen – Störungen der Vigilanz und der Bewußtseinsklarheit

Störungen des gesamten Erlebens und Verhaltens in unterschiedlichem Grad. Beeinträchtigung des sensoriell-sensiblen Auffassens, der wachen und gezielten Reagibilität auf Umweltreize, der Aufmerksamkeit, der Orientierung in Ort, Zeit, Situation und hinsichtlich der eigenen Person, der Ordnung des Denkens, Wollens, Handelns, der Klarheit (Eindeutigkeit der eigenen Intention) und Zielgerichtetheit in der Zuwendung und Auseinandersetzung mit der Umwelt. Vielfach Wachheitsveränderungen (Vigilanzverschiebungen). Meist sind qualitative Bewußtseinsstörungen (Bewußtseinsveränderungen, -verschiebungen) mit quantitativen, intensitativen (Vigilanzstufen) verbunden.

Übersicht

Vorwiegend quantitative Herabsetzung des Bewußtseins – Bewußtseinsstörungen und Bewußtlosigkeit
- Benommenheit
- Somnolenz
- Sopor
- Präkoma (Subkoma) und Koma (I – IV)
- Parasomnische Bewußtseinslage

Qualitative Bewußtseinsstörungen
- Delirium tremens
- Dämmerzustand
- Oneiroid
- Verwirrtheit (Amentia)

Bewußtseinssteigerung, -erweiterung

Vorwiegend quantitative Herabsetzung des Bewußtseins – Bewußtseinsstörungen und Bewußtlosigkeit

Benommenheit

Leichte Beeinträchtigung der Bewußtseinshelligkeit (Klarheit) und der Wachheit. Meist Schläfrigkeit, Aspontaneität, Verlangsamung. Ohne Anregung (allein gelassen) scheint der Patient oft wie im Schlaf. Kann aber auch noch herumgehen und einigermaßen geordnet handeln. Durch Ansprechen oder Anfassen weckbar. Der Kranke versteht noch einfache Aufträge (Hand geben, Zunge zeigen) und kann sie noch befolgen, allerdings sehr verlangsamt. Meist keine geordnete Zuwendung zur Umgebung. Vielfach partiell desorientiert. Nur geringe spontane Wortäußerungen, vielfach schweigend, allenfalls flüsternd.

Somnolenz

Der Kranke ist sehr apathisch, stark verlangsamt und schläfrig. Er schläft, alleingelassen, immer wieder ein, ist aber durch lautes Ansprechen oder Anfassen gut weckbar. Darauf zunächst staunig, oft aber noch einigermaßen orientiert. Wenn der Kranke überhaupt noch spricht, ist seine Wortformung (Artikulation) meistens schlecht (Murmeln). Keine spontanen Äußerungen mehr und nur wenig spontane Bewegungen:

Abwehr- oder Ausweichbewegungen bei Schmerzreizen, Lagekorrektur. Reflexe erhalten, Muskeltonus etwas vermindert. Schluckreflex, meist auch Hustenreflex vermindert.

Sopor

Der Kranke ist nur mehr mit Mühe, d.h. nur durch starke Weckreize (wie Schütteln, Zwicken, Stechen) weckbar. Keine verbalen Äußerungen zu erzielen, meist auch keine Schmerzlaute mehr. Bei Schmerzreizen Verziehen der Mimik, allenfalls noch Abwehrbewegungen. Meist keine Lagekorrekturen mehr. Reflexe erhalten, Muskeltonus herabgesetzt. Atmung meist wie bei einem Schläfer, langsam und ziehend, meist noch rhythmisch.

Präkoma (Subkoma) und Koma (I – IV)

Der Patient ist nicht mehr weckbar. Auch auf stärkste Weckreize erfolgt keine Abwehr- oder Ausweichbewegung mehr. Der Muskeltonus ist stark herabgesetzt, die Muskeln sind schlaff. Subkoma und die 4 Stadien des Komas werden nach dem neurologischen und elektroenzephalographischen Befund unterschieden. Im Subkoma sind der Lichtreflex der Pupille und der Kornealreflex (Blinzeln auf Hornhautberührung) noch erhalten, während die Hautreflexe (Fußsohlenreflex) und die peripheren Sehnenreflexe verloren gehen. Im Koma erlöscht schließlich auch der Kornealreflex und zuletzt der Lichtreflex der meist weiten Pupillen. Meist auch Veränderung der Atmung (Verlangsamung, apnoische Pausen, Unregelmäßigkeit der Atmung).

Vorkommen

Die Bewußtseinstrübung von der Benommenheit bis zum Koma hat immer eine zerebrale Funktionsstörung, die das Gehirn direkt oder indirekt trifft, zur Ursache.

In Frage kommen:

- Schädeltrauma:
  - Commotio cerebri (Gehirnerschütterung),
  - Contusio cerebri (Gehirnquetschung),
  - Compressio cerebri (Zusammenpressen des Gehirns, z.B. durch eine Blutung).
- Hirndrucksteigerung aus verschiedenen Ursachen, z.B. bei einem Tumor, bei einer intrakraniellen Blutung usw. Hirndrucksteigerung

führt zu einer Störung der Blutversorgung und zu einer Mangelernährung der Nervenzellen.

- Durchblutungsstörungen (Ischämie):
  - bei Arteriosklerose,
  - bei embolischen oder thrombotischem Verschluß von Hirngefäßen (Apoplexie),
  - bei Blutungen aus Gehirngefäßen (Haemorrhagia cerebri) oder Gefäßen der Gehirnoberfläche und -häute (Subarachnoidalblutung),
  - verschiedene andere Gefäßerkrankungen (Morbus Bürger, Aneurysma, Migräne).
- Sauerstoffmangel in der Atemluft, bei Strangulation (Erwürgen, Erhängen), bei Kollaps, bei starkem Blutverlust, bei Kohlenmonoxidvergiftung.
- Beim epileptischen Anfall kommt es akut zu einer völligen Bewußtlosigkeit. Nachher besteht eine postkonvulsive Bewußtseinsstörung verschiedener Dauer.
- Schwere Entzündungen des Gehirns und seiner Häute (Enzephalitis, Enzephalomeningitis).
- Toxische Hirnschädigung:
  - exogen, z.B. bei schweren Infektionskrankheiten (z.B. Typhus),
  - bei Vergiftungen mit Schlafmitteln, mit Alkohol, mit Narkotika, mit Kohlenmonoxid.
- Endogene Vergiftungen bei Stoffwechselzusammenbruch im Leberkoma, bei Urämie, bei Hypoglykämie, bei Eklampsie, bei endokrinen Störungen (z.B. thyreotoxisches Koma).

Parasomnische Bewußtseinslage

- *Synonym*: apallisches Syndrom (Kretschmer 1940), akinetischer Mutismus, Coma vigile, persistierender vegetativer Zustand.

Der Patient erscheint, obwohl stumm und reglos, wach: Der Blick starrt geradeaus oder wandert umher, fixiert nicht. Weder verbal noch außersprachlich (Anfassen, Vorhalten von Gegenständen) ist eine Reaktion zu erzielen. Auch die reflektorischen Flucht- und Abwehrbewegungen können fehlen. Verharren in Zufallsstellungen (Fehlen der Korrekturbewegung). Vegetative Elementarfunktionen (Herzrhythmus, Atmung, Schlaf-wach-Wechsel) erhalten.

Das Syndrom ist gegenüber dem Koma und dem katatonen Stupor abzugrenzen. Dazu ist außer dem psychopathologischen und neurologischen Befund das EEG wichtig.

Vorkommen

Schwerste Schädigung und Funktionsausfall des Großhirnmantels (Pallidum). Zum Beispiel durch Gehirntrauma, -blutung, -entzündung, nach zerebraler Venenthrombose u.a.

Qualitative Bewußtseinsstörungen

Delirium tremens

Tiefere Bewußtseinsstörungen (quantitativer und qualitativer Art) mit gesteigerter psychomotorischer Aktivität. Partielle oder totale Desorientierung (engl. confusion), Inkohärenz des Denkens (Verwirrtheit und Verworrenheit), illusionäre Verkennung der Umgebung, Halluzinationen (besonders optische, aber auch vestibuläre, akustische, manchmal taktile).

Oft sind optische Halluzinationen suggerierbar. Der Kranke ist meist durch Anreden oder Anrufen noch zugänglich, gleitet aber gleich wieder ab. Störungen des Schlaf-wach-Rhythmus (Delir beginnt oft abends, nächtliche Unruhe und Steigerung der Verwirrtheit). Häufig vegetative Begleiterscheinungen (Schwitzen, Tachykardie, Talgsekretion, Hautrötung, grobes Zittern, Temperaturerhöhung, Austrocknung). Bei klassischem Alkoholdelir ist die Grundstimmung oft heiter und angeregt, gelegentlich aber auch von Angst erfüllt. Dies vor allem bei Vermengung von Delirium und Halluzinose.

Leichtere Grade des Deliriums werden auch als *Subdelirium, abortives Delir, Prädelir* bezeichnet.

Beispiele:

- Ein 55jähriger Bauarbeiter, der seit einem Tag mit einer Lungenentzündung im Krankenhaus liegt, steht gegen Abend aus seinem Bett auf, wird unruhig, nestelt herum, geht ans Fenster und führt eine laut polternde Unterhaltung in den Park hinaus. Er sieht im nächtlichen Park Gestalten, die ihm Zeichen geben und die zu ihm sprechen. Auf Anreden ist er unwirsch und abweisend und ist situativ desorientiert.
- Ein anderer sieht im Zimmer lauter Glasfäden von der Decke herunterhängen, die sich wie im Wind bewegen. Er selbst fühlt sich in seinem Bett geschaukelt (vestibuläre Halluzinationen).
- Ein Mensch sieht eine ganze Gruppe Elefanten (klein wie Hasen) über die Wand des Saals dahinziehen.
- Ein anderer liest einige wenige Worte von einem leeren Blatt Papier ab. Ein anderer sammelt Käfer in die Schublade eines Nachtkästchens. Ein anderer sieht kleine bunte Vögel auf seiner Bettdecke, die einander mit den Flügelspitzen berühren. Er ist ganz verzückt von diesem Anblick, lächelt und strahlt. Dabei ist die Temperatur erhöht, er schwitzt, hat gerötete Haut und erweist sich bei Nachfragen zeitlich, örtlich und situativ desorientiert.

Vorkommen

Delirium gibt es keineswegs nur als Komplikation eines chronischen Alkoholismus, sondern auch bei anderen als alkoholischen Vergiftungen: z.B. verschiedenste Medikamente wie Atropin, Antiparkinsonmittel, Antidepressiva, Kokain, Fliegenpilzvergiftungen usw. Auch körpereigene Gifte (z.B. Stoffwechselentgleisungen) können zu deliriumartigen Zuständen führen. Andere Delirursachen: Hirntrauma, intrakranielle Blutung, Entzündung und Hypoxie des Gehirns, Epilepsie.

Deliriumartige Bilder kann man aber auch bei ganz akut verworrenen endogenen Psychosen sehen (sogenanntes schizophrenes Delirium, eine wenig gebräuchliche Bezeichnung).

Dämmerzustand

Einengung des Bewußtseinsfelds mit ausschließlicher Ausrichtung auf bestimmtes inneres Erleben und Aufhebung (oder Verminderung) der Beachtung der Umwelt. Verminderte Ansprechbarkeit auf Außenreize. Die Aufmerksamkeit auf die Umwelt ist beeinträchtigt bis aufgehoben. Das Denken ist in unterschiedlichem Grade unklar (bis zur Verwirrtheit). Illusionäre Verkennung der Umgebung ist häufig. Halluzinationen auf den verschiedensten Sinnesgebieten kommen vor. Affektiv kommen ängstliche Tönungen, aber auch beseligt-ekstatische vor. Die Psychomotorik kann unauffällig sein oder auch im Sinne der Steigerung oder Minderung gestört. Dämmerzustände beginnen und enden meist innerhalb kurzer Zeit, gehen vielfach in Schlaf über. Nachfolgend meist Amnesie.

Beispiele:

- Der bisher unauffällige Bauernsohn erschlug an einem Sommererntetag seinen Vater auf dem Feld mit einem Beil. Er weiß von der Tat nichts: keine Gefühle, keine Motive, keine Phantasien. Er erinnert sich an keine eigene Handlungstätigkeit. Er kann diesen Totschlag in einem Ausnahmezustand auch nicht im Sinne von Schuld, Betroffenheit, Reue „egoifizieren".
- Eine Frau erlebt in einem epileptischen Dämmerzustand eine faszinierende Vision, wie Jesus im grünen Jägerkleid aus dem Wald heraustritt. Dieser Hauptinhalt bleibt in Erinnerung.

Im sog. *orientierten Dämmerzustand* ist die Aufmerksamkeit, das Denken und Urteilen eingeengt. Das, was gedacht wird, kann dabei noch geordnet sein. Daher kann das äußere Handeln auch geordnet erscheinen.[4]

---

[4] Der Ausdruck „besonnener" Dämmerzustand ist eine Contradictio in se: Besonnenheit ist das Ergebnis bewußter klarer Besinnung und meint die volle Überschau „innerer und äußerer" Vorgänge und ihre Einordnung.

Beispiel:

▶ Ein bekannter Epileptiker geht von der Klinik völlig „unauffällig" weg und tritt eine mehrtägige Reise an, auf welcher er sich situationsangepaßt verhält. Nach einigen Tagen kommt er in einer fremden Stadt zu sich und erinnert sich nicht, wie und wozu und auf welchen Wegen er dahin gekommen ist.

Vorkommen

Dämmerzustände teilt man nach der Ursache ein in *organische* und *psychogene* Dämmerzustände.

- *Organische Ursachen* sind: Epilepsie (psychomotorische Epilepsie, postparoxysmaler Dämmerzustand), Hirntrauma (postkommotioneller Dämmerzustand), Zirkulationsstörungen (Arteriosklerose), hypoxisch (O_2-Mangel), toxisch (endogen und exogen).
- *Psychogener Dämmerzustand:* Bei Schreck, bei Schock, Panik, beim Hereinbrechen ganz fremder Umgebung auf unreife und wenig gefestigte Menschen, die sich dann nicht mehr zurechtfinden.
  Synonym: Psychogener Ausnahmezustand.
  Auch der hysterische Dämmerzustand gehört hierher.

Oneiroid

Darunter versteht man einen traumartigen, desorientiert-verworrenen Zustand, in dem der Kranke mit starker gefühlsmäßiger Anteilnahme wie gebannt dramatische und fantastisch ausgestaltete Szenen halluzinatorisch erlebt, dabei z. T. in illusionärer Verkennung Elemente seiner Umgebung einbeziehend. Die Kranken achten nicht mehr auf die Umgebung, sind durch energisches Anreden gelegentlich für kurze Zeit noch herausreißbar, sind dann ratlos, staunig, desorientiert, haben aber keine Amnesie für das Erlebte. Äußerlich sind sie entweder im Stupor gebannt, oder sie sind in schwerster Erregung. Die Stimmung kann Angst (Katastrophenstimmung) sein, aber auch Glück (bis Ekstase). Die Abgrenzung gegenüber dem Dämmerzustand ist unscharf.

Beispiele:

Solche Kranke erleben Katastrophen, Schlachten, die Sintflut, Feste, Himmel und Hölle und sich selbst zwischen guten und bösen Mächten leibhaftig entzweigerissen; sie erleben den Weltuntergang, in religiöser Ekstase evtl. die Erscheinung und den Zuspruch Gottes.

Vorkommen

Das Oneiroid kommt bei manchen akuten, dramatisch verlaufenden Formen der Schizophrenie vor, bei Epilepsie (produktiv psychotischer Dämmerzustand) und auch medikamentös toxisch.

Verwirrtheit (Amentia)

Diese historische Bezeichnung ist heute nicht mehr allgemein in Gebrauch. Man beschreibt damit ein Syndrom schwerer Denkverworrenheit (Inkohärenz) mit allgemeiner Desorientierung, Halluzinationen, Wahn, ängstlich-ratlos stauniger Stimmung.[5]

Das Syndrom ist nicht scharf gegenüber dem akuten schweren Delirium und gegenüber dem Oneiroid abzugrenzen.

Vorkommen

Amentielle Bilder kann man sowohl beim akuten exogenen Reaktionstyp sehen (z.B. Arteriosclerosis cerebri), aber auch bei akut einsetzenden und dramatisch verlaufenden schizophrenen Psychosen (sog. schizophrenes Delirium), bei Puerperalpsychosen, bei sog. Emotionspsychosen.

Bewußtseinssteigerung, -erweiterung

Unscharfe Begriffe, die die Erfahrung der eigenen Ausdehnung, Existenzerweiterung, hellerer, wacherer Aufnahme der Umwelteindrücke, reicherer Auffassung und Kombinationsfähigkeit und Erinnerungstätigkeit (manchmal mit Veränderung des Zeiterlebens) angeben sollen. Die Wahrnehmung erscheint lebhafter, von stärkerem Gefühlswiderhall begleitet und eventuell von Synästhesien. Das Erleben erscheint neu zentriert, auf andere als die gewohnten Dinge des Alltags.

Vorkommen

Solche Gefühle der Bewußtseinserweiterung können unter halluzinogenen Drogen (LSD, Meskalin, Haschisch usw.) und auch bei Stimulanzien (Amphetamine) vorkommen („high-sein"). Nichtpharmakogene

[5] Die manchmal noch gebräuchliche Unterscheidung von Verwirrtheit (bei Psychosen in Zusammenhang mit Körperkrankheiten) und Verworrenheit (schizophrene, seltener manische Inkohärenz) ist sprachlich nicht begründet.

Erfahrungen dieser Art können bei Meditation und in psychedelischen Experimenten der „holonomen Therapie“ (Grof 1978) auftreten, hier auch mit peri- und antenataler Erfahrung und Reinkarnationserinnerungen. Gelegentlich kann ein Kranker auch in einer Manie, am Beginn einer Schizophrenie mit Eingebungserlebnissen und in Ekstasen das Gefühl haben, er erfahre die Welt lebendiger, tiefer, offener, verständiger. Dieses Gefühl kommt mit der Stimmung des „Angeregtseins“.

3. Ich-Bewußtsein

Definition

Ich-Bewußtsein ist die Gewißheit des wachen bewußtseinsklaren Menschen: „Ich bin ich selber“ (Tab. **7**).

Das Ich macht den wachen bewußtseinsklaren Menschen aus, der um sich selbst weiß, sich als gestimmt, gerichtet, wahrnehmend, wünschend, bedürftig, getrieben, verlangend, fühlend, denkend, handelnd in der Kontinuität seiner Lebensgeschichte erfährt. Wir gebrauchen das substantivische Abstraktum „Ich“ zur Benennung dieses je eigenen Selbstseins und sind dabei der Zusammengehörigkeit von Ich und Welt eingedenk.

Dabei ist zu betonen: Wir haben nicht Bewußtsein, sondern sind selbst Bewußtsein, im lebendigen Leib sich zeigendes Bewußtsein. Wir haben nicht ein Ich-Bewußtsein, sondern sind Ich-Bewußtsein. Wir haben nicht ein Ich, sondern sind selbst dieses je eigene Ich. Die Menschen sind jeweils „Ich“ in unterschiedlichem Grad der Vergegenwärtigung je nach Entwicklungsstand, Selbstreflexion, Introspektion, Kultur. Längst nicht in allen Kulturen gibt es so wie in den westlichen einen stabilen einheitlichen Ich-Begriff (ich, ego, I, me, moi, je, io, yo usw.) für alle Lebenszeiten und -situationen. In den ostasiatischen Sprachen z. B. werden für unser „ich“ verschiedene sprachliche Formen gebraucht, je nachdem, wer zu wem spricht. Was wir mit Ich meinen,

Tabelle **7** Ich-Bewußtsein

Ich	
Die Gewißheit der Selbsterfahrung:	
Ich bin	• lebendig • eigenständig und selbstbestimmt im Vernehmen und Handeln • einheitlich und zusammenhängend • abgegrenzt und unterschieden von anderen Wesen/Dingen • selbig im Verlauf des Lebens und in verschiedenen Lebenslagen

das Erlebens- und Verhaltenszentrum, das sich im sozialen Kontext, in der Welt überhaupt ortet, die Anlaufstelle für das Ankommende, Verbindungsstätte von Gegenwärtigem mit Vergangenheit und Zukunft, Verarbeitungs- und Sendestätte für alles Efferente, ist natürlich auch in diesen Kulturen „da", d.h. die Menschen leben es, sind es, soweit sie „gesund" funktionieren.

Dabei ist das Ich immer mehr als die Summe aller Funktionen, welche aufzählbar (z.B. die Freudschen Abwehrmechanismen) und die teilweise der einschätzenden Messung zugänglich sind (Ego-Assessment Scales, Bellak 1973). Das Ich ist immer mehr als das Objektivierbare – das Ich ist eher „dort" (darin) zu vermuten, wo (worin) alle diese Funktionen zu einem einheitlichen Wesen, wenn auch vergänglich und wandelbar während des Lebens, zusammengehalten werden (Scharfetter 1995 a u. b).

Das „Ich" hält sich als ein selbiges (identisch) durch den Lebenslauf trotz des Wandels in der Entwicklung, Entfaltung, Reifung der Persönlichkeit und trotz zwiespältiger Strebungen.

Hier ist immer nur vom empirischen Ich die Rede, welches der selbstreflektierenden Erfahrung zugänglich ist. Auch dieses Ich, sobald wir es betrachtend umkreisen, darüber nachdenken und davon sprechen, bleibt eine Gestaltung unseres Bewußtseins. Die Objektivierung des Ich als Betrachtungsgegenstand des Ich als Subjekt bleibt sehr beschränkt. Feuchtersleben (1845, 10) sagte: „Wir können das Ich nicht begreifen, weil wir es selber sind." Wir können nur hindeutend davon reden, ohne zu wähnen, daß wir es fassen könnten.

Das Ich ist ein Abstraktum, das für menschliches Selbstsein steht. In diesem Sinne werden hier Ich und Selbst auch zusammen gebraucht. Denn die religiös-philosophische „Erfahrung" eines „Selbst" (Atman) „hinter", „vor", „unter", „jenseits" jedes vergänglichen Ich, das mit dem Über-Selbst (Maha-Atman, Brahman) eins ist, ist eine Transego-Erfahrung, eine Erfahrung aus einem transnarzißtischen Bewußtseinszustand (welche freilich bei der Rückkehr ins Tages-Wach-Bewußtsein mit seinem Ich auf dessen Entfaltung, Selbstverständnis, Selbstrelativierung wirkt), welcher Bereich heute auch „transpersonal" genannt wird.

Dimensionen

Wenn wir im folgenden von Dimensionen des Ich-Bewußtseins sprechen, so meinen wir nicht selbständige „Mechanismen" eines „Apparates", sondern benennen damit zur Verständigung Aspekte der an der Pathologie aufmerksam gewordenen selbstreflektierenden Erfahrung

Tabelle **8** Die 5 basalen Dimensionen des Ich-Bewußtseins

Ich-Vitalität	Gewißheit der eigenen Lebendigkeit
Ich-Aktivität	Gewißheit der Eigenbestimmung, des Erlebens, Denkens, Handelns
Ich-Konsistenz	Gewißheit eines kohärenten Lebensverbands
Ich-Demarkation	Abgrenzung des Eigenbereichs
Ich-Identität	Gewißheit der eigenen personalen, physiognomischen, sexuellen, biographischen Identität

und Aspekte von krankhaften Erlebnisweisen des Selbstseins, die auch in der Erfahrung des Betroffenen (wenn auch häufig mit Überschneidungen) abgrenzbar sind (Tab. **8**).

Diese (didaktisch begründete) Zerlegung in Dimensionen ergibt sich aus der Erfahrung von Kranken deutlicher als aus der Selbstreflexion „Gesunder", da diesen die basalen (S. 74–77) Dimensionen selbstverständlich (mit evidenter Gewißheit) gegeben sind, solange sie in natürlichen Beziehungen zu Menschen und Dingen ihrer Umgebung stehen.

Diese Dimensionen sind – das ist für die Psychopathologie entscheidend – Qualitäten der Selbsterfahrung Kranker, deren Vergegenwärtigung uns die Art und Stärke ihres Betroffenseins anschaulich zu machen und einen therapeutischen Zugang zu finden hilft.

Man kann sich die im folgenden genannten Dimensionen in einer Reihe konzentrischer Kreise verbildlichen (Abb. **14**), deren „innere", „untere", „vorangehende" Glieder jeweils die „äußeren", „oberen" erst ermöglichen (wobei sich innen – außen, unten – oben ausdrücklich nur auf die graphische Reihung hier bezieht!). Man kann sich diese Dimensionen z. B. als Schichten im Modell von Zwiebel oder Orange vorstellen. Die „inneren" Dimensionen (z.B. Vitalität) durchdringen jeweils alle anderen, deren Vorbedingung sie sind.

Ich-Vitalität

Wir erfahren uns – „bei vollem Bewußtsein" – selbstverständlich als lebendig, leibhaftig anwesend. Dieses „Ich bin" ist immer schon gestimmt (Vitalgefühl).[1]

[1] Der Begriff wird teilweise in Jaspers „Daseinsbewußtsein" (1956, S. 101) berührt.

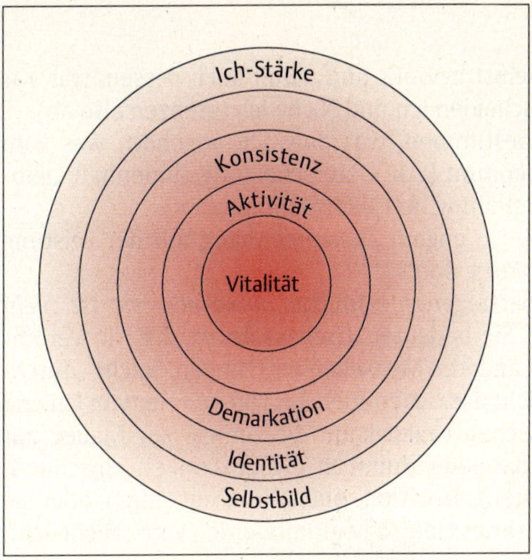

Abb. **14** Zwiebelschalenmodell des Ich-Bewußtseins.

Ich-Aktivität

Dem Gesunden ist es selbstverständlich, daß er selbst es ist, der da erlebt, erfährt, wahrnimmt, fühlt, gestimmt ist, denkt, spricht, sich bewegt, handelt. Wir erfahren uns selbst als actores, als eigentätig („eigenmächtig") in unserem Vernehmen und Handeln.[2]

Ich-Konsistenz und -Kohärenz

Konsistenz ist Beschaffenheit (Qualität), Kontinuierlichkeit, Zusammenhalt (Kohärenz). Wir erfahren uns jeweils als Einheit von bestimmter („menschlicher") Beschaffenheit, als zusammengehörig in unserem Selbstsein. Dies gilt auch dann, wenn Zwiespältiges uns zu schaffen macht („zwei Seelen" in Goethes „Faust").

[2] Der Begriff deckt sich teilweise mit dem Vollzugsbewußtsein von Jaspers (1956, S. 102), der Impulsqualität von Gruhle (1956), der Meinhaftigkeit von K. Schneider (1967); s. auch Kronfeld 1922.

Ich-Demarkation

Wir sind uns unserer selbst bewußt und damit auch dessen, was wir nicht selbst sind, unterscheiden Ich und Nicht-Ich (grenzen also ab).

Darin können wir bestimmen, was dem Ich angehört, was vom Nicht-Ich an uns herankommt (z.B. Unterscheidung sinnenhaft „leibhaftig“ anmutender Vorstellung und Wahrnehmung).

Ich-Abgrenzung steht in engem Zusammenhang mit der Leistung der sog. *Realitätskontrolle* (s. dort).

„Grenze“ ist ein übertragener, bildlicher Ausdruck, *sie ist nicht mechanisch zu denken.* Sie bedeutet „Grenzverkehr“, d.h.: in Verbindung treten können mit anderen Menschen und Dingen. Solche „durchlässige Grenze“ ermöglicht das Gegenüber, das Hin und Her von Ich und Nicht-Ich. In pathologischen Fällen kann die Grenze zur Mauer, zur Schranke werden, die das Individuum in die Einsamkeit einschließt (Beschränkung der Existenz, Isolation, Alienation, Autismus), oder sie kann zerbrechen (schutzloses Überschwemmtwerden vom „Nicht-Ich“, „von außen“).

Ich-Identität

Bewußtsein der eigenen Identität[3] und Kontinuität (Selbigkeit) trotz des Wandels von eigener und Umweltgestalt im Verlauf der Lebensgeschichte: daß ein Mensch weiß, daß er von Geburt an bis heute derselbe Mensch ist, der von sich „ich“ sagen kann, sich in seinem Wesen im Verlauf der Geschichte wandelt usw.

Dazu gehört wesentlich das *Zeiterleben* (s. dort). Dasein „zeitigt“ sich als je eigenes, „individuelles“.

Die Ich-Identität ist untrennbar vom *Leibgefühl.* Es scheint, daß besonders Gesicht und Hände, mit denen das Kind das Gegenüber (Mutter) sehen, fühlen und ergreifen kann, gleichsam „Kristallisationspunkte des Ich-Identitätsgefühls“ (Benedetti 1964) sind.

Auf dieser Basis der fünf Dimensionen kann sich in der Persönlichkeitsentwicklung im jeweiligen sozialen Kontext (Personifikationsprozeß) das Selbstbild und die Ich-Stärke konstituieren.

Beides sind Konstruktbegriffe für Bereiche der Selbst- und (indirekten) Fremderfahrung, die die Dimensionen von S. 74–76 zur Voraus-

---

[3] Von lat. idem = eben der, ein und derselbe.
Zum Begriff s. vor allem Erikson (1966); Zusammenfassung und Begriffsgeschichte s. Levita (1965). Vermeide die Gleichsetzung von Identität und Rolle sowie von Identität und Individualität.

setzung haben. Beide sind in höherem Grade wandelbar in der lebensgeschichtlichen Erfahrung, je nach Stimmung, Umgebung, Leistung usw. Beide Dimensionen scheinen in höherem Maß kulturabhängig zu sein als die 5 basalen Dimensionen (s. dazu Hallowell 1955, Lebra 1972).

Selbstbild (Selbstkonzept, Persönlichkeitsbild)

Was einer von sich persönlich hält, was er von sich weiß, wie er sich in seiner Stellung unter den anderen Menschen fühlt, auffaßt und begreift, hängt davon ab, wie er sich in der Gegenwart und im Längsschnitt seiner Lebensentwicklung von anderen Menschen gesehen und angesprochen, in Anspruch genommen erfährt und was sich im Prozeß der Personifikation daraus gestaltet.

Zum Selbstbild gehört auch das Selbstwertgefühl.

Was sich nicht in das Konzept fügt, wird in der Selbstwahrnehmung leicht ausgeblendet (Skotom).

Ich-Stärke

Dieses Konstrukt „Ich-Stärke" ist sehr global. Ich-Stärke ist gleichsam als das Resultat aller auf S. 74 – 76 genannten Dimensionen denkbar. Sie charakterisiert einen Menschen gesamthaft in seinem Insichselbstruhen und in seinem Auftreten.

Sie umfaßt vor allem die Fähigkeit zur allo- und autoplastischen Adaptation (Hartmann 1939, Fenichel 1971) und zur Synthese (Nunberg 1938). Daß die Ich-Stärke eine Qualität verschiedener Ich-Funktionen (cave Verwechslung mit Dimensionen!) sein könnte, darauf hat Federn (1956) wiederholt hingewiesen.

Zur Ich-Stärke kann man zählen:

- Durchsetzungsvermögen,
- Standfestigkeit im Leben,
- Sicherheit und Selbständigkeit (Autonomie),
- eigene Strebungen, Wünsche, Triebe in seine Persönlichkeit zu integrieren,
- Ansprüche an andere, an die Umwelt stellen zu können,
- Widrigkeiten des Schicksals, Versagung von Wünschen und Hoffnungen ohne zu große Kränkung zu ertragen,
- sich von anderen in Anspruch nehmen lassen können, ohne sich dabei aufzugeben oder auch nur ausgesogen zu fühlen.

Auch die sog. Suggestibilität oder die Resistenz gegen Induktionen ist von der Ich-Stärke abhängig.

Bemerkungen zu dieser Einteilung

Daß diese – als Ordnungsprinzip brauchbare – Vorstellung tatsächlich der Ontogenese des Ich-Erlebens entspreche, ist nicht erwiesen. Die hypothetische Reihung der Dimensionen erhält aber aus der Pathologie gerade der schwersten Ich-Störungen Unterstützung. Bei leichteren Graden der Störung des Ich-Erlebens zeigen sich diese Dimensionen nicht so deutlich in einer untereinander abhängigen Reihung, sondern da können mehrere Dimensionen in wechselndem Ausmaß gleichzeitig betroffen sein.

- Bei schweren Störungen der „unteren", „basalen", „zentralen" Dimensionen werden die anderen („oberen") Dimensionen gar nicht mehr erfahren, können also auch nicht als „gestört" imponieren.
  Zum Beispiel: In schwerer Ich-Devitalisierung stellt sich die Frage der Aktivität, der Konsistenz und Abgrenzung, der Identität, des Selbstbilds und der Ich-Stärke gar nicht mehr.
- Hingegen ist von „oben" herunter ein schichtartiger Abbau möglich: Ich-Stärke, Selbstbild können in einzelnen Bereichen oder global schwer darniederliegen oder zerstört sein, ohne daß das die Identität des Ich und die darunter genannten Dimensionen stören muß. Ich-Konsistenzzersplitterung ist meist auch mit Ich-Demarkations- und Vitalitätsstörungen verbunden (Untergangswahn), ist es aber vielleicht nicht notwendigerweise.
  Die Ich-Identität kann gestört sein, ohne daß Konsistenz, Demarkation, Aktivität, Vitalität offenkundig betroffen sein müssen.

Beziehungen dieser Betrachtungsweise zur psychoanalytischen Ich-Psychologie

Diese phänomenologisch sich ergebende Anschauung von Ich-Dimensionen steht *nicht* im Gegensatz zur psychoanalytischen Theorie. Beide Betrachtungsweisen liegen auf verschiedenen Ebenen. Diese hier gehören der deskriptiven und weiter der phänomenologischen Ebene der Betrachtung des im Umgang mit Kranken Vorfindbaren an. Die hier herausgearbeitete Betrachtung in Dimensionen (die Vorläufer bei Hegel 1807, Kronfeld 1922, Gruhle 1956, Jaspers 1956 und K. Schneider 1967 hat) läßt viele Symptome schizophrener oder schizophrenieartiger Psychosen verstehen (s. dazu Scharfetter 1995), sagt aber nichts aus über das Zustandekommen von Störungen der genannten Ich-Erfahrungsdimensionen.

Die Psychoanalyse hingegen liefert keine beschreibenden Termini[4], sondern genetische: Sie sucht nach einer Erklärung für das Zustandekommen, nach Ursachen.[5] Psychoanalytische Theorie mit ihren eigenen Termini kann also dort appliziert werden, wo eine sorgfältige, möglichst interpretationsfreie Beschreibung vorliegt (soweit wir das überhaupt können).

Die psychoanalytische Ich-Psychologie hat schon bei Freud selbst eine lange Entwicklungsgeschichte (Zusammenstellung s. bei Hartmann 1964, Nunberg 1971, Laplanche u. Pontalis 1973, Blanck, G u. R. 1974 und 1979, Drews u. Brecht 1975). Aber es herrscht immer noch Uneinigkeit darüber, was das Ich eigentlich sei. Freud nannte das Ich in frühen Jahren eine Organisation von Neuronen, später eine Organisation psychischer Prozesse mit bestimmten Aufgaben gegenüber dem Es, dem Über-Ich und der äußeren Realität.

Hartmann 1964 nannte das Ich einen Apparat, Rapaport 1967 eine Struktur, Holt[6] eine Klasse von Funktionen.

Federn 1956 sprach von einer zusammenhängenden kontinuierlichen Besetzungseinheit. Spitz (1959, 1965) nennt das Ich eine „organisierte psychische Struktur mit einer Vielheit von Systemen, Apparaten und Funktionen".

Wie immer man das Ich nennen will – das Ich und seine Funktionen sind schon in der Absicht Freuds „theoretische Konstrukte" (Bellak 1973, S. 61), abgeleitet aus der Beobachtung und Selbstbeobachtung, aber es sind keine beschreibenden Begriffe.

Was das Ich als Erfahrung sei, was für eine Beziehung zwischen dem metapsychologischen Konstrukt Ich und der Erfahrung bestehe, damit hat sich, soviel ich sehe, schon früh Schilder (1914) und besonders Federn (1956) befaßt. Federn (1926) hat auch als einer der ersten Psychoanalytiker auf die für die Pathologie der Schizophrenie so wichtige (ja nicht statisch zu verstehende) Ich-Grenze hingewiesen.[7]

Die Beziehung des Konstrukts Ich zu den übrigen psychischen „Instanzen" ist nicht einheitlich geklärt. Vor allem ist auch nicht klar angegeben, ob Ich-Regression auf der ganzen Linie, also global, stattfinden müsse oder auch einzelne Teilfunktionen betreffen könne (wie Hartmann dies für die Ich-Schwäche betont) und wie weit Ich-Regression mit Triebregression parallel gehen müsse (Bellak, S. 72).

---

4 Auf die häufige Verwechslung, d.h. den Gebrauch erklärender Termini der psychoanalytischen Theorie zum Zwecke der Beschreibung wies auch Hartmann 1964a hin.

5 Z.B. Fenichel 1971, S. 440: „In psychoses loss of reality *causes* the pathological result" (Hervorhebung von mir).

6 Mündlich, zitiert nach Bellak 1973, S. 59.

7 Laut Federn ist das seine eigene Erfindung, nach einer Bemerkung von Bellak habe er das im Anschluß an Tausk konzipiert.

Für die Ich-Entwicklung sind verschiedene Faktorengruppen anzunehmen: ererbte Ich-Eigenschaften, Einflüsse der Triebe und Einwirkungen der Außenwelt (Hartmann 1964 a, S. 336). Hartmann hat besonders darauf hingewiesen, daß Freud (1937; Die endliche und die unendliche Analyse) die Möglichkeit hereditär bedingter „Ichverschiedenheiten" durchaus einräumte. Nach Spitz (1965, S. 104) besitzt das Ich „*innate*, mostly phylogenetically transmitted physiological functions as well as *innate* behaviour patterns" als Konstituenten (Hervorhebung von mir).

Das Ich kommt entwicklungsgeschichtlich aus dem Es. Aber das Es ist eine böse Mutter, eine verzehrende Kali, die ihr Kind, die Ich-Organisation, bedroht, ja sogar verschlingen kann: das Es kann das Ich wieder zu Es werden lassen (Nunberg 1971, S. 143) (zur Theorienbildung über die Ich-Entwicklung s. S. 81).

Welche Funktionen diesem Konstrukt Ich zugeschrieben werden können, darüber besteht keine völlige Übereinstimmung. Das (nur teilweise bewußte) Ich, das selbst unter der Kontrolle des Über-Ich steht, wirkt als Vertreter des Realitätsprinzips, des Sekundärprozesses nach „innen" und nach „außen". Nach „innen" wirkt das Ich auf das (völlig unbewußte) Es, den Sitz der Lebens- und Todestriebe (Eros und Thanatos, Libido und Mortido, Libido und Aggression), und beeinflußt die Triebe: Zulassung der Aktion, Hemmung, Modifikation. Für das Es ist das Ich also in erster Linie ein „Hemmungsapparat" (Nunberg, Fenichel). Nach „außen", auf die äußere Realität hin, ist das Ich ein „Aufnahmeapparat": Perzeption, Apperzeption, Wille, Intentionalität, Motilität, Handeln, Realitätsprüfung. Die im finalen Denken der Psychoanalyse so zentralen „Abwehrmechanismen" werden im Ich „lokalisiert" (Freud, A. 1936, Freud 1938, Hartmann 1937/38, Rapaport 1950, Schafer 1968. Zur Ich-Psychologie von Hartmann und Rapaport s. auch Loch 1975, Kernberg 1967, 1972, 1975, 1977, Vaillant 1986).

Eine vollständige Liste der Ich-Funktionen scheint es auch heute noch nicht zu geben (wie Hartmann 1950 festgestellt hat). Eine Übersicht über die verschiedenen Ich-Funktionsregister gibt Bellak (1973, S. 52).

Schon seit 20 Jahren gibt es Versuche zu einem „assessment of ego functions" in Form von Rating scales and Scorebildung (s. Bellak 1973, S. 52).

Wie die Ich-Funktionen bei Gesunden geordnet sind, darüber weiß man wenig. Vgl. Hartmann 1964 a (S. 351): „Wir wissen nicht sehr viel darüber, welche Form der strukturellen Hierarchie der Ich-Funktionen am ehesten seelischer Gesundheit entsprechen" (s. auch Vaillant 1971).

Die Frage der Energieversorgung des Ich wird von Hartmann 1964 wiederholt behandelt. Hat das Ich eigene (nichtsexuelle, nichtaggressive) Energien, oder hat es nur dank seiner Neutralisierungsfähigkeit desexualisierte und desaggressivisierte Triebkräfte? Die Frage wird bedeutsam für die Selbstbesetzung im Narzißmus (durch neutralisierte Energie, pathologisch infolge Ich-Funktionsschwäche durch sexuelle und aggressive Triebenergie).

Konstituenten/Determinanten/Entwicklung

Ich-Erleben und Leibgefühl

Die Befindlichkeit des Leibgefühls (engl. body consciousness) ist Konstituente des Selbsterlebens. Daher sind auch die Störungen des Leibgefühls (Veränderung, Entfremdung, Verzerrung, Verwandlung, Devitalisierung, Verrotten, Verwesen, Durchwucherung usw.) bzw. Befürchtungen dieser Art in der Hypochondrie untrennbar vom Selbsterleben. Manche (schizophrene) Störungen des Ich-Erlebens drücken sich z.B. vorwiegend in dem Gefühl (der wahnhaften Überzeugung) einer Veränderung des Gesichts aus (z.B. „Mein Gesicht, meine Nase ist schief geworden"). Andererseits können auch Körpererkrankungen zu Erschütterungen und Wandlungen des Selbsterlebens führen (Schilder 1914).

Entwicklung

Die Entwicklung des Ich-Bewußtseins scheint früh zu beginnen, vermutlich schon im 1. Lebensjahr. Im 2.–3. Lebensjahr hat das Kind meist sicher das „Ich", „ich bin" (Spitz 1965, 1972). Den Anderen erfährt das Kind zuerst an der Mutter im Sehen und Erkennen ihres Gesichts und im Erfühlen (durch Greifen) mit den Händen. Im Ergreifen wird Aktivitätsbewußtsein möglich. Hier liegen wohl auch die Wurzeln der Ich-Demarkation, der Ich-Identität und Ich-Konsistenz. Die Entwicklung des Ich-Bewußtseins ist von genetisch determinierten Reifungsfaktoren (des zentralen Nervensystems, des Wahrnehmungssystems, der Entwicklung des Leibs überhaupt) abhängig – und ganz wesentlich von der Erfahrung des Selbstseins im Zusammenleben mit anderen (Personifikationsprozeß im mikro- und makrosozialen Kontext).

Besonders eindrücklich sind die Studien von Spitz (1965) über die Frühentwicklung. Die entscheidende Gestalt im Sozialisationsprozeß der Ich-Entwicklung ist die „mothering person". Sie gibt dem Kind nicht nur Nahrung, Wärme und Liebe (und ermöglicht in solcher Atmosphäre „optimal frustration", welche „structure [and ego] building" wirkt), sondern ist das erste Gegenüber (Du) für die Aufnahme von Objektbeziehungen und bereitet damit die „semantic communication" im Umgang mit Menschen vor.

Die Bedingungen des Aufwachsens, des Hautkontakts von Mutter und Kind, der oralen und analen Freiheit oder Restriktion, der Bewegungsmöglichkeit im Raum, der Familie und ihrer Sprache, der Lebensgesellschaft und ihren Interaktionsformen und Zielen, der Wohnung (Stadt, Land, Kleinwohnung usw.) tragen zur Entwicklung bei.

Erst im Verlauf der weiteren Entwicklung, in der Ausweitung des sozialen Kontextes über die engere Familie hinaus, kann sich an Vorbildern (durch sog. Identifikationen) durch die Lebensbewährung das Rollenbewußtsein des Selbstbildes, das Selbstwertgefühl und schließlich das sichere Selbstsein, versammelt, ausgewogen und standhaltend (Ich-Stärke) erweitern, formen, festigen.

Ich-/Selbsterleben und Kultur

Die interethnisch vergleichende Psychologie weist darauf hin, daß die Abgrenzung eines Individuums als eigenständiges Wesen in den europäisch-abendländischen Kulturen besonders scharf ist, wohingegen andere (z.B. ost- und südostasiatische) Kulturen keinen solchen autonom-individualistischen Ich-Begriff entwickelt haben, die Menschen sich dort mehr als (einzelne unvollständige) Teile des Familienverbands fühlen (Kimura 1965, 1967, 1969, Wulff 1972, Gruppen-Ego, Parin u. Morgenthaler 1964, Hitson-Weidmann u. Sussex 1971, Chang 1982, Scharfetter 1994).

Die Auswirkungen auf die Psychopathologie sind mangels differenzierter deskriptiver Studien heute nicht eindeutig geklärt.

Die Ausführungen von Wulff (1972) über das angebliche Fehlen von „Ichstörungen" bei Schizophrenen in Vietnam überzeugen nicht. Glaubhaft ist, daß Schizophrene in Vietnam „Ichstörungen" i.S. der engeren klassischen deutschen Psychiatrie nicht in ähnlicher Weise wie Schizophrene abendländischer Kulturen erleben und artikulieren können (s. seine Ausführungen zur Sprache). Aber daß Schizophrene dort dadurch „auffallen", daß sie aus dem komplizierten soziolinguistischen Interaktionssystem fallen und in Rede und Benehmen nicht mehr das „richtige" zwischenmenschliche Verhalten treffen, läßt doch darauf schließen, daß sie ihre eigene Rollenidentität nicht mehr sicher zur Verfügung haben. Um sich nämlich in einem so komplizierten Kommunikationssystem zurechtzufinden, muß einer sehr wohl die elementaren Ich-Dimensionen „haben".

Im magischen Weltbezug, in der (außereuropäisch häufigen) Besessenheit, im Mediumismus, in Trancezuständen (Peters u. Price-Williams 1983), in religiös-mystischen Ekstasen erfährt sich das Selbst anders,

indigene Kulturen	**westliche Kultur**	**spirituelle Entwicklung**
verankert geborgen in Wir-Gruppe Familie, Sippe, Volk Religion/Kirche	Zentrierung in sich selbst Ideal des autonomen Individuums mit authentischer Identität Idee der Einheitlichkeit des Ich, der Person	Zentrierung in Transzendenz, transnarzißtischem, Transego- Bereich, (Über-Bewußtsein)
gefährdet bei Kulturwechsel (Anomie)	gefährdet von Isolation, Alienation narzißtisch-egozentrische Position, Inflation, Überforderung Verlust von Struktur, Halt, Boden (Fundament) disponiert zur Ersatzsuche in Führer, Held, Guru, Sekte, fundamentalistischen Bewegungen	gefährdet bei unaufgeräumter, konflikthafter Grundlage spirituelle Weltflucht (Eskapismus) spiritueller Egotrip

Abb. **15** Ich/Selbst in verschiedenen Kulturen.

vor allem weniger abgegrenzt, als in der abendländischen Kultur. Es gibt kulturell akzeptierte und geachtete Bewußtseinszustände des Außersich-Seins (desegoifiziertes Bewußtsein) im Schamanismus, in tieferen Stadien der Meditation, in Ritualen der Ekstase (des einzelnen, von Gruppen). Solche Zustände sind in ihrem kulturell-situativen Kontext zu beurteilen und nicht vorschnell zu pathologisieren.

Abb. **15** stellt Ich-/Selbst-Charakteristika und Gefährdungen in indigenen und westlichen Kulturen und auf dem spirituellen Weg der Entwicklung des Ich/Selbst dar.

Prüfung

Das Ich-Bewußtsein wird in der Selbstbeobachtung erfahren und kann sprachlich mitgeteilt werden. Die pathologischen Veränderungen des Ich-Bewußtseins werden teils durch Befragung erfahren, teils kann man darauf aus dem Verhalten, aus den Erlebnissen, aus den Symptomen des Kranken schließen. Es gibt aber auch Ego-profile-scales (Bellak 1973, Semrad u. Mitarb. 1973, Vaillant 1986). Die Ich-Psychopathologie kann mit einem Inventar erfaßt werden (Scharfetter 1995).

Zur Selbstbildforschung s. Wylie 1961, Collett 1972, Deusinger 1980, 1986.

Pathologie

Übersicht:

Depersonalisation
Störungen der
- **Ich-Vitalität**
- **Ich-Aktivität**
- **Ich-Konsistenz und -Kohärenz**
- **Ich-Demarkation**
- **Ich-Identität**

Störungen des Ich/Selbstbilds (Selbstkonzepts)
Wesensänderung, Persönlichkeitswandel
Egodystonie
Selbstwertgefühl
Störungen der Ich-Stärke

Depersonalisation[8]

Unter dieser Pauschalbezeichnung laufen die verschiedensten Ich-Erlebnisstörungen.

Die häufigste Depersonalisationserscheinung ist das Gefühl, sich selbst ferne zu sein, sich entfremdet, unvertraut, schattenhaft, unlebendig, unwirklich vorzukommen. Ein „Beobachter-Ich" bleibt dabei als Erlebendes, die Veränderung Bemerkendes meist fraglos da. Bei genauem Nachfragen zeigt sich, daß der Entfremdung des Selbst (Depersonalisation) eine Entfremdung der menschlichen und sachlichen Umwelt (Derealisation) entspricht, auch wenn sich dem Betroffenen zunächst die eine (personale) oder die andere (umweltliche) Entfremdung augenfälliger aufdrängt. Die Zusammengehörigkeit ergibt sich aus der Einheit vom Ich und seiner Welt. Je weniger selbstver-

[8] Burger 1910, v. Gebsattel 1937, Ackner 1954, Meyer 1959, 1963, 1968, Göppert 1960, Brauer 1970, Sedman 1970, 1972, Glatzel 1971, Lehmann 1974, Oberst 1983.

ständlich sich ein Mensch selbst erfährt, um so unvertrauter, fremder wird ihm auch seine Umwelt.

Der Ausdruck Depersonalisation umfaßt verschiedene Erfahrungen eines Subjekts, welche z.T. recht schwer präzise in Wort zu kleiden sind. Deshalb ist es für den Interviewer oft auch gar nicht einfach, genau zu kennen, was mit den Umschreibungen und Andeutungen des Patienten gemeint ist. Depersonalisation ist auf jeden Fall ein Musterbeispiel für ein Erfahrungs-Item und nicht ein objektives Zeichen.

Es erscheint mir sinnvoll, 3 verschiedene Aspekte der Depersonalisation zu differenzieren:

- Zunächst meint Depersonalisation eine bestimmte *innere Distanz* zwischen der Beobachtungsinstanz (engl. observer ego, auch innerer Zeuge genannt) und dem beobachteten Teil des Selbst, entweder der Körper oder die eigene Psyche, Gedanken, Gefühle, intentionale Akte. Diese innere Distanz kann bis zu einem Gefühl der Fremdheit, der *Selbstalienation* wachsen. Die Gedanken erscheinen fremd, kommend und wieder wegtretend, ohne die eigene Ich-Aktivität, Intentionalität, ohne das sichere Begleitwissen (Beiwissen, Bewußtsein): Dieses sind meine eigenen Gedanken. Dasselbe kann sich betreffend des eigenen körperlichen Spürens, der Gefühlszustände, der Ich-Zustände, der intentionalen Akte (z.B. ich bewege mich, handle wie ein Automat) ereignen. Daher betrifft diese Art von Depersonalisation eine Form von Selbstentfremdung, Selbstdistanz, einen Zustand partieller oder kompletter Desegoifizierung. Manchmal kann das in eine Hyperreflexivität der Selbstbeobachtung und der Selbstkontrolle münden. Im Konzept der Ich-Pschopathologie (s. dort) sind hier also vor allem die Dimensionen der Ich-Identität und Ich-Aktivität betroffen. Man findet sie beim schizophrenen Syndrom und z.B. auch in psychedelischen Zuständen.
- Manchmal trägt der Ausdruck Depersonalisation eher die Konnotation einer *reduzierten Vitalität*: Mein körperliches Spüren, meine vitalen Gefühle, meine Gefühle überhaupt fühlen sich nicht so lebendig an, wie ich es sonst gewohnt bin.
  In psychasthenischen, neurasthenischen Zuständen, in Erschöpftheit, beim posttraumatischen Streßsyndrom, vor allem in vielerlei Arten von depressiven Syndromen findet man diese Art von Depersonalisation. Sie sollte von dem erstgenannten Typ unterschieden werden, obzwar es auch Kombinationen gibt.
- Ein dritter Typ von Depersonalisation betrifft vorwiegend das Gefühl von *Irrealität*: Mein Gesicht, meine Hände, mein Körper

erscheinen in irgend einer Weise verschieden von der bisher gewohnten Weise des schlicht und einfach und fraglos Realseins. Das Gefühl dieser Irrealität ist hauptsächlich auf konkrete Objekte, den Körper oder Teile von ihm bezogen und weniger auf mentale Akte (welche auch nicht so objektiv erscheinen). Dieser Typ von Depersonalisation ist fast immer kombiniert mit Derealisation: Die Umgebungsobjekte scheinen verändert, anders gegenüber dem Zustand vorher. Zum Beispiel der Wald, die Bäume sind wie künstlich, aus Plastik, aber nicht wirkliche, lebendige Bäume. Diese Landschaft erscheint mir eher wie ein gemaltes Bild, nicht wie eine wirkliche Landschaft.

Dieser dritte Typ der Depersonalisation, kombiniert mit Derealisation, wird bei Borderline-Persönlichkeitsstörungen beobachtet, besonders in Zeiten von besonderer emotionaler Anspannung, Depression und Angst, Verlassenheitsgefühlen, Einsamkeit oder wenn stark gefühlsgeladene belastende Erinnerungen auftauchen (z. B. auch im Rahmen einer Psychotherapie).

Beim genaueren Zusehen lassen sich vielfach die auf S. 74–77 genannten Dimensionen als betroffen erfassen.

- Beispiele von Depression:

„Ich bin nur mehr ein Schatten… ich spüre mich nicht mehr… alles ist ferne und weit weg gerückt… wie im Nebel." (Depersonalisation und Derealisation).

- Beispiel von früherer Schizophrenie:

„Ich bin unsicher geworden… ich habe eine große Neigung, alles in Frage zu stellen… Es ist nicht mehr natürlich… es ist nicht mehr so selbstverständlich…

Ich empfinde mein Leben mehr als früher… man lebt miteinander, und doch ist jeder für sich… ich bin meinen Nächsten, meinem Mann und meinen Kindern ferne, ich lebe mein eigenes Leben."

Verlust der natürlichen Selbstverständlichkeit (Blankenburg 1971). Depersonalisation und Derealisation im Sinne von Ferne und Unvertrautheit.

Vorkommen

N B: Das Ausmaß der Depersonalisation (und der Derealisation) ist sehr schwankend je nach der Stimmigkeit der Beziehung zu anderen Menschen. In Krisen von Beziehungen können Depersonalisationserscheinungen hervorkommen oder verstärkt werden. Andererseits kann warmes, mitfühlendes Dabeisein und Sichkümmern die Entfremdung aufheben oder lindern. Vielfach kommt es während psychoanalytischer Behandlung zu flüchtigen intermittierenden Depersonalisationserscheinungen. Es ist wichtig, diese zu kennen, zur Vermeidung von kurzschlüssigem Psychoseverdacht und entsprechenden Ängsten.

Solche Entfremdungserlebnisse sind nosologisch unspezifisch (d. h. sie sind nicht für eine bestimmte Krankheit pathognomonisch). Sie können vorkommen:

- bei manchen Gesunden in besonderen Situationen (Ermüdung, Erschöpfung, Isolation),
- in der Adoleszenz,
- als häufige und aufdringlichere Erscheinung in Neurosen (neurotische Depression, Zwangsneurose, Phobien), bei narzißtischen und Borderline-Persönlichkeiten, besonders während Lebens-(Beziehungs-)Krisen, auch während einer Psychoanalyse,
- bei allen anderen Formen der Depression, besonders der sog. endogenen Depression,
- bei vielen Schizophrenen (besonders als Vorläufer oder als Anfangssymptome, aber auch während der Erkrankung),
- bei toxischen Psychosen: unter Schmerz- und Schlafmitteln, unter Halluzinogenen; auch bei anderen körperlich begründeten Psychosen.

Bei vielen Psychosen (besonders den schizophrenieartigen) kann man einzelne oder mehrere der oben genannten Dimensionen besonders

Tabelle **9** Ich-Psychopathologie

Ich-Vitalität	Angst vor dem oder Erleben vom eigenen Absterben, Tod, Untergang, Nicht-mehr- sein, Weltuntergang, Untergang anderer Menschen
Ich-Aktivität	Fehlen der Eigenmächtigkeit im Handeln und Denken; Fremdsteuerung, -beeinflussung, Kontrolle im Handeln, Erleben, Fühlen, Denken; Lahmgelegt-sein; Besessen-sein
Ich-Konsistenz evtl. Kohärenz	Aufhebung des Zusammenhangs oder/und der Beschaffenheit des Leibs oder seiner Teile, der Gedanken-Gefühls-Verbindungen, der Gedankenketten, der Willens- und Handlungsimpulse, der Seele, der Welt, des Universums
Ich-Demarkation	Unsicherheit, Schwäche oder Aufhebung der Ich-/Nicht-Ich-Abgrenzung, Fehlen eines (privaten) Eigenbereichs im Leiblichen, im Denken und im Fühlen; Störung der Innen-Außen- und Eigen-Fremd-Unterscheidung
Ich-Identität	Unsicherheit über die eigene Identität, Angst vor Verlust der eigenen Identität; Verlust der Identität; physiognomische und Gestaltänderung, Geschlechtsänderung, Verwandlung in ein anderes Wesen, Änderung der Herkunftsidentität

betroffen finden, bis hin zur schwersten allgemeinen Störung des Selbstseins. Eine Reihe von psychotischen Erlebnis- und Verhaltensweisen läßt sich aus der genaueren Betrachtung der Ich-Erlebensstörungen verständlich ableiten.

Die Pathologie der basalen Dimensionen des Ich-Bewußtseins ist in Tab. **9** übersichtlich zusammengestellt.

Störungen der Ich-Vitalität

Das Gefühl der eigenen Lebendigkeit kann abnehmen oder verloren gehen. Schwerkranke sind nicht mehr sicher, daß sie überhaupt da sind, daß sie noch leben.

In der Manie wird die Ich-Vitalität gesteigert erlebt. Selten ergibt sich daraus ein echter Größenwahn.

▶ Beispiele von Schizophrenie:

- „Das ist sozusagen die Kernfrage, ob ich bin und ob ich einheitlich bin." – „Lebe ich noch?" (Ich-Vitalitäts- und Konsistenzstörung).
  Dieses Erleben führt zu Ratlosigkeit und Angst, Untergangs- und Todesangst. Der Patient kann darin erstarren (katatoner Stupor) oder in panischen Bewegungssturm geraten, um sich – im Anrennen gegen Widerstände – selbst noch zu erfahren.
  Der Patient zeigt zeitweilige Hyperventilation; er mache das, damit er erfahre, daß er doch noch lebe: katatone Hyperventilation, forciertes Durchführen der elementaren Lebensfunktion der Atmung zur Selbstvergewisserung „ich lebe".
- „Es war, wie wenn das Leben draußen wäre, wie vertrocknet… ich hatte Angst, daß sich die Seele, das Leben aus mir entfernen würde."
  Patient war in katatonem Stupor erstarrt.
- „Ich bin verändert, mein Ich ist gar nicht mehr…"
  Der Patient, versunken in Ratlosigkeit, kann einfache Fragen nicht mehr beantworten, weil die Bedrohung der Ich-Vitalität jede Zuwendung unmöglich macht.

▶ Beispiel von endogener Depression:

„Ich bin nicht mehr – ich rieche ja schon wie eine Leiche."

Die Thematisierung der Erfahrungen führt zum Wahn (s. dort).

Wahnbildung

Entfremdung des eigenen Selbstseins (und seiner Welt) kann den Weg in den Wahn bahnen:

- hypochondrischer Wahn, Krankheitswahn, Wahn leiblichen Untergangs (Untergangswahn),

- Wahn des persönlichen Untergangs, sterben zu müssen,
- Wahn, nicht mehr zu sein; Wahn, daß überhaupt nichts mehr sei (allgemeiner nihilistischer Wahn),
- Wahn, daß die Welt mit dem Selbst untergeht: Weltuntergangswahn,
- wahnhafte Interpretation des Untergangs als Bedrohung von außen: Verfolgungswahn (Vernichtungswahn).

Als psychodynamische Hypothese ist denkbar (aber nicht zureichend phänomenologisch ausgewiesen): Kompensation und Überkompensation solcher Untergangserlebnisse: Heilswahn, Weltverbesserungswahn, messianischer Wahn u.a. Wenn dem Patienten der Aufbau solchen Wahns gelingt, ist das Devitalisierungserlebnis überwunden.

Vorkommen

Depression jeder Art, vor allem die schwere endogene Depression, können mit Ich-Vitalitätsverlust einhergehen.

Die schwersten Ich-Vitalitätsstörungen trifft man bei Schizophrenien und schizophrenieartigen toxischen Psychosen (angstvolle Ich-Auflösung im Horrortrip, z.B. unter LSD).

Störungen der Ich-Aktivität

In leichteren Graden der Störung ist die Intention im Denken, Fühlen, Wahrnehmen, in der Motorik gehemmt, gebremst, verzögert. Selbst kleine alltägliche Entscheidungen, Handlungen oder das Reden sind erschwert.

Klinisch zeigt sich das in Verlangsamung bis zum Stupor und in zögerndem, flüsterndem Reden oder Mutismus (s. Antrieb).

In schweren Graden geht den Kranken die selbstverständliche Gewißheit verloren, daß sie selbst überhaupt noch aktiv Erlebende sind, daß sie etwas erfahren, wahrnehmen, fühlen, denken, tun, unternehmen, ja sich bewegen können. Das führt zur Ratlosigkeit, Staunigkeit, Verlangsamung bis zum Stupor.

Sehr oft ist das Leibgefühl schwer gestört, und die Kranken finden sich in der Orientierung in ihrem Körper nicht mehr zurecht.

Bei manchen Kranken liegt die Interpretation nahe, daß sie versuchen, aus diesem angsterregenden Aktivitätsdefizit herauszukommen, indem sie gleichförmige Bewegungen machen (Stereotypien) oder gleichförmig Worte oder Sätze wiederholen (Verbigeration). Die vermehrte Intentionsanstrengung kann aber auch in einer katatonen Erregung durchbrechen.

Auch automatenhafte Nachahmung von Bewegungen anderer kommt vor (Echopraxie) oder Wiederholung vorgesprochener Laute oder Worte (Echolalie). Manche Kranke behalten in diesem Zustand die ihnen vorgegebene Gliedmaßenstellung bei (Flexibilitas cerea).[9]

Wahnbildung

Es liegt nahe, daß der Kranke, der oft auch eine Ich-Grenzstörung hat, alles, was er noch erfährt oder tut, als von anderen gemacht und gesteuert empfindet:

Fremdbeeinflussungswahn (im Motorischen, Denken, Fühlen, Wahrnehmen, Sprechen, Schreien usw.). Da die Beeinflussung meist als etwas Bedrängendes, Unheimliches, unfrei Haltendes erfahren wird, liegt die Interpretation dieser Erfahrung als Verfolgung nahe (Verfolgungswahn).

Auch die (in außereuropäischen Kulturen häufigere) Besessenheit gehört hierher.

Beispiele von Schizophrenie:

- „Ich hatte das Gefühl, als ob ich lahmgelegt worden wäre."
- „Manchmal bin ich nicht mehr Herr meiner Hände."
- Macht stereotype Kreisbewegungen mit den Armen und sieht dabei gebannt auf seine Hände. Er mache das, damit er merke, daß er sich noch selbst bewegen könne.
- „Ich hatte keine Kräfte mehr, ich wußte nicht mehr sicher, daß ich ich selbst war. Ich konnte mein eigenes Denken und Handeln nicht mehr bestimmen, war wie gefesselt. Ich konnte in dem Zustand auch nicht mehr sprechen. Dann kommt die Angst, daß man von außen überwältigt wird, manipuliert, verfolgt."
  Die Patientin war in ihrer schrecklichen Angst erstarrt (katatoner Stupor), dazwischen mußte sie laut schreien.
- Patient brüllt oft wie ein gequältes Tier. Dann sagt er: „Nicht ich schreie, die Einwirkung geht auf meinen Stimmnerv, dann brüllt es aus mir."
- „Wenn ich andere sehe oder sprechen höre, so kann es geschehen, daß ich ebenso spreche und mich bewege – und Angst habe, daß ich die anderen bin." Echolalie, Echopraxie, Ich-Identitätsunsicherheit. „Wenn jemand hinkt, muß ich langsamer gehen." Echopraxie, Appersonierung.

---

9 Solche Zeichen können auch beim „Gesunden" rudimentär vorkommen: Wiederholung in Wort, Mimik, Gestik usw., bei Gedankenleere, Langeweile, Ratlosigkeit, Verlegenheit.

Vorkommen

Die ausgeprägtesten Ich-Aktivitätsstörungen trifft man bei Schizophrenen, besonders bei katatonen. Sie können, müssen aber nicht, Fremdbeeinflussungsgefühle haben. Diese haben offenbar eine Ich-Grenzstörung und Ich-Konsistenzstörung (Abspaltung) zur Voraussetzung.

Auch schizophrenieartige Psychosen anderer Natur zeigen oft Ich-Aktivitätsstörungen: toxische Psychosen (LSD, Meskalin), epileptische Psychosen (auch Dämmerzustände). Bei schweren Depressionen gibt es eine Intentionshemmung bis zum Stupor, hier allerdings ohne Fremdbeeinflussungsgefühl.

Störungen der Ich-Konsistenz und -Kohärenz

Die Kranken erfahren sich nicht mehr als selbstverständliche Einheit, als ein zusammengehöriges Ganzes, von bestimmter (menschlicher) Beschaffenheit und Kontinuität/Kohärenz, Gefühle und Gedanken sind dissoziiert.

Sie fühlen sich innerlich zerrissen (s. Ambivalenz), zersplittert und haben Angst. Darin können sie erstarren (katatoner Stupor) oder in Panik geraten (katatone Erregung).

Manche fühlen sich von divergierenden Mächten auseinandergezogen und spüren diese Qual der Spaltung auch leiblich.

In der Zersplitterung gibt es Verdoppelungen mit relativer Selbständigkeit der Teile, aber auch das Gefühl der Auflösung.

Solche Zersplitterungs- und Auflösungserlebnisse sind fast immer mit schweren Ich-Identitätsstörungen, auch Desorientierung am eigenen Leibe, verbunden.[10]

Wahnbildung

Die wahnhafte Selbstexplikation dieser schizophrenen Existenz ist vielgestaltig:

- Untergangswahn, Wahn sich aufzulösen,
- Wahn des Zerrissenwerdens von guten und bösen Mächten, Himmel und Hölle usw.

---

[10] Divide: Heautoskopie (Doppelgängererlebnis) ist die (seltene) optische Erscheinung der eigenen Gestalt bei intaktem Icherleben! Auch die „out-of-body-experience" (sich selbst als außerhalb des Körpers diesen betrachtend erleben) ist hier zu nennen. Sie kommt gelegentlich in besonderen Bewußtseinszuständen vor.

Der Untergangswahn kann auch die ganze Welt betreffen (Weltuntergangswahn) oder überhaupt das Universum (Wahn kosmischer Katastrophen, Zersplitterung der Sonne, Explosion von Sternen und ähnliches).[11]

Bei relativer Selbständigkeit der Teile kann es zum Wahn der Verdoppelung (Duplizität des Ich) oder Vervielfachung (Pluralität des Ich, multiplikatorischer Wahn) kommen.

Beispiele von Schizophrenie:

- „... es ist ein großes Durcheinander in mir... wo ist meine Nase, was ist mit meinem Mund... Mein rechter Arm? Ich weiß nicht mehr, was rechts und links ist. Ich weiß nicht genau, wo mein linkes Bein ist.
  Rechts bin ich ein Mann, links bin ich eine Frau. Rechts bin ich mein Vater, manchmal meine Mutter. Blut habe ich nur das halbe von mir, das andere ist von einem Mann oder einer Frau...
  Ich habe nur die halbe eigene Meinung, das andere ist von anderen, von Verwandten, von Stimmen.
  Das ist ein großes Durcheinander im Kopf und Körper... auch der Magen und der Hals drehen sich."
  Der Patient ist in großer Ratlosigkeit und im Substupor, kann aber noch sagen, was er erfährt.
- „Ich habe zwei Köpfe."
- „Ich bin vervielfältigt worden". (Pluralität)
  „Ich trage einen Vierkopf herum". (Monsterwahn)
- „Ich bin wir." (Multiplikation des Ich und Verschmelzung)
- „Ich hatte Angst vor den Tauben, als sie aufflogen, daß alles in die Luft gesprengt werde."
  Angst vor Ich-Auflösung und Zersprengung, läuft in Panik davon.
- „Man hat mir die Seele weggenommen und verteilt."
- „Ich kann Gedanken und Gefühle nicht zusammen leben und ordnen".
- „Ich habe ein krummes Skelett, das ist die Erkenntnis meines Körpers".
- „Ich fühlte mich als amorphe zähflüssige Masse, die über die Couch abtropfte und zerrann".

Vorkommen

Ausgeprägte Ich-Konsistenzstörungen kann man bei Schizophrenen und bei schizophrenieartigen toxischen Psychosen finden.

Störungen der Ich-Demarkation

Die Kranken fühlen sich bloßgelegt, ausgesetzt, schutzlos allen Außeneinflüssen preisgegeben.

Sie können nicht mehr zwischen Ich und Nicht-Ich unterscheiden, zwischen dem, was sie sich „einbilden", und dem, was von „außerhalb" ihrer selbst an sie herankommt.

---

[11] Diese Thematik kann sich im Traum ankündigen.

Damit geht ihnen die Realitätskontrolle verloren: sie wissen nicht mehr, was mitmenschlich gemeinsame Realität ist, und sind in dereeller – autistischer Eigenwelt isoliert (Alienation).

Tritt diese Erfahrung langsam ein, so ziehen sich die Kranken manchmal immer mehr in sich zurück, kapseln sich ab (Autismus).

Bei manchen steht das Gefühl der Entfremdung, des räumlichen und zeitlichen Abseitsstehens im Vordergrund: Gefühl der Verlorenheit und Fremdheit, Derealisation, Kommunikationserschwerung, Vereinsamung, Mutismus in der Hoffnungslosigkeit, noch zu einer Verständigung mit anderen zu kommen.

Die mitmenschlich gemeinsame Welt ist nicht mehr da; die Welt ist nicht mehr Heimat, Wohnung.

Die akute Überwältigung von dem Erlebnis kann zum Erstarren im Schreck (katatoner Stupor) führen, evtl. manchmal unterbrochen von katatoner Erregung.

Wahnbildung

Das Gefühl der Fremdheit und Unvertrautheit ist die Wahnstimmung. Der Kranke ist schutzlos den Einflüssen von außen preisgegeben (Fremdbeeinflussungswahn): fremde Kräfte beeinflussen sein Denken, andere lesen seine Gedanken, steuern seine Handlungen usw. (vgl. Ich-Aktivität).

Manche Kranke glauben selbst zu erleben, was sie von anderen her sehen oder hören (Appersonierung). Oder sie meinen, andere erführen oder täten, was sie in Wirklichkeit selbst erfahren oder tun (Transitivismus). So können manche Kranke den Wahn bilden, sie selbst seien nicht krank, aber sie seien da, um den anderen kranken Menschen zu helfen (altruistischer Wahn, Heilswahn).

Als psychodynamische Hypothesen sind denkbar (aber nicht zureichend phänomenologisch belegt):

Das Bestreben, diese Erfahrungen zu überwinden, kann (hypothetisch!) zu Kompensations- und Überkompensationsversuchen führen: In einem maniformen Überspringen der Fremdheit und Unvertrautheit, des grenzenlosen Ausgesetztseins kann es zum Wahn der magischen Allkommunikation, ja Omnipotenz, kommen oder zum Wahn göttlichen Aufgehobenseins, göttlicher Führung u. ä.

Die Einsamkeit und Heimatlosigkeit in der Welt kann überkompensiert werden im altruistischen Wahn; als Heiler anderen zu helfen, als Heiland, Messias, Gesandter Gottes, Gottessohn die Welt zu verbessern, zu erneuern (Weltverbesserungswahn, messianischer und Prophetenwahn u. ä.).

- Beispiele von Schizophrenie:
  - „Mein Hirn ist gestört… ich muß die Augen schließen, weil ich sonst nicht weiß, was außen und innen ist, und es ist ein großes Durcheinander in mir…" „Es gibt Außenstimmen und Innenstimmen", die Innenstimmen spürt er durch seinen Leib hindurchgehen.
    „Ich komme nicht mehr nach außen."
    Unfähigkeit, sich Menschen und Dingen zuzuwenden und in der Außenwelt Unterscheidungen zu treffen:
    „Ich weiß nicht, ist Winter oder Sommer, was ist oben und unten… was ist rechts und links…"
  - „Ich wohne nicht… ich bin unter meinen Augen… unter meinen Augenlidern." (Heimatlosigkeit, Isolation, Alienation)
  - „Wie ich versengt werde, so werden viele umgebracht." (Transitivismus)
- Beispiel von Depression:
  - „Ich muß alles das erleiden, was die anderen Menschen hier in der Klinik ausstehen müssen." (Appersonierung)

Vorkommen

Ausgeprägte Störungen der Ich-Abgrenzung sind charakteristisch für Schizophrenien und auch schizophrenieartige Psychosen toxischer Natur (LSD).

Störungen der Ich-Identität

Unsicherheit über das Selbstsein, sich als derselbe von Geburt an zu wissen, treffen wir in mannigfacher Form.

Die leichtesten Störungen geben sich im Gefühl der Ferne, Distanz, der Fremdheit, Unvertrautheit sich selbst gegenüber kund (Depersonalisation im häufigsten Wortgebrauch s. S. 84).

In schweren Fällen verschwindet die Gewißheit, „Ich bin ich selbst". Der Kranke weiß nicht mehr, wer er ist. Das trifft häufig mit Leiberlebens-, mit Ich-Konsistenz- und Ich-Vitalitätsstörungen zusammen.

Wahnbildung

Anstelle der verlorengegangenen Identität kann eine neue Identität treten. Der Kranke wähnt ein anderer zu sein, als er in Wirklichkeit ist. Diese wahnhafte Persönlichkeitstransformation oder Identitätsfälschung bringt meist eine Bedeutungs- und Rollenerhöhung (Ausnahme Depression mit Schuldwahn).

Gelegentlich findet auch ein wahnhafter Geschlechtswandel statt (wahnhafte Geschlechtstransformation).

Selten findet man auch eine wahnhafte Verwandlung in ein Tier.

Die Störung der Identität des Ich im Zeitverlauf liegt vor, wenn der Kranke wähnt, jetzt ein anderer zu sein als früher,[12] oder wenn er seine eigene Lebensgeschichte wahnhaft neu schöpft, z.B. Jahrtausende lang schon auf der Erde zu sein wähnt. Hier handelt es sich um eine Form des Abstammungswahns, den man häufiger als Wahn höherer als der wirklichen Herkunft antrifft.

Fast immer besteht daneben noch ein Wissen um die wirkliche Abstammung, und der Kranke lebt in doppelter Buchführung (Bleuler 1911) beide Wirklichkeiten nebeneinander, die mitmenschlich gemeinsame Realität und die Wahnwirklichkeit (s. Wahn). Meist gewinnt solcher Abstammungswahn auch keine solche Handlungsrelevanz im Leben. Das findet man eher noch bei Verwandlungswahn auf der Grundlage psychoorganischer Veränderungen.

► Beispiele von Schizophrenie:

- „Ich habe Angst, daß ich die anderen bin. Ich weiß, daß es nicht so ist, aber ich habe doch die Angst… Ich möchte mich selber finden… Daß ich meine Rolle in der Gesellschaft finde – ein S. kann nie ein gewöhnlicher Mensch sein, muß immer etwas extra tun… So muß ich auch extravagant sein, daß ich mich selber als eigener erlebe. Daher kann ich nicht tun wie andere gewöhnliche Menschen, daher kann ich nicht die Symbole aufgeben, die ich mir ausgedacht habe."
  „Mein Gesicht verändert sich, je nachdem, wer mir gegenüber ist."
  Ratlosigkeit, kataton – steif. Denk- und Sprechverlangsamung. Privatsymbolik. Identitätsunsicherheit. Appersonierung, „extravagantes" Verhalten aus überspannter Identitätssuche.
- „Ich wußte nicht mehr sicher, daß ich der U. bin. Auch meine Verwandten waren verändert, schienen unecht, verkleidet wie Theaterfiguren.
  Es war ein „Kopfsalat" in meinen Gedanken. Es war wie in Calderons Welttheater… wie im Traum… ich konnte nicht mehr unterscheiden, was Wirklichkeit und was Einbildung war."
  Depersonalisation und Derealisation. Störung des Realitätsbewußtseins. Patient war in der Stimmung der Verlorenheit, der Angst und Ratlosigkeit und konnte nicht mehr sprechen und sich bewegen (Mutismus und Stupor).
- „Das Unheimlichste war, daß man selbst nicht mehr weiß, daß man selbst ist. Man kann sein Tun nicht mehr bestimmen, seine Gedanken… ist wie gefesselt… gleichzeitig steigt die Angst, man komme sich überwältigt und von außen manipuliert vor… Mein Leib war wie verzerrt."
  Patient war vor Angst im Stupor erstarrt, mußte auch schreien, konnte nicht mehr reden.

---

[12] Divide: Alternierende oder multiple Persönlichkeit: Bei diesem heute dissoziative Identitätsstörung genannten kaleidoskopartigem Wechsel der dominanten Identität (S. 76) besteht jeweils Ich-Bewußtsein, aber es fehlt die Kontinuität einer dominanten Ich-Identität durch das ganze Leben hindurch.

- „Ich hatte das Gefühl, als wäre ich selbst eine alte Frau und verwandle mich in meine Mutter und meine Mutter sich in mich. Die Angst brachte die Gedanken durcheinander."
- „Meine Haut ist anders, ich habe eine Kuhhaut an der Nase und auch an anderen Stellen des Körpers."
  (Warum so steif?) „Weil ich nicht weiß, was tun, wer ich bin. Die Langeweile und die Platzangst, ich habe beide nebeneinander."
  (Auf Anrede mit dem Eigennamen) „Werner ja, wenn Sie so zu mir sagen, weiß ich wieder, wer ich bin."
- Wiederholt immer: „Ich bin ein Mensch." Selbstversicherung bei bedrohtem Identitätsbewußtsein.
- Wiederholt immer: „Ich bin, der ich bin." Selbstversicherung bei unsicherem Identitätsgefühl.
- „Ich bin ein Tier... ich trage einen Vierkopf herum... ich bin in anderen Umständen und werde ein Tier zur Welt bringen.
  Ich bin als die Heilige Gottes hergestellt, ich bin der Teufel."
  Schwangerschaftswahn mit Tier, Verwandlungswahn, Erlösungswahn und Schuldwahn.
- „Ich habe ein anderes Skelett, eine krumm geartete Hand, das ist die Erkenntnis meines Körpers...
  ...männlich bin ich die Schweiz, weiblich Argentinien".
- „Mein Fleisch ist nicht wie das Fleisch anderer Menschen."
- „Wahrscheinlich bin ich gar nicht von dieser Welt... ich bin nicht wie die anderen Menschen... wieso sollte ich einen Namen haben?"

► Beispiel von schizophrenieartiger Psychose bei Epilepsie:

„Ich bin Professor der Veterinärmedizin, Direktor der Anstalt und bin hier, um die Hebephrenie zu machen. Ich bin Baumeister, Oberbaumeister, Kantonsbauinspektor..."
Psychodynamisch kann man den Wahn als Kompensation von Minderwertigkeitsgefühlen bei Unterintelligenz ansehen.

► Beispiel von Morbus Pick:

Der schwer psychoorganisch veränderte Kranke wähnte sich als Bundespräsident und fuhr ohne Fahrkarte zu seinem „Amtssitz".

Vorkommen

- Am häufigsten bei den Schizophrenien,
- bei schweren Depressionen (z. B. „Ich bin der Teufel selbst."),
- bei körperlich begründeten Psychosen (chronisches organisches Psychosyndrom).

Ein Syndrom von wechselhafter, alternierender, fluktuierender Identität ist die sog. *dissoziative Identitätsstörung* (früher multiple Persönlichkeit genannt). Sie wird zu den dissoziativen Störungen gerechnet, als deren gemeinsamer Nenner die Dissoziation, die Abspaltung von Bewußtseinsfunktionen angesehen wird.

Bei der *dissoziativen Amnesie* (früher als psychogene Amnesie bezeichnet) werden biographisch relevante Erinnerungen belastender

Art (Mißbrauch, Inzest, Unfall, Trauma) nicht mehr erinnert (amnesiert), psychodynamisch ein Entlastungsmechanismus. Bei der *Depersonalisation* (s. dort) werden Elemente der Selbstwahrnehmung abgetrennt: Devitalisierung, Wirklichkeitserfahrung, innere Distanz zu sich selbst. Auch „unbewußte" Reisen (*fugue*) mit Amnesie werden als dissoziativ gedeutet (wichtig die Unterscheidung vom Dämmerzustand).

Die beeindruckendste dissoziative Störung der modernen westlichen Kultur ist aber die *dissoziative Identitätsstörung*. Eine Person präsentiert sich und handelt, verhält sich in zwei oder mehreren scheinbar selbständigen, mit je eigenen Eigennamen beizeichneten Identitäten, von denen jede ihre eigene Geschichte hat und ganz oder teilweise amnestisch ist für die anderen. Die Subpersonalitäten erscheinen als wechselnd dominante Subselves, welche nicht zu einem ganzen einheitlichen, konsistenten authentischen Selbst integriert sind. Die pluralistische und gleichzeitig die Separation des Individuums so stark betonende moderne westliche Gesellschaft, zusammen mit integrationserschwerenden Entwicklungsbedingungen für die Personwerdung (in der Vorgeschichte sind oft Mißbrauchs-, Inzesttraumen) treffen mit einem in Medien, Populärliteratur und u. U. Erwartungen von Psychiatern und Psychologen verbreiteten induzierenden nosogenen (krankheitserzeugenden) Druck zusammen – ein Beispiel für ein kulturgebundenes Syndrom der westlichen Kultur (wie Anorexie und Bulimie).

Störungen des Selbstbilds (Selbstkonzepts)

Wie einer sich selbst sieht, was er von sich hält, welches Persönlichkeitsbild er von sich hat – das kann ohne jede Beeinträchtigung des Ich-Gefühls im Sinne der basalen Dimensionen mannigfachen Schwankungen und Veränderungen unterworfen sein.

Wieweit diese Selbstauffassung auch von anderen Menschen geteilt wird oder wieweit sie als inadäquat, verzerrt, zu klein oder zu groß gesehen wird, ist sehr verschieden.

Wesensänderung, Persönlichkeitswandel

Das Gefühl der *Wesensänderung*, des *Persönlichkeitswandels* kann sich während der Lebensentwicklung einstellen, besonders in Unglück oder Leid (wenn einen das Schicksal trifft).

Solche Wesensänderung wird je nach dem Grad der Selbstreflexion unterschiedlich deutlich wahrgenommen.

In der Pubertät und zu Anfang der Adoleszenz kann der eigene Persönlichkeitswandel deutlich werden, besonders um die Zeit des Austritts aus dem engeren Familienverband.

In dieser Krisenzeit kann es bei manchen gefährdeten („ich-schwachen") Menschen spontan oder unter der zusätzlichen Belastung von Umwelt- und damit Rollenveränderungen (Wegzug aus der Familie, Rekrutenschule, Berufslehre, Verlobung, Heirat, Elternschaft usw., s. Kraus 1980) zur tiefergehenden Erschütterung der Persönlichkeit mit Selbstentfremdungsgefühlen (Depersonalisation) kommen (sog. Adoleszentenkrisen), manchmal aber auch zu schweren Störungen des Ich-Erlebens in der Schizophrenie (die bei Männern ihre erste Manifestationszeit um das 17. Lebensjahr hat).

Ein Persönlichkeitswandel kann in langer schwerer Krankheit (besonders solchen mit tödlichem Ausgang) erfahren werden, bei Verkrüppelung oder Verstümmelung („Krüppelpsyche"), in langer Haft (Konzentrationslager), durch Kriegserlebnisse und im Prozeß des Älterwerdens.

Egodystonie

Manche Antriebe oder Strebungen zu bestimmtem Tun, Denken, Vorstellen werden vom Gewissen (conscientia = Bewußtsein und Gewissen) oder von der „vernünftigen" Überlegung als unethisch, amoralisch, unsinnig, unvernünftig, ohne Grund beherrschend abgelehnt. Sie werden von der Persönlichkeit als nicht zu ihrem Selbstbild gehörig (egodyston) aufgefaßt und abgewehrt. Sie können dann als persönlichkeitsfremd, „nicht eigentlich zu mir gehörig", „nicht gewollt" erscheinen. Dann wird der betreffende Mensch von diesen Antrieben und Befürchtungen „überfallen" (s. Zwänge und Phobien). Bei der sog. Zwangsneurose sind diese wohl persönlichkeitsfremd, aber nicht von außen gemacht. Schizophrene können in diesem engeren Sinne „echte" Zwänge erleben, aber auch alle Übergänge bis hin zur völlig unfreien Verfallenheit an die „Außensteuerung".

Selbstwertgefühl

Das Selbstwertgefühl (engl. self-esteem) ist eng mit dem Selbstbild verbunden. Die Variationen bewegen sich zwischen dem (im Urteil der anderen) überhöhten Selbstwertgefühl und den Minderwertigkeitsgefühlen. Beides kann sich auf die gesamte Existenz beziehen, manchmal aber mehr im Bereich intellektueller Leistung oder in der Stellungnahme zum eigenen Leib gegenwärtig sein.

Beides kommt als erworbener Charakterzug (narzißtische Persönlichkeitsstörung) vor – und besteht dann meist lange oder dauernd – oder psychotisch begründet (dann meist episodisch).

- Als Wesenszug:
  - selbstgefällige, dünkelhafte, anmaßende usw. Menschen,
  - selbstunsichere, zaghafte, schüchterne Menschen.
- Psychotisch:
  - in der Manie Erhöhung und Erweiterung des Selbstwertgefühls; in der Depression Entwertung des Selbst,
  - stark wechselhaft bei Borderline-Persönlichkeiten,
  - schizophrene Menschen müssen sich oft selbst sehr radikal entwerten: z. B. „In meinen Adern ist Gülle" (d. i. Jauche).

    Eine junge Frau stieg zu Beginn ihrer Erkrankung in einen Müllkontainer, so sehr fühlte sie sich als Abfall.

Störungen der Ich-Stärke

„Ich-schwache" Menschen konnten das eigene Selbstsein nicht genügend entfalten. Sie leben vielfach uneigentlich nach dem Muster anderer (z. B. der Erzieher, der Gesellschaft, des „man"); im Bemühen um normgemäßes Verhalten wird das Eigene unterdrückt, verkümmert oder bricht in verkehrter Form durch (Perversion).

Das Verfallensein jeder Art, die Unfreiheit des Selbstseins sind hier zu nennen. Einige Stichworte dazu: die Beeinflußbarkeit, die Abhängigkeit, Unselbständigkeit des Fühlens, Wollens, Denkens, Tuns im Infantilismus; das hysterische Verfallensein; die Einschränkung der Handlungsfreiheit durch Zwang und Phobien; die mannigfachen Beziehungsstörungen, die im sexuellen Bereich als Perversion kund werden; das süchtige Verfallensein; die narzißtische Kränkbarkeit.

Falsches und wahres Selbst

Winnicotts Begriff des *falschen Selbst* zur Bezeichnung vielfältiger Uneigentlichheiten und defizienter Integration eines einheitlichen, echten, konsistenten, authentischen und autonomen Selbst gehört hierher. Die manifeste Pathologie als Ausdruck davon ist sehr vielfältig (Tab. **10**).

Als „falsches Selbst" bezeichnete der Kinderpsychoanalytiker Winnicott 1965 klinische Typen von Persönlichkeitsstörungen, die heute zum Bedeutungsfeld der narzißtischen Charakterstörungen, der sog. frühen (prägenitalen) Selbstpathologien, auch zur Borderline-Patho-

Tabelle **10** Gegenüberstellung von falschem und wahrem Selbst[1]

Falsches Selbst	Wahres Selbst
Selbsterfahrung • instabile Ich-Zustände • unsichere Selbst-Identität, Leih-Identität • schwankendes Selbstwerterleben • innere (Wesens-)Widersprüchlichkeit • Leere, Isolation, Alienation • Angst vor Desintegration, Chaos	 • stabiles kohärentes Selbstgefühl • integriert, harmonisch, verbunden • erfüllt, offen (Kontakt) • unverborgen, echt • autonom • fähig zur Selbstrelativierung ohne Entwertung
• Affekte/Emotionen schwankend • Affektbalance instabil (besonders bei Haß, Wut, Grausamkeit • Überschwemmung von Affekten • Ängste • Depersonalisation (u. U. Derealisation)	• ausbalanciert, kontrolliert, steuerbar • flexibler und elastischer Umgang mit den Affekten • integriert • Mut zu Trauer, Abschied • Kraft zu Schuld, Scham, Angst
• schwache Impulskontrolle (Ausagieren von Impulsen) • Selbstverletzungen (Automutilation) • Suizidhandlungen • Alternieren von Lebenshunger und Todessehnsucht	• Selbstkontrolle, Autarkie • Selbstachtung • Selbstbewahrung, -liebe • Lebensakzeptanz im Schönen und Schweren
• instabile Körperwahrnehmung und -akzeptanz • Depersonalisation • Out-of-body-experience	• adäquate und stabile Körperwahrnehmung und Selbstkonstanz auch in der Leiberfahrung
• dissoziative Bewußtseinszustände (Austreten in Trance, Ekstase)	• Integration verschiedener Bewußtseinsbereich (holistisch statt Austreten in Sonderzustände)
• Beziehungen instabil • wechselhaft zwischen Haften, Klammern, Verschmelzen und Abstoßen, zwischen Idealisieren und Entwerten • instabile Grenzerfahrung mit Gefahr der Grenzaufhebung (Identitäts-Diffusion)	• Beziehungen ganzheitlich • integriert, abgestimmt in wechselseitiger Achtung, Respekt, Takt (interpersonelle Sensibilität) • „genügend“ stabil

[1] Winnicott (1965), Kernberg (integriertes Selbst), Kohut (Kernselbst).

Tabelle **10** Fortsetzung

Falsches Selbst	**Wahres Selbst**
• Reizhunger (sensation seeking) und Betäubung in polymorpher Sucht (mit und ohne Substanzen) zur Abwehr der Leere, Isolation, Ungeborgenheit, Schmerz der Verlassenheit, Heimatlosigkeit	• Energetische Balance und Stabilität • Suchtresistenz
• exzitatorische Stimulation (Selbststimulation) gegenüber Betäubung, Dämpfung	• flexibel ohne Reizabhängigkeit oder -abwehr
Theorie	
• inhomogenes, unvollständiges (nicht ganzes), nicht integriertes Ich • unecht (inauthentisch) • unsichere Identität • Kernselbst nicht oder mangelhaft entwickelt • facettenhafte „Teilselbste" (Subselves)	• einheitlich, vollständig, ganz • integriert, kohärent • echt (authentisch) • stabile Identität • keine dissoziierte Selbstanteile (Subselves) • stabile Mitte (Kernselbst)

logie gehört. Die klinische Bezeichnung (Jargon) hebt die zentrale Störung der Entwicklung eines autonomen, autarken, authentischen Selbst hervor.

Der Begriff des „*wahren Selbst*" ist als Kontrast zum „falschen Selbst" entstanden: er skizziert ein (nur annähernd erreichbares) *Idealbild* von Ganzheit, Echtheit, Eigentlichkeit.

Narzißmus

Das klinisch im Quer- und Längsschnitt so polymorphe Bild der Borderline-Persönlichkeit als schwerste Ausprägung der narzißtischen (Ich-schwachen) Charakterart ist hier zu nennen: Lit. s. Blanck (1974/1979), Kohut (1971), Kernberg (1975/1976), Grunberger (1976), Akthar u. Thomson (1982), Henseler (1976). Kernbergs Bild von untereinander unverbundenen Persönlichkeitssegmenten, die je nach Situation das Erleben und Verhalten bestimmen, ohne daß es zu einer Auflösung des Ich kommen muß, ist anschaulich.

Narzißmus hat eine lange und sich verzweigende Begriffsgeschichte seit Freuds Bezug auf den griechischen Mythos von Narzis, welcher

Selbstverliebtheit und in diesem Egozentrismus Isolation und Alienation von den Mitmenschen ansprach.

Als *nicht*pathologisch gelten der hypothetische primäre Narzißmus des Kleinkinds und im Erwachsenenalter ein psychohygienisch gesunder Narzißmus im Sinne von Selbstachtung, -akzeptanz, -liebe.

Pathologischer Narzißmus hingegen erscheint in den gegenwärtigen Diagnoseinstrumenten (DSM-IV, ICD-10) unter der Bezeichnung *narzißtische Persönlichkeitsstörung*. Dabei wird auf Grandiosität, Ich-Inflation, egozentrisch-rücksichtslose, unempathische, andere entwertende Charaktereigenschaften abgestellt. Diese Narzißten sind (deskriptiv) einheitlich: kohärent.

Andererseits wird Narzißmus aber auch mit Ich-Schwäche, Verletzbarkeit, Kränkbarkeit, Unselbständigkeit, Abhängigkeit in Beziehung gebracht – und wird in vielfältigen Persönlichkeitsstörungen und Verhaltensweisen (z. B. Suizid, Sucht, Dissozialität) interpretativ „gesehen".

Bei einer Gruppe schwerer gestörter Persönlichkeiten (heute Borderline-Persönlichkeitsstörungen genannt) wird eine schlecht integrierte, uneinheitliche, segmentierte Persönlichkeitsstruktur angenommen: nonkohärente narzißtische polymorphe Charakterpathologie (Tab. **11**).

Tabelle **11** Narzißmus

- Primärer Narzißmus des Kleinkinds
  = Autoerotismus, Selbstliebe, *noch* keine Objektbeziehung
- Sekundärer, „gesunder", „physiologischer" Narzißmus
  = Selbstliebe, -akzeptanz, -achtung
- „Pathologischer" Narzißmus, kohärent:
  - egozentrische Selbstherrlichkeit, autistische Grandiosität, Abwertung anderer Objektbeziehungen, externes Teilselbst; als Persönlichkeitsstörung vor allem für andere störend
  - narzißtische Ich-Schwäche, *kohärent*, Reifungsstörung (Infantilismus), passiv-dependente überadaptive Persönlichkeit, masochistische Persönlichkeit, depressive Persönlichkeit
- Pathologischer Narzißmus, nonkohärent, inkonsistent:
  - Kohut: selbst inkonsistent, kompensatorisches Größenselbst, Objekte sind „Selbstobjekte"
  - Kernberg: Borderline personality organization mit Größenselbst („narzißtisch gestörte Borderlines"), ohne stabiles Größenselbst

Entsprechend der zentralen Stellung des Ich im Tages-Wach-Bewußtsein kann man die psychiatrische Nosologie einer Pathologie des Ich in verschiedenen Schichten zuordnen:

Das schwache Ich	diverse Persönlichkeitsstörungen, Neurosen
Das unreife Ich	narzißtische Störungen, Infantilismus
Das segmentierte Ich	Borderline-Persönlichkeitsstörungen
Das zerspaltene, zerstörte Ich	Schizophrenien
Das niedergedrückte Ich	Depression
Erhöhung/Steigerung des Ich	Manie
Werkzeugstörungen des Ich	psychoorganisches Syndrom
Erlöschen des Ich	Koma

Als Zusammenfassung der hier beschriebenen Pathologie des Ich-Bewußtseins folgt hier noch ein (nicht zerlegtes) Erstgespräch, mit einem erstmalig an Schizophrenie Erkrankten. Anhand dieses Protokolls können die Betroffenheit der verschiedenen Dimensionen des Ich-Bewußtseins dargelegt werden (Tab. **12**).

Tabelle **12** Protokoll eines psychotischen Monologs mit Kommentar zur Psychopathologie

Protokoll	**Kommentar**
(Junger Mann, schlank, hochgewachsen, dunkel. Greift sich immer an den Kopf und monologisiert)	
Ich komme nicht mehr draus...	Störung des Realitätsbezugs, der Wirklichkeitsorientierung. Verlust der „Übersicht“
zeitlich	Störung auch der eigenen Zeitlichkeit
Tag und Nacht (mehrmals)	Tag und Nacht als „Orientierungsmarksteine“ beschwörend mehrmals genannt
ob ich im Urwald lebe wie der erste Mensch	Isolation, Alienation ohne Stammbaum, ohne Familie, die die „Herkunfts-Identität“ ermöglicht

Tabelle **12** (Fortsetzung)

Protokoll	Kommentar
(riecht, schnüffelt an seinen beiden Handrücken)	Schnüffeln als archaisches Suchverhalten, Selbst-Suche, -Vergewisserung bei Identitätsbedrohung, Vitalitätsbedrohung (?Leichengeruch)
es kommt mir vor, wie wenn ich nicht da wäre, es sei alles verloren	Bedrohung der Ich-Vitalität (Daseinsbewußtsein, Jaspers). Dem Selbstuntergang entspricht der Weltuntergang
es hat mich wunder genommen, woher ein Mensch abstammt	Frage nach der Abstammungsidentität
ich greife an mir selbst zu viel herum	Spricht sein ratloses An-sich-selbst-herum-Fingern aus: sein Bemühen, sich selbst zu spüren (Vitalität, Aktivität, Konsistenz)
(betrachtet staunig seine Hände)	Beobachtung der (bedrohten) Ich-Aktivität, -Vitalität (?-Identität)
sehr wahrscheinlich lebe ich noch	Bedrohung der Ich-Vitalität
ich glaube jedenfalls, daß ich noch lebe	Selbstversicherung bei bedrohter Ich-Vitalität
ja, ich lebe noch	Selbstversicherung bei bedrohter Ich-Vitalität
ich habe keine Angst vor der Wirklichkeit	Angst vor der Wirklichkeit, d. i. vor dem Ich-Untergang
(fährt mit dem Zeigefinger an der Tischkante entlang)	taktile Raumerfahrung zur Orientierung und um sich selbst zu spüren
ich gehe immer weiter zurück	Grübeln nach der Abstammungs-Identität
zuletzt komme ich nicht mehr draus, ob das Wirklichkeit ist oder nicht	Verliert grübelnd das Erfahrungs- und Realitätsbewußtsein
Ich wußte nicht mehr, ob ich bin, sah immer in den Spiegel	Verlust der Ich-Identität, -Vitalität, Selbstvergewisserung und Kontrolle im Spiegel. Gesicht als besonderer Träger der Ich-Identität
es ist kein Verlaß auf mich selbst	Ich-Schwäche, Identitätsunsicherheit

Tabelle **12** (Fortsetzung)

Protokoll	Kommentar
Ich konnte mich nicht mehr einstufen	Verlust des Rollen-Bewußtseins (Selbstbild)
Ich schaue zu fest auf die anderen, was die machen	Orientierung, Halt am alter ego, Nicht-Ich bei eigener Schwäche
Ich meine, ich könnte mich selbst nicht behaupten	Ich-Schwäche, Standschwäche, Existenzbedrohung
Entweder habe ich die große „Schnurre“, ich bin der Beste, dann muß ich mich behaupten	„Überspielen“ der eigenen Schwäche erfordert Bemühung um Selbst-Behauptung
Ich versuche außen herum eine Maske, eine Art Halt	Erkennt dieses unechte Überspielen zum Versuch neuen Haltgewinns
dann wieder will ich allen helfen (bewegt ratlos den Kopf herum)	Für-andere-Sein ermöglicht bessere Selbst-Erfahrung
(greift an den Kopf) irgend etwas ist da, da tue ich mich verkrampfen ich will mich behaupten ich will überall vertreten sein überall mitreden ich rede zuviel	ratlos, „leerer“ Kopf krampfhaftes Bemühen um Klarheit sich zu behaupten Einfluß zu nehmen mitzubestimmen
Ich höre auf alles, was andere sagen, ich bin dann abgelenkt. Ich will das, was die sagen, auf mich übertragen im Gehirn	Orientierung am Nicht-Ich bei bedrohtem Ich-Bewußtsein, Haltsuche
Eine Frau hat gesagt: „Jetzt haben wir schon zwei Schwule da.“	Wahrscheinlich akustische Halluzination – seine Angst läßt ihn „sein Thema“ hören, von einer Frau!
Dann habe ich mich in mich selbst verkrampft. Ich habe gemeint, ich sei schwul.	Er selbst meint von sich, er sei homosexuell (Unsicherheit in der Geschlechtsorientierung als Teil der Ich-Identität).
Wie ich von den Ferien zurückkam, war alles anders.	Derealisation.
Man hat über mich geredet. Die anderen haben nichts mehr wissen wollen von mir.	Beziehungswahn, Stimmen (?), Isolation, Alienation (Depersonalisation)
Ich glaube selber nicht mehr an mich	Zusammenfassung des Verlusts des Ich-Bewußtseins

Tabelle **12** (Fortsetzung)

Protokoll	Kommentar
Irgend etwas hat mich durcheinandergebracht	Orientierung in sich selbst und „Umwelt“ unsicher. Denkstörung
Alles muß mich interessieren,	Im Beziehungswahn ist alles bedeutsam
alles muß nach mir tanzen Ich muß der Größte sein	alles dreht sich um ihn krampfhafter Wunsch nach Macht beim Erleben der eigenen Ohnmacht
Ich lasse mich von den anderen beeinflussen	Fremdeinfluß bei eigener Ohnmacht
Etwas steuert mich oder ich mich selbst	Erlebnis des Gesteuertwerdens von außen, schwankend
In letzter Zeit habe ich das Gefühl, irgend etwas bringt mir das Hirn durcheinander um etwas herauszufinden – aber was?	die Ich-Bedrohung ängstigt, nimmt die Übersicht, stört die Möglichkeit, klar zu denken das „Etwas“, nach dem er sucht (s. unten)
(wie lange schon?) Seit etwa 2 Wochen, aber ich weiß es nicht, habe ich lange geschlafen, und es ist Juli geworden – oder habe ich Gedächtnisschwund?	Verlust der Zeitkategorisierung das Dasein zeitigt sich ihm nicht mehr
Oder jemand will herausfinden,	„Jemand“ – Ausdruck des verlorenen Selbstgefühls (es geht um ihn!)
was bin ich und woher ich selbst abstamme ich selbst will wissen, woher ich bin	Suche nach der Ich-Identität Ich-Identität (Abstammungs-) nicht „jemand“ – er selbst Abstammungs-Identität
Vielleicht aus einer anderen Welt? Das wohl nicht	Alienation. Kaspar-Hauser-Schicksal
Aber vielleicht wollen sie wissen, ob meine Mutter eine Hure ist,	Mutter – Herkunftsquelle, wenn Mutter eine Hure, dann *Vater* „irgendwer“, die Abstammung nicht zu klären
vielleicht habe ich Angst, von wem ich abstammen könnte, habe ich Angst, daß ich vor die Tür gelegt worden bin – ein Findelkind bin ...	Abstammungs-Identität via *Mutter* unklar Herkunfts-Identität verloren Kaspar-Hauser-Findling

Tabelle **12** (Fortsetzung)

Protokoll	Kommentar
habe ich Angst, daß es niemand mehr gebe, der mich könnte trösten. Wozu trösten? (lacht) ich schaue einfach zu viel auf die anderen	Isolation, Alienation. Angst, Hilfesuche, Trost – wehrt Angst ab (erscheint dann parathym) redet sich selbst zu: er halte sich zuviel an andere
Ich zweifle an mir selbst	Zusammenfassung seiner Ich-Bedrohung
Ich tue mich selber verwirren etwas ist da im Kopf aber ich weiß nicht, was – vielleicht zu viel studieren –	Ratlosigkeit Versuch, sich selbst zurechtzurücken
oder dann ist etwas stärker als ich (lacht)	bei eigener Ohnmacht droht die Übermacht der anderen
Bin ich von einem anderen Planeten?	Herkunftsthema, Isolation
Etwas versucht mich durcheinanderzubringen	Schwanken zwischen vermutetem konsistenzauflösendem Fremdeinfluß
entweder ich mich selbst oder etwas Ich glaube (lacht) ich mich selbst	und Erfahrung der eigenen Veränderung als eigenes, nicht fremdgesteuertes Geschehen

Für eine hermeneutische Bearbeitung muß man diese dichten, manchmal geradezu notschreiartig verkürzten Aussagen von Kranken schriftlich vor sich haben, am besten von einem stenographisch aufgenommenen Protokoll (mit Bemerkungen über nichtverbales Verhalten). Tonbandaufnahmen (und Video) stören solche wahnbereite, in ihrer Angst und Ratlosigkeit vermehrt umgebungsbeobachtende Kranke oft mehr. Gleichzeitig soll hier gezeigt werden, wie die graphische Anordnung eine saubere Trennung von Protokoll, Beobachtung und Auslegung erleichtert (der Kommentar ist aus Raumgründen schlagwortartig knapp).

Psychoanalytische Ich-Pathologie der Psychosen

Die Psychoanalyse will (wir haben schon darauf hingewiesen) keine Beschreibung, sondern eine genetische psychodynamische Erklärung der Vorgänge. Freilich sollte jede solche Interpretation am „Leitseil der

Erfahrung" (Freud 1931, im Vorwort zu Nunberg) geschehen, will sie sich nicht gänzlich von der aufweisbaren Sache entfernen.

Hier ist eine knappe Übersicht über die psychoanalytische Ich-Pathologie eingefügt, in der Form eines Referats ohne ausführliche Stellungnahme zu den Theorien. Man darf hoffen, daß verschiedene Anschauungsweisen doch annähernd Ähnliches meinen, wenn sie es auch in sehr verschiedener Sprache sagen. Die phänomenologisch erarbeiteten Dimensionen könnten einen Impuls zu einer weiteren Differenzierung der psychoanalytischen Psychosentheorie geben, die psychoanalytische Ich-Pathologie die (möglichst) interpretationsfreie Beobachtung noch vertiefen. Als dritter Weg der Forschung bietet sich die empirisch-statistische Methode an (s. Bellak 1973 mit seiner Ich-Profil-Skala und Semrad u. Mitarb. 1973).

Freud selbst hat keine systematische Theorie der Psychosen entwickelt (s. dazu Hartmann 1964a, S. 375), sein Hauptinteresse galt (nach den frühen Arbeiten über Abwehrneuropsychosen und über Schreber) mehr den Neurosen und Perversionen. Aber verstreut finden sich viele Hinweise in seinem Werk.

Zur Psychose kommt es nach Freud (1924a) dort, wo das Ich zu schwach ist, seine Vermittlerrolle zwischen den Ansprüchen des Es und den Forderungen der Außenwelt innezuhalten. Das Ich kapituliert und regrediert unter Verleugnung der Realität auf ein narzißtisches Stadium (Freud 1911) und unter projektiver Umgestaltung der Außenwelt.

Wahn ist also eine Leistung des sich selbst verteidigenden Ich (Rekonstruktionsversuch). Das Ich kann „deformiert", „zerklüftet", „zerteilt" werden (Freud 1924b, S. 391). Es gibt eine Ich-Spaltung durch einen „Einriß im Ich"[13] (Freud 1938, S. 60). Die Ich-Schwäche kann auch organisch-hereditär sein (Freud 1937, Die endliche und die unendliche Analyse).

Die Grundhypothesen haben die Nachfolger Freuds beibehalten. Der Hauptabwehrmechanismus in der Psychose ist die Regression des Ich. Schizophrenie ist eine Störung der Ich-Struktur und Ich-Leistung, eine Krankheit des Ich. Es gibt viele ähnlich lautende Formulierungen dieser Ich-Krankheit: Auflösung des Ich, strukturelles Ich-Defizit, Störung der Ich-Grenzen, der Ich-Identität, Zerfall von Ideal-Ich (Schilder 1925), archaische Ich-Krankheit (Ammon 1973), Egopathie (Kisker 1964, 1968), Zerrissenheit des Ich und Versuch des Wiedergewinns von Sicherheit (Sullivan 1962), Ich-Defekt (Freeman u. Mitarb. 1965). Hier seien als Beispiele Nunberg und Fenichel angeführt.

[13] Vgl. dazu Bleulers Schizophreniebegriff (1908, 1911) und seine Geschichte (Scharfetter 1973, 1987, 1990).

Federn und Hartmann brachten neue Gesichtspunkte für die Schizophrenie herein.[14]

Nunberg (1939, 1971): Psychose – Zerspaltung der Synthesefunktion des Ich.

Nunberg (1971) hat die Synthesefunktion des Ich besonders hervorgehoben. In der Psychose zeigt sich für ihn ein „Versagen der Synthese des Ich" (S. 181). Aber in der paranoiden Schizophrenie „steigert sich die synthetische Funktion des Ich ins Unermeßliche, es wird alles *wahllos* miteinander verbunden und verschmolzen, es wird systematisiert, schließlich ergeben sich daraus die Wahnideen" (S. 181).[15]

Paralogische Denkverknüpfungen und Wahn sind Ausdruck der Rationalisierungstendenz des Ich und dienen dem Ausfüllen der „Lücken, die durch die Spaltung des Ich hervorgerufen sind" (S. 179). Halluzinationen geben eine weitere Ich-Störung kund: die des Wahrnehmungs-Ich (S. 324). Und schließlich versteigt sich Nunberg gar noch zur Formulierung: „Die manifesten Symptome sind ein *lärmender* Restitutions- oder Heilungsversuch" (S. 330)[15], ähnlich wie Freud selbst.

Fenichel (1946, 1971): Psychose – regressiver Niederbruch des Ich.

Fenichel schließt sich wie Nunberg eng an Freud an. Auch für ihn gilt: Das psychotische Ich ist zu schwach, um mit den Es-Ansprüchen fertig zu werden. Es bricht mit der Außenwelt, welche seine Triebbefriedigung einschränkt (1971, S. 439). Der Bruch mit der Realität meint dasselbe wie Regression zum Narzißmus, Objektverlust, Rückzug von der Außenwelt, Niederbruch des Ich (1971, S. 415). Die schizophrenen Symptome sind z.T. direkter Ausdruck eines regressiven Zusammenbruchs des Ich und einer „primitivization" (Weltuntergang, physische Sensationen, Depersonalisation, katatone Symptome), andere repräsentieren verschiedene Restitutionsversuche (z.B. Halluzination und Wahn) (1971, S. 417). Halluzinationen gelten als „Substitute für Wahrnehmungen" (1971, S. 425).

Federn (1956): Psychose – Niederlage des Ich, Ich-Grenzstörung.

Von Federn stammen wesentliche neue Gesichtspunkte zur Ich-Psychologie der Psychosen, die für ihn „alle Ich-Krankheiten" sind (S. 205). Die schizophrenen Psychosen zeigen das Erliegen des Ich an. Der wesentliche Unterschied zu Freuds Auffassung der Psychosen als Restitutionsversuche, also als Abwehr, ist der: „Die Psychose selbst ist keine Abwehr, sondern eine Niederlage des Ich" (S. 175). Der schizophrene

---

[14] Die triebdynamischen Erklärungen schizophrenen Geschehens aus einer latenten Homosexualität (Freud 1911, in neuerer Zeit u.a. von Pohlen 1969 aufgenommen) haben uns hier nicht zu beschäftigen.

[15] Hervorhebung durch mich.

Prozeß besteht in einem Verlust der seelischen und körperlichen Ichgrenzbesetzung.[16] Erst als Schutz (Abwehr) davor regrediert das Ich auf frühere Ichzustände (S. 177). Wie Freud 1937 räumt auch Federn die Möglichkeit organisch begründeter Ich-Schwäche ein (S. 130).

Federn betont ausdrücklich, daß nicht alle Ich-Funktionen gleich schwer betroffen sein müssen. „Der psychotische Prozeß schreitet nicht gleichzeitig in der Gesamtheit der Ich-Beziehungen und der Ich-Grenzen fort" (S. 130).

„Der Realitätsverlust ist die Folge, nicht die Ursache der grundlegenden psychotischen Mangelhaftigkeit" (S. 148). Die hypochondrischen Beschwerden, die Leibentstellung entstehen durch Abzug der Ich-Besetzung von den betroffenen Organen (S. 150). Halluzination und Wahn sind Ich-Verletzungsfolgen und nicht Restitutionsversuche. Die (jeweils in Hinsicht auf bestimmte Ich-Funktionen zu betrachtende) Ich-Schwäche führt zu Wahrnehmungs- und Denkstörungen. Die Schwäche der Ich-Grenze führt zu einer Vermengung von echter und unechter Wirklichkeit, zum Einbruch des Nicht-Ich. Als Schutz vor dieser Invasion falscher Wirklichkeiten aus dem Unbewußten regrediert das Ich auf frühere Ich-Zustände. Erst die generelle Ich-Schwäche mit einer völligen Energieentleerung bedeutet einen vollkommenen Zerfall des Ich in allen seinen Funktionen.

Psychoanalytische Autoren mit etwas mehr in echtem Umgang gewonnener Anschauung von Kranken stellen nicht so sehr auf die libidinöse Ich-Aufblähung, die Omnipotenz und Megalomanie des narzißtischen Lust-Ich ab. Bei diesen tritt auch die Konstruktion einer latenten Homosexualität als „Motiv" für schizophrene Wahnbildung (Freud 1911) zurück.

Einige Autoren stützen sich freilich egokosmisch (Federn 1956) auf ihre eigene „imaginative Realität".

Hartmann (1964a): Psychose – Regression und Zerfall eines schwachen, neutralisationsunfähigen Ich.

Hartmann verdanken wir wesentliche Beiträge zur psychoanalytischen Ich-Psychologie. Seine wichtigste Arbeit zur Ich-Psychopathologie der Schizophrenie stammt aus dem Jahr 1953 (Ein Beitrag zur Metapsychologie der Schizophrenie).

Hartmann geht es nicht so sehr um eine Erklärung verschiedenster psychopathologischer Erscheinungen als um eine nähere Bestimmung der zentralen Ich-Störung. „Das Ich, das auf die Realität mit einer Psychose reagieren muß, ist wahrscheinlich schon ein gestörtes Ich. Aber

[16] Der Gegensatz zwischen Freud und Federn ist ein rein theoretischer. Die „Sache", die beide meinen, ist die hilflose Schwäche des schizophrenen Menschen.

wir wissen wenig über die spezifische Natur dieser Verwundbarkeit" (S. 376).

Hartmann nimmt eine Anomalie der primären Autonomie des Ich an (also eine von Es und Umwelt unabhängige), die hereditär bedingt sein könnte (S. 395).

Was dem schizophrenen Ich offensichtlich fehlt, ist die organisierte Ich-integrierte Stabilität der Abwehr. Es bleiben dem kranken Ich vorwiegend primitive Abwehrformen (Wendung gegen sich selbst, Verkehrung ins Gegenteil, Projektion, Ablösung der Libido, S. 377). Die Schwäche des Ich bedeutet in Hartmanns Konzept vor allem Schwäche der Neutralisierungsfähigkeit (Desexualisierung und Desaggressivierung) von libidinöser Energie (S. 384).

Anknüpfend an Freuds (1924a) Bemerkungen über den Unterschied von Neurose und Psychose stellt auch Hartmann fest: Wenn das Ich sich in der Psychose von der Realität zurückzieht, handelt es im Dienst des Es. Das kranke Ich kann die Triebprobleme nicht anders als durch Rückzug aus der Realität lösen. Dabei kann der Es-Anspruch (die Triebe) gleichsam absolut überstark sein oder das Ich ist relativ zu schwach für einen an sich nicht überstarken Triebanspruch (S. 376).

Als Abwehr gegen den Es-Anspruch, den es nicht bewältigen kann, regrediert das Ich in ein narzißtisches Stadium[17] (woraus eine Reihe von Symptomen verständlich werden: Denk-, Sprach-, Affektstörungen). Hartmann versucht den Vorgang der narzißtischen Regression zu bestimmen: Die von der Außenwelt zurückgezogene Libido wird im Selbst (nicht im Ich!) investiert (so schon nach Freud 1911). Die Überschwemmung des Selbst und der Ich-Funktionen geschieht aber (infolge der Neutralisierungsschwäche des kranken Ich) durch nicht neutralisierte Libido. Daher ist die narzißtische Selbstbesetzung sexualisiert, was sich in der größenwahnsinnigen Selbstüberschätzung zeigt (S. 384).

Hartmann sieht den Zerfall des Ich als Folge des (regressiven) Objektverlusts und der Sexualisierung des Selbst (S. 385) oder auch seiner Überschwemmung mit nicht neutralisierten aggressiven Trieben, die sich gegen das Selbst richten (S. 388) oder durch Defekte der Über-Ich-Struktur als Gewalttätigkeit gegen die Außenwelt durchbrechen (S. 386).

Durch den Mangel an neutralisierter Energie für das Ich kommt es zu einer Entdifferenzierung des Ich (S. 391), das daher die Beziehungen zur inneren und äußeren Realität nicht aufrechterhalten kann.

[17] Zur Regression, zur Diskussion des Narzißmus und zu den therapeutischen Problemen dabei s. Balint (1973).

Winkler (1954, 1971), Winkler u. Wieser (1959): Ich-Anachorese und -Mythisierung als Weisen der Abwehr.

Winkler fügte den schon bekannten Weisen der Abwehr (durch Projektion, Subjekt-/Objektumkehr, Externalisierung des Über-Ich, Verleugnung der Realität) zwei „spezifisch für Schizophrene geltende" (1954, S. 235) Abwehrmaßnahmen des Ich hinzu: die Ich-Anachorese (1954) und die Ich-Mythisierung (1959).

Ich-Anachorese heißt Rückzug des Ich von inkompatiblen Bewußtseinsinhalten, d.h. von vom Über-Ich nicht gestatteten Es-Regungen. Also eine „Herausspaltung" (S. 240) (vgl. dazu Bleuler 1911 und Freud 1938). Die vom Es kommenden Impulse bleiben „unter Einbuße ihrer Ich-Qualität vollinhaltlich und in unveränderter Stärke im Bewußtsein" (S. 235). Der Verlust der Ich-Qualität bringt einen Gewinn: Schuldentlastung. Die Folgen der Ich-Anachorese sind die bekannten Symptome der Entfremdung, Gedankeneingebung und andere Fremdbeeinflussung. „Der Schizophrene vermag mit der Ich-Anachorese alles, was ihn belasten könnte, auf die Umwelt abzuwälzen" (S. 236).

In manchen Fällen genügt offenbar die Ich-Anachorese, die „Abspaltung einzelner Erlebnisinhalte aus dem Ich-Bereich" (1954, S. 240) nicht. Dann kann das Ich sich in eine mythische Entrückung verziehen zum Zwecke der Selbstenthebung von Schuldgefühlen: „Das Ich entrückt aus einer persönlichen Existenz in eine kollektiv-mythische Existenz" (1959, S. 78) (vgl. Jung 1952).

Mahler (1951, 1958, 1968, 1972) erarbeitete aus kinderpsychoanalytischer Sicht eine differenziertere Stadieneinteilung der Identitätsentwicklung des Ich, das sich, wie auch in Hartmanns Theorie, aus einer undifferenzierten Matrix (dem Mutterboden für Ich und Es) herausbildet: Freuds primär narzißtisches Stadium wird in eine autistische (omnipotent, objectless) und in eine symbiotische Phase geteilt. Die dritte Phase ist die der separation – individuation. Störungen in der symbiotischen Phase führen durch Regression zu (autistischen) childhood psychoses, Störungen der dritten Phase zu Borderline-Erkrankungen.

Jacobson (1964) verwarf – ähnlich wie Balint (1952) – Freuds Konzept eines primären Narzißmus und Masochismus und erklärte den sekundären Narzißmus als Besetzung der Selbstrepräsentanz (folgend Hartmanns Differenzierung in Ich, Selbst, Selbstrepräsentanz) mit Libido und Aggression (vgl. Hartmanns Gedanken von der Neutralisierungsfähigkeit des Ich). In ihrem Psychosekonzept folgt sie der gängigen Regressionsannahme: in der Psychose wird regressiv wieder ein undifferenzierter Zustand von Selbst- und Objektrepräsentanz erreicht, was die Identität des Psychotikers verlorengehen läßt. Narzißtische

Neurosen und Borderline-Erkrankungen sind Ausdruck narzißtischer Identifikationen.

Für Kernberg (1967, 1970, 1972, 1975, 1976) sind psychopathologische Symptome Ausdruck von Störungen in der Internalisation von Objektbeziehungen, was zu einem Zerreißen der Ich-Integration führt. Er hat ein Entwicklungsschema von 4 Stadien vorgeschlagen und verschiedene psychiatrische Störungen (besonders Borderline) dazu in Beziehung gesetzt:

1. (Auch hier) Primär narzißtisches, autistisches, nichtdifferenziertes Stadium, d.h. Selbst- und Objektrepräsentanz nicht getrennt und nicht als Ich-Kern internalisiert. Entwicklungsstillstand in diesem Stadium bedeutet bei Fehlen der Realitätsbeziehungen Psychose, bei vorhandenen Realitätsbeziehungen schwere autistische und gefühllose Charakterabnormität.
2. Entwicklung der primären intrapsychischen Struktur durch Konsolidierung des undifferenzierten Selbst-Objekts.
   In diesem Stadium droht die Gefahr der extremen Polarisierung in „all good self object" und „all bad self object", des Ausbleibens der Trennung von Self und Nonself und der Schwäche der Ich-Grenzen, der „ego-dissolution" usw. (Schizophrenie).
3. „Normal splitting" erhält gute Beziehungen zur Mutter trotz Frustration (Liebe nicht zu sehr durch Haß kontaminiert).
   Im pathologischen Splitting (Borderline u.a. Persönlichkeiten) Alternative von „nur gut" und „nur böse". Self image ungenügend getrennt von Object image.
4. Integration der „nur guten" und „nur schlechten" Bilder zu *einem* Konzept von Selbst und Objekt.

Abwehr der Neurosen (wie bei Freud) Regression.

Kohuts (1971) Interpretations-„Gegenstand" sind „narcissistic personality disturbances" (die er von den Übertragungs- und von den Borderline-Erkrankungen unterscheidet). Vom Autoerotismus gehen zwei Entwicklungslinien über den Narzißmus ab: zur Objektliebe und zu höherer und gewandelter Form des Narzißmus. Kohut weicht in seinen Begriffen z.T. stark von der psychoanalytischen Ich-Psychologie ab. Seine Konzeptualisierung dient – ähnlich, aber viel dominierender als bei Kernberg – der Untermauerung psychotherapeutischer Erfahrungen mit den genannten speziellen Persönlichkeiten.

G. und R. Blanck (1974, 1979) trennen die 4 Grundformen der Egomodifikation noch stärker ab (engl. ego defect, ego deviation, ego distortion, ego regression) und entwickeln egopsychotherapeutische Techniken.

Abschließend noch eine Übersicht über die Ich-Pathologie in den basalen Dimensionen (Tab. **13**):

Tabelle **13** Pathologie des Ich-Bewußtseins

Dimensionen	**Angst**	**Katatone Symptome**			**Entfremdung**	
		Stupor	Erregung	Andere	Depersonalisation	Derealisation
Ich-Vitalität	+	+		Hyperventilation evtl. Selbstverletzung	+	(+)
Ich-Aktivität	+	+	(+)	Stereotypie Verbigeration Echopraxie Echolalie Flexibilitas cerea	(+)	
Ich-Konsistenz	+	+	(+)	Sich umklammern	(+)	
Ich-Demarkation	+	(+)	(+)	Manipulation an der eigenen Haut (schmerzhafte Reize, Streichen, Kneten, Reiben)	(+)	(+)
Ich-Identität	+	(+)		Abtasten des Gesichts	+	+

\+ vorhanden
(+) evtl. vorhanden
? fraglich vorhanden

Wahn	Sekundärer Wahn	Vorkommen
Untergangs-, hypochondrischer Wahn nihilistischer Wahn Weltuntergangs-, Verfolgungswahn	? Heilswahn ? Welterneuerungswahn Beziehungswahn	Depression Schizophrenie toxische Psychosen
Fremdbeeinflussung Verfolgung	? göttliche Führung ? Omnipotenz	Besessenheit Schizophrenie toxische Psychosen Depression
Untergang Zersplitterung Weltuntergang Monsterwahn multiplikatorischer Wahn	? Schwangerschafts ? Geburtswahn	Schizophrenie toxische Psychosen
Fremdbeeinflussung Appersonierung Transitivismus	? Omnipotenz ? Telepathie ? altruistischer Wahn	Schizophrenie toxische Psychosen
Verwandlungswahn Abstammungswahn		Schizophrenie toxische Psychosen

Hinweise auf Forschungsansätze

Diese hier dargestellten Dimensionen 1–5 (globaler und unschärfer 6–7) sind nur Instrumente, mit denen eine Übersicht und Ordnung in die vielgestaltige klinische Realität gebracht werden soll. Daß Störungen dieser Dimensionen bei ätiologisch verschiedenen psychiatrisch behandlungsbedürftigen Leiden auftreten, zeigt, daß auch diese Ich-Störungen ätiologisch unspezifisch sind (d. h. im besonderen: nicht spezifisch, bestenfalls typisch für schizophren aussehende Psychosen verschiedener Genese).

Die empirische Ausarbeitung mittels Fragebogen (Fremdbeurteilung), Interview-Training, Bewertungsanweisung erhobener Ich-psychopathologischer Daten, ausgewertet in Faktorenanalyse, Cluster-Analyse, multidimensionaler Analyse ist dargestellt in Scharfetter 1995. Auf die aus dieser Ich-Psychopathologie abgeleiteten leibeinbeziehenden Therapie ist im Buch Schizophrene Menschen (1995) verwiesen.

4. Erfahrungsbewußtsein und Realitätsbewußtsein

NB: Das ist *eine* Fähigkeit des bewußten Menschen, nicht ein „eigenes" Bewußtsein!

Definition

Erfahrungsbewußtsein ist das Wissen um den jeweiligen Erfahrungsmodus, das uns gleichzeitig mit der Erfahrung gegeben ist. Realitätsbewußtsein[1] ist das dem zugeordnete Wissen um die Tatsächlichkeit von Wahrgenommenem im Sinne von intersubjektiv übereinstimmend festgestellter, bestätigbarer Realität.

Funktion

Die Grundartung unserer Existenz ist Offensein, Erfahren, Vernehmen, Verstehen (und demgemäß im Verhalten Handeln). In jeder Erfahrung[2] – und wir haben viele Erfahrungsmodalitäten – ist uns jeweils schon der Erfahrungsmodus gegeben. Davon hängt wesentlich die (lebensgeschichtlich-situativ variierende) Bedeutung einer Erfahrung ab, und damit gewinnt sie ihre Handlungsrelevanz.

Es ist offenbar eine phänomenologisch nicht weiter reduzierbare Fähigkeit des bewußtseinsklaren, seiner selbst bewußten Menschen, daß er mit jeder Weise seiner vielfältigen Erfahrungsmöglichkeiten auch schon den Modus dieser seiner Erfahrung weiß. Wir „wissen", haben als gewiß gegenwärtig, daß wir z.B. etwas wahrnehmen, und können das unterscheiden von der noch so anschaulichen, „leibhaftigen" Vorstellung (Tab. **17**). In vergleichbarer Art wissen wir um die Weise des Gegebenseins der zahlreichen anderen Möglichkeiten von Erfahrungen: Wir haben die Selbsterfahrung (s. Selbstbewußtsein mit den verschiedenen Dimensionen), Wahrnehmung, Halluzination, Pseudohalluzination, Phantasie, Vision, Vorstellung, Erinnerung, Denken, „Einbildung", Imagination, Ahnung, „Gespür", Intuition, Traum, Ek-

---

[1] Jaspers (1912, 1959) im Anschluß an Janet: „fonction du réelle".

[2] Zur philosophischen Problematik und Geschichte des Erfahrungsbegriffes s. z.B. Gadamer (1972), Holzhey (1970).

stase, aber auch die Erfahrung von Stimmung, Gefühl, von Wünschen, Trieben, Hoffnungen, Erwartungen usw. Mit der Erfahrung ist auch das Wissen darum da, ob diese Erfahrung nur unsere eigene ist oder wie weit sie gemeinsam mit anderen Menschen geteilt werden kann.

Im allgemeinen ist uns bei allen Sinneswahrnehmungen die „Realitätsgewißheit" (Jaspers) „einfach gegeben".[3] Wir erfahren nicht, daß wir etwas vernehmen und nachher ein Urteil darüber fällen (Kloos 1938: das Realitätsurteil ist implizit). Wir können Dinge mit Gegenstandscharakter wahrnehmen und gleichzeitig wissen, daß diese Dinge, obwohl sinnenhaft gegeben, doch nicht tatsächlich da sind. Wir können etwas leibhaftig schauen und doch wissen, daß uns das Geschaute nicht im Modus des Sehens gegeben ist, sondern z. B. in dem der Vorstellung, in einer Vision, in einer Halluzination. Ist es darum weniger wirklich? Sicher nicht! Wahrnehmung, echte Halluzination, Pseudohalluzination, Wahn usw. sind handlungsbestimmende Wirklichkeiten für den Menschen, aber es sind verschiedene Erfahrungsmodalitäten.

Es gibt aber noch eine andere Realitätsbestimmung: wenn wir in einer Wahrnehmungserfahrung unsicher sind, z. B. weil sie undeutlich oder sehr ungewöhnlich, „auffallend", ist, so können wir nachprüfen, ob unsere Erfahrung stimmt ([sekundäres] Realitätsurteil i. S. von Jaspers 1959, explizites Realitätsurteil i. S. von Kloos 1938). *Diese sekundäre Realitätskontrolle* leisten wir durch:

- Wiederholung mit genauem Achten (bei erhöhter Aufmerksamkeit) auf die Modalität des Sinneseindrucks (sofern er nochmals zu gewinnen ist). Bei optischen Erfahrungen geht das leichter als etwa bei akustischen. Je leibnäher die Erfahrung (Leibgefühle), um so schwieriger wird die Prüfung. (Es ist ja auch die Unterscheidung von leiblichen Mißempfindungen und Leibhalluzinationen willkürlich.)
- Einsatz anderer Sinnesqualitäten: z. B. Nachschauhalten, taktiles Überprüfen usw.
- Überprüfung am bisherigen Erfahrungsgut (Gedächtnis). Habe ich schon Ähnliches erfahren? Kann das nach meiner Erfahrung sein?
- Soziale Überprüfung: Befragung der anderen. Suche nach dem „common sense", wonach Realität das ist, worüber sich Gesunde einer Kulturgruppe ohne Zwang einigen können.

---

[3] *Cave:* Verwechslung mit Realitätsprinzip i. S. von Freud (1911). Freuds Realitätsprüfung (Innen-Außen-Unterscheidung) hingegen ist ein Teil dieses hier gemeinten Erfahrungs- und Realitätsbewußtseins (s. Ich-Demarkation).

Grundlagen

Alle für das volle Bewußtsein genannten Grundlagen. Funktion der Sinnesorgane. Aufmerksamkeit, Gedächtnis und Erinnerung, Denkbefähigung u.a. sind einige der Voraussetzungen für die komplexe Leistung solcher Vollzüge.

Erfahrungs-, Realitäts-, Ich-Bewußtsein entwickeln sich in enger gegenseitiger Abhängigkeit im Personifikationsprozeß, d.i. immer auch im Erwerb kultureller Muster des „Sehens“, Denkens, Bedeutunggebens (Hallowell 1963, Lurija 1986).

Prüfung

Durch Selbst- und Fremdbeobachtung, im Gespräch und aus der Verhaltensbeobachtung.

Pathologie

Übersicht:

In besonderen Lebensumständen
Bewußtseinsveränderungen
Demenz
Störungen des Ich-Bewußtseins

- Störung der Ich-Vitalität
- Störung der Ich-Aktivität
- Störung der Ich-Konsistenz
- Störung der Ich-Demarkation
- Störung der Ich-Identität

In besonderen Lebensumständen

Schon in herabgesetzter Wachheit, in der Ermüdung, bei Sinnesisolation, bei affektiver Belastung (Krisenzeiten des Lebens, Konflikte, Verlust des Lebensgefährten), aber auch bei Einengung des Bewußtseinsfeldes in erhöhter gespannter Aufmerksamkeit (Faszination) kann das Erfahrungsbewußtsein versagen oder unsicher werden. Die sichere Unterscheidung von sinnenhaften Wahrnehmungen, von Traum, Phantasie, Illusion, Vision usw. kann verloren gehen. Die vertraute Umgebung kann dereell erscheinen.

Bewußtseinsveränderungen

Hierbei (akuter exogener Reaktionstyp) kann das Realitätsbewußtsein völlig aufgehoben sein – der Kranke halluziniert lebhaft und erkennt seine Halluzinationen meist nicht mehr als solche, sondern verkennt sie als Wahrnehmungserlebnisse (z. B. Delirium). Unter Halluzinogenen – bzw. in experimentellen Situationen – kann das Halluzinieren oft noch als solches erkannt werden.[4] Auch können erfahrene Patienten mit Halluzinationen diese oft sehr gut als halluzinatorische Erfahrungen von wirklichen Sinneseindrücken unterscheiden lernen.

Demenz

In der Demenz kann die Realitätskontrolle versagen – und damit ist der Weg in paranoid-halluzinatorische Psychosen offen.

Störungen des Ich-Bewußtseins

Bei den Störungen des Ich-Bewußtseins (s. dort) kann das Erfahrungs- und Realitätsbewußtsein versagen oder unsicher werden. Der Kranke weiß nicht mehr sicher, in welchem Erfahrungsmodus er etwas erfährt, kann zwischen Gedanken, gehörten Worten („Stimmen"), Phantasien, Gefühlen, Leibempfindungen, Vorstellungen usw. nicht mehr unterscheiden. Er weiß nicht mehr, was „wirklich" ist und was „Einbildung". Gedanken werden „gefühlt", „gehört", Worte als Schmerz im Gehirn gespürt (z. B.: „Jedes Wort ist ein Schmerz in meinem Gehirn"). Ist es überhaupt – so kann der Kranke fragen – ein Hören, oder ist es nicht vielmehr eine andere – gehörsähnliche – Erfahrung, für die es keine treffende Benennung in der Alltagssprache gibt?

Es liegt nahe, daß dem Kranken dann das Alltägliche nicht mehr selbstverständlich ist.[5]

---

[4] Ähnlich gibt es manchmal beim Träumer ein Wissen darum, daß er träumt, sogar ein Ringen um das Verstehen der Traumerfahrung.

[5] Vgl. Jaspers (1925), Psychologie der Weltanschauungen, S. 300. „Wenn die Selbstverständlichkeit dem Menschen gleichsam unter den Füßen weggezogen wird." Vgl. dazu auch Blankenburg (1971).

Beispiele von Schizophrenie:

- „Ich bin in eine krankmachende Entwicklung hineingetrieben. Ich bin schizophren geworden, d.h. ich bin in meinem Urteil nicht mehr richtig zurechnungsfähig und habe die natürlichen Gefühle verloren."
- „Es ist nicht mehr so selbstverständlich. Ich bin etwas unsicher, habe das Gefühl, ich sei krank, aber nicht körperlich… Ein komisches Gefühl, ich dachte Sachen, die ich sonst nicht denke. Es ist nicht mehr natürlich, nicht mehr ganz normal, eben komisch… Es ist auch Angst dabei… ich bin empfindlicher… Ich habe eine große Neigung, alles in Frage zu stellen… bin unsicherer geworden …nicht mehr so sponaten in den Gefühlen… Ich empfinde mein Leben mehr als früher…"
- „Die Wirklichkeit ist verändert. Ich kann schon wahrnehmen wie andere, aber in meinem Gehirn (zeigt auf die Schläfe) ist ein Filter eingebaut, der kontrolliert, was hineinkommt und was nicht. Die Wirklichkeit entspricht nicht dem Menschen – der Übergang in der Seele ist nicht total."

Die Erfahrungsmodalitäten wechseln in ungewohnter Weise. Geräusche werden im Kopf zu Worten, Worte sind „Gedanken im Kopf". Gesehenes kann gleichzeitig als nicht tatsächlich vorhanden gewußt werden oder – gleichsam als Zwischenstufe – „wie im Film", „wie in einem Diapositiv" erscheinen. Introspektiv und zur Differenzierung befähigte Patienten können sogar eine Transformation eines richtig beurteilten Gehörten (z.B. Vogelstimmen) in ein Phonem (z.B. befehlende Stimmen) beobachten – und so Abstand gewinnen.

Beispiel von Schizophrenie:

Die Patientin wird von verschiedenen tatsächlichen Geräuschen, ja sogar vom Vogelzwitschern gestört. „Ich höre in meinem Kopf in diesen Geräuschen Worte, die an mich gerichtet sind, im gleichen Rhythmus wie das Geräusch."
Der Inhalt dieser Worte ist ein Kommentar zu dem, was sie gerade denkt.
Die Patientin „sah" Blumen, Rehe, Hasen, ein übergroßes Gesicht, wußte aber gleichzeitig, daß diese nicht tatsächlich vorhanden waren. Dann zeigte sich ihr „wie in einem Diapositiv eine Frau, die statt eines Gesichts eine Computermaschine hatte". (Vgl. Ich-Identität und Gesicht).

Oder es ist ein Hören und gleichzeitig doch mehr ein „im Kopf haben".

Beispiel von Schizophrenie:

Sie „hört" viele „Stimmen" und sagt dazu: „Es ist etwas anderes als richtiges Hören, ich habe die Stimmen einfach im Kopf."

Bei schweren Ich-Erlebensstörungen sind vielfach mehrere der Dimensionen gleichzeitig, manchmal aber in unterschiedlicher Ausprägung oder auch vorübergehend die eine oder andere mehr betroffen (s. dort). Wenn alle Erfahrungsunterscheidung, jedes Realitätsbewußtsein schwindet – und der Kranke selbst das noch merkt, dann kann er uns sein zerworfenes Dasein so sagen: „Ich bin das vollkommene Chaos".

Störung der Ich-Vitalität

(Und gleichzeitig der anderen Dimensionen):

▶ Beispiel von Schizophrenie:

„Ich weiß nicht, lebe ich noch oder bin ich tot…" Es gibt „Außenstimmen" (die Stimme des Gesprächspartners) und „Innenstimmen". „Die kommen aus mir selber, und ich spüre sie durch meinen Körper hindurchgehen… Ich habe nur die halbe eigene Meinung, die andere ist von anderen, von Stimmen."

Störung der Ich-Aktivität

Ist es meine Erfahrung, oder ist sie mir „gemacht", „eingegeben", „suggeriert", „wie wenn jemand Einfluß nimmt"?

▶ Beispiel von Schizophrenie:

„Ich habe Mühe zu unterscheiden, was wirkliche Stimmen und Geräusche waren und was ich mir einbildete. Ich kam zur verzweifelten Frage: Was ist denn wirklich? – Ich frage mich, hat man mir das einsuggeriert, oder vielleicht ist es tatsächlich gewesen. Ich konnte nicht mehr unterscheiden, was von außen kam und was richtig war oder was mir nur so vorkam. Es kam eben vor, daß ich Dinge hörte, die gar nicht waren… Ich konnte die Wirklichkeit nicht mehr von dem auseinanderhalten, was aus mir kam – das war furchtbar, es war, wie wenn meine Welt unterginge, es ist einfach zu viel auf mich hereingekommen." – Daraus ergab sich ein Überwältigungsgefühl (Verfolgungswahn).

Störung der Ich-Konsistenz

Woher kommt die Erfahrung (deren Qualität oft unsicher ist)? Kommt das Denken, das Hören, das Angerufenwerden in meinem Kopf vor, aus meinem Leib „wie Strom" heraus, höre ich mit dem Herzen, aus dem Bauch, dem Unterleib?

▶ Beispiele von Schizophrenie:

- Die Patientin hat „Stimmen im Herzinneren".
- „Was sind das für häßliche Anrufe eben im Kopfinneren gewesen?"

Störung der Ich-Demarkation

Kommt die Erfahrung von außerhalb meines Leibes heran? werden mir Stimmen, Bilder, Leibgefühle, Schmerzen, Gedanken „von außen" eingegeben? Werden meine Gefühle, Gedanken usw. von anderen gewußt, „abgelesen", gehört?

- Beispiel von Schizophrenie:

  „Stimmen plagen mich im Kopf. Nachts gehen die Stimmen aus dem Kopf heraus und reden dann von außen gegen mich."

Störung der Ich-Identität

Bin ich selbst der Erfahrende, oder habe ich die Erfahrung anderer (*Appersonierung*) oder andere meine Erfahrungen (*Transitivismus*)?

- Beispiel von Schizophrenie:

  Sie habe die Fähigkeit, die Gedanken anderer zu lesen. „Sogar die Träume von denen, die mit mir im gleichen Zimmer schlafen, muß ich miterleben."

Hinweis zur Therapie

Isolation, Unmöglichkeit, sich mit anderen über die eigenen und gemeinsamen Erfahrungen auszusprechen, sich mitzuteilen, ist ein Umstand, der die Unsicherheit oder das Verschwinden von Erfahrungs- und Realitätsbewußtsein provoziert.

Daher hilft es dem Kranken, wenn man mit ihm spricht, mit ihm umgeht, ihn fragt, erzählen läßt, aber auch mit ihm etwas macht, *ein gemeinsames Werk* (z.B. in Ergotherapie, Turngruppe, Bewegungstherapie usw.). Sogar Bewußtseinsgetrübten gibt solches Dabeisein eine Stütze – und das Halluzinieren kann zurückgehen oder verschwinden. Auch der Beeinträchtigungswahn von Dementen z.B. kann sich auflösen, wenn man den Kranken in eine Atmosphäre von Gemeinschaft und Sicherheit aufnimmt. Von besonderer Bedeutung ist der sprechende und handelnde Umgang mit Kranken, deren Ich-Bewußtsein betroffen ist. Schwer und akut Kranke sind manchmal für einen ausschließlich verbalen Zugang nicht mehr fähig. Gelingt ein gutes Gespräch, ein Spaziergang, ein Ballspiel, eine Übung (z.B. mit einem Seil), ein gemeinsames Werk, so gewinnt der Kranke wieder an Ich-Bewußtsein und an Übersicht über seine Erfahrungen und über die „Realität". In schwersten Fällen chaotischer Überwältigung mit starker psychotischer Produktivität (Halluzinationen, Wahn, schwerste Ängste) kann der Weg zu solcher „tätiger Gemeinschaft" (Bleuler 1969) mit Neuroleptika erst ermöglicht werden.

5. Orientierung

Definition

Das Bescheidwissen, Sichzurechtfinden und Sicheinordnen in die jeweilige zeitliche, örtliche, persönliche und situative Gegebenheit.

Funktion

Die Orientierung ermöglicht dem Menschen, die jeweilig vorgefundenen Gegebenheiten in ihrem kalendarischen, örtlich-räumlichen (geographischen) lebensgeschichtlichen Bezugsrahmen zu erfassen und sich darin einzuordnen. Orientierung ist damit eine Voraussetzung für die Anpassung und für die praktische Lebensführung überhaupt. Die Unterscheidung einer (relativ stabilen) *praktischen* Orientierung, die sich im Verhalten zeigt, und einer (labileren) *theoretischen* Orientierung, die in der Exploration erfragt wird, ist für die Beurteilung der Funktionseinbuße wichtig.

Orientierung in der Zeit

Wissen um Datum, Tag, Tageszeit, Monat, Jahr, Jahreszeit. Relativ stabil ist das praktische Zurverfügunghaben des Wissens um Tageszeit, Jahreszeit. Die Bezugspunkte für die zeitliche Orientierung sind fließend und erfordern eine immer neue Einstellung. Zeitliche Orientierung ist (im Gegensatz zur örtlichen) labil und leicht störbar.

Orientierung im Ort

Wissen um den je gegebenen Ort in seiner geographischen Bestimmung. Örtliche Orientierung ist in bezug auf vertraute Orte (z. B. Wohnung, Häuserblock, Wohnviertel u. ä.) ziemlich stabil, wohingegen sie in neuer Umgebung erst erworben werden muß und zunächst labiler ist.

- *Divide:* Räumliche Orientierung meint die Einordnung in den geometrischen Raum (s. Agnosien).

Orientierung über die eigene Person (autopsychische Orientierung)

Wissen wer und was einer selbst ist (Geburtstag, Geburtsort, Herkommen, Namen, Beruf, Rolle im Lebensalter und im sozialen Kontext) und Zusammenschau des Jetzigen und Vergangenen als einem selbst zugehörig. Autopsychische Orientierung ist im umfassenden Sinn eine Selbstvergegenwärtigung, als solche verknüpft mit den oben erwähnten Orientierungsfunktionen.

Situative Orientierung

Erfassen (Auffassen) der jeweiligen Situation in ihrem Bedeutungs- und Sinnzusammenhang für die eigene Person. Situative Orientierung meint also z.B.: das Wissen, als Patient in einem Spital zu sein, das Erkennen der Untersuchungssituation, einen Arzt, eine Schwester usw. vor sich zu haben. Zur situativen Orientierung gehört auch das Wissen, warum wir uns an einem bestimmten Ort befinden und in welchem Verhältnis wir zu den Menschen stehen, die dort sind. Insofern hat die situative Orientierung auch einen Zusammenhang mit der Orientierung in Ort und Zeit und hinsichtlich der eigenen Person. Sie selbst ist aber eine viel komplexere Leistung. Situative Orientierung ist Selbstvergegenwärtigung in bezug auf einen biographischen Ort. Als solches setzt sie Auffassen, Verstehen, Interpretieren einer aktuellen Situation im lebensgeschichtlichen Zusammenhang voraus.

Voraussetzungen

Intaktes Bewußtsein und Sensorium (Sinneswahrnehmung), Aufmerksamkeit (Einstellung), ein gewisser Grad von Intelligenz zur wachen Überschau und Auffassung (besonders bei der situativen Orientierung auch des Verstehens) und Erinnerungsfähigkeit und Zeitsinn. Bei schwerem Intelligenzmangel und schwer gestörtem Gedächtnis ist die Orientierung auch bei klarem Bewußtsein mangelhaft. Für die situative Orientierung ist auch eine Fähigkeit zur Selbstvergegenwärtigung Voraussetzung (s. oben).

Prüfung

Aufgrund der Wichtigkeit des Syndroms der Orientierungsstörung für Diagnose und damit Therapie muß man sich bei jedem Kranken über diese Funktion eigens klar werden. Dies muß nicht immer direkt durch Abfragen geschehen, sondern kann sich aus dem Gespräch und aus der Verhaltensbeobachtung ergeben. Man muß sich vor Augen halten, daß die verschiedenen Komponenten der Orientierung (zeitlich, örtlich usw.) nicht immer gleichmäßig gestört sind und daß ein Ausfall unterschiedliches diagnostisches Gewicht hat. Weiter muß man beachten, daß die Orientierung, wie die meisten psychopathologischen Symptome, schwanken kann in Abhängigkeit von der Befindlichkeit und von der Umgebung des Kranken. So kann ein guter Gesprächskontakt mit dem Kranken zu wesentlich besserer Orientierungsfunktion verhelfen als ein distanziertes Umgehen mit ihm.

Pathologie

Übersicht:

Unsicherheit und Schwanken der Orientierung
Ausfall der Orientierung: Desorientierung
- Zeitliche Desorientierung
- Örtliche Desorientierung
- Personelle Desorientierung
- Situative Desorientierung

Falsche Orientierung
Wahnhafte Fehlorientierung und „doppelte Buchführung"

Unsicherheit und Schwanken der Orientierung

Die Orientierung ist nicht völlig aufgehoben, aber unsicher und inkonstant. Meist leider zuerst die Orientierung in der Zeit, dann in der Situation, zuletzt die im Ort und in bezug auf die eigene Person.

Ausfall der Orientierung: Desorientierung

Der Orientierungsausfall muß keineswegs alle Bereiche zugleich und gleichmäßig betreffen. Zeitliche und situative Orientierung sind meist zuerst betroffen, dann die Orientierung im Ort und zuletzt die autopsychische. Auch ist vielfach zwischen einer praktischen Orientierung (was aus dem Verhalten zu ersehen ist) und einer abstrakten (Auskunft geben auf Befragung) zu unterscheiden.

Zeitliche Desorientierung

Der Ausfall des praktischen Wissens um Tageszeit und Jahreszeit wiegt schwerer als die Unkenntnis vom Datum des Wochentags. Wenn der Monat (auch nicht ungefähr), die Jahreszeit, die Jahreszahl nicht mehr gewußt wird, ist die Störung schwer. Schon bei geringgradiger Beeinträchtigung des Wach-Bewußtseins, bei vielen leichteren Erinnerungsstörungen kommt es zur zeitlichen Desorientierung.

Örtliche Desorientierung

Örtliche Desorientierung kann schwanken: z.B. weiß ein senil Dementer während des Tages noch, daß er in einem Spital ist (und leidet darunter), aber nicht, wo und in welchem; nachts aber wähnt er sich zu Hause oder sucht ängstlich verloren den Weg dorthin. Oft fällt das Auseinanderklaffen von praktischer und abstrakter Orientierung auf: Ein Kranker kann sich z.B. noch ganz wohl zurechtfinden auf Spaziergängen im Klinikgelände, kann aber auf Befragung keine Angaben machen über das Gebäude, in dem er sich befindet, dessen geographische Lokalisation, die Stadt usw. Theoretische Desorientierung wiegt weniger als praktische. Die örtliche Desorientierung ist je nach der Vertrautheit oder Fremde des Orts ganz verschieden zu beurteilen: d.h. eine praktische Desorientierung in der eigenen Wohnung wiegt viel schwerer als in der unvertrauten Umgebung einer Klinik (besonders wenn diese ganz neu ist für den Kranken).

Personelle Desorientierung

Kurzdauernde autopsychische Orientierungsunsicherheit oder Desorientierung kommt beim Erwachen aus einer Bewußtseinsstörung (selten aus tiefem Schlaf) vor und wird meist rasch korrigiert (innerhalb von Sekunden). Schwer wiegt ein dauernder Verlust der Orientierung im bezug auf die eigene Person: Der Kranke weiß nicht mehr, wer er ist.

Beispiel:

Eine alte Frau in arteriosklerotischem Verwirrungszustand weiß nicht mehr, daß sie die Ehefrau NN, die Mutter von fünf Kindern, Großmutter, usw. ist, sondern gibt ihren Mädchennamen an.

So schwere Desorientierungen in bezug auf die eigene Person sind praktisch immer auch mit Störungen der anderen Orientierungsqualitäten verbunden.

Situative Desorientierung

Kurzdauernd beim Erwachen aus Bewußtseinsstörungen (seltener auch aus tiefem Schlaf, besonders an ungewohntem Ort). Als dauernde (allerdings in der Ausprägung oft schwankende) Desorientierung ist sie ein Zeichen schwerer Störung meist organischer Natur.

Falsche Orientierung

Bei unsicherer oder fehlender Orientierung kann es zu einer konfabulierten Orientierung kommen.

Beispiele:

Ein hospitalisierter Mann mit einer arteriosklerotischen Demenz meint, er sei zu Hause. Ein Delirant im Wachsaal wähnt sich an seinem Arbeitsplatz (illusionäre Umgebungsverkennung). Ein senil Dementer meint im Sommer, es sei nun Winter. Ein dementer Greis wähnt sich als kleiner Bub, der im Auftrag seiner Großmutter gerade über die Straße einkaufen geht.

Zur Abgrenzung vom Wahn dient die Flüchtigkeit und Wechselhaftigkeit der Konfabulation, die im allgemeinen auch nicht handlungsbestimmend wird.

Wahnhafte Fehlorientierung und „doppelte Buchführung“

Im Wahn und besonders im paranoid-halluzinatorischen Syndrom gibt es Fehlorientierungen (s. dazu auch Fehlidentifikation, S. 227).

- Örtlich und situativ:
  - Ein von Schuldgefühlen geplagter Depressiver wähnt sich im Gefängnis, hält Mitarbeiter für Detektive, die Untersuchung für eine Gerichtsverhandlung u. ä.
- Autopsychisch:
  - Wahnhafter Identitätswandel, s. Ich-Bewußtsein und Wahn.

Vorkommen der Orientierungsstörungen

Desorientierung ist ein psychopathologisch sehr wichtiges Zeichen. Es weist als akute vorübergehende Störung auf eine hirnorganisch begründete Bewußtseinsstörung oder eine Psychose hin, als dauerndes Symptom auf fortgeschrittene zerebrale Schäden. Seltener sind Orientierungsstörungen Ausdruck psychogener Ausnahmezustände (z.B.

hysterischer Dämmerzustand) oder wahnhafter und halluzinatorischer Situations- oder Personenverkennung.

Vorkommen bei allen Bewußtseinsstörungen, also beim akuten exogenen Reaktionstyp, den organischen Psychosen und psychogen (z.B. im hysterischen Dämmerzustand). Hierher gehören auch Orientierungsstörungen bei sehr starken Affekten, z.B. beim überwältigenden Angsterleben in der Panik.

Beim amnestischen oder psychoorganischen Syndrom als Durchgangs- oder Dauerzustand.

6. Zeiterleben

Begriffe

Zeiterleben im engeren Sinn

Das Gegenwärtighaben der Zeit als ein biographisch zusammenhängendes, gerichtetes Kontinuum von Vergangenheit, Gegenwart, Zukunft (Ich-Zeit). Solche erlebte Zeit eigener Geschichtlichkeit, in der sich Dasein zeitigt, ist kein gleichmäßiger Ablauf, sondern eine Erfahrung individuell verschieden bewegten Entwicklungsgeschehens.

Zeitwissen, Zeitschätzung

Wahrnehmende Diskrimination der Dauer von Ereignissen oder zwischen zwei oder mehreren Ereignissen. Schätzung der „objektiven" Zeit (Weltzeit). Solche „objektive" Zeit läuft gleichsam paraindividuell gleichmäßig und unbeeinflußbar ab. Sie ist im wesentlichen durch äußere Markierungspunkte (Uhr-, Tages-, Jahreszeit) bestimmt. Solche Zeitschätzung wird (auf der Grundlage des Zeiterlebens) gelernt (Chamon u. Goldstone 1956, Fraisse 1966).

Funktion

Zeitwissen (Schätzung) ermöglicht die Orientierung in der Zeit (s. dort) und hat damit für die Orientierung im ganzen eine wichtige Bedeutung.

Zeiterleben als Erfahrung der eigenen Entwicklung ist eine Komponente unseres Bewußtseins von uns selbst: das Erleben der Kontinuität des Ich im Wandel von eigener und Umweltgestalt, räumlichen und sozialen Situationen und der eigenen Rolle darin. Damit ist Zeiterleben ein Teil unserer Identitäts-Selbstseins-Erfahrung. Ohne Zeiterleben gibt es auch keine Intentionalität.

Grundlagen

Der „Zeitsinn" ist ein Konstrukt für unsere Wahrnehmung zeitlichen Ablaufs auf der Grundlage der Vigilanz, des Bewußtseins, der mnestischen Funktionen (die die Erfahrung der Reihenfolge, des Ablaufs ermöglichen) und der Intelligenz (die uns den Zeitbegriff zu erfassen ermöglicht). Darüber hinaus wird unser Zeiterleben von dem gesamten Zustand unseres Organismus (Stoffwechselsituation, Körpertemperatur usw.) im zirkadianen Rhythmus, von der Stimmung, Motivation, Grundaktivität usw. bestimmt. Diese hängen selbst mit der gesamten Afferenz zusammen.

Zeiterleben und Zeitschätzung entwickeln sich in unserer Kultur etwa um das 8. Lebensjahr. Die Stabilität der Zeitschätzung verbessert sich mit zunehmendem Alter. Alte Menschen beurteilen eine gegebene Zeitstrecke kürzer als junge. Männer haben eine genauere und stabilere Zeitschätzung als Frauen.

Je aktiver ein Mensch gestimmt ist, je größer die Erlebnisfülle, um so schneller scheint ihm die Zeit zu vergehen („Kurzweil"). Geringe Motivation für aktuelles Geschehen, Erlebnisarmut und Motivierung für zukünftiges Geschehen bei augenblicklicher Untätigkeit (Warten) führt zu einer Überschätzung von Zeitstrecken (Langeweile). Bei hoher Inanspruchnahme durch gegenwärtige Ereignisse wird eine Zeitstrecke überschätzt. In der Erinnerung kehren sich diese Verhältnisse um.

Prüfung

Die Zeitschätzung wird durch Beurteilung vorgegebener Zeitstrecken mit Hilfe einer numerischen Skala (Sekunden – Minuten) bestimmt. Diese Messungen haben für die klinische Psychiatrie bisher wenig Bedeutung.

Das Zeiterleben wird im Gespräch erfahren.

Pathologie

Übersicht:

Beschleunigung (Zeitraffererlebnis)
Verlangsamung (Zeitdehnungserlebnis) bis zum Zeitstillstand
Zeitlicher Realitätsverlust
Störung der Zeitkategorien

Beschleunigung (Zeitraffererlebnis)

Die Zeit scheint schneller zu gehen, scheint sich zu überstürzen.

Vorkommen

In Katastrophenreaktionen (Absturzerlebnis), im Beginn (Aura) epileptischer Anfälle, unter dem Einfluß von psychotropen Substanzen (Meskalin, Psilocybin, LSD, Amphetamin, Scopolamin). In manischer Euphorie.

Verlangsamung (Zeitdehnungserlebnis) bis zum Zeitstillstand

Die Zeit geht langsamer als sonst voran, scheint schließlich still zu stehen.

▶ Beispiel:

„Die Zeit geht nicht mehr voran", „alles steht still".

Vorkommen

Bei schweren Depressionen (vor allem der sog. endogenen Depression). Bei Schizophrenien, in Ekstasen, Verzückungen. Unter Pharmakaeinwirkung: Neuroleptika, LSD, Chinin, Lachgas. Gelegentlich in der epileptischen Aura.

Zeitlicher Realitätsverlust

Es fehlt das Bewußtsein eines zeitlichen Kontinuums. Das Leben erscheint z.B. „nur im Augenblick, losgelöst von Vergangenheit und Zukunft" (Beringer 1927). Ein Depressiver sagt: „Es ist keine Zeit mehr." Das Dasein verharrt in ewig präsentischer Qual. Die Zeit steht lastend schwer still. „Meine Uhr ist kaputt."

Die Störung des Bewußtseins vom Fortschreiten der eigenen Lebensgeschichte ist häufig mit dem Gefühl der Unwirklichkeit des Selbst (Depersonalisation) und mit anderen Entfremdungserlebnissen (Derealisation) verbunden.

Zum zeitlichen Realitätsverlust gehört auch das Erleben der Diskontinuität der Zeit: Die Zeit rast, steht still, kann sogar rückwärts zu gehen oder streckenweise zu fehlen scheinen. Im Zeiterleben spiegelt sich die diskontinuierliche, „durchlöcherte" Existenz mancher Schizophrener (Benedetti 1983).

Vorkommen

Im Traum. Bei Bewußtseinstrübungen (akuten exogenen Reaktionstypen), bei schwerem amnestischem Psychosyndrom (Korsakoff-Syndrom). In schwerer Erschöpfung, bei schweren Depressionen, unter Halluzinogeneinfluß und manchmal bei Schizophrenen mit deutlicher Derealisation und Depersonalisation.

Störung der Zeitkategorien

Die Proportionen zwischen Vergangenheit, Gegenwart und Zukunft sind verschoben. Es können eine oder mehrere dieser Dimensionen fehlen:

Ausfall der Zeit, Verlust der Vergangenheit, Unmöglichkeit, Zukunft zu sehen, Durcheinandergeraten von Vergangenheit und Gegenwart. Rückblenden auf die Vergangenheit.

Ekmnesie: Vergangenheit wird als Gegenwart erlebt, d.h. der Patient hält sich im Präsenserleben in einer längst vergangenen Zeit auf.

Ein Zurückschreiten (Regression) in der biographischen Zeit, ein Zurückversetztsein des Erwachsenen in die Kindheit, in die Zeit des Geborenwerdens, gar früher (antenatale und antekonzeptionelle „Erinnerungen") kommen in besonderen Bewußtseinszuständen (mit und ohne Halluzinogene, z.B. in Hypnose) vor, gelegentlich in regressiven Versunkenheiten von Schizophrenen.

Vorkommen

Bei schwerer Oligophrenie. Im Traum. Im akuten exogenen Reaktionstyp (Umdämmerung, Delir). Ekmnesie bei schwerem amnestischem Psychosyndrom (Korsakoff-Syndrom).

► Beispiel von Demenz:

Ein senil Dementer erzählt, wie er gerade eben erst von einem Einkauf, den er für seine Mutter tun mußte, zurückkomme. Es besteht kein Wissen um das eigene Alter mehr, und die Demenz erlaubt auch keine Korrektur der Aussage an Hand der Umstände.

Unter dem Einfluß von Halluzinogenen und in psychogenen Ausnahmezuständen. Gelegentlich bei Schizophrenen mit Überwiegen von Wahnerinnerungen.

- Beispiel von Schizophrenie:

  Ein Schizophrener von etwa 40 Jahren erzählt, er lebe schon 2000 Jahre lang in einer unterirdischen Klinik in einem See.

In der Melancholie kann die Vergangenheit ein schuldbeladenes Übergewicht bekommen und die Zukunft eine dunkle Leere sein (Kloos 1938, v. Gebsattel 1939).

7. Gedächtnis und Erinnerung

- *Synonym:* mnestische Funktionen.

Definition

Die mnestischen Funktionen ermöglichen uns, Erfahrenes zu behalten (zu merken, d.h. nicht zu vergessen; engl. retain, retention) und wieder zu vergegenwärtigen (hervorzuholen, zu ekphorieren; engl. recall).

Die Unterscheidung von Gedächtnis als Speicherung und von Erinnerung als Wiederbelebung von im Gedächtnis Behaltenem ist sprachlich und etymologisch nicht gerechtfertigt: Gedächtnis heißt „das an etwas Denken" (vgl. gedacht, gedenken) und wird in ausschließlich substantivischem Gebrauch meist intransitiv verwendet: etwas im Gedächtnis haben; in der Wendung: ins Gedächtnis rufen, sowohl transitiv (jemandem etwas ...) als auch intransitiv (sich etwas ...). Erinnern heißt als „sich erinnern" (also in intransitiver Form): einer Sache „in Gedenken" (daran denkend) inne werden (engl. remember), transitiv: bewirken, daß jemand einer Sache inne wird, gedenkt (engl. remind).

Funktion

Das Gedächtnis, das Behalten und Wiedervergegenwärtigen früherer Erfahrungen ist ein grundlegend wichtiges Vermögen der Lebewesen. Es ist *keine einheitliche Funktion,* sondern besteht (in theoretischer Zerlegung) aus einer Reihe von verschiedenen Aktivitäten:

- Wahrnehmen,
- Erfahren,
- Üben,
- Lernen,
- Hervorrufen,
- Gegenwärtig-sein-Lassen von Gewesenem,
- Wiedererkennen,
- Vergleichen,
- Kombinieren,
- neu Lernen usw.

Ohne Gedächtnis gibt es kein erkennbares Wahrnehmen. Dabei lassen sich verschiedene Gedächtnisbereiche (die z.T. unabhängig voneinander störbar sind) feststellen: visuelles, akustisches, taktiles, sprachliches usw. Gedächtnis. *Ohne Gedächtnis gibt es kein Lernen* – und wir lernen um so leichter, je mehr Interesse (motiviertes Dabeisein) wir an einer Sache haben. Und Lernen ist die Grundlage hoch differenzierter Leistungen, nicht nur von Fertigkeiten, sondern auch für neue, kreative intellektuelle, künstlerische usw. Schöpfungen.

Im Gedächtnis bleiben alle unsere Erfahrungen anwesend – gerade thematisiert oder nicht – und können vergegenwärtigt werden. Gedächtnis und Erinnerung ermöglichen die *Geschichtlichkeit* des Menschen. Das Ereignete wird im Gedächtnis in der individuell-lebensgeschichtlich gültigen, nach den soziokulturellen Gegebenheiten mitgeprägten Weise gestaltet und verdichtet – und wirkt dauernd in unsere Gegenwart herein (inne, d.h. innen sein), in welcher Zukunft eintrifft.

Man kann ein Routinegedächtnis (von sinnleeren, bedeutungslosen Dingen) von einem logischen Gedächtnis unterscheiden: das Festhalten und Zur-Verfügung-Haben der essentiellen Gehalte unserer Erfahrung. Wann immer in einem Gemerkten Sinn und Bedeutung liegt und uns damit auch affektiv anspricht, lernen wir viel besser.

Gedächtnis und Affekt. Was uns abstößt, zuwider ist, verletzt, kränkt, vergessen wir rascher (aber nicht so leicht wie Neutrales, Belangloses) als das, was uns angenehm berührt hat. Das bleibt am längsten bestehen (zunehmende „Verschönerung" der Kindheit und Jugend im Älterwerden). Wie weit das *Vergessen* als das Ausbleiben einer Erinnerung auch ein aktiver Vorgang mit bestimmter Funktion ist (Ordnung, Entlastung durch Verdrängung, neue Eindrücke, affektive Einstellung), ist nicht eindeutig.

Aktivität, Teilnahme, Interesse, Begeisterung, Freude erleichtern das Erinnern; Müdigkeit, Apathie, Depression erschweren es.

Labiles und stabiles Gedächtnis. Bis zu ca. 1 Stunde nach der Aufnahme einer Erfahrung bleibt das Gedächtnis daran labil und ist leicht löschbar (durch neue Eindrücke, durch Streß, z.B. Elektroschock): labiles Gedächtnis. Was nach dieser Zeit noch da ist, bleibt jahre-, ja lebenslang (Norman 1982).

Grundlagen

Das Gedächtnis als das Festhaltevermögen (Merkfähigkeit) und die Erinnerung als das reflexive Zur-Verfügung-Stellen früherer Erfahrungen setzt sich, psychologisch gesehen, aus einer Vielzahl von kognitiven Funktionen in Abhängigkeit von der Bewußtseinslage, der Einstellung, Aufmerksamkeit, Motivation (Interesse) und der Ordnung des Materials zusammen. So wundert es nicht, daß Gedächtnis und Erinnerung, anatomisch-physiologisch betrachtet, keine umschriebene lokalisierbare Hirnleistung sind, sondern daß sie grundgelegt sind durch die Funktionen des gesamten Großhirns mit vielen Bahnen und Zentren (und spezialisierten einzelnen funktionellen Schwerpunkten, besonders limbisches System mit den bitemporalen Verbindungen).

Die Hypothese von der Speicherung des Erlebten in Form von Spuren (Engrammen) ist bis heute beibehalten.

Prüfung

Das Merken kann nur durch Ekphorieren, durch Erinnern im freien Gespräch oder mit Tests geprüft werden. Als klinisch praktische Einteilung ist dabei noch die Unterscheidung gängig in:

- Frischgedächtnis (Merkfähigkeit), umfaßt etwa die Zeitspanne von ca. 30 – 60 Minuten; labil und störbar,[1]
- Altgedächtnis (Erinnern an länger zurückliegende Erfahrungen); stabil.

Pathologie der mnestischen Funktionen

Übersicht:

Allgemeine (diffuse) Erinnerungsstörungen
Umschriebene Amnesien und Hypomnesien
Hypermnesie
Scheinerinnerungen (Paramnesien)
Fälschung in Derealisation und Wahn
Pseudologie
Konfabulationen
Vermeintliche Vertrautheit oder Fremdheit

---

[1] Die Abgrenzung eines Immediatgedächtnisses (unmittelbares Behalten für ca. 10 s) ist klinisch-praktisch weniger wichtig und von der Aufmerksamkeit und Konzentration kaum zu trennen.

Allgemeine (diffuse) Erinnerungsstörungen (Hypomnesien, Amnesien, Dysmnesien)

Beim organischen oder amnestischen Psychosyndrom bei diffusen (das ganze Gehirn betreffenden) Schädigungen verschiedenster Art leidet zuerst das Frischgedächtnis, während das Altgedächtnis länger erhalten bleibt.

Man unterscheidet 3 Stadien (S. 168), deren erstes in (negativen) Charakterveränderungen („Wesensänderung") besteht. Im voll ausgeprägten Stadium des psychoorganischen Syndroms sind neben Gedächtnis- und Orientierungsstörungen der intellektuelle Abbau (Demenz, Verblödung s. S. 167) und die Affektveränderungen deutlich. Das finale Stadium geht über den schwersten Zerfall intellektueller, kognitiver, mnestischer, affektiver Funktionen in ein nur mehr vegetatives Siechtum über (Coma vigil). Das Syndrom ist unter Demenz (S. 167) ausführlich behandelt.

Die Erinnerung wird ungenau, Erinnertes wird schlecht eingeordnet, schließlich geht die Erinnerung verloren.

Beim sog. *Korsakoff-Syndrom* werden die Erinnerungslücken mit *Konfabulationen* gefüllt. Diese entstehen dranghaft gleichsam als Lückenfüller für die Erinnerungsausfälle. Man kann sich vorstellen, daß sie der Wiederherstellung der mnestischen Kontinuität dienen. Sie werden vom Patienten selbst für Erinnerungen gehalten.

„Gedächtnisschwäche" ist eine sehr häufige Klage von Depressiven aller (nosologischer) Art. Man darf diese Gedächtnisschwäche nicht auf depressive Insuffizienzgefühle „abschieben", sondern Depressiven fällt das erinnernde Sichbesinnen tatsächlich schwer.

Ähnlich hat der schwerer Depressive sein intellektuelles Potential nicht voll zur Verfügung (Pseudodemenz).

Bei schweren Gedächtnisstörungen gehen die Lebensgeschichte, der chronologische und der Sinnzusammenhang der eigenen Entwicklung und damit auch das Wissen um den Stand dieser Entwicklung, die biographische Einordnung des „Jetztzustandes", verloren.

► Beispiel für Hirnschaden durch Erhängen:

Der 23jährige Mann hat nach mehrtägigem Koma durch einen beinahe tödlich ausgehenden Erhängungsversuch das Bewußtsein wiedererlangt. Noch ein Jahr später weiß er nichts von der Strangulation und was ihn dazu brachte. Er weiß aber auch nicht mehr, daß und welchen Beruf er erlernt hat, daß er eine Lebensgefährtin und ein Kind hatte, daß sein Vater gestorben ist, wo er zu Hause ist, wo er sich befindet usw. Einzig seine Mutter erkennt er wieder und läßt sich von ihr wie ein kleiner Bub betreuen. Er weiß sein Alter nicht.

▶ Beispiel von posttraumatischem amnestischem Psychosyndrom:

Der 42jährige Bauzeichner stürzte vor über einem Jahr vom Baugerüst und lag wochenlang in schwerer Bewußtlosigkeit, war dann wochenlang total desorientiert, inkontinent, hilflos beim Essen, Ankleiden usw. Er erkannte seine Frau und sein Kind nicht, wußte und weiß heute noch nicht, daß er verheiratet und Vater ist, glaubt, er lebe zuhause bei seinen Eltern. Er kennt seine Mutter, sonst niemanden von der Abteilung, auf der er gepflegt wird. Der Tod seines Vaters ist ihm in der Amnesie nicht mehr gegenwärtig.

In nicht so schweren Fällen ist die Erinnerung an alte Zeiten noch gut, hingegen kann die jüngere Vergangenheit nicht mehr herbeigeholt werden, und rezente Ereignisse, Vorhaben, Pläne können nicht mehr behalten werden.

▶ Beispiel von seniler Demenz:

Die 78jährige Frau weiß nicht mehr, wo sie ist, findet bei Ausgängen nicht mehr in ihre Wohnung, verlegt Haushaltsdinge, Geldtasche u.ä. laufend, weiß ihr Alter, Datum, Jahreszeit, Jahr nicht mehr, merkt sich den Namen des Arztes, vorgegebene Zahlen usw. gar nicht mehr. Aber im entspannten Gespräch kann sie noch ganz gut zusammenhängend von ihrer Jugend erzählen.

Umschriebene Amnesien und Hypomnesien

So nennt man inhaltlich oder zeitlich begrenzte Erinnerungslücken. Solche lakunäre oder insuläre Amnesien können total oder partiell sein. Tritt so eine Amnesie z.B. bei einem Schädelunfall mit Commotio (Hirnerschütterung) auf, so bestehen die in Abb. **16** aufgeführten Amnesieformen.

Grundlagen solcher Amnesien können sein:

- *Organisch:* Zum Beispiel bei Commotio cereri, bei Intoxikationen (z.B. pathologischer Rausch). Bei allen Formen organischer Bewußtseinstrübung besteht Amnesie.

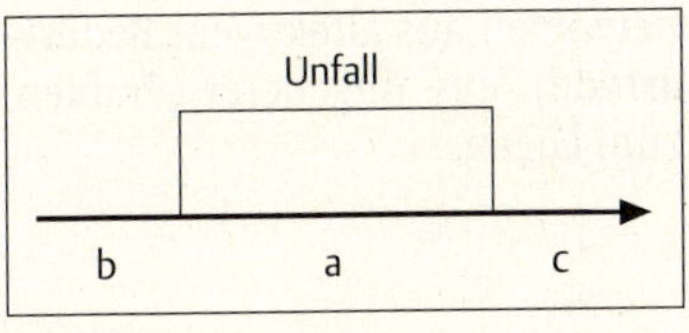

Abb. **16** Amnesie in bezug auf den Unfall:
a Unfallamnesie, **b** retrograde Amnesie **c** anterograde Amnesie.

- *Psychogen:* In affektiven Ausnahmezuständen, wie schwerem Schreck, Angst, Panik, Wut, Verzweiflung, besteht meistens eine psychogene Bewußtseinseinengung und danach eine partielle Amnesie. Psychogene Amnesien gibt es auch durch Gedächtnisnegation aus affektiven Bedürfnissen (Peinliches wird verdrängt und „abgespalten").

Bei der sog. multiplen Persönlichkeitsstörung (dissoziierte Identität) besteht meist eine Amnesie für die Geschichte der jeweils gerade nicht präsenten Identität (A „weiß" nicht von B und umgekehrt).

Hypermnesie

Steigerung der Erinnerungsfähigkeit (Hypermnesie) kommt gelegentlich in Fieberzuständen, drogeninduziert, manchmal bei Untergangserlebnissen (z.B. Absturz, Nahtodeserlebnis) und in der Aura epileptischer Anfälle vor.

Scheinerinnerungen (Paramnesien)

Spontane oder induzierte, suggerierte, absichtliche oder unabsichtliche Änderung des Erinnerns.

Fälschung in Derealisation und Wahn

Sogenannte Wahnerinnerung, d.i. Umänderung des Gedächtnisguts im Sinne des Wahns oder wenn im Wahn scheinbare Erinnerungen auftauchen, denen kein wirkliches Erlebnis in der Vergangenheit entspricht.

Pseudologie

Erzählen von ad hoc frei erfundenen Geschichten über das eigene Leben, eigene Taten, besondere Ereignisse. Eine lebhafte Phantasie produziert „echt" wirkende Geschichten, die der Pseudologe erlebt zu haben vielleicht manchmal im Augenblick sogar selbst zu glauben scheint. Pseudologisches Geschichtenerzählen aus affektivem Bedürfnis, z.B. der Rechtfertigung (als Ausrede), aus Angeberei (Prahlen, Sichinteressantmachen). Übergänge zum Lügen.

Konfabulationen

Pseudoerinnerungen beim amnestischen Psychosyndrom: Konfabulationen (s. dort).

Vermeintliche Vertrautheit oder Fremdheit

Zu den Paramnesien gehört auch das falsche Wiedererkennen, die irrige Vertrautheit, die vermeintliche Vertrautheit oder (selten) Fremdheit (franz. déjà vu, déjà vécu, jamais vu, jamais vécu). Dabei besteht das Gefühl, etwas schon einmal gesehen, gehört, erlebt zu haben, oder auch das Gegenteil.

Solche Erinnerungstäuschungen mit vermeintlicher Vertrautheit oder Fremdheit werden gelegentlich bei Epilepsie angetroffen.

► Beispiel von Epilepsie:

Siehe S. 200.

Viele Scheinerinnerungen sind außerhalb des Pathologischen: sie kommen z.B. in affektiv bewegenden Situationen vor (akute Verliebtheit mit dem Gefühl, einander „früher", u.U. in früheren Existenzen schon einmal begegnet zu sein, einander in dieser gesucht zu haben), in Schreck und Angst, bei den (keineswegs immer angstvollen) Nahtodeserlebnissen (engl. near death experiences). In besonderen Bewußtseinszuständen (spontan oder induziert, d.h. beim holonomen Hyperventilieren, bei hypnotischen Rückführungen) können Rückversetzungen in frühere Lebensstadien, die Kindheit, peri-, antenatale Lebensabschnitte oder gar scheinbare Erinnerungen an frühere Existenzen auftauchen (Reinkarnations-„Erinnerungen"). Suggestiv von einer Subkultur, einer Ideologie von Kausalattribution induzierte Scheinerinnerungen an angebliche Inzesterfahrungen sind oft schwierig von der sehr ernst zu nehmenden realen Mißbrauchsgeschichte zu differenzieren (man spricht in dem Zusammenhang heute vom False memory syndrome).

8. Aufmerksamkeit und Konzentration

Definition

Aufmerksamkeit meint die Ausrichtung (aktiv, passiv) des Bewußtseins auf ein Erfahrenes, Konzentration das versammelte Dabeibleiben.

Funktion

Aufmerksamkeit ist eine Bedingung der Differenziertheit des Erlebens, des Wahrnehmens, des Denkens usw. Sie hat eine wichtige Funktion in der Auseinandersetzung des Menschen mit der Umwelt und mit der Selbstwahrnehmung. Aufmerksamkeit gehört damit zu den Grundfunktionen des Lebewesens überhaupt: auf die Umgebung achten und sich selbst darin besonnen wahrnehmen. Aufmerksamkeit und Auffassung müssen zusammen alles, was an Mitteilungen aus der Umwelt herankommt oder im Eigenbereich entdeckt wird, sichten und in seiner Bedeutung einstufen. Die Gesamtheit der sensorischen Afferenz muß unterschieden werden in:

- wichtig,
- unwichtig,
- belangvoll,
- bedeutungslos, gefährlich,
- harmlos.

Während das aktive Sichzuwenden, sich auf etwas Richten und Dabeibleiben, als aktive Aufmerksamkeit und Konzentration beschrieben werden, nennt man das Angezogenwerden, das Gefesselt- und Gebanntwerden von einem Erleben *passive* Aufmerksamkeit, Fixation, *Faszination.* Dabei kann bei großer Aufmerksamkeitsstärke (Intensität) Umfang und Flexibilität der Aufmerksamkeit eingeschränkt sein (ein Kranker, der ganz von seinem halluzinatorischen Erleben gebannt ist, kann keine Aufmerksamkeit mehr für die Umgebung aufbringen).

Voraussetzungen

Voraussetzungen für die Möglichkeit, aufmerksam zu sein, sind Wachheit und Bewußtseinsklarheit. Sie sind gewährleistet durch eine intakte zerebrale Gesamtfunktion und ein intaktes Sinnessystem.

Die Gerichtetheit der Aufmerksamkeit und ihre Leistung werden weiter bestimmt von der gesamten bisherigen Lebenserfahrung, von der Intelligenz und von der jeweiligen Befindlichkeit, dem Selbstsein, der Stimmung. Denn die Stimmung bestimmt weitgehend, worauf wir die Aufmerksamkeit richten

Beispiele:

Ein Mensch in Gram und Kummer kann sich in sich zurückziehen und der Umgebung keine Aufmerksamkeit mehr widmen. Ein Verfolgungswahnkranker in mißtrauischer Alarmstimmung achtet mit erhöhter Aufmerksamkeit auf mögliche Zeichen der Verfolger. Ein Mensch in Desintegration seiner selbst ist unaufmerksam für vieles, was nicht gerade mit seiner Existenznot zu tun hat (z. B. Testaufgabe).

Prüfung

Aufmerksamkeit und Konzentration werden in der klinischen Psychiatrie durch Beobachtung des Verhaltens im verbalen und averbalen Bereich untersucht. Man kann Stärke, Umfang, Ausdauer, Flexibilität bzw. Elastizität beschreiben.

Pathologie der Aufmerksamkeit

Man kann (in künstlicher Zerlegung aus didaktischen Gründen) verschiedene Komponenten herausheben.

Übersicht:

Unaufmerksamkeit und Konzentrationsstörung
Einengung der Aufmerksamkeit
Schwankungen der Aufmerksamkeit und der Konzentration

Unaufmerksamkeit und Konzentrationsstörung

Unfähigkeit oder verminderte Fähigkeit zur Ausrichtung, Sammlung und Hinordnung auf einen Gegenstand. Störung der Fähigkeit, bei einer Sache zu bleiben, seine Aufmerksamkeit ausdauernd einer bestimmten

Tätigkeit/Gegenstand/Erleben zuzuwenden: starke Ablenkbarkeit, Zerstreutheit. Höchstgradige Zerstreutheit und völlige Unaufmerksamkeit heißt Aprosexie (z.B. im Verwirrungszustand, in angstvoller Gehetztheit, Panik, Delirium).

Einengung der Aufmerksamkeit

Zwischen der „breiten", hellwachen Aufmerksamkeit auf viele Dinge und der Konzentration auf einige wenige (Einengung) gibt es ein breites Spektrum. Bei der Fixation auf Halluzinationen (z.B. Stimmenhören), in stärkerem Wahnerleben, bei starker Gemütsbewegung, Depression, Kummer, Sorge, Schreck, Angst ist das Aufmerksamkeitsfeld eingeengt.

Schwankungen der Aufmerksamkeit und der Konzentration

Die Ausdauer der Aufmerksamkeit schwankt mit der Wachheit und nach dem Interesse, nach der persönlichen Beteiligung eines Menschen an dem Gegenstand. Was den Kranken angeht, was ihn berührt, was seine Beteiligung weckt, unterhält die Aufmerksamkeitsspannung. Für das Gespräch mit dem Kranken und die daraus abgeleitete Beurteilung von Aufmerksamkeit und Konzentration ist es sehr wichtig, zu beachten, daß die Beziehung zwischen den Gesprächspartnern die Aufmerksamkeit wesentlich mitbestimmt.

Ein Maniker voller Einfälle, Gedanken und Antriebe hat Mühe, seine Aufmerksamkeit auf etwas Bestimmtes zu fixieren und bei etwas zu halten (fluktuierende Aufmerksamkeit, Ablenkbarkeit, Konzentrationsschwäche).

Vorkommen von Aufmerksamkeits- und Konzentrationsstörungen

Aufmerksamkeits- und Konzentrationsstörungen sind in keiner Weise spezifische oder auch nur typische Symptome irgendeiner bestimmten psychischen Störung. Sie haben kaum ein pathognomonisches Gewicht. Bei vielen alltäglichen Konfliktsituationen und neurotischen Störungen, bei mannigfachen Verstimmungen, bei Sorge, Gram, Ärger, vor allem auch in vielerlei Ängsten ist die Aufmerksamkeit beeinträchtigt.

Man findet solche Störungen bei Ermüdung, unter dem Einfluß von dämpfenden Pharmaka, von Alkohol und verschiedenen Drogen.

Stimulierende Drogen (z.B. Amphetamine) können für kurze Zeit die Aufmerksamkeit durch Aktivitätserhöhung steigern. Bei allen psychischen Störungen, die auf eine diffuse Hirnschädigung zu beziehen sind (organisches Psychosyndrom), ist die Aufmerksamkeit gestört. Bei allen akuten exogenen Störungen (exogener Reaktionstyp), bei Bewußtseinstrübung ist die Aufmerksamkeit herabgesetzt bis erloschen. Aber auch bei klarem Bewußtsein gibt es Störungen der Aufmerksamkeit: bei starken Affektverschiebungen, bei Verstimmungen (Melancholie, Manie u.a.) kann Aufmerksamkeit und Konzentration nicht geleistet werden.

Bei der Schizophrenie ist das Verhalten von Aufmerksamkeit und Konzentration wechselnd. Bei der akuten, dramatisch einsetzenden schizophrenen Episode ist manchmal kaum eine aktive Aufmerksamkeit möglich und entsprechend auch keine Zuwendung zur Umgebung mehr. Mancher Kranke ist fixiert auf sein inneres Erleben (Bannung, Faszination, z.B. durch Halluzinationen oder Wahn, oft durch Untergangsbedrohung). Bei der chronischen Schizophrenie ist die Aufmerksamkeit vielfach nicht offenkundig gestört, solange nicht Wahnthemen berührt werden. Bei manchen Paranoiden, vor allem bei solchen mit Beeinträchtigungs- und Verfolgungswahn, wird die Umwelt als feindselig gegen den Kranken gerichtet erlebt; dabei besteht eine erhöhte Aufmerksamkeit, eine ständige Alarmbereitschaft gegenüber der Umgebung, die dauernd nach bedeutungsvollen Zeichen abgesucht wird.

Aufmerksamkeit und Sinnestäuschungen

Bei stark herabgesetzter Aufmerksamkeit, in Müdigkeit oder im Einschlafstadium gibt es auch Sinnestäuschungen (hypnoide, hypnagoge, d.h. beim Einschlafen, hypnopompe, d.h. beim Aufwachen auftauchende Halluzinationen). Es gibt aber auch Halluzinationen und vor allem Illusionen bei erhöhter, überspannter Aufmerksamkeit. So gerät etwa ein Kind, das angsterfüllt in der Nacht allein durch einen Wald gehen muß, in eine überwache Gespanntheit und verkennt darin z.B. einen Busch als lauernde Gestalt, Geräusche im Laub als Zeichen herankommender Schritte von Verfolgern (illusionäre Mißdeutung).

9. Denken, Sprache, Sprechen

Definition

Denken heißt sich offenhalten für Fragen, Vernehmen, Auffassen, Vergegenwärtigen; sinngebendes, Bedeutungen verstehendes, auch ursächlich erklärendes Verbinden und handlungsvorbereitendes Überlegen, Entscheiden, Urteilen – kurz, das Ordnen der (materiellen und immateriellen) Gegebenheiten unser selbst und unserer Welt.

Die Sprache faßt das Denken in Zeichen (Symbole) und dient damit der Ordnungsfunktion des Denkens.

Im Sprechen (und Schreiben) erfolgt die Mitteilung des solcherart in Symbolen Formulierten als Sachmitteilung, als Ausdruck der jeweiligen Stimmung und allenfalls auch der Absicht des Sprechenden.

Funktion

Das Denken in der angegebenen Begriffsverwendung umfaßt Konzentration (Dabeibleiben), Nachdenken (Sich-Befassen-mit), Erkennen und Wiedererkennen, Einordnen und Verbinden nach logischen Kategorien, nach Gleichheit, Ähnlichkeit, Unterschied, Bedeutung, Folge, Ursache und nach affektiven Gegebenheiten (Stimmung, Wünsche, Tendenzen, Triebe, Absichten, Motivation), Kombinieren, Überlegen, Urteilen, Entscheiden, Handlungsvorbereitung.

Das Denken durchläuft entwicklungsgeschichtliche Stadien mehr amorpher, weniger strukturierter, noch nicht oder wenig logischen Gesetzen folgender, mehr stimmungsbestimmter und vielfach auch bildhaft-anschaulicher Denkweisen bis zu mehr unanschaulichem, abstraktem und begrifflichem Denken.

Art, Tempo, Inhaltsreichtum, Beweglichkeit, Verknüpfung, Anschaulichkeit und Unanschaulichkeit des Denkens, Urteilens und Kritikfähigkeit, Einsicht (selbstreflexives Denken), Sachbezogenheit oder Stimmungsabhängigkeit geben nicht nur Kunde von der Denkbefähigung im Sinne rational-logischer Kategorien (Intelligenz) eines Menschen, sondern auch von seiner Stimmung im Augenblick und von seinem Wesen.

Daher sind „Denkstörungen“ auch nie isoliert zu sehen, sondern als Ausdruck der gesamthaften Betroffenheit eines ganzen Menschen.

Die Sprache ist Medium und Ausdruck des Denkens. Ohne das Gespräch ist es schwer, sich ein Bild von der Denkungsart eines Menschen zu machen. Die Verständigung geschieht wesentlich im Gespräch.

Grundlagen und Determinanten

Psychologische und physiologische Grundlagen

Wachheit, Bewußtseinsklarheit und Ich-Bewußtsein, Intelligenz, Gedächtnis und Affektivität sind die wichtigsten psychologischen Determinanten des Denkens. Ein intaktes Funktionieren des gesamten Gehirns ist die das Denken ermöglichende Voraussetzung.

Für die Sprache, ihr Verstehen und ihren Ausdruck in Sprechen, Schreiben, Lesen sind die Funktionen bestimmter Hirnregionen grundlegende Voraussetzungen (s. Neuropsychologie).

Für das Sprechen brauchen wir (außer den Fähigkeiten des Denkens und der Sprache) eine intakte motorische Koordination des gesamten Sprechapparats (Atmungsorgane, Stimmbänder, Phonationsraum des Thorax, des Rachens, des Munds, der Zähne und der Lippen).

Soziokulturelle Determinanten

Die Zeichen der Sprache (und damit des Denkens) sind soziokulturell bestimmte (genormte) Symbole, die in der Entwicklung des Menschen in seinem jeweiligen mikro- und makrosozialen Verband geprägt und übernommen (gelernt) werden und durch die lebensgeschichtliche Erfahrung und je nach der Stimmung noch bestimmte Bedeutungsmodifikationen erhalten können.

Zur Entwicklung des Denkens s. vor allem Piaget (1967, 1973), Spitz (1967).

Prüfung

Die Untersuchung des Denkens und Sprechens geschieht im Gespräch und aus der Verhaltensbeobachtung. Der Kontext, in dem beschreibbare Denkstörungen auftreten, bestimmt dann wesentlich, wie man diese auffaßt und allenfalls verstehen kann.

Pathologie

Die nun folgenden Einzelbegriffe sind als Hilfsbegriffe für die Beschreibung und für die Verständigung gedacht, niemals aber als Begriffe, die einen kranken Menschen zerlegen in einzelne Funktionen und davon ablenken, sich sein Dasein – und d. h. immer auch Gewordensein – als Ganzes zu vergegenwärtigen. Begriffe sind Hilfen zu dieser Vergegenwärtigung, wenn man sie richtig gebraucht. Rechtes Vergegenwärtigen heißt den kranken Menschen besser verstehen, ihm näherkommen – und das ist die Grundlage der Therapie.

Übersicht:

Formale Denkstörungen
- Verlangsamtes Denken
- Gehemmtes Denken
- Gedankenarmut, -leere
- Umständliches Denken
- Eingeengtes Denken
- Perseveration des Denkens
- Beschleunigtes und ideenflüchtiges Denken
- Gedankensperrungen
- Gedankenabreißen
- Inkohärentes (zerfahrenes) Denken
- Unklares Denken
- Paralogisches Denken

Denkstörungen im Zusammenhang mit Ich-Erlebnisstörungen
- Gedankenausbreitung
- Gedankenentzug (Gedankenenteignung)
- Gedankeneingebung, -lenkung

Aphasien
- Expressive (sog. motorische) Aphasie (Broca-Aphasie)
- Sensorische Aphasie (Wernicke-Aphasie)

Sprechstörungen
- Aphonie und Dysphonie
- Dysarthrie
- Stottern und Stammeln
- Logoklonie

Störungen des Redens
- Veränderung der Lautstärke
- Veränderung der Modulation

Verlangsamtes Reden (Bradyphasie)
Stockendes, abgerissenes Reden
Beschleunigtes Reden (Tachyphasie) und Rededrang (Logorrhö)
Verbigeration, Palilalie, verbale Stereotypie
Echolalie
Mutismus (Verstummen)

Unverständlichkeit der Sprache
Privatsymbolik
Parasyntax, Paragrammatismus, Inkohärenz
Vorbeireden (Paraphasie)
Neologismen
Kryptolalie und Kryptographie

Formale Denkstörungen

Unter dieser Bezeichnung werden einige häufige Störungen des Gedankenablaufes und des Inhaltsreichtums bzw. -armut genannt. Sie sind vielfach nosologisch unspezifisch.

(Die alte Tradition, Wahn und Zwang als inhaltliche Denkstörungen zu konzipieren, wird hier nicht fortgeführt).

Die *erste Gruppe* von Störungen betrifft Tempo und Linienführung, die *zweite Gruppe* den Denkfluß und seinen unterbrochenen, aufgehobenen, zersplitterten Zusammenhang, die *dritte Gruppe* Klarheit, Straffheit, logischen Zusammenhang.

Verlangsamtes Denken

Damit ist die meist kontinuierliche Verzögerung des Denkablaufs gemeint. Sie ist an der Zähigkeit, Viskosität und Torpidität des Sprechens und Reagierens des Kranken zu erkennen.

Das gehemmte Denken ist auch oft verlangsamt.

Verlangsamung des Denkens trifft man in Bewußtseinstrübungen, bei Somnolenz, bei gehemmten Depressiven, im psychoorganischen Syndrom, bei stark bedrängten und bedrückten Schizophrenen (s. auch Bradyphasie).

► Beispiel von Schizophrenie:

Der Kranke merkt seine Denkerschwerung und führt auch sie auf Fremdeinflüsse zurück: „Ich werde denkmüde gemacht“

Gehemmtes Denken

Dieser Begriff stellt auf die introspektiv zugängliche oder beobachtbare Hemmung ab. Das gesamte Denken (und Sprechen) geht wie gebremst, unregelmäßig, schleppend, mühsam, wie gegen Widerstände vonstatten. Die Erschwerung des Denkablaufs hinsichtlich Tempo, Inhalt und Zielsetzung kann nicht behoben werden, auch wenn sich der Kranke offensichtlich darum bemüht.

Klinisch zeigt sich gehemmtes Denken als Erschwerung (bis zum Ausbleiben) der sprachlichen Mitteilung.

Denkhemmung kann Folge allgemeiner Antriebsarmut (mit Unproduktivität und Einfallslosigkeit, Gedankenleere) sein oder auf affektiven (depressiven), reell oder wahnhaft begründeten Widerständen (Angst, Schuld) beruhen.

Vorkommen

In erster Linie bei depressiven Syndromen verschiedener nosologischer Zugehörigkeit.

► Beispiele von Schizophrenie:

- „Ich konnte nichts mehr erledigen. Die Gedanken gingen immer im Kreis und sind dann plötzlich abgebrochen, um wieder von vorne zu beginnen. So bin ich mit den Gedanken nie an ein Ende gekommen."
- „Am schlimmsten ist es mit dem Denken: ich komme mit dem Denken überhaupt nicht mehr weiter. Die Gedanken gehen im Kreis – und manchmal habe ich das Gefühl, ich habe gar keine Gedanken mehr ... auch kein Gedächtnis ... und kann mich auf nichts konzentrieren."

Gedankenarmut, -leere

Einfallsloses, verbindungsarmes Denken, beschränkt auf wenige Inhalte. Kann subjektiv introspektiv wahrgenommen werden (besonders bei der Depression und im beginnenden psychoorganischen Syndrom) oder dem Beobachter als (vom Patienten selbst nicht mehr registrierte) Spärlichkeit und Ausbleiben von Gedanken, schließlich Leere erscheinen (in der Demenz, schwerer depressiver Denkhemmung).

Umständliches Denken

Das Denken verliert sich weitschweifig oder pedantisch kleinkrämerisch in unwichtige Einzelheiten und folgt nicht straff einer Zielvorstellung. Das Nebensächliche kann nicht weggelassen werden.

Umständliches Denken kann die Folge mangelnder Abstraktionsgabe sein oder auch Folge eines Unvermögens, Unwichtiges wegzulassen auch dann, wenn es intellektuell als nebensächlich erkannt wird (Pedanterie, Anankasmus).

▸ Beispiel von Schizophrenie:
Die junge Kranke kann in ihrer Ratlosigkeit fast nichts mehr sagen, sie spürt ihre Unfähigkeit zu denken: „Vielleicht… ich weiß nicht… einmal so, einmal so… ich kann das nicht beurteilen, irgend etwas, eben drum…“

Eingeengtes Denken

Einschränkung des inhaltlichen Denkumfangs, Verarmung an Themen, Fixierung auf wenige Zielvorstellungen, Verminderung der „geistigen Beweglichkeit“. Dem eingeengten Denken fehlt die Überschau, das Einbeziehen verschiedener Gesichtspunkte. Im Gespräch hat der Kranke Mühe, von einem Thema auf das andere überzugehen. Der Kranke selbst kann die Einengung als Nichtloskommen von bestimmten Gedanken empfinden, als Gedankenkreisen und -grübeln.

▸ Beispiel von Depression:
Die Gedanken kreisen immer um den Verfall und das Verfaulen des Leibes. In den schlaflosen Nächten grübelt sie in ständigem Gedankenkreisen über ihr Elend. „Ich komme mit dem Denken nicht fort. Es ist, als ob die Gedanken stille stünden.“

Perseveration des Denkens

Das Denken „tritt an Ort und Stelle“, es geht einem ständig derselbe Gedanke (oder dieselben wenigen Gedanken) im Kopf um, drängt sich ständig auf, ohne daß eine Bearbeitung und Erledigung gelingt. Wird z.T. auch als Gedankenkreisen, depressives Grübeln, gramvolles „Studieren“, „Sinnieren“ geschildert.

Vorkommen

Häufig im Einschlafstadium, bei Schlaflosigkeit in sorgenbedrückter Zeit, bei Depressiven aller Art. Aber auch beim organischen Psychosyndrom. Auch Zwangsgedanken (S. 299) sind meist perseverierend.

Beschleunigtes und ideenflüchtiges Denken

Die Geschwindigkeit des Denkens und Sprechens ist beschleunigt. Das ideenflüchtige Denken wird nicht mehr von einer Zielvorstellung straff geführt, sondern wechselt oft das Ziel oder verliert es. Das Denken wird dauernd von dazwischenkommenden anderen Einfällen abgelenkt.

Meist kann der Untersucher der oberflächlichen und flüchtigen Ideenassoziation noch folgen (im Gegensatz zum zerfahrenen, inkohärenten Denken) (s. auch Tachyphasie und Logorrhö).

Der Kranke selbst kann die Ideenflucht als Gedankenandrängen, als Gedankenflucht empfinden. Tatsächlich kann er sich darin auch vor Abgewehrtem flüchten.

Vorkommen

Beim manischen Syndrom verschiedener nosologischer Zugehörigkeit. Gelegentlich bei ängstlich-gehetzten Menschen.

▶ Beispiel von Schizophrenie:

Der junge Kranke klagt verzweifelt: „Ich habe eine Denkstörung, ich habe Ideenflucht… ich kann nicht mehr denken… es fällt mir auseinander."

Gedankensperrungen

Plötzlicher Abbruch des Gedankengangs. Der Kranke stockt mitten im Gespräch, schweigt, „verliert den Faden", greift dann u. U. das Gespräch mit einem anderen Thema wieder auf. Sperrungen ereignen sich bei klarem Bewußtsein und dürfen nicht mit der Unterbrechung des Gedankenflusses durch eine Absence verwechselt werden.

Sperrungen gibt es auch als Folge plötzlich einsetzender völliger Ratlosigkeit, im Schreck, im Gefühl innerer Leere usw. Bei der Schizophrenie gibt es auch ein „aktives" Sperren aus Negativismus.

Gedankenabreißen

Der Kranke empfindet selbst die plötzliche Unterbrechung seines Gedankengangs manchmal geradezu als Wegnehmen, Abstoppen der Gedanken durch äußere Mächte (s. Ich-Aktivitätsstörung). Das Gedankenabreißen ist ähnlich wie die Sperrung am plötzlich stockenden Sprechen zu erkennen.

Inkohärentes (zerfahrenes) Denken

Das Denken (und damit auch das Sprechen) des Kranken hat keinen logischen oder gefühlsmäßig verständlichen Zusammenhang mehr, ist zerrissen bis in einzelne, scheinbar zufällig durcheinandergewürfelte Gedankenbruchstücke *(dissoziiertes Denken)*.

Die Inkohärenz des Denkens kann mit jeder Veränderung der Denkgeschwindigkeit verbunden sein.

Der Satzbau kann zerstört sein *(Paragrammatismus, Parasyntax)* bis zum unverständlichen sinnleeren Wort- oder Silbengemisch (Sprachzerfall, *Schizophasie*). Andererseits gibt es auch eine Zerfahrenheit, bei der der Kranke wohl die Sätze syntaktisch richtig bildet, bei der aber der Inhalt des Gesprochenen keinen dem Gesunden nachvollziehbaren Zusammenhang erkennen läßt.

► Beispiel von Schizophrenie:

„Ich habe gehört, ich sei die Elisabeth. Sehr wahrscheinlich haben sie gehört, wie sie das Hirn abziehen... Man will probieren, mir den Weltuntergang zu stoppen, ... Gedanken aberhäupten... Himmelwind und Wetter und daß die Leute in andere Stimmung kommen, das nenne ich absegmentieren. Auch der Hauswind, das Kraftsegmentierung... ich sag das Morden, ich hätte Hypnose produzieren sollen, das kommt von dem, der sich Kaiser nennt... Man merkt, daß man im Körper geschändet wird... ich sah, wie mir das Hirn abgezogen wurde, es war wie eine weiße Wolke, die aus dem Hirn herauskam, als man mir das Hirn abzog. Auch sah ich dann ein Engelbüebli, der hat mir im Himmel wieder das Hirn gegeben. Hunderte von Schlangen haben sich durch mich hindurchgebohrt, in meinen Kopf, in meinen Leib, in meinen Hals, er schmerzt mich der Hals. Die Schlangen haben mein Hirn gefressen. Es ist, als ob sie mich dumm machen wollten, aber dann hat mir die gute Macht geholfen und die Wunden wieder geheilt. Eine von den Schlangen war riesig groß, es war eine Boa, die ist in meinen Hals und hat dort ein Stück herausgerissen..."
„Früher sind die Leute aus blauäugigen Menschen bestanden und wie die Hirne schaffen. Die mit den blauen Augen schaffen anders im Hirn als die mit den braunen, und dann kommen noch die Gelben, die Chinesen..."
„Seele, man kann schön leben und schaffen, aber man geht kaputt. Es ist auch wie Sequestrierung, die der liebe Gott dann heilt mit Salben, Verbänden und Maschinen ins Herz getan."

Zerfahrenes Denken bei Bewußtseinsklarheit nennt man Verworrenheit und grenzt sie gegen die mit Bewußtseinstrübung und mit Gedächtnisstörungen einhergehende Unklarheit und Zerrissenheit des Denkens bei der Verwirrtheit (amentielles Syndrom) ab.

Unklares Denken

Es fehlt die Akzentuierung des Denkens, indem Vordergrund und Hintergrund, Haupt- und Nebensache nicht klar geschieden und der Denkzielsetzung entsprechend geordnet werden. Eine Denkzielsetzung kann vielfach überhaupt fehlen. Das Denken kann, ohne beschleunigt zu sein, flüchtig und unklar wirken im Sinne einer mangelnden Deutlichkeit.

Paralogisches Denken

Die Kranken verschmelzen heterogene Sachverhalte *(Kontamination)*, ziehen mehrere, nicht unbedingt widersprüchliche Ideen, Bilder zusammen *(Verdichtung)*, ersetzen dem Gesunden geläufige Begriffe durch irgendwelche anderen *(Substitutionen)* oder können von der Hauptgedankenreihe auf Nebengedanken abgleiten (*Entgleisung* des Denkens), verlieren den logischen Zusammenhang, können Gedankensprünge machen (s. Inkohärenz) oder ein merkwürdiges steifes, eingleisig starres, uneinfühlsames, u.U. verschrobenes Denken (entsprechend Affektsteifheit) haben.

▶ Beispiele von Schizophrenie:

- „Die Bibel habe ich auch gelesen, ich verwechsle es immer, weil ich perfekt französisch spreche."
- Der Mann, der um sein Kranksein weiß, schreibt in einem Aufsatz „Problematik des Todes":

  Jetzt sieht er schon wieder Leichen
  sie vergleichen
  Nein, Herr, aber – das wurde zum Trick des Todes
  Ja, ein Schrei
  Ei, Ei – sie glauben auch an Christus

  Eines seiner Gedichte hat den Titel:
  Tröstliche Gnade und Rat

  Man bade
  sei nicht fade
  bade und balde

  Er weiß um seine Denkstörung – sie ist Ausdruck seiner Ich-Identitätsstörung und Selbstverlorenheit. Das drückt das „Gebet" aus:

  Klarheit, ersehnte
  komm wieder
  Durchtränke meine Sinne
  sag mir wer ich bin
  und bleib in meinen Liedern
  führe mich zu mir zurück
  Klarheit komme
  und sei mein Glück

Denkstörungen im Zusammenhang mit Ich-Erlebnisstörungen

Vorwiegend bei der Störung der Ich-Aktivität und Ich-Demarkation (s. dort) Schizophrener gibt es charakteristische Denkstörungen:

Gedankenausbreitung

Der Kranke klagt darüber, daß andere seine Gedanken wüßten, lesen könnten (Gedankenlesen), daß seine Gedanken nicht mehr ihm allein gehören.

Gedankenentzug (Gedankenenteignung)

Die Kranken haben das Gefühl, es würden ihnen die Gedanken weggenommen und abgezogen.

Gedankeneingebung, -lenkung

Der Kranke empfindet seine Gedanken als von anderen gemacht, gelenkt, gesteuert, eingegeben, aufgedrängt.

Die genannten Störungen kommen vielfach zusammen vor.

▶ Beispiel von Schizophrenie:

„Die Schwungkraft zum Denken hat abgenommen… Die Lebenskraft der Verstorbenen beeinflußt mich… Paragraphische Schulung…“ Der Kranke merkt, daß andere seine Gedanken fühlen, lesen können, daß sie ihm seine Gedanken wegnehmen und ihm fremde Gedanken, die nicht seine eigenen sind, eingeben. Auch können andere ihn in seinen Gefühlen, in seinem Willen, in seinen Handlungen beeinflussen.

Aphasien

Aphasien sind Sprachstörungen infolge lokalisierter zerebraler Läsionen der dominanten Hemisphäre (beim Rechtshänder die linke Hirnhälfte).

Je nach der betroffenen Region resultiert eine klinisch verschiedene Form der Aphasie. Die expressive (motorische) Aphasie (Broca-Aphasie) ist das Ergebnis einer Schädigung der Broca-Hirnregion, die sensorische Aphasie das Ergebnis einer Schädigung der hinteren Partien der Schläfenwindung (Übergang zu Scheitel- und Hinterhauptslappen).

Hier werden zur Erkennung nur einige Stichworte gegeben. Einzelheiten s. Neuropsychologie.

Expressive (sog. motorische) Aphasie (Broca-Aphasie)

Bei der seltenen reinen Form der Broca-Aphasie kann der Kranke Gesprochenes und Gelesenes verstehen, kann aber selbst nicht sprechen („Verlautbarungsstörung“), ist stumm oder verstümmelt Worte (literale und syllabäre *Paraphasien*). Häufig ist stereotypes (gleichförmiges) Wiederholen von Silben. Der Kranke hat ein inneres Wortbild zur Verfügung und kann die Silbenzahl von Worten angeben. Häufig kommen dazu leichtere Sprachverständnisstörungen und Wortverwechslungen.

Sensorische Aphasie (Wernicke-Aphasie)

Sprachverständnisstörung bis zur Worttaubheit. Dem Kranken fehlt das „innere Wortbild". Er findet in sich die Worte nicht *(amnestische Aphasie).* Er hat die Worte zur Benennung von Gegenständen nicht mehr zur Verfügung, bezeichnet sie u.U. falsch (verbale Paraphasie), wiederholt sie manchmal gleichartig und ohne sinnvolle Verknüpfung (Paragrammatismus, Agrammatismus), wiederholt vorgesprochene Wörter öfter (Echolalie). Bei der sog. *Jargonaphasie* spricht der Kranke formel- und schablonenhaft, z.T. ohne Sinn. Er kann auch nicht richtig nachsprechen, lesen (*Alexie*), spontan oder nach Diktat schreiben (*Agraphie*). Auch der Umgang mit Zahlen ist erschwert (*Akalkulie*), manchmal (bei ausgedehnteren Schäden) auch die Möglichkeit, sich in festgelegten Gesten (z.B. Winken, Drohen o.ä.) oder Mimik auszudrücken.

Vorkommen

Zerebrale Herde verschiedenster pathologischer Natur:

- Durchblutungsstörungen (Arteriosklerose, Apoplexie),
- Hirnatrophie,
- Morbus Pick,
- Tumor.

Wenn eine zerebrale Allgemeinschädigung besteht, kommt ein psychoorganisches Syndrom dazu.

Sprechstörungen

Aphonie und Dysphonie

Stimmlosigkeit, Heiserkeit, Hauchen durch Lähmung des IX. Hirnnervs oder durch Stimmbanderkrankung (Entzündung, Tumor).

Gelegentlich findet man auch eine psychogene Aphonie („vor Schreck verstummen").

Dysarthrie

Artikulationsstörungen bei Störung der Phonation durch Atemstörungen (z.B. bei Chorea Huntington), durch Mißbildungen oder Erkrankungen des Phonationsraums (Rachenspalte, Zungenlähmung, Gesichtsmuskellähmung, Zahnlosigkeit, lockere Prothese, auch schwere allgemeine Schwäche und Austrocknung), durch zentrale motorische Läsionen (Bulbär- und Pseudobulbärparalyse).

Stottern und Stammeln

Stottern heißt Störung des zusammenhängenden Redeflusses durch Verkrampfungen im Sprechapparat (einschließlich Atmungsregulation). Die Ursachen werden im Fehlen der Sprechentwicklung bei Hirnschädigung, Schwerhörigkeit oder in neurotischen Funktionsstörungen gesucht.

Stammeln bezeichnet fehlerhafte Lautformung mit Deformation eines Lautes (Dyslalie) oder Ersatz eines Lauts durch einen anderen (z.B. s statt sch, d.i. Sigmatismus).

Logoklonie

Spastische Silbenwiederholung, durch Hängenbleiben am Wort beim Parkinson-Syndrom.

Störungen des Redens

Veränderung der Lautstärke

Erregte Maniker können sehr laut sprechen, schreien, brüllen. Aber auch in der schweren agitierten Depression gibt es ein gequältes Brüllen. Auch Schizophrene können in der katatonen Erregung brüllen. Die meisten Depressiven sprechen leise.

Veränderung der Modulation

Kann schwanken zwischen einer sehr starken Bewegung der Stimme, u.U. mit geziert-maniriertem Sprechen, pathetischem Tonfall und andererseits monoton-einförmigem Reden.

Verlangsamtes Reden (Bradyphasie)

Siehe gehemmtes und verlangsamtes Denken.

Stockendes, abgerissenes Reden

Manche stockende und abreißende Rede Schizophrener kommt durch Gedankensperrung (s. dort) zustande. Der Kranke hat das Gefühl, als ob der Fluß seiner Gedanken plötzlich abrisse (Gedankenabreißen). Das kann manchmal durch das Dazwischenkommen von Einfällen, Wahnerlebnissen, Halluzinationen zustande kommen. Aber auch ratlose Psychoorganiker und Depressive können manchmal nur mehr stockend reden.

Beschleunigtes Reden (Tachyphasie) und Rededrang (Logorrhö)

Der Kranke redet sehr schnell und meist auch übermäßig viel, hat einen starken Rededrang. Manchmal geschieht die Verknüpfung des Gesagten vorwiegend nur mehr nach dem Wortklang (Assonanzen, Klangassoziationen) oder nach dem Kontrast. Der Kranke scheint so von einem Wort zum anderen zu springen. Manchmal kann man dem Redefluß nicht mehr folgen. Demnach unterscheidet man eine zusammenhängende und eine inkohärente Logorrhö.

Vorkommen

Am häufigsten trifft man Sprechbeschleunigung und Rededrang in der manischen Erregung (um den übermäßig vielen Einfällen Ausdruck zu geben), bei der endogenen Manie, manchmal bei erregten Schizophrenen (autistischer, sich um den Gesprächspartner nicht mehr kümmernder Redefluß), gelegentlich aber auch auf organischer Grundlage bei Aphasikern (s. dort).

Verbigeration, Palilalie, verbale Stereotypie

Gleichförmige Wiederholung von Silben und Worten kommt bei manchen Aphasikern vor, die krampfhaft nach Worten suchen. Stereotypes Klagen trifft man bei agitierten Depressiven.

▶ Beispiel von agitierter Involutionsdepression:

Sie wiederholt immer wieder ihr Elend: „Ich möchte sterben – ich kann nicht sterben."

Verbigerationen von Schizophrenen sind oft als Selbstversicherung zu verstehen, manchmal auch als gebetsartige Beschwörung.

▶ Beispiele von Schizophrenie:

- Der Kranke ruft immer wieder: „Ich bin ein Mensch."
- Verbigeriert: „Ich bin, der ich bin."
(Wiederholte Selbstversicherung bei bedrohtem Ich-Bewußtsein.)
- Der Kranke ruft immer wieder: „Gott ist allmächtig." Er fühlte sich und die Welt untergehen, fühlte sich völlig verlassen und lief mit diesem wiederholten Schrei auf die Straße. Nach Abklingen der Erregung sagte er, er habe sich so verlassen gefühlt, und niemand sei dagewesen, da habe er Gott angerufen.

Echolalie

Echoartiges Wiederholen von vorgesprochenen Worten und kurzen Sätzen. Kommt in großer Ratlosigkeit in Folge von schwerer Ich-Aktivitätsstörung (s. dort) bei Schizophrenen vor (s. auch Echopraxie), gelegentlich auch bei Oligophrenie und Demenz, auch bei Aphasie.

Mutismus (Verstummen)

Der Kranke spricht nichts oder fast gar nichts mehr (oft verbunden mit Stupor, s. dort), obwohl seine Sprachfunktion intakt ist. Dem Mutismus liegt meist ein Überwältigtwerden von Ratlosigkeit, Angst, Hoffnungslosigkeit zu Grunde. Wir treffen Mutismus bei schwer *Depressiven*, wenn der Kranke in seiner Devitalisierung jeden Sprechantrieb verloren hat, wenn er keine Hoffnung auf Verständigung mehr aufbringt und in stummer Qual erstarrt (depressiver Stupor). Dem *schizophrenen (katatonen) Mutismus* und Stupor liegt auch meist eine Überwältigung von Angst, Verzweiflung, Hoffnungslosigkeit, sich verständlich zu machen, traumartige Umdämmerung u. ä. zugrunde (s. Ich-Aktivität, Ich-Vitalität). Seltener ist Mutismus bei ekstatischen und Bannungserlebnissen.

Der sog. *psychogene Mutismus* kann sich nach seelischem Schock einstellen oder auch in einer bestimmten Absicht (telephren, z. B. bei Häftlingen).

Mutismus autistischer Kinder.

Unverständlichkeit der Sprache

Die Sprache von Kranken kann (trotz ordentlicher Artikulation und noch folgbarem Tempo) aus verschiedenen Gründen unverständlich werden:

Privatsymbolik

Der Kranke gebraucht Worte nicht mehr in dem uns geläufigen Sinne, sondern gibt ihnen eine private, nur ihm selbst eigene Bedeutung: persönliche Symbolik, Privatmetaphorik, paralogisches Denken und Sprechen.

► Beispiel von Schizophrenie:

„Ich möchte mich selber finden... So muß ich auch extravagant sein, daß ich mich selber als eigener erlebe. Daher kann ich nicht tun wie andere gewöhnliche Menschen, daher kann ich nicht die Symbole aufgeben, die ich mir ausgedacht habe:

weiß = Zettel, Serviette, Taschentuch, Auto
= vergessen, entschuldigen
grün = meistens Blätter, entschuldigen, vergessen
Raben = Tiere gehorchen mir
Tropfen = vergessen

Parasyntax, Paragrammatismus, Inkohärenz

Die Sprache verliert ihren grammatikalischen und logischen und affektiv nachfühlbaren Zusammenhang: die Rede wird zerfahren, dissoziiert, inkohärent, sprunghaft bis zur völligen Sprachverworrenheit. Im Extremfall stellen die sprachlichen Äußerungen nurmehr ein Wort- und Silbengefasel dar (s. Denkzerfahrenheit, Schizophasie).

Solche schweren grammatikalischen und logischen Destruktionen können in der Demenz und im akuten exogenen Reaktionstyp auftreten. Selten ist so etwas auch bei sehr erregten Manikern.

Manche Schizophrene können überwiegend oder zeitweise völlig zerfahren reden („Wortsalat", Schizophasie). Wenn man die Kranken gut kennt, kann man manchmal noch einen Sinn in dem Gefasel erkennen.

Die rein finale Deutung der schizophrenen Denk- und Sprachinkohärenz als Abwehr in dem Sinne, der Kranke wolle damit der mitmenschlichen Verständigung ausweichen, gilt sicher *nicht* für alle solchen Fälle. Diese Deutung liegt nahe, wenn der (dann meist chronisch) Kranke nur dann zerfahren redet, wenn man ihn auf seine „wunden Stellen", seinen Wahn oder bestimmte frühere Erlebnisse anspricht. Andere, besonders akut Kranke geraten in eine Denkverwirrung hinein, weil sie von Untergang, Zerfall und Zersplitterung, Katastrophen, Chaos, von Angst und Panik, Ratlosigkeit überwältigt sind (s. Ich-Bewußtsein).

Zerfahrenes Reden gibt es auch bei anderen Psychosen (z.B. von Epileptikern).

Manche Kranke sagen uns in ihrem zerfahrenen, größtenteils unverständlichen Gerede in erstaunlicher Dichtigkeit genau ihre Lebenswirklichkeit. Auch zerfahrenes Gerede gilt es ernst zu nehmen, um dem Kranken gerecht zu werden.

► Beispiel von Schizophrenie:

Das Mädchen macht in einem völlig zerfahrenen Wortschwall von ungefähr dreiviertel Stunden drei wesentliche Aussagen: „Das war die größte Bruchlandung meines Lebens." Damit teilt sie ihren Zusammenbruch knapp und klar mit. – „Meine Uhr, die lebt nicht mehr" – der Gang ihres Lebens ist zerstört. – „Ich schaue zu den Bergen, daß Gott mir helfe" – sie spürt ihre Not und Hilfsbedürftigkeit und erwartet Hilfe von Gott, den sie – wie viele Völker der Erde – auf dem Berg „ansiedelt".

Vorbeireden (Paraphasie)

Der Kranke geht überhaupt nicht auf die Frage ein, obwohl er sie richtig verstanden hat, sondern bringt inhaltlich etwas ganz anderes vor. Solches Vorbeireden kann zustande kommen, wenn der Kranke im Gespräch auf seinen Gesprächspartner nicht eingehen kann oder will. Das kann aus Abwehr sein oder weil der Kranke so mit anderen als den zur Rede stehenden Dingen beschäftigt ist, daß er immer wieder vom Gesprächsgegenstand abgezogen wird.

► Beispiel von Schizophrenie:

Der junge Mann sagt, es sei ein „Kopfsalat" in seinen Gedanken gewesen. Eine Art hypnotischer Einfluß sei auf seine Gedanken gegangen, die dadurch unklar geworden und durcheinander geraten seien. – Dann schweigt er lange und bringt schließlich vor: „Einen Sexualkomplex hat schließlich jeder vor dem 20. Lebensjahr." Auf Fragen dazu sagt er zunächst nichts und später: „Calderons großes Welttheater."

Neologismen

Wortneubildungen, häufig durch Verknüpfung heterogener Dinge (Kontaminationen). Fast nur bei Schizophrenen, die damit ihre Privatsymbole ausdrücken oder die unter dem Druck sind, das Unfaßbare ihrer Erfahrungen irgendwie annähernd noch zum Ausdruck zu bringen. Bei guter Kenntnis der Kranken vielfach wenigstens teilweise verständlich.

► Beispiel von Schizophrenie:

„Blutgebären... Vormundschaftsgerichtssterilisation... Schießpflichtmannsbart... Suspensoriumsschießhaftpflicht... Gebärmutterersatzumtausch..."

Kryptolalie und Kryptographie

Manche Schizophrene bilden sich eine eigene Privatsprache aus, die völlig unverständlich sein kann (Kryptolalie), ja sogar eine Privatschrift

(Kryptographie). Es ist als Fortführung der Privatsymbolik (s. dort) aufzufassen.

- Beispiel von schizophrenieartiger Psychose bei Epilepsie:

  Der Kranke studiert „Gazologie“ (die Lehre vom heiligen Geist), „Bezalogie“ (die Lehre von der Engelwelt). Man habe ihm die Hebephrenie gegeben, das ist die „Überhebungskunst“ (NB: sich über die ärmliche Realität erheben). Im Hirnforschungslabor solle man die „Leucopie“ untersuchen. Die „Pathonie“ ist eine „Unterabteilung der Hebephrenie“.

10. Intelligenz

Definition

Fähigkeit zur rechten (d.h. sachgerechten und intersubjektiv übereinstimmbaren) Kenntnisnahme von und zur Einsicht in Sachverhalte und ihre Zusammenhänge sowie zur sich daraus ergebenden Entfaltung sinnvoll planender[1] gezielter Wirksamkeit (intelligentes Verhalten).

- Intelligenz ist eine Fähigkeit, eine Begabung für komplexe Funktionen.
- Diese ermöglicht sachgerechte Kenntnisnahme von Aufgaben (konkrete und abstrakte Ausgangsprobleme).
- Kenntnisnahme bedeutet: Er-, Auffassen der Aufgaben, Verknüpfen mit bisher Gelerntem, Herstellen von logischen Beziehungen, Sinnverbindungen und allenfalls anderen Assoziationen.
  Danach kann man unterscheiden:
  - Tiefe: Erfassen von Wesen und Sinngehalt,
  - Höhe: abstraktes und logisches Niveau,
  - Breite: Vielfalt der in Erwägung gezogenen Gegebenheiten.
- Diese Kenntnisnahme, Auffassung, Verknüpfung und Einordnung führt in zeitlich ökonomischem Prozeß zu einer gezielten, sinnvoll planenden Wirksamkeit im Handeln: Problemlösen (vgl. Hofstätter 1957, 172).
- Diese Begabung befähigt zur Bewältigung neuer Aufgaben, Situationen, zu innovativen Fragestellungen und Lösungen.

Funktion

Zahlreiche Einzelfunktionen (künstlich herausgegliedert) tragen zu dieser komplexen Leistung bei. Die Sinnesfunktion, Wach-Bewußtsein und Orientierung, Aufmerksamkeit und interessierte Zuwendung (in Abhängigkeit von Motivation, Antrieb und Affektlage), die Denkleistungen der Auffassung, Abstraktion, Kombination, des Urteilens und Schlüsseziehens ermöglichen unter Einfluß der gegenwärtigen Stim-

[1] Zur Unterscheidung von Instinkthandlungen.

mung und der gesamten Lebenserfahrung (Lernen) die Besonnenheit der distanzierten Überschau, der Bedeutungsbewertung und Schlußfolgerung sowie der zweckgerichtet-gezielten Handlungsplanung und -ausführung. Die Einsicht wird durch den Begriff erfaßt und durch Sprache mitgeteilt, damit intersubjektiv überprüfbar.

Intelligenz in diesem Sinne ist letzlich, allgemein ausgedrückt, die Fähigkeit zum Sichzurechtfinden in und zum Bewältigen der Welt.

Von den verschiedenen Faktoren der Intelligenz sind folgende Bereiche praktisch besonders wichtig:

- Zahlendenken, Rechnen,
- Sprachverständnis, Ausdrucksfähigkeit,
- Spontaneität, Einfallsreichtum und Kombinationsfähigkeit, Produktivität, Beweglichkeit (Tempo und Flexibilität),
- formale Logik, Urteilsfähigkeit, Abstraktionsvermögen, Anschaulichkeit.

Grundlagen

Körperliche: Bau und Funktion des Gehirns

Intelligenz unterliegt einer genetisch determinierten Entwicklung (vermutlich polygenetisch). Auf die genetischen Einflüsse weisen vor allem die Zwillings- und Geschwisteruntersuchungen sowie die Adoptivstudien über die Konkordanz hinsichtlich der Intelligenz hin (Propping 1989).

Psychologische und soziale Einwirkungen auf die Entwicklung des Gehirns und seiner Funktion

Fördernde Wirkung der Inanspruchnahme dieser Funktion durch die Umwelt, Anregung durch Erziehung durch Eltern, durch Geschwister und Gespielen (Wettbewerb), durch die Schule. Fehlt solche Stimulation ganz, so kann sich Intelligenz nicht voll ausbilden.

Prüfung

Für den klinischen Gebrauch ergibt sich aus einem ausgiebigen Gespräch über viele Lebensbereiche und über die Entwicklung (Schule, Beruf) schon eine wichtige Schätzung. Darüber hinaus kann man verschiedene Intelligenzbereiche mit Tests messen.

Pathologie (Intelligenzstörungen)

Mögliche Ursachen intellektueller Minderleistung

Übersicht:

Intelligenzdefekte aufgrund von angeborenen oder erworbenen Abweichungen der Struktur oder Funktion des Gehirns
- Oligophrenie
- Demenz

Fehlen der für die Intelligenz notwendigen vorauszusetzenden Grunderfahrungen (bei Sinnesfehlern, bei Isolation, Deprivation)
Gestörter Kontakt und Realitätsbeziehung in der Psychose
Beeinträchtigung der Wahrnehmung, Aufmerksamkeit und der Motivation zu Intelligenzleistungen aus affektiven und Antriebsgründen (z. B. bei Depression)

Intelligenzdefekte

Sie entstehen durch Beeinträchtigung der somatisch-anatomisch-physiologischen Voraussetzungen für Intelligenz.

Oligophrenie

Angeborener oder früh (d. i. vor Abschluß der Hirnreifung) erworbene Minderintelligenz (engl. mental deficiency, mental retardation). Die zugrunde liegende Hirnschädigung kann dabei ererbt, intrauterin, perinatal oder postnatal eingetreten sein und sich in Epilepsie manifestieren.

Die Oligophrenien lassen sich nach dem Schweregrad einteilen (wobei die IQ-Angaben nur ungefähr den Bereich bezeichnen):

	IQ (Hawie 1955)
Minderbegabung	80–90
Debilität	60–79
Imbezillität	40–59
Idiotie	unter 40

Oligophrene Menschen sind im Intelligenzbereich vermindert begabt und in unterschiedlichem Ausmaß (durch reduzierte, veränderte Auffassung und Kombination) in ihrer Lebensführung behindert. Idiotie als schwerster Grad bedeutet dauernde Pflegebedürftigkeit, Sprachunfähigkeit, völlige Erwerbsunfähigkeit. Imbezille können ein wenig Sprache und einfache Fertigkeiten (Essen, Toilette, Ankleiden, einfachste Handarbeit) erwerben. Debile sind evtl. in Sonderschulen und geschützten Werkstätten bis zur Teilerwerbsfähigkeit förderbar. Minderbegabte können sich in geeigneter Umgebung und Beanspruchung oft selbst behaupten, brauchen aber im komplizierten gesellschaftlichen Kontext Hilfe (z.B. durch Eltern, Lehrer, Arbeitgeber, Sozialarbeiter). Sozial spielen bei Oligophrenen oft begleitende affektiv-kognitive Probleme (Beeinträchtigung, Mißtrauen, Argwohn, paranoide Mißdeutung, Verstimmungen, besonders reizbar-dysphorischer Art) eine gewichtige Rolle.

Störung der Denkfähigkeit, des Einfalls- und Ideenreichtums, der Interessen, der Auffassung, des Abstraktions-, Kombinations- und Urteilsvermögens, des sinngemäßen Wollens und Tuns. Störung der Aufmerksamkeit, des sprachlichen und außersprachlichen Verstehens, Mangel an Anpassungsfähigkeit. Da die Intelligenz ein integrierender Bestandteil der Persönlichkeit ist, sind Oligophrenien mit Persönlichkeitsstörungen verbunden:

- mangelnde charakterliche Differenzierung,
- Reifungsstörungen,
- mangelnde Steuerung der Strebungen und Triebe, der Motorik (plump in Bewegung, Mimik, Gestik, Artikulation).

Hinsichtlich der Ursache gliedert man in:

Genetische Oligophrenie

- Genuine Intelligenzminderung ohne faßbaren Körperbefund.
- Intelligenzminderung bei Chromosomenanomalien:
  - autosomal:
    Beispiel: Trisomie 21: Down-Syndrom
  - sex-chromosomal:
    Beispiel: Klinefelter-Syndrom XXY
- Dominant vererbte Intelligenzminderung:
  Beispiel: Tuberöse Sklerose (Epiloia): Schwachsinn, Epilepsie, Adenome
- Rezessiv vererbte Intelligenzminderung:
  - Eiweißstoffwechselstörungen:
    Beispiel: Phenylketonurie: Oligophrenie, Hypotonie der Muskulatur, Hyperkinesen, Choreoathetose

- Lipoidstoffwechelstörungen:
  Beispiel: Tay-Sachs amaurotische Idiotie: Oligophrenie, Muskelschwäche, Amaurose (Blindheit)
- Zuckerstoffwechselstörungen:
  Beispiel: Gargoylismus: Oligophrenie und vielgestaltige Mißbildungen, vor allem des Gesichtsschädels
- Wasser- und Elektrolytstoffwechselstörungen:
  Beispiel: Renaler Diabetes insipidus

Viele verschiedene andere Syndrome, meist mit vielgestaltigen Mißbildungen vergesellschaftet.

Durch frühe Umwelteinflüsse zustandegekommene früherworbene Intelligenzminderung

Intrauterin. Durch Unfälle der Mutter, Schock in der Schwangerschaft, Störung der Plazentadurchblutung usw. Durch Infektionskrankheit (Röteln, Lues, Toxoplasmose). Durch endokrine Störung (z.B. führt Hypothyreose der Mutter zu Kretinismus).

Toxisch. Vergiftung mit verschiedenen Medikamenten, Urämie (z.B. Schwangerschaftstoxikose der Mutter), Rhesusinkompatibilität (führt zu Kernikterus), Strahlenschäden und vieles andere.

Perinatal. Geburtsschäden, Blutung, Hypoxie usw.

Postnatal. Ernährungsschäden, besonders Eiweiß und Vitaminmangel, Infektionskrankheiten, Enzephalitis, Enzephalomeningitis, bei Keuchhusten, Pocken u.v.a. Traumen, Gifte usw.

Demenz

Demenz nennt man das Syndrom eines (plötzlichen oder allmählichen) allgemeinen psychischen Leistungsverlusts infolge einer (diffusen oder vorwiegend das Frontalhirn betreffenden) Großhirnerkrankung. Das Syndrom Demenz betrifft die ganze Persönlichkeit („Wesensveränderung"), alle psychischen Funktionen (nicht nur Gedächtnis und Intellekt) und schließlich immer basalere vitale Funktionen (Wachheit, vegetative Steuerung). Man kann zweckmäßig 3 Stadien unterscheiden (Tab. **14**). Als Ursache kommt das ganze Spektrum der Hirnpathologie in Betracht Tab. **15**). Die Erscheinungsform der Demenz erlaubt meist keine eindeutigen Schlüsse auf die zugrundeliegende Pathologie (dazu Anamnese, neurologischer und internistischer Status, Laboruntersuchungen).

Tabelle **14** Psychopathologie der chronischen Hirnkrankheiten

1. Prodromal-, Initialstadium	2. „Volles" Stadium (mittleres)	3. Finales Stadium
Persönlichkeitsveränderungen (Verhaltensauffälligkeiten gegenüber vorher: Individualnorm)	*Amnestisches Psychosyndrom* (Psychoorganisches Syndrom)	Schwerste Demenz Stupor/Mutismus Coma Vigil Koma
Verlust von feineren sozialen, ethischen, ästhetischen Gefühlen, Rücksicht, Takt, Scham, Pflichtbewußtsein, Rechtsgefühl (Gewissen), Egozentrität, Kleinlichkeit; reduzierte Affektkontrolle	● Gedächtnisverlust ● Denkverarmung, Intelligenzabbau ● Affektveränderung ● Affektlabilität ● Affektinkontinenz ● Affektindifferenz ● Orientierungsstörung ● Demenz	
Stimmung: ● depressiv ● hypochondrisch ● gleichgültig ● reizbar ● euphorisch Erhöhte Ermüdbarkeit Psychomotor. Auffälligkeiten Vigilanzschwankungen	*Occasionell:* Halluzinationen (optisch, taktil) Umgebungs-, Personenverkennung wahnhafte Interpretation Konfabulation Apathie – Erregung intermittierend: ● akuter exogener Reaktionstyp ● Stupor	

Psychosoziale intellektuelle Mangelausbildung

Minderintelligenz durch Fehlen der für die intellektuellen Leistungen notwendigen psychosozialen Grunderfahrung. Intelligenzstörung als Folge von Deprivation (sog. Kaspar-Hauser-Syndrom). Soziale Isolierung, auch Isolierung durch Sinnesfehler, unzulängliche Pflege mit mangelhafter Anregung und Fehlen von Geborgenheit, Verunsicherung und Furcht führen zu einer Einschränkung der Lernmöglichkeiten, zu Mangel an Einsicht und Überschau.

Tabelle **15** Ursachengruppen der Hirnschäden

• *Atrophien (d. i. Hirnschwund):*	
– erworben:	Gifte (z. B. Alkohol), Strangulation, Trauma, Entzündung, Degeneration
– vererbt:	Morbus Pick, Chorea Huntington
• *Gefäßstörungen (Zirkulationsstörungen)*	Ischämie (Mangeldurchblutung), Infarkt (Gewebsnekrose durch Thrombose, Embolie), Blutung (intrazerebral, subarachnoidal), Phlebitis
• *Infektionen:*	
– unspezifisch:	bakteriell (Meningitis, Abszeß, Enzephalitis)
– spezifisch:	z. B. Lues (progressive Paralyse) Virus (z. B. Masern-, Pockenenzephalitis) Slow-Virus (z. B. Jacob-Creutzfeld) AIDS
• *Traumatische Hirnschäden*	(Contusio cerebri, Hirndruck durch Ödem oder Blutung)
• *Tumoren*	Neoplasmen (primär und Metastasen), selten Parasiten (Echinokokken)
• *Toxische Hirnschäden:*	
– exogen:	Alkohol, CO
– endogen:	Urämie, Leberkoma
• *Metabolische Hirnschäden*	z. B. Morbus Wilson (Kupferstoffwechselkrankheit)
• *Chronischer Hirndruck (Hydrozephalus)*	

Intelligenzstörungen bei gestörter Realitätsbeziehung

Wir finden sie etwa beim Autismus infantum oder bei schwer autistischen Schizophrenen. Bei jeder schweren Psychose ist die Intelligenz beeinträchtigt, z.B. bei depressiver Hemmung. Bei Schizophrenen werden eine Reihe von funktionellen temporären Denkstörungen beschrieben, die das intellektuelle Verhalten beeinträchtigen können.

Intelligenzstörungen bei Sinnesdefekten

Bei schwerer angeborener Sinnesbeeinträchtigung (Sehen, Gehör) fehlen wichtige Bedingungen der intellektuellen Entwicklung.

Intelligenzstörungen bei herabgesetzter Vigilanz

Transitorische Minderleistung in Erschöpfung, Müdigkeit, Schläfrigkeit.

Intelligenzstörung aus affektiven Gründen

Man findet sie häufig bei der schweren *Depression* mit allgemeiner Hemmung des Antriebs, der Aufmerksamkeit, Erschwerung des Denkens bis zur völligen Einfallslosigkeit („Pseudodemenz").

In der Temposteigerung, Flüchtigkeit, Oberflächlichkeit der *Manie* kann die intellektuelle Befähigung ungenügend angewandt werden (Kritiklosigkeit).

Die Gegenüberstellung in Tab. **16** soll zur Differenzierung von Demenz und depressiver Pseudodemenz helfen.

Tabelle **16** Differenzierung von Demenz und depressiver Pseudodemenz

Demenz	Depressive Pseudodemenz
• *Anamnese:*	
meist langsamer Beginn	oft akuter, subakuter Beginn
Verlauf: konstant progredient, selten intermittierend	Vorgeschichte ähnlicher Episoden oder Depression
	wechselnd starke Ausfälle
	Diskrepanz zwischen Test-, Untersuchungssituation und Spontanverhalten
• *Psychopathologie:*	
Affekt eher, häufiger	depressiver Affekt
nicht depressiv	Insuffizienzgefühle
evtl. gleichgültig	Angst
labil	Schlaf, Appetit, Gewicht
Verlust der intellektuellen Funktionen	Verlust der Funktionen beklagt
oft nicht bemerkt,	gezeigte Hilflosigkeit
oft nicht beklagt	„kann nicht" – Antworten
	eher als falsche Antworten
• *Tests:*	
vergleichbar schwere Ausfälle in Leistungsprüfungen	wechselnd in Ausprägung, Zeit und bei verschiedenen Aufgaben
zeitlich eher stabil	
• *Labor:*	
EEG meist pathologisch	meist nicht pathologisch
CT meist, aber nicht notwendig pathologisch	kann pathologisch sein – ohne strenge Beziehung zur Klinik

11. Affektivität

Definitionen

Affektivität

- *Synonym:* Emotionalität, Gemüt.

Bezeichnet das gesamte Gefühlsleben (Gemüt) des Menschen nach seinem hervorstechenden Charakter (Qualität der Grundstimmung), seiner Intensität, Ansprechbarkeit, Dauer.

Affektivität in diesem Sinne ist zusammen mit der Grundaktivität persönlichkeitskennzeichnend. In diesem Sinne sagt man z. B., einer sei ein fröhliches Gemüt, ein schwermütiger Mensch usw.

Affekt, Emotion, Gefühl, Stimmung [1]

Ist unser Zumutesein, unsere Gestimmtheit, unmittelbar erfahrene Befindlichkeit, z. B. Freude (wir sind „frohgemut"). Die Umgangssprache bezeichnet ein weites Spektrum von Erfahrungen als Gefühle – und das nicht nur aus Ungenauigkeit, sondern im Wissen um die stimmungshafte Weise allen Erlebens. Jede Erfahrung (auch die scheinbar neutrale) ereignet sich in einer Gestimmtheit. Immer befinden wir uns in einer Stimmung in unserer Welt. Gefühle enthalten wichtige kognitive Erfahrungen, oft zunächst anmutungshaft und noch wenig differenziert (protopathisch).

Folgende Unterscheidungen sind wichtig:

- Lokalisierte Leibwahrnehmungen, -empfindungen, Gefühle („Spüren") stimmen uns ganzheitlich:
  Leibliche Regungen wie Hunger, Durst, Schmerz, Harn-, Stuhldrang, sexuelle Erregung usw. spüren wir nicht nur lokal, sondern erfahren sie in einer ganzheitlichen Stimmung, z. B. der Unruhe, des Dranges usw.

[1] Die künstliche Abtrennung von Affekt als „reaktives" Gefühl ist unnötig. Die Abgrenzung des Affekts von der Emotion nach der Gefühlsintensität und/oder -tiefe ist hinsichtlich der Grenzsetzung unklar.

- Die allgemeinen Leibwahrnehmungen (Gemein-„Gefühle“, Zönästhesie) tragen die Qualität der Stimmung und der Grundaktivität. Sie bestimmen unsere Befindlichkeit.
  Wir fühlen uns lebhaft, voll Tätigkeitsdrang, kräftig, frisch, erregt, beschwingt, wohl, gesund, ruhig, entspannt usw.
  Wir spüren Wärme und Kälte – und sind darin eben schon in je eigener Weise gestimmt.
  Negative Gemein-, Vitalgefühle: wir fühlen uns müde, schlapp, niedergedrückt, herabgestimmt (!), schwach, krank, müde, fiebrig, voller Unrast usw.
- Diese unter Punkt zwei genannten Gemeingefühle sind nicht scharf zu trennen von dem weniger leibbezogenen Zumutesein, von der Erfahrung unserer Befindlichkeit, die unser gesamtes Erleben und Verhalten durchwaltet und bestimmt. Zum Beispiel Freude, Frohmut, Übermut, Schwermut, Mißmut, Ärger, Wut, Gram, Angst usw.
- Wenig strukturierte (protopathische) Erfahrungen unserer selbst und unserer Umwelt können uns zu Ahnungen[2], Vermutungen führen, können ahnungsvolle Stimmungen wecken. Zum Beispiel Argwohn und Mißtrauen: es werde sich Bedrohliches ereignen, man werde hintergangen, „ich fühle mich bedroht“ (vgl. Wahnstimmung).
  Affektive und kognitive Fuktionen korrespondieren im „Normalfall“ (Ciompi 1982), ihr Auseinanderklaffen ist Zeichen einer Pathologie.

Neurophysiologische Grundlagen

Zentrales Nervensystem

Die Intaktheit des gesamten Gehirns ist Voraussetzung für ein normales Spielen der Affektivität. Darüber hinaus gibt es Hinweise dafür, daß der vordere Hirnstamm, der Thalamus und das *limbische System* sowie die frontothalamischen Bahnen von besonderer Bedeutung sind für dieses Erleben.

Man weiß, daß Störungen (Tumor- oder Entzündungsherde) oder auch absichtlich gesetzte Läsionen (Leukotomie) in den genannten Regionen zu Veränderungen der Emotionalität führen: Emotionsleere, Stumpfheit, reduzierte Gefühlsantwort auf Schmerzen usw.

---

[2] Im Volksmund wird auch die Intuition als Gefühl bezeichnet: „mein Gefühl sagt mir, daß…“.

Autonomes Nervensystem (Vegetativum)

Dessen Zentren stehen mit den genannten Hirnregionen (besonders Hypothalamus) in engem Zusammenhang. Jeder Affekt ist in unterschiedlichem Ausmaß – je nach Stärke, Akuität und individueller Reaktionsbereitschaft – von vegetativer (besonders sympathischer) Erregung begleitet, die die körperlichen Begleiterscheinungen der Affekte bestimmt: Schwitzen, Erröten, vermehrte Hautdurchblutung, Herzklopfen, Blutdruckanstieg, -abfall, Hyperventilation, Harndrang, Durchfall usw. Hier ist ein Zugang zu den sog. psychosomatischen Leiden.

In extremen Affekten, heftiger Angst, Panik, Wut usw. können sog. motorische Schablonen (Kretschmer 1953, 1958) in Gang gesetzt werden: phylogenetisch geprägte Verhaltensmuster, z. B. Ohnmacht, Totstellreflex, Bewegungssturm mit Davonrennen oder Gewalttätigkeit.

Endokrines System

In engem Zusammenhang mit den zentralnervösen Vorgängen, mit der Funktion des vegetativen Nervensystems stehen auch *hormonale Veränderungen:* das Endokrinium spielt vor allem bei den Notfallreaktionen (Hypophyse-ACTH, Nebennierenrinde Adrenalin, Schilddrüse usw.) und bei den Trieben eine wesentliche Rolle.

Einteilung der Gefühle

Die hier gebotene Zusammenstellung ist nur eine kleine Übersicht über das Vokabular, das die Vielfalt der Affekte bei weitem nicht deckt.

Zustandsgefühle (Befindlichkeiten, Gestimmtheiten)

Hier führen wir die vorwiegend das *eigene Zumutesein* betreffenden Gefühle an (die aber nur künstlich aus den in der mitweltlichen Bezogenheit des Menschen begründeten Gefühlen herausgegliedert werden können).

- *Leibnah erfahrene Zustandsgefühle (Vitalgefühle):*
  - angenehme: Frische, Spannkraft, Schwung, Wohlbehagen, Leichtigkeit, Beschwingtheit u. v. a.,
  - unangenehme: Abgespanntheit, „Unwohlsein“, Frösteln, Erschöpfungsgefühl, Schlappheit, Schwäche, Krankheitsgefühl, Unrast u. v. a.

- *Weniger leibnah erfahrene Zustandsgefühle:*
  - angenehme: Freude, Frohmut, Beglücktheit, Jubel, Ruhe, Heiterkeit, Zufriedenheit, Zuversicht u. v. a.,
  - unangenehme: Trauer, Kummer, Gram, Furcht, Angst, Unbehagen, Unheimlichkeit, Verzagtheit, Hilflosigkeit, Heimweh, Hoffnungslosigkeit, Zerrissenheit, Verzweiflung, Grauen, Schrecken, Leere, Gereiztheit, Ärger, Zorn, Wut, Neid, Eifersucht usw.
- *Das Selbstwerterleben begleitende Gefühle* (sie sind kaum von den eben genannten zu trennen):
  - bejahende: Kraft, Stolz, Überlegenheit, Sicherheit, Triumph, Eitelkeit, Trotz,
  - verneinende: Insuffizienzgefühle, Scham, Schuld, Reue, Verlegenheit usw.

Zumutesein angesichts des anderen

- *Bejahend:*
  - Liebe, Zuneigung, Vertrauen, Sympathie, Mitleid, Achtung, Interesse, Billigung, Dankbarkeit, Ehrfurcht, Bewunderung, Anbetung.
- *Verneinend:*
  - Haß, Abneigung, Mißtrauen, Verachtung, Feindseligkeit, Spott, Mißfallen, Entrüstung.

Prüfung

Für klinische Zwecke genügt die Information aus der Verhaltensbeobachtung und aus dem Gespräch.

Pathologie der Affektivität

Übersicht:

Einzelbegriffe zur Psychopathologie der Affektivität

In der klinischen Erfahrung verdichten sich einige charakteristische Affektveränderungen:
Ambivalenz
Parathymie (affektive Inadäquatheit)
Affektarmut
Gefühl der Gefühllosigkeit
Affektstarre, -steife

Affekttenazität (Affekthaften)
Affektlabilität
Affektinkontinenz

Einzelne Affektsyndrome

Symptomverbände, bei denen Stimmungsveränderungen im Mittelpunkt stehen, faßt man als Affektsyndrome zusammen:
Depressives Syndrom
Manisches Syndrom
Schizophrenes Affektsyndrom
Angstsyndrom
Dysphorie, dysphorisches Syndrom
Hypochondrisches Syndrom

Überpersönliche Affektreaktionen (Primitivreaktionen)

Dauerhafte posttraumatische Verstimmungen

Einzelbegriffe zur Psychopathologie der Affektivität

Ambivalenz

Ambivalenz (Bleuler 1911) meint das gleichzeitige Bestehen von Ja und Nein, das Nebeneinander von positiven und negativen Gefühlen, Stimmungen, Strebungen, Einstellungen, „Einsichten“. Man hat zu unterscheiden:

Gefühlsambivalenz

Das Nebeneinander von einander widerstrebenden Gefühlen gegenüber demselben Menschen, Gegenstand, Vorstellung oder Erlebnisinhalt.

Beispiel:

Liebe und Haß auf ein und denselben Menschen bestehen gleichzeitig nebeneinander, ohne sich gegenseitig aufzuheben.

Intentionale Ambivalenz und Ambitendenz

Das Nebeneinanderbestehen von Hin- und Widerstrebungen

Beispiel:

Ein Kranker will zugleich essen und nicht essen, dabei kann er in einem stuporartigen Zustand erstarren. Der zum Mund geführte Löffel bleibt auf halbem Wege stehen.

Intellektuelle Ambivalenz

Nebeneinander von Tatsachen und Gegenteil.

Beispiel:

Ein Kranker denkt: Ich bin ein Mensch wie ihr, und ich bin kein Mensch wie ihr. (Verlust der stabilen Ich-Identität).

Vorkommen

- Weithin im normalpsychologischen Bereich. Sie wird vom Gesunden durch Überlegung und Entschluß zu Haltung, Einstellung, Handlung teilweise überwunden. Im religions-psychologischen Bereich ist Ambivalenz ubiquitär: Geister, Götter, Gott werden gleichzeitig geliebt und gefürchtet. Gegenüber einem Ahnengeist, Totem besteht gleichzeitig Furcht und Verehrung.
- Die Ambivalenz gibt es weithin beim Grübeln, bei den Entscheidungsschwierigkeiten, der Ratlosigkeit von Depressiven, auch Zwangskranken, gelegentlich depressiv-manischen Mischzuständen.
- Schwere Ambivalenz findet man bei Schizophrenen. Es ist eine tiefe Zerrissenheit und Uneinheitlichkeit, Gespaltenheit, Inadäquatheit und dann auch vielfach Uneinfühlbarkeit der Gefühle.

Beispiel:

Eine schizophrene Mutter tötet ihr geliebtes Kind. Sie zeigt dann keinerlei Affekte mehr („schaltet ab").

Ambivalenz kann gelegentlich in übertriebener Weise überwunden werden; im Rausch, in der Ekstase, in der Panik, im forcierten manischen „Überspielen" oder auch im Gefühlsabschalten bis zur Depersonalisation (z.B. bei Borderline-Persönlichkeiten, bei Mißbrauchsopfern).

Parathymie (affektive Inadäquatheit)

Die Affekte des Kranken stimmen qualitativ (in ihrer Färbung, Tönung) und quantitativ (Intensität) nicht in einer natürlichen Weise zum Inhalt seines gegenwärtigen Erlebens (vgl. Ich-Bewußtsein): Stimmungsinkongruenz.

Parathymie wird am ehesten bei Schizophrenen beobachtet.

NB: Auch Parathymie ist *kein* nur im Bereich der Pathologie (etwa gar nur bei Schizophrenen) vorfindbares Symptom: Forcierte Heiterkeit („Galgenhumor") zum Überspielen von Angst, Trauer, Verlassenheitsgefühlen ist ein Beispiel für die darin wirksame Psychodynamik.

Beispiele:

Ein Kranker berichtet, er sei in der vergangenen Nacht wieder in der schauerlichsten Weise gefoltert worden, und lacht dazu.

Ein anderer empfindet Freude über ein Geschenk, jammert aber dazu (Paramimie).

Ein anderer erzählt im Ton belangloser Alltäglichkeit, seine Eingeweide seien verkohlt.

Ein weiterer Schizophrener berichtet gleichmütig: Er sei inwendig ganz aus Gold und würde jede Nacht der Länge nach zersägt.

Affektarmut

Wir nennen jemanden affektarm, -lahm, -matt, -verödet bei einem Mangel oder Verlust an affektiver Ansprechbarkeit und Schwingungsfähigkeit bzw. auch bei emotionaler Indifferenz. Solche Menschen können für andere kein Gefühl aufbringen, sie erscheinen gemütskalt, gemütsarm, gemütslos, lieblos, gleichgültig, teilnahmslos oder auch manchmal wurstig, brutal, kaltherzig.

Die Gefühlsarmut kann sich auch auf die Selbstwertgefühle erstrecken: solche Menschen sind unfähig, Schuldgefühle, Reue, Scham, auch Stolz und ähnliches zu empfinden.

Vorkommen

- Bei sog. a- und antisozialen Persönlichkeiten,
- beim hirnorganischen Psychosyndrom (z.B. posttraumatisch oder alkoholisch),
- als sekundäre Entwicklung bei Süchtigen (z.B. Alkoholikern, Polytoxikomanien),
- affektive Verarmung gibt es auch manchmal als Restsymptom nach schizophrenen Erkrankungen (sog. Negativsymptomatik);
  Patienten unter Neuroleptika, auch unter Lithium, klagen öfter über einen Mangel an affektiver Ansprechbarkeit und Gefühlsbewegung.

Gefühl der Gefühllosigkeit

Manche Depressive klagen über eine Gemütsleere und -verödung, ihre Gefühle seien abgestorben; sie können nicht nur keine Freude, keine Liebe, auch keine Trauer mehr empfinden. Meist kombiniert mit starker Herabsetzung der Vitalgefühle.

Anhedonie. Freud-, Lustlosigkeit, z.T. auch Genußunfähigkeit. Es wird in Zusammenhang mit dem depressiven Darniederliegen aller positiven Gefühle, mit dem schizophrenen Negativsyndrom, mit Posttraumatic stress disorder genannt.

Hier kann man auch den Verlust religiöser Gefühle, des Getragenseins und Sichaufgehobenfühlens im Glaubensleben bei Depressiven nennen.

Beispiel:

Ich bin inwendig ganz abgestorben, ich kann überhaupt nicht mehr fühlen, in mir ist es tot und leer, ich kann mich über nichts freuen, über nichts mehr traurig sein, es erschüttert mich auch nichts mehr, es ist alles starr und öd, wie versteinert usw.

Vorkommen

- Vorwiegend bei endogen Depressiven,
- Gelegentlich auch als affektives Abschalten, z.B. bei Inzestopfern, welche ein sog. posttraumatisches Psychosyndrom (posttraumatic stress disorder) erleiden; dieses findet man bei Opfern von Ausbeutung, Mißbrauch, Verfolgung, Krieg, Konzentrationslagerhaft, Folter.

Affektstarre, -steife

Verlust der affektiven Modulationsfähigkeit. Der Kranke hat zwar (im Gegensatz zum Affektarmen) bestimmte Affekte, verharrt aber in seinen Stimmungen oder Affekten, unabhängig von der äußeren Situation oder vom Gesprächsgegenstand.

So verharrt er z.B. während eines längeren Gesprächs, in dem verschiedene Themen berührt werden, immer in gleicher gereizter Gehässigkeit oder mißtrauischer Ablehnung.

Vorkommen

- Beim organischen Psychosyndrom,
- bei manchen Schizophrenen und Depressiven,
- gelegentlich bei chronischer gereizter Manie.

Affekttenazität (Affekthaften)

Es ist der Affektsteifigkeit nahe. Ein einmal angestoßener Affekt (meist Wut, Mißmut, Unmut, Gereiztheit) verharrt ungewöhnlich lang, bestimmt ungewöhnlich lang die Stimmung eines Menschen.

Kommt gelegentlich bei Epileptikern, auch bei viskösen (torpiden) Minderbegabten, Persönlichkeiten mit Neigung zu Beleidigtsein, Wut, Trotz, resentimentvoller Anschuldigung anderer vor.

Affektlabilität

Schneller Stimmungswechsel, Vergrößerung der affektiven Ablenkbarkeit. Meistens haben die Affekte dabei nur eine kurze Dauer, unterliegen vielfachen Schwankungen oder wechseln in ihren Vorzeichen.

Beispiel:

Ein Kranker wird im Gespräch sehr angerührt und wehmütig bewegt, wenn man ihn nach seinem Zuhause und nach seinen Angehörigen, vielleicht nach seinem Hund fragt. Andererseits kann er in der Erinnerung an Schönes rasch wieder aufblühen und in einen gegenteiligen Affekt geraten.

Vorkommen

- Beim organischen Psychosyndrom,
- habituell bei psycholabilen, sog. emotional instabilen Menschen: bei erregbaren Persönlichkeiten besteht eine besondere Labilität in Richtung Explosivität und Aggressivität,
- bei manisch-depressiven Mischzuständen.

Affektinkontinenz

Mangelnde Affektsteuerung, indem Affekte übermäßig rasch anspringen, eine übermäßige Stärke haben und nicht beherrscht werden können.

Beispiel:

Ein senil Dementer, den man nach dem Namen seiner Frau fragt, beginnt bitterlich zu weinen.

Vorkommen

- Beim organischen Psychosyndrom,
- bei psycholabilen, emotional unstabilen Menschen.

- *Divide:* Das rasche und übermäßige Einschießen von Lachen und Weinen bei Affektinkontinenz ist zu unterscheiden vom sog. *pathologischen Lachen und Weinen* (ältere Bezeichnung: Zwangslachen und Zwangsweinen), das bei manchen Hirnkranken (z.B. postenzephalitisches Parkinson-Syndrom) beobachtet werden kann. Dabei kommt es nur zu der Mimik des Lachens und Weinens, nicht hingegen zum begleitenden Affekt.

Einzelne Affektsyndrome

Depressives Syndrom

Affekt

- Traurigkeit, Schwermut,
- Lust- und Freudelosigkeit,
- Gefühl der Gefühllosigkeit (keine Gefühle mehr aufbringen zu können),
- Leere oder Versteinerung,
- schwere Last, vitales Darniederliegen, Niedergedrücktsein
- Verzagtsein. Hoffnungslosigkeit, Pessimismus, Verzweiflung,
- Schuldgefühl,
- Angst,
- Selbstunwert- und Kleinheitsgefühle,
- Suizidwünsche.

Hypochondrie

Dabei besteht die Befürchtung, die Vermutung, der Verdacht, krank zu sein. Die leiblichen Regungen werden in gesteigerter Aufmerksamkeit ängstlich-sorgenvoll beobachtet und vielfach überbewertet.

Denken

Gedankenkreisen, Grübeln („Sinnieren"), auch Grübelzwang, Einfallslosigkeit, Gedankenleere, -armut, Denkunfähigkeit, -hemmung, Entscheidungsunfähigkeit und Entschlußlosigkeit, Willensunfähigkeit.

Depersonalisation

Siehe S. 84.

Derealisation

Siehe S. 84.

Zeiterleben

Siehe S. 130. Die Zeit geht sehr langsam oder steht gar still, kann aber auch vorbei(!)-rasen.

Wahn

Die depressive Stimmung bestimmt das Erleben, führt zur wahnhaften Befürchung/Überzeugung (synthymer, stimmungskongruenter Wahn) von:

- Leiblicher Krankheit, Verfall, Untergang (hypochondrischer Wahn, Untergangswahn).

  Beispiel:

  „Ich verfaule, ich verrotte, ich bin innerlich schon ganz zerfallen."

Dies kann sich ausdehen bis zum *nihilistischen Wahn:* „Ich bin gar nicht mehr."

- Schuld, Versündigung, Verdammnis: Schuldwahn. Die Schuld kann sich auf Gesetzesübertretung („Weltliches") oder auf Moralisches oder Religiöses beziehen.
- Wirtschaftlicher Niedergang, Verarmung, Verarmungswahn: „Ich habe nichts mehr ... ich muß verhungern ..."

Wahrnehmung

Alles wird grau, fahl, öde, unlebendig. Der Kranke selbst fühlt sich unlebendig und unwirklich (Depersonalisation), und auch die Umwelt kann ihm so erscheinen (Derealisation). Diese intensitative Herabsetzung der Wahrnehmungserlebnisse kann alle Sinnesgebiete betreffen.

Halluzinationen

Bei schwerer Melancholie gibt es gelegentlich optische Halluzinationen (vielfach vom Charakter von Pseudohalluzinationen): Es werden Schattengestalten vom Tod, vom Teufel, von einem Skelett gesehen.

Nicht so selten trifft man auch Geruchshalluzinationen: „Ich stinke." „Ich rieche nach Fäulnis, Aas, Eiter." „Es riecht nach Friedhof und Leichenhaus." Selten gibt es akustische Halluzinationen, z.B. Stimmen, die eine Schuld anklagen, Sterbeglocken läuten.

Motorik

Einerseits motorische Hemmungen mit Verlangsamung, Versteinerung bis zum Stupor mit Mutismus. Oder die Kranken sind agitiert, erregt, von ständiger Unruhe geplagt, laufen auf und ab, kratzen sich und jammern stereotyp. Gehemmte und agitierte Depression.

Leibliche Symptome

Sie entsprechen dem vitalen Darniederliegen: Schwung- und Antriebslosigkeit, Müdigkeit, Schlappheit, Kraftlosigkeit, Schlafstörungen, Appetitmangel, Reduktion des Speichelflusses mit trockenem Mund, Obstipation. Gewichtsverlust. Die Kranken sehen auch älter aus, der Tonus der Haut läßt nach. Das Haar wird trocken und struppig.

Verlust der Libido. Die Menses sistieren.

Leibbeschwerden

Kopf-, Nacken-, Glieder- und Rückenschmerzen, Globusgefühl im Hals. Druck auf der Brust, Schmerzen in der Herzgegend. Schwere Atmung, Seufzeratmung, Druck im Bauch, Völlegefühl, Gefühl des aufgetriebenen Leibes u. v. a.

Vorkommen

- Depression bei Affektkrankheiten (monopolar und bipolar),
- Depression bei Schizophrenie und schizoaffektiven Psychosen,
- organische Depression bei zerebralen Strukturveränderungen,
- symptomatische Depression als Begleiterscheinung bei verschiedenen körperlichen Erkrankungen, einschließlich Stoffwechselveränderungen und pharmakogener Depression (Reserpin, Phenothiazine
- Depressivität als dauerhafte Wesensart (Persönlichkeit),
- Depression bei posttraumatischen Störungen,
- psychoreaktive Depression (depressive Erlebnisreaktion) als unmittelbare Reaktion auf eine schmerzliche Lebenserfahrung (abnorme Trauerreaktion).

Manisches Syndrom

Affekt

Heiter-euphorische Grundstimmung. Gefühl von Kraft, Schwung und großer Leistungsfähigkeit, Selbstvertrauen, Unternehmungsgeist, übermäßiges, phantastisches Pläneschmieden (bei Fehlen jeder kritischen Bedenklichkeit). Zuversicht, Optimismus. Leichtfertigkeit: mangelnde Ernstwertung der Situation, des eigenen Verhaltens hinsichtlich der Belästigung anderer, der Selbstschädigung (ökonomisch, Ruf, Ansehen). Krankheitsgefühl und Krankheitseinsicht fehlen meist.

Eine Variante der Manie ist die gereizt-dysphorische Form.

Interpersonelles Verhalten

Vermehrte Extraversion, Distanzlosigkeit, Aufdringlichkeit (z.B. in erotischen Anträgen), mangelnde Achtung anderer (Respektlosigkeit, Frechheiten, Beleidigungen, Herabsetzungen), vermehrtes Geselligkeitsbedürfnis (u.U. mit großen Einladungen, auch an Fremde, Verschuldung).

Denken

Einfallsreichtum, Assoziationsreichtum, viele Pläne, Gedanken-(Ideen-) flucht.

Motorik

Antriebssteigerung mit vermehrter Umtriebigkeit und Tätigkeit, vom Bewegungsbedürfnis bis zur manischen Erregung und Tobsucht.

Wahrnehmung

Manchmal Steigerung der Wahrnehmungsintensität: Wahrnehmungserlebnisse werden lebhafter und eindringlicher empfunden.

Wahn

Im ganzen selten. Manchmal expansiver Größenwahn und Selbstüberheblichkeit. Gelegentlich kommt es zu einem sekundären Wahn des Beobachtet-, Beraubtwerdens.

Vorkommen

- Endogene Manie im Rahmen des manisch-depressiven Krankseins. Ob es eine monopolare endogene Manie gibt, ist nicht gesichert.
- Manische Syndrome bei schizoaffektiven Mischpsychosen.
- Manisches Syndrom bei Schizophrenen.
- Manische Syndrome bei Hirnkrankheiten (z.B. progressive Paralyse oder bei allgemein körperlichen Erkrankungen (z.B. gibt es manische Syndrome, die den akuten exogenen Reaktionstyp begleiten).
- Manische Syndrome bei Neurosen und auf psychoreaktiver Grundlage sind im ganzen selten. Manchmal gibt es aber bei stimmungslabilen Menschen einen temporären Umschlag in eine manische Überbetriebsamkeit.

Schizophrenes Affektsyndrom

Dem uneinheitlichen Selbstgefühl der Schizophrenen entsprechen uneinheitliche und sehr vielfältige Affekte. Es gibt keine einheitliche, gar spezifische schizophrene Affektstörung!

Viele Schizophrene sind einfühlbar traurig, bedrückt, bekümmert, ängstlich, unsicher, ratlos. Sie fühlen sich verloren, ausgesetzt, verzweifelt, ohnmächtig ausgeliefert. Angst in allen Formen und Schweregraden kommt häufig vor. Schwere Angst vermindert die Zugänglichkeit für andere Perspektiven, für Zuwendung und Trost. Wahnkranke sind vielfach argwöhnisch, mißtrauisch, manche mißmutig (moros), gereizt (dysphorisch), feindselig (hostil), abweisend, unzugänglich oder angriffig. Manche versinken in einen Bewußtseinseigenraum, in dem sie dem Versuch der Einfühlung (Empathie) entrückt sind. Manche sind in Ekstasen, Bannungserlebnissen, Faszination durch Halluzinationen entrückt, versunken, verloren, unerreichbar. Dies besonders in akuten traumartigen (oneiroiden) Bewußtseinszuständen. Manche, besonders Megalomane, sind maniform verzückt oder erhoben über die Niederungen der schmerzlichen Alltagsrealität. Manche überspielen clownesk ihre Trauer und Verzweiflung. Andere kapseln sich in einem gezierten, manierierten, gespielten Gehabe ab, welches unecht, gemacht wirkt und leicht als „hysterisch" verkannt wird.

Der Widersprüchlichkeit der Affekte nennt man Ambivalenz: ein Alternieren oder Fluktuieren von Angst/Glück, Haß/Liebe, Verzweiflung/Erhobenheit, Ohnmacht/Allmacht.

Manche chronisch Schizophrene, besonders in forderungsarmem Anstaltsmilieu, wirken äußerlich für den, der sie wenig und nicht näher kennt, affektlos, wie abgestumpft, gleichgültig, gefühllos, unberührbar, verödet, verflacht. Es ist zu vermuten, daß das zumindest teilweise sekundärer Natur ist, teils als Abschirmung gegen andere Menschen, teils als Resignation, hoffnungslose Apathie zu deuten. Siehe sog. Negativsymptome der Schizophrenie (Andreasen 1990) und Apathiesyndrom (Mundt 1985).

Die Parathymie ist nicht häufig, in deutlicher Ausprägung aber eindrücklich: die Kranken klagen verbal z. B. über grauenhafte Körpermißempfindungen (sog. zönästhetische Halluzinationen) und lachen dazu. Manchmal kann der mimische Affektausdruck die Dissoziation spiegeln: ein Teil des Gesichts gibt von Angst, Schmerz, Qual Kunde, während z. B. die Mundpartie ein Grinsen zeigt (Paramimie).

Der gespannte Affekt: Die Kranken sind dann in einem Zustand erhöhten Aufmerkens, der Erwartung, der Erregung und Bereitschaft. Ein *gespannter* Kranker erregt im Untersucher das Gefühl, er könne jederzeit in irgendeiner auffälligen Weise reagieren, zum Angriff übergehen, gefährlich werden, darauflos schimpfen, fliehen usw. (spürbare Angriffstendenz).

Angstsyndrom

Stimmung

Einengung, Unsicherheit, Beunruhigung, des Ausgesetztseins, in die Enge-getrieben-seins, des Atem-Benommen-seins, Abgewürgt-seins, der Furcht, der Sorge um die Gesundheit des Leibes (Hypochondrie), des Gewissens (Schuld), der Existenz, „Lebensangst" usw. (Überschneidungen mit dem depressiven Syndrom, an dem in irgendeiner Art auch immer Angst beteiligt ist.)

Antrieb

Spannung, Unruhe, Erregung, Panik, Erstarren.

Bewußtsein, Wahrnehmung, Denken

Einschränkung der Besonnenheit, der Übersicht, der Fähigkeit zu überlegen. Wahrnehmungsfeld eingeengt. Der Geängstigte ist vermindert oder gar nicht mehr zugänglich für Zuspruch, Trost, Beruhigungsversuche, Perspektiven- und Proportionsrelativierung.

Leibsymptome

Kopfdruck, Herzklopfen, zugeschnürter Hals, Herzschmerzen (Dyskardien), Zittern, Schwindel, Atemstörungen, Impotenz, Frigidität.

„Vegetative" Symptome

Sympathikuserregung: weite Pupillen, Puls- und Blutdruckanstieg, Mundtrockenheit, Schwitzen, erhöhter Muskeltonus.

Parasympathikuserregung

Übelkeit, Erbrechen, Harndrang, Durchfall.

Das Angstsyndrom ist ein Verhaltensgrundmuster, ist aber individuell sehr verschieden ausgeprägt.

Vorkommen

- *Allgemeinmenschlich:* Angst vor tatsächlich gefährlichen Situationen (Realangst), Krankheiten des Herzens, der Lunge usw. Angst aber auch als Zweifel, philosophischer und religiöser Zweifel.
- Die sog. *neurotischen Ängste* werden heute differenziert in:
  - Inhaltlich festgelegte Ängste vor bestimmten Situationen, angesichts bestimmter Gegenstände (welche nach der Allgemeinerfahrung nicht oder kaum gefährlich sind). Dazu rechnet man die Agoraphobie (Platzangst), die Sozialphobie (Gruppen-, Publikums-, Öffentlichkeitsangst) und isolierte Phobien (S. 302).
  - Frei auftauchende Ängste in der Form von Panikattacken: ohne Anlaß, nichtreaktiv einschießende kurzdauernde heftige Angstattacken mit Untergangsangst und starker vegetativer Erregung.
  - Generalisierte Angst (Angstneurose i. S. v. Freud 1894).
- Angst bei sog. *endogenen Psychosen* hat eine viel tiefere Wurzel: es geht um das Erhaltenbleiben des Lebens (Devitalisierung), um Ich-Aktivität, -Konsistenz, -Demarkation, -Identität (s. Ich-Bewußtsein).
- Angst bei *psychischen Störungen im Zusammenhang mit Körperkrankheiten*, akut (z. B. Delir, Alkoholhalluzinose) und chronisch (Demenz). Vielfach auch bei Stoffwechselkrankheiten und endokrinen Störungen: Hypoglykämie, Hyperthyreose, Phäochromozytom u. a.

Dysphorie, dysphorisches Syndrom

- Mißmutig, mürrisch, gereizt, ärgerlich, „vergrämt", „verbissen", „verbohrte Wut", Unmut, Groll. Manchmal mißtrauisch-feindselig: moros, hostil.
- Empfindlich gegen jeden Reiz (Lärm, Angesprochenwerden usw.). Vielfach verbissen pessimistisch, „griesgrämig", schwarzseherisch und schwarzmalerisch.
- Manchmal schimpferisch, aufbrausend, „giftig", nörgelnd, kleinlich kritisierend, zuweilen polternd, drohend, angriffig, gewalttätig.
- Anklagen gegen andere eher als Selbstanklagen. Stumpf-brütender Rückzug mit gelegentlichen gereizten Durchbrüchen oder mehr Erregung mit Aggressionen, gelegentlich impulsives Weglaufen (Poriomanie), Sich-Einsperren, Schimpfparoxysmen, Gewalttätigkeit (sinnloses Zertrümmern).

Vorkommen

- Alltagsverstimmungen bei Aufregung, in Konflikten im privaten Beziehungsbereich oder Beruf, Anspannung,
- als morose Variante der depressiven Verstimmung prämenstruell,
- als dauerhafte Persönlichkeitsart (Raufbolde, mißmutige Einzelgänger, Querulanten),
- unter Drogeneinfluß, z. B. im Alkoholrausch, unter Amphetaminen,
- bei diffusen oder mehr lokal akzentuierten Hirnkrankheiten (z. B. Arteriosclerosis cerebri; Schädeltrauma),
- bei Epileptikern als spontane oder reaktive Verstimmung,
- bei Oligophrenen,
- als Variante depressiver Verstimmungen verschiedenster nosologischer Art.
- bei Schizophrenen mit Verfolgungs-, Beeinträchtigungsgefühlen, Halluzinationen („Plagerei").

Hypochondrisches Syndrom

Hypochondrie ist die „objektiv" ungenügend begründete Befürchtung, Vermutung, der Verdacht, krank zu sein oder zu werden (Nosophobie). Der Hypochonder hat das Vertrauen in die Selbstverständlichkeit seines Funktionierens verloren. Er ist in seiner Gesund-Befindlichkeit verunsichert, beobachtet sich selbst ängstlich und bewertet seine leiblichen Regungen übermäßig.

Der Hypochonder findet in mannigfachen Mißempfindungen und Schmerzen eine ständig mahnende Erneuerung seiner Sorgen.

Hypochondrie geht oft mit einer der vielfältigen depressiven Stimmungsveränderungen einher und ist dann Teil des umfassenderen depressiven Syndroms (s. dort). Im Rahmen des depressiven Syndroms verschiedener nosologischer Zugehörigkeit kann sich die hypochondrische Untergangs- und Krankheitsangst auch mit Selbstmordimpulsen verbinden.

Hypochondrischer Wahn

Wenn die Besorgnis des Hypochonders sich zur wahnhaften Überzeugung, zur Wahngewißheit steigert, schwer, unheilbar krank, einem Siechtum, dem Tod geweiht zu sein, dann nennt man das hypochondrischer Wahn (s. Kap. Wahn).

Hypochondrische Inhalte

Grundsätzlich jede Art von leiblicher oder seelischer Erkrankung. Besonders häufig findet man: Angst, einen Tumor zu haben, an Leukämie, an multipler Sklerose, an Syphilis, AIDS, an „Auszehrung", an einem Herzleiden zugrunde zu gehen. Manchmal trifft man die Angst, geisteskrank zu werden (die auch als wohlbegründete Furcht im Beginn von Schizophrenien gesehen werden kann: Desintegrationsängste).

Der Inhalt der Befürchtung kann familiär naheliegen (z.B. Krebserkrankung, -tod eines Verwandten) oder auch gesellschaftlich geprägt sein (z.B. Erkrankung eines „Prominenten"). Eine transkulturelle Besonderheit hypochondrischer Befürchtungen wird in Südostasien beobachtet: die wahnhafte Befürchtung, der Penis schrumpfe und verschwinde.

Vorkommen

- Bei *endogener Depression.* Dort kann Hypochondrie das dominierende Syndrom sein. Es kann sich mit all den übrigen Symptomen in mannigfacher Weise verbinden, besonders mit Zwängen und Phobien, mit Schuld- und Verarmungsgefühl. Es gibt auch expansive Ausdehnungen wahnhafter Hypochondrien: der Kranke wähnt sich selbst so morbid, so faulig, verwesend, giftig, daß die ganze Welt, die Mitpatienten der Klinik usw. durch ihn geschädigt werden und durch die Berührung mit ihm zugrunde gehen müssen.
- Bei *Schizophrenen* kommt Hypochondrie mit lokalisierten leiblichen Mißempfindungen (Leibhalluzinationen) oder mit Störungen der gesamtleiblichen Empfindungen (Gemeingefühle oder zönästhetische Gefühle) vor. Zerfall, Untergang, Krankheit des Leibs ist dabei Ausdruck der Störung, der Bedrohung des Ich-Erlebens (s. dort). Dabei werden die Beschwerden nicht immer als außenbestimmt und von anderen gemacht erfahren.
- Bei chronischen *körperlich begründeten Psychosen* kann zusammen mit einem psychoorganischen Syndrom ein hypochondrisches Syndrom vorgefunden werden.
- Hypochondrie bei *neurotischen Leiden und Persönlichkeitsart* ist Ausdruck einer Schwäche der Lebens-, Welt-, Beziehungsbewältigung. Hypochondrie findet sich bei allgemein unsicheren, ängstlichen, anankastischen Menschen häufig, besonders auch um die Zeit der Pubertät und dann wieder im beginnenden Alter, gelegentlich auch als lebenslange Dauerhaltung. Sie kombiniert sich dann oft mit Zwängen, mit Phobien, mit depressiv-ängstlichen Verstimmun-

gen und führt zu einem monoideistisch eingeengten Lebensstil.
Gelegentlich kann neurotische Hypochondrie auch telephren sein (zweckgerichtet, um des Krankheitsgewinns willen): um den Anforderungen des Lebens (beruflich, privat) zu entgehen, manchmal auch, um mit seinem Leiden Mitleid zu erregen oder die Familie zu beherrschen.
Zu den neurotischen Hypochondrien gehören auch die organbezogenen Phobien, wie z.B. die Herzphobien.
Hier besteht eine Beziehung zur *Schmerzkrankheit*: An einer bestimmten gleichbleibenden Stelle des Körpers oder ständig wechselnd lokalisiert oder auch überall („alles tut weh"), oft qualitativ und intensitativ recht vielfältige Schmerzen ohne erkennbare Ursache. Dann fixieren sich solche Menschen auf ihren Schmerz, Ursachensuche, Behandlungsversuche, Klagen, Selbstmitleid.

Überpersönliche Affektreaktionen (Primitivreaktionen)

Dazu rechnet man die bei starkem Affekt auftretenden sog. *affektiven Ausnahmezustände,* Dämmerzustände, Verwirrtheiten, Bewußtseinstrübungen sowie explosive *Wutreaktionen* (Raptus) mit körperlichen (motorischen und vegetativen) Begleiterscheinungen, auch *Emotionsstupor:* ein Abschalten in starkem Affekt, Wut, Trauer, in der Katastrophenreaktion (Totstellreflex und Bewegungssturm).

Bei diesen überpersönlichen Affektreaktionen (Kretschmer 1958, 1971) ist die affektive Überwältigung so stark, daß es kaum mehr zu einer individuellen Prägung der Reaktion durch die Persönlichkeit kommt.

Dauerhafte posttraumatische Verstimmungen

Emotionale Veränderungen als Charakterveränderungen können sich unter langdauerndem emotionalem Druck entwickeln: Verbitterung, Mißtrauen, Querulanz, chronische Insuffizienzgefühle und Ressentiment, Depressivität, Ängstlichkeit.

Man findet solche Entwicklungen z.B. nach sehr schwer drückenden Erlebnissen (z.B. Konzentrationslager), nach nicht überwundenen Kränkungen (im persönlichen und beruflichen Bereich). Auch nach Ausbeutung, Mißhandlung, Inzest, Folter, Vergewaltigung, Vertreibung, Kriegserlebnissen. Sie bilden den Kern der „posttraumatic stress disorder".

12. Wahrnehmung

Definition

Kenntnisnahme von sinnlichen („sinnesfälligen") Gegebenheiten unserer Welt, der Umwelt und des eigenleiblichen Bereichs.

Funktion

Wahrnehmung und Auffassung sind die (künstlich getrennten) kognitiven Stufen der Erfahrung unserer Welt. Die Abgrenzung von Sinnesempfindungen, die gleichsam Bausteine der Wahrnehmung seien, ist ein Relikt aus der alten Elementenpsychologie und heute durch die Gestalt- und Ganzheitspsychologie überholt.

Die Wahrnehmung ist nach der Lehre der Gestaltpsychologie ein Prozeß fortschreitender Differenzierung und Strukturierung. Die Aktualgenese der Wahrnehmung (die gleichsam eine Wiederholung der Ontogenese der Perzeption ist) schreitet vom diffusen, unstrukturierten Ganzheitlichen (Globalen) zu strukturierten Gestalten (von der Protopathik zur Epikritik) (s. dazu Metzger 1966; zur Entwicklungsgeschichte s. Piaget u. Inhelder 1971).

Grundlagen, Komponenten und Determinanten

Sinnesorgane und Gehirn

Sie ermöglichen das Bemerken (Registrieren) von wahrnehmbaren Gegebenheiten: Sehen, Hören, Riechen, Schmecken, Tasten. Die mannigfaltigen Körperempfindungen sind unterschiedlich differenziert hinsichtlich der Diskriminationsfähigkeit (*epikritische*, d.i. qualitativ, quantitativ und lokalisatorisch differenzierende Sensibilität, *protopathische*, d.i. relativ weniger strukturierte Sensibilität: Wärme, Schmerz usw.): Tastsinn, Druckempfindung, Wärme-, Kältesinn, Vibrations-, Lage- und Bewegungssinn, Gleichgewichtssinn.

Die anatomisch-physiologischen Voraussetzungen sind das Sinnesorgan (Rezeptor), der Nerv (Reizleitung) und bestimmte Gehirnstrukturen (primäre Projektionsfelder im Großhirn). Die Erregung der primären Projektionsfelder (wobei es gleichgültig ist, ob diese Erregung adäquat, d.h. über die spezifischen zugehörigen Sinneskanäle, oder inadäquat, z.B. durch direkte elektrische Reizung, zustande kommt) kann im EEG als „evoziertes Potential" nachgewiesen werden.

Allgemeinpsychologische Vorgänge

Gegenstandscharakter

Im Vergegenwärtigen einer Gegebenheit wird uns die Wahrnehmung bewußt. Die Gegebenheit erscheint uns mit Gegenstandscharakter (d.i. Leibhaftigkeits-, Objektivitätscharakter, Gegenstandsbewußtsein im Sinne von Jaspers 1959).

Realitätsurteil

Unser Bewußtsein fällt über das Wahrgenommene ein Realitätsurteil (wirklich oder nicht). Dieses ist wie eine Stellungnahme (S. 117).

Der Unterschied zwischen Gegenstandsbewußtsein und Realitätsurteil wird klar am Beispiel der Fata Morgana: Man sieht einen See leibhaftig (als Objekt, also mit Gegenstandscharakter), aber man urteilt dann, daß dieser See nicht wirklich ist (Realitätsurteil). Dieses Urteil ist für die Differenzierung von Halluzination und Pseudohalluzination (wahrnehmungsähnliche Erfahrung mit dem Urteil: nicht wirklich vorhanden) wichtig.

Gestaltpsychologische Vorgänge

Jedes Wahrgenommene wird in einen strukturierten Zusammenhang gestellt. Wir nehmen im Prozeß der Aktualgenese strukturierte Gestalten und Ganzheiten wahr. Der Teil erhält seine Bedeutung und seinen Sinn in dem Zusammenhang durch die Feldwirkung des Ganzen, das mehr ist als die Summe der Teile (s. Gestaltspsychologie). Wir neigen dazu, unvollständige Gestalten zu „ergänzen", undeutliche zu verdeutlichen (Prägnanztendenz).

Bedeutungsgehalt

Die Gestalt des Wahrgenommenen hat eine situativ und lebensgeschichtlich bestimmte *Bedeutung* für uns und damit auch eine affektive Resonanz (Zusammengehörigkeit von kognitivem und affektivem Bereich). Wir haben das Wahrgenommene (mehr oder weniger deutlich) in einer bestimmten Bedeutung vor uns: Bedeutungsbewußtsein.

Persönliche, soziale, situative Einflüsse auf die Wahrnehmung

Zustand des Wahrnehmenden

Seine Stimmung (Erwartung), seine Affektlage (z.B. Angst), seine Motivation (Bedürfnis) bestimmen unsere Wahrnehmung wesentlich mit („wir sehen, was wir erwarten").

Lebenserfahrung

Die bisherige Lebenserfahrung des Wahrnehmenden (Prägungs- und Lernvorgänge) bestimmt die Wahrnehmung mit. Das Gedächtnis ermöglicht das zentrale Einordnen, Vergleichen, Gewichten usw.

Soziale Faktoren

Die „Gruppennorm" und die „Gruppenkohäsion" bestimmen den Wahrnehmungscharakter mit (Beziehung zu den Suggestionsphänomenen).

Beispiel:

Verschüttete Bergleute sind durch die gemeinsame Gefahr zu einer eng verbundenen Gruppe zusammengeschmiedet (Gruppenkohäsion). Die dominierende Erwartung der Gruppe (Gruppennorm) ist auf die Rettung gerichtet. Diese Erwartungshaltung kann bestimmen, daß irgendwelche Geräusche für Klopfzeichen gehalten (illusionäre Verkennung) oder daß solche halluziniert werden. Die Mitteilung einer solchen Wahrnehmung an die anderen kann diese zu gleichartigen Erfahrungen bringen (Suggestion).

Verhältnis der Wahrnehmung zur Realität

Real ist (in operationaler Definition) Wahrnehmbares, über das sich Gesunde unvoreingenommen zwanglos einigen können. Die Wahrnehmung ist ein Kompromiß zwischen faktischer (objektiver) Information und subjektiver (persönlichkeitseigener) Anschauungsweise. „Reine" Realitätsauffassung gibt es für den Menschen nicht. Das Extrem ist eine autistisch-dereelle Weltauffassung im Wahn und in den Halluzinationen.

Beziehung von Wahrnehmung und Stimmung

Je schärfer umrissen und strukturiert ein Wahrnehmbares sich zeigt und je neutraler die Affektlage des Wahrnehmenden ist, um so eindeutiger ist die Wahrnehmung: sie ist sachlich, d.h. sie trifft die Sache bestmöglich. Je stärker die Affekte (Motive usw.), je mehrdeutiger die Gestaltsdarbietung, um so mehr Möglichkeiten für den Einfluß der Stimmung auf die Wahrnehmung.

Es scheint ein komplementäres Verhältnis zu bestehen zwischen der Afferenz (dem In-Erscheinung-treten eines sinnlich Aufnehmbaren) und der Stimmung. Die Bedeutung einer Sache kann ganz überwiegend die Stimmung bestimmen. Je überwältigender sie ist, um so mehr. Andererseits kann die Stimmung unsere Wahrnehmung weitgehend bestimmen. Im Alltag, wo auch affektiv relativ neutrale Dinge rezipiert werden, besteht ein ausgewogenes Verhältnis, d.h. die Realitätskontrolle gelingt.

Bedeutung und Stimmung

Die Bedeutung, die wir im Wahrnehmen einer Sache erfahren, bestimmt die Stimmung, d.h. sie stimmt den Wahrnehmenden, abhängig von seiner Stimmbarkeit, die in seinem Wesen und in seiner Situation begründet ist.

Beispiel:

Die Wahrnehmung eines nahenden Gewitters im Gebirge wird im Ängstlichen (Angstbereiten) eher Furcht erregen. Ausgesetzt und bedroht von Gewitter und Bergsturz ist die Stimmbarkeit auf Angst (die Angstbereitschaft) größer als in der Geborgenheit einer Schutzhütte.

Stimmung bestimmt Wahrnehmung

Andererseits bestimmt die Gestimmtheit ganz wesentlich unsere Wahrnehmung: die Stimmung bestimmt unsere Weltauffassung. Je stärker die Stimmung bestimmend ist, um so weniger ist noch eine Realitätskontrolle möglich.

Beispiel aus der Normalpsychologie:

Ein Kind muß allein durch den nächtlichen Wald gehen. In seiner Angst beobachtet es gespannt die Büsche. Diese werden zunächst noch als solche erkannt. In zunehmender Angst sieht das Kind zwar noch den Busch, wähnt aber darin eine drohende Gestalt zu erkennen *(Wahnwahrnehmung).* Im Überhandnehmen der Angst sieht das Kind keinen Busch mehr, sondern „erkennt" eine lauernde Gestalt. Das heißt, die Angst bestimmt eine andere Wahrnehmungsgestalt von anderer Bedeutung: *illusionäre Verkennung.* Wenn das Kind nun in panischem

Schrecken erstarrt oder davonrennt, kann es den Häscher ihm nachrennen sehen, kann die Schritte des Verfolgers hören, nach ihm greifende Arme spüren: es *halluziniert* (optisch, akustisch, taktil) (vgl. Goethes Erlkönig).

Beispiele aus der klinischen Psychiatrie:

- *Depression:* ein schwerst vital darniederliegender Melancholiker nimmt seine Umwelt" weniger lebhaft (!), farbig, klar und deutlich, manchmal wie entfernt wahr. – Ein Depressiver erlebt sich selbst zerfallen und verfault. Und er riecht auch den Verwesungsgeruch, der von ihm ausgeht (s. Geruchshalluzinationen). – Der Mann im Versündigungs- und Verdammungswahn sieht das Skelett des Todes oder die Höllenfeuer oder die höhnisch grinsende Teufelsfratze. *Seine Stimmung bestimmt das Erleben seiner selbst und seiner Welt in den verschiedenen Erfahrungsmodalitäten:* im Grübeln und Phantasieren, im Vorstellen und Wahrnehmen.
- *Schizophrenie:* Ein junger Schizophrener spürt in leiblicher Qual das Zerrissen werden zwischen widerstrebenden Kräften.

Das alles sind sinnliche Erfahrungen mit dem Erlebnischarakter von Wahrnehmungen. Vorstellungen dagegen, auch wenn sie lebhaft und anschaulich sind, haben nicht diesen Charakter eines Sinneserlebnisses. Sie sind ein anderer Erfahrungsmodus.

Prüfung

Wahrnehmungsstörungen werden in der klinischen Psychiatrie erfragt oder aus dem Verhalten erschlossen.

Pathologie

Übersicht:

Ausfall einer Wahrnehmungsfunktion
- Organische Gründe
- Psychische Gründe

Abnormitäten der Wahrnehmung
- Intensitative Abnormitäten der Wahrnehmung
- Veränderte Größen- und Gestaltwahrnehmung
- Qualitative Abnormitäten der Wahrnehmung

Halluzinationen
- Definition
- Einteilung der Halluzinationen
- Den Halluzinationen nahestehende Erfahrungsmodi
- Halluzinationen und Wahn

Ausfall einer Wahrnehmungsfunktion

Organische Gründe

Bei Schäden oder Fehlen eines Sinnesorgans, des afferenten Nervs, bei umgrenzter Schädigung des Großhirns kommt es zum Ausfall der betreffenden Wahrnehmungsfunktion:

- Blindheit (Amaurose),
- Taubheit (Anakusis, Hypakusis, Surditas),
- Geruchslähmung (Anosmie),
- Geschmackslähmung (Ageusie),
- Empfindungslosigkeit (Sensibilitätsstörungen, -ausfall, Hypästhesie, Anästhesie) in den verschiedenen Qualitäten.

Trotz ungestörter Funktion der Sinnesorgane und der afferenten Leitung zum Gehirn gelingt das (optische, akustische, taktile usw). Erkennen nicht, wenn die aktuellen Sinneseindrücke nicht mit dem früher erworbenen Erinnerungsgut zusammengebracht werden können (jedes Erkennen ist ein Wiedererkennen). Diese Wiedererkennensstörungen bei erhaltenem Bewußtsein und ohne erklärende Intelligenzschwäche nennt man *Agnosien.* Sie gehören ins Gebiet der Neuropsychologie und werden hier wegen ihrer differentialdiagnostischen Bedeutung kurz erwähnt.

Optische Agnosie: verschiedene Formen

- *Störung der optisch-räumlichen (geometrischen) Orientierung* in einer konkreten Situation und des optisch-räumlichen Vorstellungsvermögens. Bei parietookzipitalen Läsionen, meist der nicht dominanten Hemisphäre.
  Die Kranken finden sich (trotz erhaltenem Bewußtsein und Intellekt) in der vertrauten Umgebung (Wohnung, Zimmer, Straßenzug) nicht mehr zurecht, können sich nicht mehr ankleiden, weil sie die Raumstruktur der Kleidung nicht mehr erfassen. Sie können den Verlauf einer Straße, die räumliche Anordnung ihres Zimmers nicht mehr beschreiben. Dabei ist das physiognomische Erkennen einzelner Objekte erhalten.
- *Agnosien für Objekte und Personen:* Individuell kennzeichnende optische Merkmale von Gegenständen oder Personen werden nicht mehr erkannt. Bei meist doppelseitigen basalen Okzipitallappenschäden.

Die Patienten können Gegenstände oder Personen nicht mehr erkennen, obwohl sie deren Größe, Form, kategoriale Zuordnung (z.B. Mensch, Tier, Haus) und die räumliche Anordnung erfassen.

- *Farbagnosie:* Die Kranken erkennen nicht mehr den semantischen Gehalt von Farben. Sie erkennen z.B. die Bedeutung von Verkehrslichtern nicht mehr, können Umrißzeichnungen nicht mehr einer Vorlage entsprechend anmalen, können nicht mehr gleiche Farben verschiedener Tönung in zusammengehörige Gruppen ordnen.
- *Agnosie für Schriftzeichen* (sensorische Alexie, Leseunfähigkeit) oder *Zahlen* (Zahlenalexie).

Akustische Agnosie

Die Bedeutung von Worten wird nicht mehr erkannt (Sprachverständnisstörung mit Redestörung, sensorische Aphasie) oder von Geräuschen (z.B. Klirren eines Schlüsselbunds) oder Melodien (sensorische Amusie). Bei Temporallappenschädigungen.

Somatagnosie

Agnosie hinsichtlich der Orientierung am eigenen Körper. Bei Parietallappenschäden.

- *Autotopagnosie:* Unfähigkeit, Teile des eigenen oder fremden Körpers oder von Figuren zu erkennen, zu zeigen und zu benennen (divide Aphasie!).
- *Fingeragnosie:* Die eigenen Finger können nicht mehr unterschieden werden.
- *Rechts-links-Agnosie:* Die Unterscheidung zwischen den beiden Seiten; auch am eigenen Körper, ist beeinträchtigt.

Divide Anosognosie: Nichterkennen, Nichtwahrhabenwollen, Verleugnen eines Funktionsausfalls (z.B. einer Lähmung) am eigenen Körper. Ist eine gnostische Störung, die nicht auf eine umschriebene Hirnläsion zu beziehen ist, sondern die außer diffusen Hirnschäden (mit Demenz) auch eine psychodynamische Grundlage (Abwehr) hat.

Beispiel:

Ein nach einem Schlaganfall halbseitig Gelähmter hat kein Wissen davon, bemerkt nicht, will nicht wahrhaben, daß er eine Körperseite nicht bewegen kann.

Taktile Agnosie (Stereoagnosie, Astereognosie)

Unfähigkeit, durch Abtasten Gegenstände zu erkennen. Komplexe Störung bei Ausfall verschiedener peripherer Sensibilitäten, der Feinmotorik, also nicht auf eine alleinige zentrale Erkennensstörung zu beziehen.

Wahrnehmungsausfall aus psychischen Gründen

Auf traumatisierende Erlebnisse hin kann ein psychogener Wahrnehmungsausfall eintreten: psychogene Blindheit, Taubheit, Geruchs- und Geschmacksausfall, Sensibilitätsstörung. Die zugrunde liegende Motivation für solche psychogenen Störungen ist verschieden: Teilweise haben sie symbolische Bedeutung (nicht sehen wollen, nicht hören wollen), z. T. treten sie im Rahmen von Schreck-, auch Begehrungs- und Rentenneurosen auf. In solchen Fällen kann die Unterscheidung von Simulation und Aggravation schwierig sein.

Abnormitäten der Wahrnehmung

Intensitative Abnormitäten der Wahrnehmung

Intensitätsminderung

Bezüglich der Wahrnehmung heißt das, daß der Wahrnehmungscharakter weniger lebendig und frisch ist als sonst, daß alles fade und grau und öd und farblos, bedeckt, wie in einem Nebel verschleiert u. ä. erscheint. Man sieht solche Intensitätsminderungen der Wahrnehmungen bei schweren Depressionen verschiedener Natur, aber auch bei schwerer allgemeiner Erschöpfung, bei Psychasthenikern und unter höheren Dosen von Neuroleptika. Sie ist meist mit Derealisation (s. dort) verbunden.

Intensitätssteigerung

Für die Wahrnehmung bedeutet das, daß die Wahrnehmungserlebnisse reicher, lebhafter, farbiger sind als sonst. Man findet das gelegentlich bei der Manie, unter Halluzinogenen (LSD, Meskalin, Haschisch) und in den seltenen ekstatischen Ausnahmezuständen.

Veränderte Größen- und Gestaltwahrnehmung

Diese nennt man Metamorphopsie. Sie kann sich auf fremde Dinge beziehen oder auf einen selbst.

Betreffend fremde Dinge

Meist kurz dauernd, (Sekunden – Minuten) veränderte räumliche Wahrnehmung, der Größenproportion und der Gestalt. Verzerrung der

Gestalt (Dysmorphopsie). Größenveränderung (Dysmegalopsie) mit den 2 Möglichkeiten: Kleinersehen (Mikropsie) und Größersehen (Makropsie).

Beispiel:

Es entschwindet in einer epileptischen Aura ein Bild an der Wand in immer weitere Ferne (und wird dabei kleiner).

Die veränderte Gestaltwahrnehmung wird meist bemerkt. Metamorphopsie kann bei Gesunden in der Kindheit, in Übermüdung, im Einschlaferleben, ferner bei Temporallappenepilepsie, Schizophrenie (vor allem initial) und bei akuten organischen Psychosen vorkommen (Halluzinogene). Bei psychogener Dysmegalopsie kann ein symbolischer Gehalt aufgezeigt werden (z.B. sieht eine Mutter mit ambivalenter Einstellung zu ihrem Neugeborenen dessen Kopf kleiner).

Betreffend den eigenen Leib

Heautometamorphopsie betrifft den eigenen Leib oder einzelne Glieder. Beispielsweise scheinen die Füße kilometerweit weg zu sein und doch riesig groß. Kann im Einschlaferleben, bei Ermüdung vorkommen, wird häufig bei Drogenintoxikationen (LSD, Meskalin) gesehen.

In die Nähe dieser Heautometamorphopsie gehört die *Heautoskopie:* dabei wird halluzinatorisch die eigene Gestalt gesehen, wie ein Doppelgänger. Kann bei Gesunden in Übermüdung, beim Einschlafen vorkommen, bei Epileptikern in der Aura und bei manchen Hirntumorkranken und bei verschiedenen Psychosen.

Out-of-body-Experience heißt die Erfahrung, sich selbst (den eigenen Körper) von außerhalb zu sehen, als ob „das Selbst", sehbegabt, den Körper verlassen habe. Als ganz kurz dauernde Erfahrung kommt das gar nicht so selten vor, in der Meditation, beim Jogging z.B. oder sonst in besonderen Bewußtseinszuständen, in Übermüdung, beim Fasten, im Halbschlaf und in luziden Träumen, auch bei Schizophrenen (Blackmore 1986, Kamanitz u. Mitarb. 1989).

Den ganzen Körper betreffende, und zwar ihn für dick und plump und unansehlich haltende negative Einschätzung des eigenen Körperbilds (engl. body image) charakterisiert viele Anorektiker und Bulimiker. Insofern hat deren negative Bewertung („Sicht") des eigenen Körpers (engl. body schema, body image; Körperbild) mit Dysmorphophobie zu tun.

Eine transkulturelle Besonderheit von Männern Südasiens ist die Dysmorphopsie, und zwar Mikropsie betreffend die eigenen Genitalien. In einer Art phobischer Obsession wird das Schrumpfen des Penis

„beobachtet“ und sein Verschwinden im Becken-Bauch-Raum gewähnt. Zur Dysmorphopsie kommt hier die panische Angst vor der Mißgestalt: Dysmorphophobie.

Qualitative Abnormitäten der Wahrnehmung

(Abnorme Wahrnehmungscharaktere i. w. S.)

Derealisation

Die Umgebung erscheint unwirklich, wie verschleiert, fremd und unvertraut. Man kann auch von einer Verminderung des Gegenstandscharakters sprechen. Das Symptom kommt auch bei Gesunden gelegentlich vor. Wir sehen es nicht selten bei körperlich begründbaren Psychosen, bei der Schizophrenie, gelegentlich bei Depressiven und bei manchen Persönlichkeitsstörungen (Borderline-Typ). Kommt meist zusammen mit Depersonalisation vor (S. 84).

Gefühl der ungewöhnlichen Distanz oder Nähe

In der Nähe der Derealisationserlebnisse gehört auch die seltene Wahrnehmungsspaltung (Jaspers 1959). Dabei kommt es zum Gefühl einer ungewöhnlichen Kluft zwischen Wahrnehmungsgegenstand und Wahrnehmendem. Hier bestehen auch Beziehungen zur Depersonalisation: daß nicht nur die Umwelt fremd und fern erscheint, sondern der Kranke sich selbst auch als fern und distanziert und nicht an die Dinge herankommend erfährt. Vorkommen bei Halluzinogenpsychosen (LSD, Meskalin), bei Schizophrenie.

Außer dem übergroßen Distanzgefühl kommt auch das Gefühl größerer Nähe vor, ein Erlebnis, das der Intensitätssteigerung nahe steht.

Änderungen der Wahrnehmungscharaktere

Zum Beispiel des Gefühlsbeiklangs von Farbe, Musik, der Raumwahrnehmung. Sie stehen den Derealisationserlebnissen nahe und werden vor allem bei toxischen Psychosen (LSD, Meskalin), gelegentlich bei Schizophrenien gesehen.

Synästhesie

Wahrnehmungsverbindung in verschiedenen Sinnesbereichen. Wahrnehmungsartiges, meist akustisch-musikalisches Erlebnis (gelegentlich auch Berührungs- und andere Körperempfindungen), das bei Farbsehen anklingt (auditiv-visuelle Synästhesie, franz. audition colorée).

Synästhesien kommen als Einzelerfahrung von dazu Begabten im normalpsychologischen Bereich vor. Häufig und stark sind sie bei psychedelischen Psychosen (LSD, Meskalin). Auch Halluzinationen auf verschiedenen Sinnesgebieten können synästhetisch verbunden sein.

Vermeintliches Wiedererkennen

Vermeintlicher Vertrautheitscharakter einer an sich neuen Wahrnehmungserfahrung (franz. déjà vu, déjà vécu usw.). Man spricht auch von identifizierenden Erinnerungsfälschungen. Oft vergesellschaftet mit Depersonalisation, Derealisation. Kein krankheitsspezifisches Zeichen (kommt auch bei Gesunden vor), vor allem aber wird es bei der psychomotorischen Epilepsie gesehen.

► Beispiel:

Eine Patientin sagt in einem epileptischen Verwirrungszustand (mit partieller Desorientierung und inkohärentem Denken) von den Stimmen der Schwestern und Mitpatientinnen: „Die Stimmen tun mich so anheimeln. Die kenne ich doch." Zum Arzt: „Ihr Gesicht habe ich schon gesehen, Sie kommen mir bekannt vor. Sie sind ganz mein Lehrer Beier, Sie sind es ganz."

Halluzinationen

Definition

Halluzinationen diagnostiziert man dann, wenn jemand etwas hört, sieht, riecht, schmeckt, am oder im Leib spürt oder eine diesen Sinneswahrnehmungen ähnliche Erfahrung mitteilt (oder erschließen läßt), welche der mittels seiner eigenen intakten Sinnesfunktionen und durch seine Situationsteilnahme zur Nachprüfung befähigte Mitmensch nicht bestätigen kann.

Bei der Halluzinationsdefinition nur auf die Nichtfaßbarkeit einer gegenständlichen Reizquelle abzustellen, ist nicht ausreichend, besonders deshalb, weil dieses Kriterium im Bereich des eigenleiblichen Spürens und „innerer" Schau in besonderen Bewußtseinszuständen nicht anwendbar ist.

Es ist die Qualität des Erfahrungsbewußtseins (welche freilich von Introspektion, Differenzierungsfähigkeit, Sprachvermögen, Vorerfahrung, Vergleichbarkeiten usw. abhängt), welches qualitative Differenzierungen von Wahrnehmung und Halluzinationen ermöglicht und das Realitätsurteil zu bilden hilft.

Diese Umschreibung läßt die Problematik ahnen, die „das Wesen“ von Halluzinationen, schon von Wahrnehmungen überhaupt und dem ganzen Spektrum wahrnehmungsartiger Erfahrungen betrifft (s. dazu ausführlich Spitzer 1988).

Halluzinationen kommen auf allen Sinnesgebieten vor, auch auf mehreren gleichzeitig (kombinierte Halluzinationen).

Halluzinationen sind eine der Sinneswahrnehmung nahestehende Erfahrungsmodalität von schwankendem Charakter hinsichtlich:

Wahrnehmungscharakter. Dieser schwankt zwischen eindeutigem Sinneserlebnis und vorstellungsnaher Erfahrung. Besonders bei akustischen Halluzinationen kann man das beobachten: Es kann ein eindeutiges Hören sein, dann ein „Vernehmen, nicht mit den Ohren“, ein Spüren von Stimmen im Leib „wie Wellen“, also Kontaminationen mit leiblichen Empfindungen, und schließlich ein „Wissen“ der Stimmen, das außersinnlich ist (Übergang zu Gedanken-laut-werden, s. akustische Halluzinationen).

Intensität. Die sinnenhafte Deutlichkeit kann zwischen der Wirklichkeitsnähe von einem massiv-leibhaftigen Sichaufdrängen (der Sinneswahrnehmung nahe) und einem blassen In-Erscheinung-Treten schwanken.

Klarheit und Prägnanz. Sie können zwischen klar umrissenen und strukturierten Gestalten und schemenhaft zerfließenden (wie Wolken, Nebel, Rauch) schwanken.

Gegenstandsbewußtsein. Kann mit der Intensität (Aufdringlichkeit) der Erfahrung schwanken zwischen dem Urteil „leibhaftig“ und verschwindendem Gegenstandsbewußtsein. In diesem Fall haben die Halluzinationen weniger sinnlichen Anschauungscharakter (können dabei aber immer noch räumlich bestimmt sein).

Realitätsurteil. Kann schwanken zwischen „wirklich“ vorhanden über „zweifelhaft“ bis „nicht wirklich“ in der Pseudohalluzination (s. dort).

Räumliche Bestimmung. Optische und taktile Halluzinationen werden meist als von außerhalb des eigenen Körpers herrührend erfahren. Aber Halluzinationen müssen sich keineswegs an das Sinnesfeld halten. Es kann also etwas gesehen werden in einem Raum außerhalb des Gesichtsfelds: sog. extrakampine Halluzinationen. Bei den akustischen Halluzinationen ist die räumliche Bestimmung viel mehr wechselnd (diese Sinne erlauben auch keine so genaue Ortung), zusammen mit dem Wahrnehmungscharakter.

Transformation von Wahrnehmung zu Halluzination. Manche introspektions- und verbalisationsbegabten Halluzinanten berichten klar von einer Transformation wirklicher (echter) Geräuschwahrnehmungen zu als solchen erkannten Stimmenhalluzinationen: „Die Vogelstimmen da draußen verwandeln sich (auf dem Wege in mich hinein) in Stimmen, die mir Anweisungen sagen."

Einteilung der Halluzinationen

Nach ihrer Komplexität

Einfache (elementare) Halluzinationen (amorphe Geräusche, Blitze, Lichter u. ä.) und komplexe oder szenische Halluzinationen (das sind Bilder, Theaterstücke, Musikstücke u. ä.).

Nach dem Sinnesgebiet

Akustische Halluzinationen

Es werden Lärm, Geräusche und dergleichen, amorphe (ungestaltete) akustische Wahrnehmungen erfahren (Akoasmen), oder aber der Kranke vernimmt Laute, Worte, Sätze, Geflüster, Stimmen (Phoneme). Sie können deutlich gehört oder nur wie ein Gemurmel aus weiter Ferne unklar erahnt werden. Manchmal ist die Quelle des Gehörten außerhalb des eigenen Körpers, manchmal im eigenen Leib lokalisiert („wie wenn ich ein kleines Männchen verschluckt hätte").

Das Halluzinierte kann verständlich sein oder auch nicht (oder nur teilweise). Der Kranke kann manchmal den Sprecher erkennen. Er kann eine oder mehrere Stimmen hören, die direkt zu ihm sprechen und sein Tun oder seine Gedanken oder Gefühle mit Bemerkungen begleiten oder die ihm Aufträge und Befehle geben, ihm Gedanken eingeben usw. Diese Form des Stimmenhörens ist für Schizophrene charakteristisch und geht gleitend über in das Symptom der Gedankeneingebung. Der Schizophrene kann dabei auch das Gefühl haben, er höre eigentlich nicht Laute durch das Ohr, sondern er vernehme sie „im Gehirn", „im Kopf", oder er spüre Stimmen durch seinen Leib herankommen. Oft sind das die eigenen Gedanken, die laut werden, oder fremde (vgl. Erfahrungsbewußtsein). Melancholiker können Vorwürfe, Drohungen, Beschimpfungen „hören".

Akustische Halluzinationen in Form von Stimmenhören werden auch von Menschen mit dissoziativer Identitätsstörung (multiple Persönlichkeit) berichtet.

Andere Kranke hören mehrere Personen über sich selbst reden (z.B. spottend oder drohend oder eine Verschwörung gegen ihn schmiedend bei der klassischen Alkoholhalluzinose), oder der Kranke kann sich in Rede und Gegenrede einlassen mit einem akustisch-halluzinierten Gegenüber bei den verschiedensten anderen organischen Psychosen (z.B. Delirium bei Alkoholismus oder anderen Giften). Gelegentlich werden „Anrufe" aus Umgebungsgeräuschen herausgehört.

- *Divide:* Ohrgeräusche (Tinnitus) bei Ohrerkrankungen (Rauschen, Sausen, Klingeln). Anamnese, Ohrenarzt.

Optische Halluzinationen (Gesichtshalluzinationen)

Diese gibt es als elementare, amorphe optische Erlebnisse (Photome) in Form von Lichtern, Farben, Blitzen u.ä. (in erster Linie bei Erkrankungen des Auges, der Sehbahnen und der Hinterhauptslappen des Gehirns) oder auch als mehr oder weniger deutliche Gestalten, Figuren, Szenen, statisch oder bewegt, farbig oder nicht. Kleinere bewegte Gegenstände, kleine oder verkleinerte Tiere erscheinen dem deliranten Alkoholiker, gelegentlich bei halluzinatorischen Verwirrungszuständen in anderen organischen Psychosen (z.B. Arteriosclerosis cerebri). Dabei können auch zwergenhafte Menschenfiguren auftauchen (sog. Liliputaner-Halluzinationen).

Melancholikern mit Versündigungs- und Verdammungsgefühlen können flüchtige Teufelsfratzen oder Schattenfiguren von Skeletten (Tod) erscheinen. Bei der Schizophrenie sind intensive und ausgestaltete optische Halluzinationen nicht sehr häufig. Am ehesten kann man diese (dann u.U. als Vision szenisch ausgestaltet) in religiösen Ekstasen Schizophrener, eher noch von Epileptikern, sehen.

Olfaktorische und gustatorische Halluzinationen (Geruchs- und Geschmackshalluzinationen)

Sie gehen erlebnismäßig ineinander über. Man kann ausgeprägte Geruchshalluzinationen und Geschmacksveränderungen bei Tumoren in der Area olfactoria beobachten, gelegentlich auch in der Aura vor epileptischen Anfällen. Wahnkranke mit Verfolgungs- und Vergiftungsängsten können Gift zu riechen oder zu schmecken glauben. „Hypnotisches Gemachtwerden" von unangenehmen Gerüchen widerfährt manchen Schizophrenen. Bei der schweren Melancholie mit darniederliegenden Vitalgefühlen und mit der Angst zu verrotten findet man bei systematischem Nachfragen gar nicht selten Wahrnehmung von Leichen- oder Fäulnisgeruch, oft verbunden mit dem Wahngedanken, daß die Kranken damit andere schädigen, oder jedenfalls, daß andere das auch schon merkten und sie mieden.

Taktile (haptische) Halluzinationen (Berührungshalluzinationen)

Diese beziehen sich auf Hautempfindungen. Solche Halluzinationen sind oft erlebnismäßig nicht von allgemeinen Leibhalluzinationen zu trennen. Die Kranken erleben etwa: Angreifen, Festhalten, Anblasen, Brennen, Stechen, Bohren, Krabbeln, Sengen, Würgen, Durchsägen usw.

Das kann mit oder auch ohne Schmerzen erlebt werden. Hierher gehört ferner das Gefühl, von Wärme oder Kälte angerührt zu werden (thermische Halluzinationen) oder von Feuchtigkeit (hygrische Halluzinationen). Vorkommen in erster Linie bei organischen Psychosen (toxische Delirien, Kokaindelirium).

Bei der *chronischen taktilen Halluzinose* werden auf der Haut krabbelnde (*Dermatozoenwahn*) oder unter der Haut, im Körperinnern, im Darm und in den Geschlechtsteilen *(Enterozoenwahn)* wühlende kleine Tiere (Würmer, Käfer, „Ungeziefer") erlebt. Man sieht dieses Krankheitsbild meist bei diffusen zerebralen Erkrankungen, also eingebettet in ein organisches Psychosyndrom.

Leibhalluzinationen (zönästhetische[1] Halluzinationen)

Sie sind (mit fließenden Übergängen zu den taktilen Halluzinationen) außerordentlich mannigfaltig: z. B. das Gefühl versteinert, vertrocknet, verschrumpft, leer, hohl, verstopft, inwendig aus Gold, aus Stein usw. zu sein. Der Körper wird durchflutet von Strömen, von Strahlen usw. (fließen, ziehen, sich bewegen und vieles andere, zu dessen Beschreibungen z. T. auch Wortneubildungen gebraucht werden). Sie können überall im Leib gespürt oder lokalisiert werden. Oft betreffen sie die Geschlechtsteile: Samenabziehen, elektrisches Reizen, halluziniertes Koituserleben (im erotischen Wahn); oder: Gehobenwerden, Elevationsgefühl, Schweben (vestibuläre Halluzinationen), Bewegtwerden (kinästhetische Halluzinationen).

Erlebte Leibentstellung: Der Körper wächst, wird verzerrt, dicker, schwerer, leichter, einzelne Körperteile wechseln ihre Größe und Form.

---

[1] Griech. κοινός (all-)gemein, also „Gemeingefühle" des Leibes. „Gefühl" steht hier umgangssprachlich für „Spüren". Zur Geschichte des Begriffs, s. Fuchs 1995.

Bei Schizophrenen tragen viele solche Halluzinationen den Charakter des Gemachten, des Zugefügten (z. B. elektrisiert, bestrahlt, hypnotisch gequält, sexuell mißbraucht werden). Das jeweilige Agens ist kulturabhängig (Geister, Verhexung, Hypnose, technische Mittel). Bei der Melancholie und der wahnhaften Hypochondrie ist wohl das darniederliegende Vitalgefühl Grundlage für die Erlebnisse des Zerfalls, Verrottens u. ä. Die Halluzinationen erscheinen dann wie eine Bestätigung dieser Befindlichkeit. Im Delirium tremens sieht man gelegentlich massenweise vestibuläre und kinästhetische Halluzinationen.

Einstellung zu und der Umgang mit Halluzinationen

Die Einstellung des Halluzinanten zu seinen Halluzinationen ist sehr verschieden. Sie hängt zunächst einmal schon davon ab, ob Halluzinationen von Halluzinierenden selbst als solche erkannt werden (Einsicht, engl. insight) oder als konkrete Sinneswahrnehmungen genommen werden. Dies ist wieder vom Bewußtseinszustand, von der Vorerfahrung, von der Aufklärung des Halluzinanten, von der situativen, sozialen, kulturellen Bewertung des Halluzinierens abhängig. *In der westlichen Kultur besteht eine übergroße Tendenz, jedes Halluzinieren zu psychopathologisieren* (z. B. Visionen, Erscheinungen, Auditionen). Die Einstellung des Betroffenen bestimmt seinen Umgang mit den Halluzinationen mit: Sehnt er sie herbei („laßt mir meine Stimmen, ich brauche sie") oder bekämpft er sie durch Abwehrmechanismen, Flucht, Nahrungsverweigerung (Gifthalluzination), durch Gegenschimpfen, durch akustisches Übertönen (Kopfhörer, laute Musik), durch Ablenkung?

Halluzinationen im außerpathologischen Kontext können wohltuend sein: Sie vermindern das Gefühl der Einsamkeit (z. B. Verwitwung), geben Zuspruch, Trost, Rat, belohnen für Glaubenshandlungen (Fasten, Gebet, Wallfahrt). Dagegen sind viele Halluzinationen im pathologischen Kontext irritierend, verwirrend, belastend, entwertend, erschreckend – und veranlassen autotherapeutische Anstrengungen dagegen bzw. fordern therapeutische Hilfe (Medikamente, psychosoziale, kognitiv-behaviorale u. a. Hilfe). In einer guten Patient-Therapeut-Beziehung können sich vorher schreckliche, bedrohende, verwirrende Stimmen zu guten, beruhigenden, tröstenden, wegbegleitenden Stimmen verwandeln (Benedetti 1992).

Manche Schizophrene brauchen die Anweisung von Stimmen in alltäglichen Dingen (z. B. Aussteigen aus der Straßenbahn, Führen des Löffels zum Mund), weil ihnen die eigene Ich-Aktivität, Intentionalität fehlt oder weil sie zu schwach ist.

Positive halluzinatorische Botschaften können auch in der bedrängenden Not negativer Erfahrungen, Untergangsangst, Verwirrung, bedrohender Stimmen auftauchen – und sollten vom Halluzinanten und vom Helfer als positive Erfahrung anerkannt werden.

► Beispiele von Schizophrenie:

- Eine junge schizophrene Frau, allein zuhause, geriet in eine schwere angstvolle Verwirrung – da hörte sie die Stimme ihres Therapeuten: „Versuchen Sie, ganz ruhig und tief hinzuhorchen – Er wird Ihnen Trost geben." Und sie begann tatsächlich trostvollen Zuspruch von Gott zu hören.
- Ein schizophrener Mann fühlte sich so elend, daß er intensiv an Selbsttötung dachte. Da hatte er eine Vision: ein etwa menschengroßer lichtvoller Engel schwebte vor ihm und hielt ihm beschwörend-abwehrend die Hände entgegen. Der Patient, halluzinationserfahren, erkannte klar den völlig anderen „Stellenwert" dieser Halluzination.

Bei den Halluzinationen von Patienten mit klarem Bewußtsein (z.B. Schizophrene, Depressive) kann das Erkennen des Halluzinierten als ein eigenes (Hereinnahme in den Eigenbereich des Bewußtseins, Egoifizierung des vorher desegoifiziert Erscheinenden) und als eine introspektiv erkennbare andere Wirklichkeit (als die intersubjektiv bestätigbare Realität) ein wichtiger Bewältigungsschritt sein.

Einteilung der Halluzinationen nach dem Zusammenhang ihres Auftretens

Bei lokalen körperlichen Erkrankungen

Dabei handelt es sich praktisch immer um elementare Halluzinationen. Bei Verletzungen oder anderen Erkrankungen des Auges und der Sehbahnen kommen optische Halluzinationen vor. Gelegentlich gibt es bei Ohrerkrankungen akustische Halluzinationen. Eher ist das aber ein „Hineinhören" in Ohrgeräusche. Geruchshalluzinationen können bei Tumoren in der Area olfactoria oder im basalen Temporallappen beobachtet werden.

„Physiologische" Halluzinationen

Hypnagoge (im Einschlafen) und hypnopompe (im Aufwachen) Halluzinationen. Sinnestäuschungen verschiedenster Art, meist auf optischem und akustischem Gebiet, im Einschlaf- und Aufwachstadium. Es besteht keine wache Aktivität und Klarheit des Bewußtseins. Der Inhalt solcher Halluzinationen ist meist stark gefühlsbestimmt: z.B. familiär (ein Sohn sieht seine tote Mutter, ein Verwitweter seinen verstorbenen

Lebenspartner) oder religiös (Erscheinung der Madonna). Solche Halluzinationen sind nicht krankhaft. Vielfach haben sie den Charakter von Pseudohalluzinationen (s. dort). Die Fähigkeit zu solchen Erfahrungen ist bei den Menschen außerordentlich unterschiedlich (z.T. auch kulturabhängig).

In bestimmten sensorischen Situationen

Unter Sinnesisolierung (engl. sensory deprivation, experimentell oder unter natürlichen Umständen) sowie auch bei Überladung mit Sinnesreizen (engl. sensory overloading) kann es zu Halluzinationen optischer und akustischer Art kommen.

In bestimmten Lebenssituationen

Zum Beispiel in Einzelhaft (wobei der Faktor der Sinnesisolierung noch dazukommt). Solche Halluzinationen in Isolation sind weitgehend stimmungsbestimmt. Beispielsweise bestimmt die Angst wahnhafte Verfolgungsgefühle, und die Halluzinationen erscheinen wie eine Bestätigung (Untermauerung, Begründung) des Wahns. Der Kranke hört über sich flüstern, wie man sich über ihn verschwört, seine Hinrichtung verabredet, oder er hört Schritte seiner Henker, riecht Gas, das eingeleitet wird, um ihn zu vergiften, oder glaubt Gift aus dem Essen herauszuschmecken. Andererseits kann sich die Sehnsucht nach Befreiung und Begnadigung durchsetzen im Sinne eines Begnadigungswahns. Dabei können gelegentlich Stimmen gehört werden, die dem Kranken davon sprechen (autistische Wunscherfüllung).

Zu den Halluzinationen dieser Gruppe gehören auch visionäre Erlebnisse von religiös erfüllten Menschen, besonders wenn sie sich auf solche Erlebnisse vorbereiten durch Fasten, durch Rückzug aus der Welt (Sinnesisolation) und Meditation.

Bei akuten körperlich begründeten Psychosen

Hier gibt es vielfach Halluzinationen auf mehreren Sinnesgebieten (bei akutem exogenem Reaktionstyp, besonders dem Delirium). Wenn dabei die Halluzinationen ganz im Vordergrund stehen und das Bewußtsein nicht deutlich beeinträchtigt ist, spricht man von einer *Halluzinose.* Zu diesen Halluzinationen bei akuten körperlich begründeten Psychosen gehören auch alle toxischen Halluzinationen, die unter Drogen, unter Halluzinogenen usw. auftreten. In diesen Halluzinosen und Delirien verschiedenster Natur (einschließlich alkoholischen und arteriosklerotischen Delirien) werden meist optische, nicht selten auch vestibuläre und kinästhetische Halluzinationen erlebt. Sie treten meist zusammen mit anderen Wahrnehmungsveränderungen auf (z.B. Veränderungen der Raumwahrnehmung, der Farbintensität, Synästhesien usw.).

Bei chronisch organischen Psychosen

Sie können auch mit Halluzinationen einhergehen, z.B. Dermatozoen- und Enterozoenwahn bei seniler Demenz. Die optische Halluzinose kommt bei senilen, arteriosklerotischen und anderen chronischen Hirnschädigungen vor.

Bei Epilepsie

Hier gibt es halluzinatorische Erlebnisse (z.B. visionäre Ekstasen, Leib- und Geruchshalluzinationen) sowohl im Rahmen von akuten psychotischen Episoden (psychomotorische Attacken, Dämmerzustände) als auch bei den länger währenden paranoid-halluzinatorischen (öfters schizophrenieähnlichen, sog. produktiven) Psychosen der Epileptiker.

Bei Schizophrenie

Man trifft vor allem bestimmtes Stimmenhören (s. dort) und verschiedene Leibhalluzinationen, während die anderen halluzinatorischen Erlebnisse zurücktreten und vor allem optische Halluzinationen nicht typisch sind. Diese sieht man gelegentlich bei akuten dramatischen schizophrenen Episoden mit traumhafter Verworrenheit (Oneiroid, schizophrenes Delirium). Die Halluzinationen bei der Schizophrenie sind fast immer mit Wahnbildung verknüpft (was nicht in dem Maß für die organischen Psychosen gilt).

Bei endogener Depression

Hier sind Halluzinationen im ganzen nicht häufig. Bei systematischem Nachfragen an hospitalisierten (also ausgesucht schwer) Kranken mit stark herabgesetzten Vitalgefühlen trifft man gar nicht so selten Geruchshalluzinationen: Leichengeruch, Fäulnis- und Verwesungsgeruch, gelegentlich auch auf freiem Feld ein Angewehtsein von Gerüchen eines Leichenhauses, Friedhofes u.ä. Manche Melancholiker sehen flüchtige Schattengestalten, Skelette, die Figur des Teufels, des Todes an der Wand. Die Halluzinationen sind hier (wie auch der

Wahn der Melancholie) ganz zur Stimmung des Kranken passend: synthym.

Obsessionelle Halluzinationen

Gelegentlich kann bei Zwangssyndromen verschiedener nosologischer Zugehörigkeit (Zwangsneurose, endogene Depressionen, Schizophrenie, organische Psychose) halluziniert werden.

Beispiel:

Einem Zwangskranken erscheint das Messer, das jemandem in den Leib zu rennen er sich fürchtet.

NB: *Das Halluzinieren in bestimmten Lebenssituationen darf keineswegs gerade als Krankheitszeichen gewertet werden!*

Den Halluzinationen nahestehende Erfahrungsmodi

(Tab. **17**, S. 210)

Pseudohalluzinationen

Hierbei handelt es sich, im Gegensatz zu den echten Halluzinationen, die der Kranke sehr ähnlich den Sinneswahrnehmungen erlebt, um bildhafte Erlebnisse eher von der Art „plastischer" Vorstellungen oder Inbilder, akustischer (musikalischer) Gestalten (nicht als von einem äußeren Gegenstand ausgelöst empfundene Erscheinungen), denen nicht der Gegenstandscharakter von Wahrnehmungen (wie den Halluzinationen) und nicht ihre Raumbestimmung eigentümlich ist. Der Trugcharakter wird erkannt, das Urteil „nicht wirklich" gefällt. Zwischen Halluzinationen und Pseudohalluzinationen bestehen fließende Übergänge. Vielfach kann man in einem gelungenen Gespräch den „Abbau" von der Halluzination zur Pseudohalluzination sehen, z.T. nachher, wenn der Kranke, allein gelassen, wieder in sich versinkt, das Wiederaufflackern echter Halluzinationen. So schwankt das Spektrum verschiedener Erfahrungsmodalitäten (besonders gut im Einschlafen zu beobachten).

Illusionen

Bei den illusionären Verkennungen wird etwas wirklich gegenständlich Vorhandenes durch Umgestaltung für etwas anderes gehalten, als es tatsächlich ist (d.h. es wird verkannt). Illusionen sind also verfälschte Wahrnehmungen (Fehlwahrnehmungen, Täuschungen des Erkennens).

Tabelle **17** Übersicht über verschiedene Erfahrungsmodi

Begriff	Wahrnehmungsgegenstand vorhanden z. Z. der Erfahrung	Wahrnehmungsähnlicher Charakter	Räumliche Bestimmung	Gegenstandsbewußtsein	Realitätsurteil	Gegenstandsgerechtes Erkennen	Fehlinterpretation
Wahrnehmung	+	+	+	+	+	+	–
Illusion	+	+	+	+	+	–	+
Halluzinationen	–	+	+	+	+	–	–
Pseudohalluzinationen	–	+	+	+	–	–	–
Pareidolie	+	+	+	–	–	+	–
Eidetisches Bild	–	+	–	–	–	+	–
Wahnwahrnehmung	+	+	+	+	+	+	+
Leibhaftige Bewußtheit	–	±	+	±	±	–	+
Vorstellung/Phantasie	–	–	–	–	–	–	–
Traum	–	+	±	+	–	–	–

\+ vorhanden
– nicht vorhanden
± evtl. vorhanden

Beispiel:

Ein Busch wird für einen lauernden Mann gehalten. Beim Erwachen aus der Narkose wird die Krankenschwester für eine Angehörige gehalten u. ä. Übermüdete Soldaten verkennen Bäume als Gegner.

Illusionäre Verkennungen werden durch erschwerte Wahrnehmungsbedingungen auf seiten des Wahrnehmungsgegenstandes (z. B. Dämmerung, Stimmengewirr) oder/und auf seiten des Wahrnehmenden (Bewußtseinstrübung, Übermüdung, Erwartungseinstellung, Affektspannung) begünstigt.

Beispiel:

Ein Delirant verkennt Lichtstrahlen als Spinnenfäden, Flecken auf der Mauer als Gestalten von Tieren usw.

Erfahrungsgemäß bestehen Übergänge zur Halluzination, zur Pseudohalluzination und auch zur Wahnwahrnehmung (s. auch S. 227).

Pareidolien

„Hineinsehen" von Gestalten in ein unklar strukturiertes visuelles Erlebnisfeld (z. B. alte Mauerwerke, Wolken, Tapeten, Teppichmuster u. ä.) oder „Herausformen", Entnehmen aus einem solchen. „Hineinhören" oder „Heraushören" von Worten aus amorphen Geräuschen. Gegenstand und Phantasiegebilde bestehen nebeneinander. Es kommt nicht zu einer Verkennung. Pareidolien können von Begabten intendiert und gesteuert werden. Im Fieberdelirium können sich Pareidolien aufdrängen, der reale Gegenstand kann verschwinden, d. h. aus der Pareidolie wird eine Illusion.

Unter Umständen kann das halluzinatorisch weiterverarbeitet werden. Ein Kind sieht beispielsweise den Vorhang und sieht darin eine Gestalt (Pareidolie). In der Nacht, ängstlich gespannt, glaubt es nur mehr die Gestalt zu erkennen (Illusion). In seiner Panik wähnt es zu sehen, wie die Gestalt sich bewegt und nach ihm greift.

Eidetische Bilder

Wahrnehmungsähnliche sensorische (meist visuelle oder akustische) Eindrücke von sinnenhafter Deutlichkeit. Sie stehen den Wahrnehmungserlebnissen nahe, sind wie diese räumlich bestimmt, haben aber nicht den Gegenstandscharakter (und auch nicht das Realitätsurteil) der echten Wahrnehmung. Aber es besteht ursprünglich ein echtes Wahrnehmungserlebnis, das so deutlich konkret erinnert wird. Eidetiker (eidetisch begabte Menschen) können von eidetisch reproduzierten

Bildern Einzelheiten wiedergeben. Eidetische Bilder können willkürlich geholt werden oder sich aufdrängen.

Im Kindesalter ist die eidetische Fähigkeit viel mehr verbreitet als bei Erwachsenen. Es gibt alle Übergänge zur Vorstellung verschiedenen sinnlichen Anschauungsgrads. Eidetische Erlebnisse zu haben ist nichts Pathologisches!

Wahnwahrnehmung

Richtige Sinneswahrnehmungen erhalten kraft des Wahns eine abnorme Bedeutung (meist im Sinne der Eigenbeziehung), die ihr „objektiv" nicht zukommt. Die Wahnwahrnehmung (Schneider 1967) ist also eine wahnhafte Fehlinterpretation einer zutreffenden Wahrnehmung (engl. delusional misinterpretation).

Beispiel:

Der Kranke sieht in einem Café zwei Menschen sprechen, hört vielleicht auch deren Stimmen, ohne sie zu verstehen. Diese Wahrnehmung bezieht er wahnhaft auf sich: die reden über mich usw.

Leibhaftige Bewußtheiten (Jaspers 1959)

Wahrnehmungsähnliche leibhaftige Gewißheitserlebnisse, z.B. bei der Schizophrenie oder unter Drogeneinfluß (LSD, Meskalin). Es steht jemand hinter mir und versucht mich anzurühren, rührt mich an, spricht zu mir, setzt Gedanken in mein Gehirn. Solche Gewißheiten haben eine geringe oder gar keine sinnliche Anschaulichkeit, sind aber doch räumlich bestimmt und dadurch wahrnehmungsähnlich. Sie stehen zum Teil den extrakampinen Halluzinationen nahe. Auch hier kann das Realitätsurteil auf wirklich oder unwirklich lauten. Manchmal kann eine leibhaftige Bewußtheit so konkret sein, daß der Kranke sich umdreht, um zu sehen, wer hinter ihm steht. Bei „erfahrenen" Kranken ist aber die Gewißheit häufig so: ich habe das sichere Gefühl, es stehe jemand hinter mir, aber ich weiß, daß niemand da ist (negatives Realitätsurteil).

Das reine Wahnerlebnis ist unsinnlich und unräumlich und meint immer eine bestimmte Bedeutung für den Kranken im Sinne seines Wahns.

Halluzinationen und Wahn

Es gibt Wahnbildungen ohne Halluzinationen (z.B. Schuldwahn, Krankheitswahn, Versündigungs-, Verdammungswahn, viele Paranoiaformen, manche chronische paranoide Schizophrenie), und es gibt auch halluzinatorische Erlebnisse verschiedenster nosologischer Zugehörigkeit ohne Wahnbildung. Häufig treten Halluzinationen und Wahn zusammen auf. Manchmal erscheint es dabei der unbefangenen Beobachtung so, als ob bei einer starken Wahndynamik und Wahnstimmung das halluzinatorische Erleben gleichsam bestätigend und untermauernd, bekräftigend, „Beweise" liefere für das Wahnerleben.

Das bedeutet: Die Stimmung bestimmt ohne Rücksicht auf die mitmenschlich gemeinsame Wirklichkeit die gesamte Erfahrung bis in den Bereich der Wahrnehmung; die Gestimmtheit gestaltet die Welt (autistisches, d.h. um die zwischenmenschliche Übereinstimmung über Gegebenheiten unbekümmertes Welterleben). *In der Halluzination erscheint dem Kranken das Eigene („Eingebildete"), wovon er befangen ist, wahrnehmungsartig.* So zeigt sich dem Melancholiker mit einem Wahn des Verwesens seine verrottende Existenz in dem von ihm selbst ausgehenden Aasgeruch. Dem Schizophrenen mit der Ich-Konsistenz- und Ich-Grenzstörung (s. dort) erscheinen seine (vertraut oder fremd anmutenden) Gedanken als Stimmen. Solche Grenzstörung ist allerdings nicht spezifisch für die Schizophrenie (wie beim Hinweis auf psychedelische toxische Psychosen einzusehen ist).

Andererseits beobachtet man auch Halluzinosen (das sind Psychosen mit dominanten Halluzinationen auf verschiedenen Sinnesgebieten bei ungetrübtem Bewußtsein, evtl. ohne deutliche andere sog. schizophrene Symptome), bei welchen der Wahn als eine sekundäre Erklärung der Vorgänge erscheint. Besonders deutlich ist das bei der chronischen taktilen Halluzinose, dem sog. Dermato- und Enterozoenwahn: am und im Leib werden Parasiten „gespürt", manchmal auch „gesehen". Die Wahnerklärung sucht die Schuld bei übelwollenden Nachbarn, welche diese Plagegeister nachts heimlich in die Wohnung einbringen. Bei Schizophrenen werden leibliche Mißempfindungen (sog. zönästhetische Halluzinationen) als von feindlichen Mächten zugefügt gewähnt.

13. Auffassung

- *Synonym:* Apperzeption.

Definition

Fähigkeit, Wahrnehmungen in ihrem Bedeutungszusammenhang zu verstehen, sinnvoll miteinander zu verbinden und in den Erfahrungsbereich einzubauen.

Funktion

Die Auffassung setzt die im Wahrnehmungsprozeß begonnene strukturierende Synthese durch Sinnesverknüpfung (Apperzeption) fort. Der Prozeß beginnt mit der Sinnesempfindung und führt über die Wahrnehmung, die Auslegung und Einordnung von komplexen Wahrnehmungserlebnissen zur Gnosis, dem Erkennen, mit gedanklicher und sprachlicher Begriffsbildung und Sinngebung (Auffassen von Bedeutungen) in einem Gesamtzusammenhang. Diese obersten Stufen der Auffassung sind Intelligenzleistungen. Auffassen ist eine Voraussetzung der praktischen Lebensbewährung.

Voraussetzungen und Determinanten

Voraussetzungen. Für das Gelingen der Auffassung sind dies Wachheit und klares Bewußtsein, Ich-Bewußtsein, intakte Wahrnehmung, Orientierung, Aufmerksamkeit und Konzentration (Einstellung und Versammlung), Intelligenz (Kombinations- und Urteilsfähigkeit zur Einordnung des Aufgefaßten in den Erfahrungsbereich) und Gedächtnis (Gegenwärtighaben von Erfahrung).

Determinanten der Auffassung. Dies sind die gesamte Lebenserfahrung, Alter, Lebenslage, persönliche und kulturelle Prägung, Stimmung und Motivation.

Prüfung

Im Gespräch und aus der Beobachtung, ob das Verhalten situationsgerecht ist. Man kann Bilder, Sprichwörter deuten, Geschichten nacherzählen und erklären lassen. Man kann das Gegenstandserkennen prüfen (divide: amnestische Aphasie, Störung der Wortfindung, führt zu Benennungsunfähigkeit). Der thematische Apperzeptionstest (TAT von Murray 1943) versucht, aus der Auffassung vorgegebener Bilder unbewußte Einstellungen, Komplexe usw. aufzuspüren.

Pathologie

Die Auffassung ist als hoch komplexe Leistung multikonditionaler Natur vielfältig störanfällig. Auffassungsstörungen sind dementsprechend nosologisch unspezifische psychopathologische Zeichen, aber für die Beurteilung der praktischen Lebensbewährung sehr wichtig.

Die Auffassung kann fehlen (z. B. bei Bewußtseinsstörungen, Intelligenzdefekten, Verständnis- und Urteilsstörungen in der Demenz) oder falsch sein (Fehlinterpretation im Wahn).

Sie kann verlangsamt sein (in Übermüdung, Depression) oder flüchtig (z. B. in der Manie, in toxischen Psychosen, z. B. Rausch), breit streuend (Manie) und fluktuierend (Bewußtseinsschwankungen, Antriebs-, Stimmungsveränderungen) oder eingeengt (Fixation in Wahn und Halluzinationen, Dämmerzustand).

Vorkommen der Auffassungsstörungen

- Bei globalen akuten und chronischen Hirnschäden, also beim akuten exogenen Reaktionstyp und beim psychoorganischen Syndrom.
- Bei allen Bewußtseinsstörungen (jeder Genese), bei Intelligenzmangel (Oligophrenie) und Demenz.
- Psychogene Auffassungsstörungen unter starkem Affektdruck, in der Panik (z. B. bei Katastrophen), bei psychogenen Ausnahme- und Dämmerzuständen.
- Neurotische Auffassungsstörungen („Blinder Fleck", „Skotom") werden als komplexbedingt angesehen.
- Auffassungsstörungen bei funktionellen (sog. endogenen) Psychosen. Bei der Schizophrenie findet man manchmal Auffassungssperrungen. Das autistisch dereelle Erleben im Wahn kann zu uneinfühlbarer und paralogisch anmutender Auffassung führen.
- Bei der Depression ist die Auffassung erschwert und eingeengt, (i. S. der negativen kognitiven Stereotypie: negatives Bild des Selbst, der Umwelt, der Zukunft), bei der Manie flüchtig und oberflächlich.
- Auffassungs- und Erkennensstörungen bei lokalen Hirnschäden nennt man Agnosien (sie sind im Kap. 12 beschrieben).

14. Wahn

„Mein Leben, meine Freiheit, mein Ziel."

„Es geht immer um mich."

Definition

Wahn ist eine private und privative lebensbestimmende Überzeugung eines Menschen von sich selbst und seiner Welt.

Wahn ist eine *Privatwirklichkeit.* Krankhaft darf man das erst nennen, wenn es die Lebensführung behindert. Damit ist auf die kulturelle und soziale Relativität hingewiesen.

- Wahn ist eine ganz *persönlich gültige, starre Überzeugung* von der eigenen Lebenswirklichkeit, *vor* der Unterscheidung zwischen der „inneren" Eigenwelt und „äußeren" Umwelt. Wahn ist für den Kranken evidente Wirklichkeit. Der Wahn wird als gewiß, keines Beweises, keiner Begründung bedürftig erfahren. Wahn ist ein Wissen, kein vertrauendes oder im Zweifel dennoch wagendes Glauben.[1] Die bisherige Erfahrung und zwingende Gegenargumente erschüttern die Wahngewißheit nicht. Zweifel wird nicht zugelassen. Eine Änderung des Standpunkts, eine Relativierung der Überzeugung ist nicht möglich. Im Beginn und im Abbau des Wahns und bei manchen flüchtigen, wenig ausgebildeten Wahnformen ist es allerdings auch eher ein Vermuten, Meinen, Argwöhnen, gibt es auch Zweifel.
- Wahn ist eine *lebensbestimmende* Wirklichkeit. Von Wahn spricht man nur dort, wo das Wähnen erlebnis- und handlungsbestimmend wird, wo das Erleben und Verhalten eines Menschen von seinem Wähnen bestimmt wird. Der Wahnkranke wird dann „infirm", dysfunktionell, d.h. es gelingt ihm die Bewältigung seiner Lebensaufgaben in seinem sozialen Kontext nicht mehr.
- Wahn ist eine *private* Wirklichkeitsüberzeugung. Die Wahnwirklichkeit ist nicht die Realität; das ist das, worüber sich Gesunde in ihrer soziokulturell und situativ mitbestimmten Wahrnehmung – und das ist immer auch Bedeutungsgebung – der gemeinsamen Welt einigen können. An der besonderen, eigenen Überzeugung des Wahns wird festgehalten, auch wenn der Wahn im Widerspruch zur mitmenschlich-kommunikablen Wirklichkeit (Realität), zur eige-

---

[1] Zur Differenzierung vom Glauben s. Hole (1971), Lenz (1973); vom Aberglauben Kehrer (1922) und Kant (1927b).

nen Vorerfahrung dieser und zur Erfahrung geistesgesunder Mitmenschen sowie zu ihrem kollektiven Glauben und Meinen steht.
Nicht der Inhalt, seine Richtigkeit oder Falschheit, kann zum allgemeinen Wahnkriterium gemacht werden. Der Inhalt kann vom Standpunkt des Gesunden unzutreffend, falsch, ganz unmöglich sein, ist aber bei allen Außersinnliches, Übersinnliches, „Übernatürliches", Transintelligibles, z.T. Religiöses betreffenden Wahnarten grundsätzlich nicht beweisfähig.
Die heute verbreitete Verwendung und hohe diagnostische Gewichtung (für Schizophrenie) von „bizarrem Wahn" als Bezeichnung für „besondere", unglaubwürdige, befremdende, unverständliche Wahninhalte ist nicht gut. Sie enthält zuviel Bewertung des Beurteilers, ist unsicher in ihrer Reliabilität und Validität.
Nicht der Inhalt ist das Krankhafte am Wahn, sondern die aus der Gemeinsamkeit herausgerückte, verrückte Beziehung zu Mitmenschen und Mitwelt auf der Basis eines gegenüber dem vorherigen Befinden veränderten Selbst (in ganzheitlichem, also auch den Leib einbeziehenden Sinn). Wahn ist eine Störung der Eigen- und Mitweltlichkeit des Menschen.

- Wahn ist eine *privative (isolierende)* Überzeugung. Die Privatwirklichkeit des Wahns sondert den Wahnkranken aus der Gemeinschaft ab. Der Wahnkranke ist allein mit seinem Wahn *(Isolation)*, ist der mitmenschlich gemeinsamen Welt entrückt *(Alienation)*.
  Wahn ist im allgemeinen nicht kommunikabel (Ausnahme: symbiontischer Wahn, S. 257).
- Die Wahnwirklichkeit ist die *Wirklichkeit eines je einzelnen Menschen*, seiner selbst und damit ineins seiner Welt.
  „Es geht immer um mich".
  Immer geht es um das eigene Selbstsein, auch wenn vordergründig die sog. Umwelt verändert erscheint.[2]
- *Der Mensch ist grundsätzlich wahnfähig.* Das liegt an der Weise, wie Welt für ihn ist: der Mensch gestaltet sich in seinem Bewußtsein (welches er ist, nicht: hat) – abhängig von der kulturell übermittelten Weltsicht und der eigenen Vorerfahrung in seiner Entwicklung – seine je eigene Welt (der Mensch als Kosmopoet). Er ist um so mehr in seiner gemeinsamen Welt zuhause, je mehr seine Welt mit der Welt seiner kulturellen Gruppe gemeinsam hat, d.h. je größer der Überschneidungsbereich seiner privaten Welt mit der Wir-Gruppe, welcher er angehört, ist (sog. Ordinary reality i.S. von Castañeda).

---

2 In diesem Sinne versucht Spitzer (1989) Wahn als Aussage über mentale Zustände zu kennzeichnen.

Was als sinnlich übermittelte und konfigurierte und hinsichtlich der Bedeutung „eindeutige" Realität der Welt erscheint, ist eine Gestaltung des mittleren Tages-Wach-Bewußtseins (s. epistemologische Richtung des Konstruktivismus). Diese Realität wird von der kulturellen Gruppe in bestätigendem Sinne mitgetragen: in der Gemeinsamkeit der Bedeutungsgebung, der Sinnentnahme bzw. Sinnverleihung, der Interpretation, der Sprache. Der Gesunde konstituiert seine Welt in einem intersubjektiven Konsensus, in einem Deckungsbereich seiner Welt mit der seiner Gruppe – die gemeinsame Wirklichkeit. Der Wahnkranke fällt aus diesem intersubjektiven Übereinstimmen heraus: sein Bewußtsein seiner selbst und die Deutung der Umgebung sind zugleich gegenüber dem vorherigen wahnfreien Lebensabschnitt verändert. Verbogenen, unfreien, eingeengten, uneinheitlichen, zerfallenen Existenzen entspricht je eine eigene destruierte, zersplitterte, aufgelöste, eingeengte, bedrängte, verfolgte, vergiftete usw. Selbst- und Welterfahrung.

Wahnstimmung, Wahneinfall, Wahndenken, Wahnwahrnehmung, Wahnarbeit, Wahnsystem

Die wahnhafte Überzeugung kann plötzlich da sein (Wahneinfall) oder sich allmählich entwickeln. Meist entsteht thematisierter (d. h. inhaltlich ausgestalteter) Wahn aus einer *Wahnstimmung:* Alarmstimmung des „Es ist etwas los", der Stimmung des Betroffenseins von Unheimlichkeit, Veränderung des Kranken selbst oder seiner Umgebung (Depersonalisation, Derealisation), der Erschütterung, des Schrecks, der Bedrohung, der angstvollen Erwartung, des Argwohns, Mißtrauens, der Verunsicherung, Ratlosigkeit, Bedrückung.

Seltener ist die Stimmung der Gehobenheit, der Beseligung, der Zuversicht. Dabei muß in der Wahnstimmung noch keine inhaltliche Thematisierung stattgefunden haben.

Der Wahnkranke ist mit seinem Wahn befaßt, sein Erleben ist davon bestimmt, er grübelt und sinniert dem Wahn nach *(Wahngedanken).* Der Wahn kann durch weitere Einfälle, durch „bestätigende" Halluzinationen und im Sinne des Wahns gedeutete Beobachtungen *(Wahnwahrnehmungen),* „Begründungen", „Beweise", Ableitungen und Verknüpfungen ausgestaltet werden *(Wahnarbeit).* Bei deutlichem Ausbau einer zusammenhängenden, in sich geschlossenen Struktur spricht man von *Wahnsystem.*

Aus der erlebnismäßigen und handlungsbestimmenden Bewegtheit des Wahnkranken schließt man auf die *Wahndynamik.* Sie kann zwischen stürmischer Produktivität und starkem affektivem Mitschwingen und einem affektleer erscheinenden, wie eingeschliffenen Herunterleiern eines alten Wahns (Residualwahn) schwanken.

Charakter des Wahns

Wahnwirklichkeit und Realität

Das Verhältnis von Wahnwirklichkeit und Realität kann folgendermaßen charakterisiert werden:

Übersicht:

- Wahnwirklichkeit als einzige Wirklichkeit
- Wahnwirklichkeit als beherrschende, aber nicht einzige Wirklichkeit
- Wahnwirklichkeit und Realität bestehen nebeneinander in „doppelter Buchführung" (Bleuler 1911)
- Wahnwirklichkeit und Realität fließen ununterscheidbar ineinander

Wahnwirklichkeit – einzige Wirklichkeit

Der Wahn kann an die Stelle der mitmenschlich gemeinsamen Realität treten, die damit gleichsam ungültig ist. Dann ist der Kranke ganz in seiner Wahnwelt befangen, der gemeinsamen Welt entrückt (autistisch-dereelles Welterleben, Bleuler 1911). Das trifft man vor allem bei akut überwältigendem Wahnerleben.

- Beispiel von Schizophrenie:

  Das Mädchen wähnte sich bald als Heilige, bald als Hure. Sie fürchtete, ermordet zu werden. Diese Stimmung bestimmte, wie sie die Welt erlebte. Für die Kranke gab es nur mehr diese bedrohliche Welt, keine mitmenschlich gemeinsame mehr. Vom Standpunkt der Gesunden aus verkannte sie die Umgebung völlig.

- Beispiel von Morbus Pick:

  Der Patient wähnte sich als Bundespräsident und fuhr zu seinem Amtsantritt in die Bundeshauptstadt.
  Seine Lebenswirklichkeit (verarmt, allein, schwer psychoorganisch verändert) ist im Wahn völlig ungültig geworden. Nur mehr seine neue Wahnbedeutung, die ihm eine Rollenerhöhung bringt, bestimmt sein Erleben und Tun.

Wahnwirklichkeit – beherrschende, aber nicht einzige Wirklichkeit

Der Wahn kann die wichtigere, weil aufdringlichere Wirklichkeit für den Kranken sein, ohne daß die mitmenschlich gemeinsame Realität völlig ungültig wird.

▶ Beispiel von Schizophrenie:

Die Patientin mit einer chronisch paranoiden Schizophrenie erlebt sich als Kind aus einem Königshaus (Abstammungswahn), fühlt sich beeinflußt und verfolgt (Verfolgungswahn) und von Schlangen durchbohrt. Die Schlangen haben ihr Hirn gefressen.
Dieses Wahnerleben ist für die Patientin zweifellos Wirklichkeit. Doch ist das eine andere Wirklichkeit. Sie sagt dazu: *„Es ist nicht so stark wie die Wirklichkeit.* Es ist *wie ein Traumzustand im Wachen*, es ist wie im Märchen. Es ist nicht wirklich wirklich. Es ist doch auch wieder wirklich, es ist wie eine andere Welt. *Das Gebundensein fehlt.*"

Wahnwirklichkeit und Realität bestehen nebeneinander

Der Wahn kann neben der vollen Auffassung der Realität bestehen, ohne daß mitmenschlich gemeinsame Realität und Wahnwirklichkeit einander stören oder überhaupt in Beziehung gesetzt werden. Beide Welten bestehen in „doppelter Buchführung" (Bleuler 1911) nebeneinander.

▶ Beispiele von Schizophrenie:

- Ein chronisch Schizophrener wähnt seine Eingeweide verkohlt und seine Lunge verdorrt, kann das aber jahrelang für sich behalten und seinem Beruf als Bauführer nachgehen.
- Herr Bünzli betont, er sei nicht der Sohn von Emil und Ida Bünzli, sondern er sei der Sohn König Eduards VIII. von England, seine Mutter stamme aus Frankreich.
  Es stimme schon, daß die Bünzliwelt für ihn die wirkliche sei, aber er könne doch an der anderen nicht zweifeln. Der Patient arbeitet seit Jahren als Buchhalter.

▶ Beispiel von chronischer paranoider Psychose bei Epilepsie:

Der Patient wähnt sich als Direktor der Anstalt, besorgt dabei fleißig seine Abteilungsarbeit.

Ineinanderfließen von Wahnwirklichkeit und Realität

Mitmenschlich gemeinsame Realität und Wahnwirklichkeit können nicht richtig auseinandergehalten werden. Der Kranke ringt um sein Realitätsbewußtsein (s. dort). Das ist sehr quälend.

Manche Kranke geraten in schwere Angst und Ratlosigkeit („alles gerät durcheinander", ein „Kopfsalat"). Sie geraten in eine Denkverwirrung hinein. Oder sie erstarren im Stupor. Andere versuchen, durch eine Probe die Wirklichkeit zu erfahren – und werden erst dabei gröber auffällig.

▶ Beispiele von Schizophrenie:

- Der junge Schizophrene sagt zu seinem Stimmenhören und zu seinem noch nicht thematisierten Bedrohungsgefühl:
  „Ich frage mich, hat man mir das einsuggeriert, oder vielleicht ist es tatsächlich gewesen...
  Ich kam *zur verzweifelten Frage: was ist denn wirklich?...* Ich konnte nicht mehr unterscheiden, was von außen kam und was richtig war – was mir nur so vorkam, was ich mir einbildete... Ich konnte die Wirklichkeit nicht mehr von dem unterscheiden, was aus mir kam. Das war furchtbar, es war, wie wenn meine Welt unterginge."
- Der Kranke wußte nicht sicher, ob sein Gefühl telepathischer Beziehung zu einer Taubstummen ihn trüge. Da beschloß er als Probe: er ging nackt über die Straße zu ihr – stimme die Telepathie, so würde sie ihn auch nackt erwarten.

Wahnbedeutung

Im Wahn erhält die bisherige mitmenschlich gemeinsame Erfahrungswelt eine neue Bedeutung.

Das Dasein des Wahnkranken, die Offenständigkeit und das mitmenschlich gemeinsame Vernehmenkönnen des Begegnenden in seinem Bedeutungsgehalt, ist verwandelt: *Als ein Veränderter erlebt er eine veränderte* Welt. Oft allerdings wird die eigene Veränderung nicht klar vergegenwärtigt, sondern nur das Betroffensein von einer *bedeutungsgewandelten Umwelt* (besonders im häufigen Beziehungs- und Verfolgungswahn). Im psychotischen Rückzug von der Umwelt kann aber auch die Ich-Veränderung allein augenfällig vorherrschen (ohne Weltveränderung, weil Welt nicht mehr als das Begegnende erfahren werden kann).

Die Wahnbedeutung kann betreffen:

- ausschließlich oder vorwiegend den Kranken selbst (das Selbstsein),
- Umwelt,
- Ich und Welt.

Veränderung des Selbstseins

Sie kann in folgenden Bereichen thematisiert werden:

- Gewissen,
- Gesundheit,
- Vitalität,

- wirtschaftliche Lage,
- Herkunft,
- Rolle,
- Identität, Gestalt, Physiognomie, Alter,
- Ich-Konsistenz,
- Ich-Demarkation,
- Ich Aktivität.

Gewissen (conscientia) – Schuldwahn

► Beispiel von schizophrener Depression:

Der junge Mann ist bewegungsarm, verharrt in sich zusammengesunken, spricht mit leiser Stimme und wenig Mimik. Er habe bei Tag in voll wachem Zustand deutlich schwarze Augen vor sich gesehen, die er für die Augen des Teufels gehalten habe. Der Teufel sei deshalb zu ihm gekommen, weil er ein Mädchen, das er vor Jahren einmal zum Skifahren eingeladen habe, nie mehr besuchte. Deshalb fühle er sich schuldig. Vielleicht habe er auch anderen Menschen „geistig leid getan".
Er fühle sich ängstlich, bedrückt, unsicher, zeitweilig im Ganzen verändert, als ob er nicht voll Herr über sich selbst wäre.

► Beispiel von Depression:

Der Patient wird von Teufelsstimmen geplagt, die ihm Vorwürfe machen wegen früherer Alltagssünden. Die Stimme droht ihm Verdammung an, er kann keine Verzeihung finden. Das Schlimmste ist das Gefühl des vollkommenen schuldigen Ausgeliefertseins.

Gesundheit – hypochondrischer Wahn (Krankheitswahn)

► Beispiele von Depression:

- Der alte Mann ist verzweifelt. Er sei verloren und müsse sterben. Sein Darm sei nicht mehr durchgängig, der Stuhl häufe sich an, und er könne nichts mehr essen. Er wisse, daß er verwese, und habe auch schon Verwesungsgeruch wahrgenommen.
- Der Patient wähnt, er habe einen Magenkrebs und einen krebsverursachten Darmverschluß. Er habe keinen Stuhl mehr und habe in drei Wochen 7 kg Gewicht verloren. Das ist ihm Bestätigung seiner Überzeugung.

► Beispiel von Depression bei Schizophrenie:

Die Patientin fühlt sich verändert, ihr Leib sei krank. Sie habe das Gefühl, ihre Eingeweide seien krebsig, faul, leblos. Sie verbreite einen üblen Geruch.

Vitalität – Wahn leiblichen Untergangs, von Verwesung und Tod

► Beispiel von Schizophrenie:

Die Patientin bemerkte immer deutlicher, daß sie keine Kraft mehr habe. Schließlich sei das Unheimlichste gekommen: *„Man weiß nicht mehr, daß*

man selbst ist." Der Körper war „wie verzerrt", und ein stromartiges Rieseln ging durch sie hindurch. Man könne dann sein eigenes Denken und Tun nicht mehr selbst bestimmen, sondern komme sich wie gefesselt und eingesperrt vor. Gleichzeitig steige die Angst vor einem Überwältigtwerden durch äußere Einflüsse, man fühle sich manipuliert und verfolgt.
In dieser Angst ist die Patientin *verstummt* („so hoffnungslos verzweifelt, daß man mit niemandem mehr sprechen kann") und *erstarrt* (katatoner Stupor); in der Nacht zuvor mußte sie vor Angst schreien.
Devitalisierung, Untergangs-, Verfolgungswahn. Ich-Aktivitätsstörung mit Fremdbeeinflussungserlebnis. Daraus abzuleiten Mutismus und Stupor.

Wirtschaftliche Lage: Wahn wirtschaftlichen Untergangs, Verarmungswahn

► Beispiel von Depression:

Der 60jährige Mann ist ständig von Gedanken des wirtschaftlichen Ruins geplagt. In seinen Insuffizienzgefühlen ist er überzeugt, er habe sein Berufswissen nicht mehr zur Verfügung, er bringe nichts mehr zuwege, sein Gedächtnis und die Lebendigkeit seiner Gedanken seien zurückgegangen. Er quält sich mit Schuldgefühlen seiner Frau gegenüber: auch die habe er durch sein Ungeschick in Not gebracht.

Verwandlung des Selbstseins: Verwandlungswahn (wahnhafte Metamorphose)

(Siehe auch Ich-Identität.)

Andere Herkunft: Abstammungswahn:

► Beispiel von chronischer paranoider Psychose bei genuiner Epilepsie:

Die Patientin, die in einer Welt größerer Bedeutung und Beziehung lebt (Reichtum, vielfache Mutterschaft, einflußreicher Gatte usw.), führt ihre Abstammung auf die Windsors zurück.
Siehe Beispiel S. 220 (Herr Bünzli).

Andere Rolle, Bedeutung, Befähigung:

Rollenerhöhung in verschiedenem bedeutendem Auftragserleben: in weltlichem oder religiösem Sinne für eine bessere Welt, bessere Einstellung der Menschen, gegen den Weltuntergang, für eine neue Weltgemeinschaft, eine neue Religion tätig zu sein. Propheten-, messianischer Wahn. Weltschöpfungs- (kosmogonischer) Wahn, Omnipotenzwahn.

► Beispiel von Schizophrenie:

Der Patient ahnt, daß etwas Großes, Bedeutsames im Gang ist, was ihn beglückt und zugleich ängstigt. Er ahnt den Anbruch einer neuen Welt und daß er selbst für deren Kommen eine besondere religiöse Bedeutung habe. Er ist beglückt über die größere Aufgabe und über die Anleitung von Gott. Aber es ist ihm zugleich unheimlich vor der Aufgabe; die neue Welt solle nicht so bald kommen, er sei noch nicht genügend dafür gerüstet.

Anderer Mensch:

Wahnhafte Verwandlung in einen anderen Menschen.

▶ Beispiel von Schizophrenie:

Die junge Frau hatte auf einmal das Gefühl, sie sei selbst eine alte Frau und habe sich in ihre Mutter verwandelt.

Andere Physiognomie:

Gelegentlich kann sich das Gefühl der Identitätsveränderung nur an einer Änderung der *Gesichtszüge*, manchmal nur der Nase, kristallisieren. (Vermutlich haben auch die Hände eine besondere Bedeutung: viele Katatone betrachten staunig ihre Hände, s. Ich-Bewußtsein.)

▶ Beispiel von Schizophrenie:

„Mein Kopf ist nicht meiner… ich allein habe eine Nase… eine neue Nase."

Andere Gestalt:

▶ Beispiele von Schizophrenie:

- Die 63jährige Patientin fühlt sich seit 40 Jahren von einem Mann verfolgt. Er „trimmt" sie, so daß sie in den letzten Monaten 17 cm kleiner geworden sei und einen Bart bekommen habe. Er „infiltriert" auch ihre Gedanken (Pyknika, Turmschädel, Hirsutismus).
- Die 24jährige Patientin fühlt sich verändert in ihrer Gestalt, in Händen und Füßen. Ihr Blut sei dünnflüssig geworden, vielleicht durch einen Stoff im Essen.
- „Ich habe ein anderes Skelett, eine krumm geartete Hand – das ist die Erkenntnis meines Körpers."

Verwandlung in ein Tier:

▶ Beispiel von Schizophrenie:

„Ich bin ein Tier… Ich bin in anderen Umständen und werde ein Tier zur Welt bringen…"

Verwandlung in ein Monstrum:

▶ Beispiel von Schizophrenie:

„Ich trage einen Vierkopf herum."

Ich-Konsistenz – Spaltung/Zersplitterung

Siehe S. 75.

Ich-Demarkation – Fremdbeeinflussung, Zerfließen, Ausdehnung

Siehe S. 76.

Ich-Aktivität – Fremdbeeinflussung

Siehe S. 75.

Veränderung der Umwelt

NB: Es sei nochmals betont, daß es *isolierte Veränderungen der Umwelt nicht gibt (weil Ich und Welt immer eines sind), daß nur vordergründig die Umwelt manchmal allein verändert zu sein scheint,* weil der Kranke zur selbstreflexiven Feststellung eigener Veränderung nicht mehr fähig ist. Das kann verschiedene Gründe haben: In Oligophrenie und Demenz fehlt die Selbstwahrnehmung vielfach, oder sie ist wegen der Auffassungs- und Urteilsschwäche mangelhaft. In Bewußtseinstrübungen, bei allen Erfahrungen der Bannung (Faszination) in akut einbrechenden exogenen oder endogenen Psychosen wird Selbstreflexion unmöglich. Auch in der Depersonalisation (besonders Identitätsunsicherheit) kann die Veränderung des Selbst zunächst an „Außenzeichen“ (z. B. Miene, Worte der anderen) bemerkt werden.

Derealisation und Wahnstimmung

Am Anfang steht häufig (aber nicht immer nachweisbar) das noch unbestimmte Gefühl, die Umwelt habe sich verändert, sei unvertraut (Derealisation), merkwürdig, voller Zeichen, die noch nicht deutbar sind, voller noch nicht gewußter Bedeutungen (Wahnstimmung, noch ohne Thematisierung). Derealisation (auch Depersonalisation) und Wahnstimmung gehören zusammen.

► Beispiel von Schizophrenie:

„Wissen Sie, es hat alles so eine furchtbare Bedeutung für mich.“

Umwelterfahrung des Wahnkranken

Solange der Wahnkranke sich der Welt noch offenhalten kann, solange damit die Welt für ihn noch ist und ihm offen steht, ist sie für ihn anders als vorher, als sonst gewohnt. Welche Bedeutung das in Erscheinung Tretende für ihn hat, bestimmt seine Stimmung. Und die ist am häufigsten Angst.

Dem Geängstigten erscheint die Welt beängstigend, feindlich, bedrohlich, behindernd, zerstörend, vergiftend u.ä. – oder in anderer Weise negativ beeinflussend oder Hinweise gebend. Dem Schwermütigen ist alles zuviel, drückend, belastend, nicht bewältigbar.

Schon den Gesunden, der ein schlechtes Gewissen hat (dem das Bewußtsein, conscientia, verändert ist), kann Mißtrauen plagen und die bange Ahnung, sonst als harmlos angesehene Dinge seien Zeichen dafür, daß man ihn verdächtige. Doch der gesunde Mißtrauische kann „gewöhnliche", mitmenschlich gemeinsame Realitäten (die er allein als Mensch schlechten Gewissens u.U. nicht mehr ganz hat) noch berücksichtigen und sein Verhalten danach einstellen. *Der Wahnkranke kann den Standpunkt, auf den er verrückt ist, nicht mehr wechseln.*

Nicht nur im häufigen Verfolgungswahn erscheint die Umwelt voller negativer Zeichen, auch ein Hypochonder, ja sogar ein Maniker kann seine Umwelt voller negativer Hinweise sehen (Beispiele S. 252). Beide sind auf ihre Weise selbst verändert, anders gestimmt als sonst – und erfahren so eine andere Welt.

▶ Beispiel von Alkoholhalluzinose:

Der Kranke hört Männer sich verabreden, ihn zu töten, er sieht im Wald Gestalten, die auf ihn lauern, hört die Schritte seiner Häscher und rennt voller Angst davon.

▶ Beispiel von Schizophrenie:

Akuter Verfolgungswahn auf einer Reise nach Prag. Es gab eine Menge Zeichen, die ihm die Gewißheit verschafften, daß er bedroht und überwacht werde. Der Vorhang im Zimmer habe sich so merkwürdig bewegt, der Spiegel sei so gestanden, daß man ihn beobachten konnte. Im Radio war ein Abhörgerät. Die Kellnerin sprach zuerst nicht, dann doch deutsch. Der Kellner ging in auffälliger Weise zum Schreibtisch, wohl, um seine Notizen insgeheim zu photokopieren. Es sei doch höchst merkwürdig, daß der Kellner Eis ins Zimmer gebracht habe, das er doch gar nicht verlangt habe. Ein Bekannter kam einige Tage nach dem verabredeten Termin. Ein Kollege sprach Dinge, die alle auf den Kranken selbst bezogen waren. Schmerzen in der Hüfte kommen daher, daß man ihm unter Drogeneinfluß etwas eingepflanzt habe, das zu seiner Überführung als Verbrecher dienlich sei.

Seltener ist die Wahnwelt schöner als die mitmenschlich gemeinsame Welt (die u.U. abgelehnt werden kann). Im Wahn gelingt manchmal (und vielfach nur teilweise) der Aufbau einer glücklicheren Welt, freilich um den Preis psychotischer Vereinsamung. Die wahnhafte Ich-Erhöhung im Abstammungswahn, Wahn größerer Macht, Rolle größeren Besitzes usw. (S. 223 u. 252). Zum Thema Größenwahn s. Avenarius (1978).

Solche Umgestaltungen zu besserer Umwelt kann man bei Schizophrenen sehen, aber auch bei anderen chronischen Wahnpsychosen,

z. B. von Epileptikern. Ekstatische Glückserlebnisse gibt es im Dämmerzustand (z. B. bei Epilepsie), im Oneiroid akut Schizophrener (z. B. religiöse Eingebungen, Zuspruch Gottes, erotische Beglückung).

► Beispiele von Schizophrenie:

- „Alle Herrscher der Erde, sie leben im Paradies, um sich zu verkleinern, um Knaben und Mädchen zu werden... Ich bin der Gärtner im Paradies."
- Die Kranke erlebt in einem oneiroiden Stadium: „Diese Bilder da sind von den Geschwistern meines Bräutigams... Er spricht mit mir, der Herr Jesus... Ich bin schwanger mit Zwillingen, sehen Sie da, die kleinen Puppen, da sind sie."
- Die junge Kranke wird von Gott zuerst durch die Hölle, dann in den Himmel geführt (vgl. Dante). Der Himmel ist leer, ohne Engel, ohne Menschen. Es ist wie ein sanftes Vorfrühlingsland, grüne Wiesen, sanfte Täler, ein paar blühende Kirschbäume.

Wahnhafte Fehlidentifikation

Die wahnhafte Fehlidentifikation (engl. delusional misidentification) ist eine Sammelbezeichnung für verschiedene Mißdeutungen von sich selbst und/oder der Umgebung. Der gemeinsame Nenner ist das inkorrekte „Erkennen", Mißdeuten, die „Fehldiagnose" bezüglich der eigenen Person oder eines Objekts der Außenwelt. Die reale Identität einer Sache wird nicht richtig (d. h. intersubjektiv übereinstimmend) erkannt, sondern wird durch eine andere (wahnhaft genannte) Zuschreibung (Attribution) ersetzt (Lit. s. Ellis u. Mitarb. 1994).

Solche Fehlidentifikationen schillern in Bereichen des Wahns, der Halluzinationen, der Illusionen (illusionäre Verkennung).

Sie können partiell oder global sein. Sie können folgende Punkte betreffen:

- psychologische, persönliche Identität,
- physische, morphologische Identität (besonders die Physiognomie),
- psychologische und physische Identität.

Fehlidentifikationen der eigenen Person

Nihilistischer Wahn	„Ich bin nicht"	Schizophrenie, wahnhafte Depression
Devitalisierung	„Ich bin tot" (Cotard-Syndrom)	wahnhafte Depression, Schizophrenie

Veränderung der eigenen Morphologie	Gesamtgestalt (Dysmorphophobie[3])	z. B. bei Anorexie
	Gesicht Hände Geschlecht	meist bei Schizophrenen
Selbstverdoppelung	Heautoskopie	besondere Bewußtseinszustände
Nichterkennen des eigenen Gesichts im Spiegel	u. U. Wahn, ein anderer zu sein	Schizophrenie Autoprosopagnosie

Fehlidentifikationen/Identitätsverkennungen, -änderungen von Objekten

- Der *Umwelt:* z. B. die Abteilung des Spitals wird mißdeutet als Gefängnis, Straße; Spionage wird geargwöhnt, wahnhaft vermutet.
- Von *Personen:*
  - A (eine bekannte Person) ist „in Wirklichkeit" nicht A, sondern ein Double: Capgras-Syndrom, z. B. das ist nicht meine Frau, sondern ein Double von ihr.
  - Eine unbekannte Person (z. B. Pflegeperson) wird als bekannt gewähnt (illusioniert): Fregoli-Syndrom.
  - Diese Leute (Mitpatienten) sind keine Patienten, sondern Kriminalbeamte, Schergen, Henker (z. B. in depressivem Schuldwahn, besonders bei Kombination mit psychoorganischem Syndrom).
- *Partielle Reduplikationen der Morphologie:* „Diese Person hat 2 Köpfe, mehrere Augen".
- *Zeitliche Reduplikationen* (sind korrekt *Paramnesien*, s. dort): „Dies habe ich schon mal erlebt, gesehen, gehört". Beschrieben von Epileptikern, Beziehung zu Flashbacks nach halluzinogenen Erfahrungen.

Viele (aber nicht alle) dieser Fehlidentifikationen sind flüchtig, d. h. dauern Sekunden oder weniger.

Solche Mißdeutungen treten häufig in schillernd-wechselnder und gemischter Art, Erlebnisqualität, Inhalt auf. Sie sind kaum je isoliert, sondern eingebettet in einen auch wieder vielgestaltigen psychopathologischen Kontext: Vor allem sind dies verschiedene Bewußtseinsstörungen: traumartige Realitätsentrückung, Bannung, Einengung,

[3] Wahnhafte Überzeugung, Angst, mißgestaltet, zu dünn, zu dick zu sein.

Dämmerzustand, Verworrenheit, Delirium, psychoorganische Syndrome, amnestisches Psychosyndrom (Gedächtnisreduktion), Desorientierung, intellektueller Abbau (Demenz). Der begleitende (evtl. auch wegbereitende) Affekt ist meist Angst und/oder Depression, selten ekstatisches Glücksgefühl.

Die nosologische Zuordnung ist nicht einheitlich, es dominieren aber akute und chronische psychoorganische Störungen. Ausgesetzte psychosoziale Situationen in unvertrauter Umgebung (als ganz oder partiell desorientierter hilfloser Patient in Pflegeheim oder Spital) und Sinnesfehler (des Sehens, des Hörens) sind als wegbereitende Auslöser anzunehmen.

Veränderung von Ich und Welt

Bei genauerem Zusehen ist die Untrennbarkeit von Ich und Welt fast immer zu erkennen. Oft ist sie für den Kranken selbstverständlich gewiß – und drückt sich im Wahn aus, in dem der Kranke selbst sich verändert fühlt und zugleich die alltägliche Umwelt in neuer Bedeutung erscheint.

- Beispiel von Depression:

  Der Kranke erlebt seinen eigenen leiblichen Zerfall, riecht seinen Verwesungsgestank. Am Verhalten seiner Umwelt erkennt er, daß auch die anderen seine Fäulnis bemerken und ihm ausweichen. Sogar die Amsel sei vor ihm davongeflogen (hypochondrischer Wahn und Beziehungswahn).

- Beispiel von Schizophrenie:

  „Ich weiß, daß ich Krebs habe ... Ich spüre die Knoten, ich sehe lauter Tierchen im Rachen ... Der Arzt hat mich untersucht, gesagt, er finde nichts. Als er mir zum Abschied die Hand gab und mit dem Kopf nickte, hat er mir bedeutet: Sie haben doch Krebs" (hypochondrischer Wahn und Beziehungswahn).

Erfahrungsunabhängige Bedeutungsgewißheit

Wahn tritt als apriorische Evidenz auf. Der Kranke braucht keine Begründung für seine Bedeutungsgewißheit.

- Beispiel von Schizophrenie:

  „Es ist ein innerlicher Beweis, ein intuitiver Beweis – das ist einfach sicher."

Die Wahnbedeutung ist vom Standpunkt der Gruppenangehörigen nicht zureichend begründbar und ist nicht zwingend nachvollziehbar, d. h. der Gesunde muß nicht zwingend zur gleichen Auffassung kommen.

NB: Dies heißt aber nicht, daß der Wahn grundsätzlich unverstehbar sei; häufig ist bei Kentnis der Lebensgeschichte des Kranken und seiner Stimmung der

Wahn, d.h. das Wahnthema (das Sosein des Wahns im Sinne von Kurt Schneider) verständlich ableitbar. Es bedeutet aber nicht, daß wir jeden Wahn verstehen können, und auch nicht, daß wir das Wahnkrankwerden erklären können.

Abstand von der und Widerstand gegen die Allgemeinerfahrung und die Gruppenüberzeugung

Die Wahnwirklichkeit gilt, auch wenn der Wahninhalt noch so unwahrscheinlich und unglaubwürdig ist, unvereinbar mit den Auffassungskategorien, denen der Kranke bisher anhing, und mit denen seiner Gruppe.

Deshalb ist der Wahn auch *resistent gegen logische Gegenargumente.* Erst im Abbau des Wahns (s. dort) kann er in Zweifel gezogen werden. Aber sein Abbau kann nicht durch Gegenargumentation herbeigeführt werden.

Ebenso kümmert sich der Wahnkranke nicht um die Entfernung (ja Gegensätzlichkeit) von dem kollektiven Glauben, Meinen, Auffassen der Sozietät, der er bisher angehörte. In der Krankheit ist er der Gemeinschaft entrückt (Isolation, Alienation).

Unfähigkeit zum Gesichtspunktwechsel

Der Gesunde (und auch der Neurotiker) findet sich in einer gemeinsamen Welt mit den Menschen seiner soziokulturellen Umgebung. Er kann seine Erfahrung mit denen anderer teilen, vergleichen, korrigieren. Er kann seinen Standpunkt, seinen Gesichtspunkt, seine Perspektive aus eigenem Nachdenken oder in der Verständigung mit anderen – die über das gemeinsam Gegenständliche (die sog. Realität) geht – wechseln, kann sich „anpassen“ an andere Gegebenheiten, ist elastisch, flexibel.

Dem Wahnkranken gelingt eben dies nicht mehr. Er kann den eigenen Standpunkt, das Eigene nicht mehr einsehen, in Beziehung setzen, relativieren – er ist von der neuen Bedeutungsgewißheit betroffen, überwältigt –, und er ist in neuer Evidenz (Conrad 1958), die keine mitmenschlich gemeinsame mehr ist, erstarrt. *Seine Simmung, sein Affekt, bestimmt sein Welterleben – und trennt ihn von den anderen. Er ist im Wahn der Welt der anderen entrückt, er ist verrückt in eine nur für ihn gültige Privatwelt.*

Das eben meint Bleulers *Autismus* (Bleuler 1911, 1919): private, egozentrische Weltsicht und Selbstinterpretation von solchem Grade, daß der bestätigende, korrigierende, relativierende Bezug zu den Menschen der eigenen Sozietät nicht mehr gesucht, zugelassen wird, nicht mehr möglich ist. Solcherart privates eigen-williges Weltverständnis (dereelles Welterleben) ist privativ: der mitmenschlichen Gemeinsamkeit entzogen. Darum ist der Mensch, dessen Weltsicht und Selbstverständnis einmal solcherart ver-rückt sind (de-lira-ire), gefährdet, sich prozeßhaft weiter zu „verrennen" – in der chronischen Wahnentwicklung und Laufbahn des Abnormen, Devianten. Eigene Unkorrigierbarkeit (Nichteingestehenkönnen des Irrtums, Nichtzulassenkönnen der Niederlage, Kränkung, Trotz) und Ausstoßungsreaktion von seiten der „Normalen" konstituieren und perpetuieren die Karriere der Autisten. Dies gilt in- und außerhalb von Psychosen. Autismus gilt seit Bleuler (1911) zu sehr als ein diagnostisch führendes, u. U. zu früh determinierendes, pathognomonisches Schizophreniesymptom. An sich ist jeder Wahnträger, jeder Halluzinant, jeder von eigenwilligen Überzeugungen bestimmte Mensch, jeder ausgeprägte Egoist, jeder narzißtische Charakter, auch der Fanatiker Autist. Jeder Mensch lebt in seiner je eigenen Welt, hat sein je eigenes Welt- und Selbstbild. Der Überschneidungsbereich dieser Weltkonzeption von Menschen gleicher kultureller Sozietät wird Realität genannt. Was davon über das gruppenübliche Maß abweicht, wird dereell, wahnhaft genannt. Die Normengebundenheit des Beurteilers, sein eigener Autismus, sind gefährliche Prämissen der Diagnose „Autismus"!

Die Unfähigkeit zum Gesichtspunktwechsel ist keinesfalls ein alleingültiges Wahnkriterium. Denn der Depressive, der die ganze Welt schwarz, belastend und bedrückt erfährt, kann auch keinen anderen Standpunkt einnehmen. Auch er kann seinen Gesichtspunkt nicht mehr relativieren.

Isolation und Alienation

Wahn ist isolierte Existenz, entrückt der mitmenschlich gemeinsamen Welt. Der Wahnkranke ist allein.

▶ Beispiel von Schizophrenie:

Der junge Mann stand vor der „verzweifelten Frage: was ist denn wirklich?… es war, wie wenn meine Welt unterginge …".
Er rief in angstvoller Erregung wiederholt: „Gott ist allmächtig." Er erhoffte sich durch diesen beschwörenden Hilfeschrei: „Daß Gott mir Hilfe gäbe … Ich habe gedacht, er wird mich nicht verlassen." In seiner ängstlichen Erregung lief er nackt auf die Straße: *„Ich war so verlassen und habe gemeint, daß niemand mehr da sei.* Ich habe gemeint, der Weltuntergang und das Chaos komme. Da bin ich auf die Straße gelaufen."

Im Wahn zeigen sich Isolation und Alienation des Psychotikers am deutlichsten. *Die Beziehung zu Menschen und Dingen seiner Welt ist dem Wahnkranken gestört* (Störung der Sympathiegefühle i.S. von Scheler 1913, Mayer-Gross 1932, Störung der intersubjektiven Konstitution des Menschen, Blankenburg, 1971). Nicht daß er sie nicht wahrnähme (auch der Autist ist sehr aufmerksam auf seine Umgebung) – aber die Auffassung des Wahngenommenen ist sonder-bar, ist eigenartig, abgehoben von der „gewöhnlichen", d.h. bisherigen und gruppenüblichen Auffassung. Darum können die Lebenspartner des Kranken auch nicht an seiner Erfahrung teilhaben, der Wahn ist im allgemeinen nicht mitteilbar im Sinne einer echten verbindlichen Verständigung. Nur in den symbiontischen Psychosen (Scharfetter 1970) gibt es eine Wahngemeinschaft.

Die Nichtnachvollziehbarkeit, Nichtbestätigbarkeit des Wahns für den Gesunden in seinem Nachdenken, Nachfühlen (was nicht heißt, daß der Wahninhalt und das Wähnen nicht verstehbar sei) hebt den Wahnkranken als solchen ab – aus dem Gesichtspunkt des Gesunden. Die von den anderen Menschen nicht mitvollzogene, manchmal geradezu verzweifelt festgehaltene Wahngewißheit (Evidenz des „Ich weiß"), die nur mehr die eine autistische „private" und privative (weil eingeschränkte) Sicht der Welt erlaubt, über die keine verbindliche Verständigung mit dem anderen mehr möglich ist, rückt den Wahnkranken aus der Gemeinschaft der Seinen.

Entstehungsbedingungen des Wahns

Grundsätzlich ist der Wahn eine besondere – d.h. auch von den Mitmenschen absondernde (privative) – Weise der Selbst- und Weltauffassung. Wir sind immer schon in irgendeiner Weise gestimmt – und diese Stimmung bestimmt unsere Erfahrung unser Selbst und unserer Welt – *Gestimmtheit* ist die Weise, wie wir in der Welt sind und wie die Welt für uns ist.

Schon die starke Stimmungsausrichtung des Gesunden kann seine Weltauffassung gegenüber seiner sonstigen und gegenüber der seiner Mitmenschen ändern. Dem Traurigen ist die ganze Welt grau und schwer, öd und leer, und er kann keinen anderen Gesichtspunkt wählen. Dem übermütig Ausgelassenen scheint alles leicht und schnell usw. Der Mißtrauische erfährt in „harmlosen" Ereignissen, Worten, Mimik, Gestik, Zeichen, die ihm bedeuten, daß man um den Grund seines Argwohns (vgl. Arg-wohn – Wahn) wisse, um sein schlechtes Gewissen, um seine Schwäche, um seine Schutzlosigkeit, Isolation usw.

Dem Verliebten ist die Welt verwandelt und voller Zeichen, Merkmale, die ihm die Gegenwart des geliebten Menschen kundtun. Dem Geängstigten wird vieles sonst Harmlose zur Bedrohung. *Je stärker die Stimmung das Erleben bestimmt – und damit auch das Bewußtsein einengt –, um so schwerer wird es schon dem Gesunden, einen anderen Standpunkt einzunehmen,* die Sicht zu wechseln. Aber es gelingt noch soweit, daß eine Verständigung mit anderen möglich bleibt, daß das eigene Erfahren als Besonderes, u.U. durch nennbare Ereignisse Bestimmtes erkannt wird – und als solches auch relativiert werden kann.

Isolation fördert die Wahnbildung.

J. wußte dies: „Wenn jemand allein ist, so baut er sich Gedankentürme auf, die nicht der Realität entsprechen, weil niemand dazwischenkommt" (vgl. dazu auch Realitätsbewußtsein).

Wahn und Lebensalter

Das Lebensalter spielt für die Themenwahl eine Rolle (Berner 1965). Unabhängig vom Alter zeigte sich uns der hypochondrische Wahn. Andere Autoren stellten für diesen Wahn eine Beziehung zu Pubertät und Alter fest. Wahnhafter Identitätswandel (einschließlich Abstammungswahn) trat nach dem 30. Lebensjahr nicht mehr neu auf. Im Alter über 50 Jahre überwogen die Themen Verfolgung, Hypochondrie, religiöse Themen.

Wahn und Geschlecht

Liebeswahn ist bei Frauen häufiger als bei Männern. Größenwahn kommt fast nur bei Männern vor. Die übrigen Wahnthemen zeigen keine signifikanten Geschlechtskorrelationen.

Wahn und Intelligenz

Wahnbildung hat direkt nichts mit Intelligenzbeeinträchtigung zu tun. Menschen mit guter Intelligenz sind genauso wahnfähig wie Minderbegabte. Intelligenz trägt aber zur Ausgestaltung und Verbalisation des Wahns bei. Chronisch Kranke mit guter Intelligenz können kompliziert ausgebaute Wahngebilde entwickeln. Bei Minderintelligenten und Dementen kann der Wahn sehr plump und grob wirken.

► Beispiel eines oligophrenen Schizophrenen:

Der Bauernbursche träumte von einem neuen Hof an einem Sonnenhang und von neuem Vieh. Er hörte Stimmen, die ihm rieten, den Hof anzuzünden, dann werde ein neuer gebaut. Er sah schönstes Vieh von der Alp durch die Luft herankommen. Dann legte er den Brand und ging ins Wirtshaus. Bei seiner Festnahme fragte er, ob jetzt der neue Hof an der von ihm gewünschten Stelle gebaut werde.

Immer bestimmt die Gestimmtheit die Erfahrung des Eigenen und der je eigenen Welt; so auch im Wahn. Je nach der Stimmung des Wahnkranken und je nach deren lebensgeschichtlich-situativer Determiniertheit heben wir *4 Gruppen von Wahnbedingungen* heraus.

Übersicht:

Wahn als Gewißwerden von affektiv Gegebenem
- Depression
- Manie

Lebensgeschichtlich-situativ „bestimmter" Wahn
- Wahn als Thematisierung von Unsicherheit und Isolation
- Wahn bei unerträglicher Selbstkränkung
- Wahn als Ersatzwirklichkeit für armselige Realität

Wahn als Reaktion auf bestimmte sensorische Situationen und Halluzinogene

Wahn bei verändertem Selbsterleben

Diese Gliederung zerlegt aus didaktischen Gründen, was in Wirklichkeit oft, aber keineswegs immer, verbunden ist.

Wahn als Gewißwerden von affektiv Gegebenem

(Tab. **18**)

Manchmal ist die den Wahn bestimmende Stimmung einheitlich und eindeutig (der Wahn ist *synthym*, engl. mood congruent, d.h. Inhalt und Stimmung stimmen zusammen, und *holothym*, d.h. die Stimmung erfüllt den Kranken ganz und einheitlich, ohne größere innere Widersprüche). Dies ist beim Wahn der Melancholiker und (manchmal auch) der Maniker gegeben.

Tabelle **18** Wahn als Gewißwerden von affektiv Gegebenem: Stimmung bestimmt ganz das Erleben

Motiv/Affekt	Wahnform	Vorkommen
Herabgesetztes Vitalgefühl	Krankheitswahn Untergangswahn nihilistischer Wahn	Depression schizoaffektive Psychose
Depressivität	Verarmungswahn	
Schuldgefühl	Schuld-/Verdammungswahn	
Erhöhtes Vitalgefühl	Größenwahn	Manie

Der Gegensatz ist *katathym* (engl. mood incongruent) genannt: Uneinheitlichkeit von Stimmung und Wahninhalt.

Depression

Die vitale Reduktion mit Untergangsangst und Schuldgefühlen bestimmt den Wahn des Melancholikers.

• Wahn eigenen Untergangs	Untergangswahn Wahn zu verwesen tot zu sein
• Wahn eigenen Untergangs durch Krankheit	hypochondrischer Wahn
• Wahn eigenen Untergangs durch Verarmung, durch Verhungern usw.	Verarmungswahn
• Wahn eigenen Untergangs durch Schuld/Sühne, durch Strafe	Versündigungswahn Verdammungswahn Bestrafungswahn depressiver Verfolgungswahn
• Wahn eigenen vollzogenen Untergangs (mit Schwinden der Welt)	nihilistischer Wahn

Manie

Das erhöhte Vitalgefühl und Selbsterleben der Maniker kann diese Menschen emporheben in ihrem Kraftgefühl, Machtgefühl, in ihrer Überzeugung von eigener Befähigung und Besitz. Manchmal wird daraus ein *Größenwahn.* Daraus kann (sekundär) die Besorgnis kommen, dieser Größe, dieses Besitzes usw. beraubt zu werden: *Beeinträchtigungs-*, Verfolgungs-, Bestehlungs-, Beraubungswahn.

Soweit ist verständlich abzuleiten, wie der in einer bestimmten Weise Gestimmte (Melancholiker, Maniker) in den Wahn gerät. Damit ist aber noch nicht geklärt, warum ein derart Verstimmter wahnkrank wird (und noch dazu in je bestimmter Weise, z.B. Schuld, Krankheit) und warum ein anderer nicht. Das Ausmaß der Verstimmung und lebensgeschichtliche persönliche und soziokulturelle Erfahrungen bestimmen das.

Wo die religiöse Konfession konkret mit der Hölle droht, wird der Verdammungswahn gedeihen. Wo religiöses Schuldgefühl indoktriniert wird, wird das in der Krankheit aufgegriffen. Wo medizinische Aufklärung, anatomische Grundkenntnisse die Gemüter verunsichern, wo eine prominente Person, wo ein Verwandter oder näherer Bekannter an Herzinfarkt, an Krebs usw. leidet oder stirbt, kann dieses Thema aufgegriffen werden.

Wo die sexuelle Potenz das Selbstwerterleben bestimmt, erfährt der Kranke die Devitalisierung an den eigenen Geschlechtsteilen (z.B. Schwund der Genitalien in Südostasien).

Das letzte Warum des Wahns (des Daseins des Wahns, nicht seines Soseins, Schneider 1949, 1952) ist damit noch nicht genannt: Das Warum, die Kausa für die Wendung aus dem reellen (i.S. des mitmenschlich gemeinsamen) zum dereell-autistischen Welterleben des Wahnkranken (Bleuler 1911), die Ursache für diese Schwenkung in die Verrücktheit.

Lebensgeschichtlich situativ „bestimmter" Wahn[4]

(Tab. **19–21**)

Die Lebenssituation kann manche Menschen unter Hinzukommen weiterer persönlichkeitseigener, vielleicht angeborener, manchmal erworbener Bedingungen in den Wahn führen. Die lebensgeschichtliche Konstellation liefert das Bedingungsgefüge für das „affektive Wahnbedürfnis" (Bleuler 1906, 1911).[5]

Die Affekte sind vielfältig – und doch auch einigermaßen gleichsinnig zu gruppieren:

- Unsicherheit,
- Freiheitseinschränkung,
- Isolation,
- unerträgliche Selbstkränkung.

---

[4] Bestimmt ist in Anführung, weil es nicht sicher ist, daß die lebensgeschichtliche Situation allein – ohne disponierende Faktoren – in den Wahn führen kann.

[5] Freud hatte schon in den früheren Arbeiten zur Abwehrneuropsychose auf den Sinn im Wahn, der offenbar einem Bedürfnis entspreche, hingewiesen. Von der Anerkennung des Wahns als biographisch sinnvoll bis zur Formulierung, Wahn sei eine „Lebensnotwendigkeit" (Kant, O., 1927 a, S. 643), geht eine gerade Linie. Zur Psychodynamik des Wahns finden sich längst vor Freud wichtige Autoren des 19. Jahrhunderts: Heinroth, Guislain, Ideler, Feuchtersleben (Scharfetter 1987).

Tabelle **19** Lebensgeschichtlich-situativ bestimmter Wahn – Wahn als Thematisierung der Verunsicherung und Isolation

Wahnmotivierende Situation	**Motiv/Affekt**	**Wahnform**	**Nosologische Einordnung**
Altersschwäche	Unsicherheit Isolation	Beinträchtigungswahn Verfolgungswahn Bestehlungswahn	paranoide Entwicklung
Sinnesfehler z. B. Schwerhörigkeit	Unsicherheit Isolation Mißtrauen	Beziehungswahn Beeinträchtigungswahn	paranoide Entwicklung
Auswanderung, in sprachfremder Umgebung	sprachliche Isolation	Beeinträchtigungswahn Verfolgungswahn	paranoide Entwicklung, Reaktion
Politische Verfolgung, Konzentrationslagerhaft	Unsicherheit Ausgesetztsein Isolation	Verfolgungswahn	paranoide Entwicklung

Tabelle **20** Lebensgeschichtlich-situativ bestimmter Wahn – Wahn bei unerträglicher Kränkung, Ohnmachtserlebnis

Wahnmotivierende Situation	**Unerträgliche Selbstkränkung**	**Wahnformen**	**Nosologische Einordnung**
Schlechtes Gewissen	Moralisches Minderwertigkeitsgefühl Mißtrauen	Beziehungswahn	sensitiver Beziehungswahn, Paranoia
Rechtskränkung	„juridisches" Minderwertigkeitsgefühl	Querulantenwahn	Kampfparanoia
Sexuelle Impotenz	sexuelles Minderwertigkeitsgefühl	Eifersuchtswahn	wahnhafte Entwicklung z. B. bei Alkoholismus

Tabelle **21** Lebensgeschichtlich-situativ bestimmter Wahn – Wahn als Ersatzwirklichkeit für armselige Realität

Wahnmotivierende Situation	**Unerträgliche Selbstkränkung**	**Wahnform**	**Nosologische Einordnung**
Erotische Unerfülltheit und Vereinsamung	erotisches Bedürfnis, Isolation	Liebeswahn	sensitiver Beziehungswahn, Schizophrenie
Unerfüllter Kinderwunsch	unerfüllte Mutterschaft	Schwangerschaftswahn Mutterschaftswahn	Schizophrenie, organische (auch epileptische) Psychosen
Armut, unwichtige Rolle	Minderwertigkeitsgefühl	Reichtumswahn wahnhafte Rollenerhöhung	organische Psychosen
Niedere Abkunft	Minderwertigkeitsgefühl	Abstammungswahn	Schizophrenie, organische Psychosen
Haft, besonders lebenslänglich	Unfreiheit, besonders Isolation, Zukunftslosigkeit	Begnadigungswahn Unschuldswahn	paranoide Erlebnisreaktion

Diese Faktoren sind oft verbunden, besonders Unsicherheit und Isolation.

Wahn als Thematisierung von Unsicherheit und Isolation

Im Alter. Wenn der alte Mensch das Nachlassen seiner Kräfte und seiner Sinnesleistungen fühlt, kann er unsicher werden. Ist er dazu noch allein, so fühlt er sich eher schutzlos ausgeliefert und kann in seiner Angst (und im zunehmenden psychoorganischen Abbau) die Realitätskontrolle verlieren. Die Angst bestimmt dann, daß er sich verfolgt, umlauert, bestohlen, beeinträchtigt wähnt. Ist er allein, kann der Vereinsamte diese Erfahrung auch nicht mehr mit einem Partner besprechen und dabei allenfalls berichtigen.

Sinnesbehinderung. Ähnlich kann es dem Sinnesbehinderten gehen, der ja auch oft isoliert ist. Besonders Schwerhörigkeit und Taubheit disponieren zu Mißtrauen, der Argwohn kann zur Wahngewißheit werden (Beziehungs- und Beeinträchtigungswahn). Seltener kommt es bei Sehbehinderung zu Wahnbildung.

Auswanderer in sprachfremder Umgebung. Sie fühlen sich oft preisgegeben, ausgeliefert, können sich nicht mehr verständigen und geraten in zunehmendem Mißtrauen in den Wahn der Beeinträchtigung oder Verfolgung. Ähnlich kann es jahrelang politisch Verfolgten gehen.

Wahn bei unerträglicher Selbstkränkung

Schon den Gesunden kann das schlechte Gewissen zu gespannter Beobachtung der Umgebung, zur Annahme von Zeichen in sonst als harmlos aufgefaßten Dingen, Gesten, Worten usw. führen.

Moralisches Minderwertigkeitsgefühl weckt Mißtrauen, und auf ein „Schlüsselerlebnis" kann der Argwohn in den Wahn führen, andere Menschen wüßten um die Verfehlung, verbreiteten üble Gerüchte über den „Gewissenskranken" die immer weitere Kreise zögen: *sensitiver Beziehungswahn* (Kretschmer 1966).

Manchmal kann der (sthenische) Kranke dann den Kampf mit den Gerüchtemachern aufnehmen und sich gewalttätig rächen: *Kampfparanoia* (s. Fall Wagner, Gaupp 1920, 1938 und Kretschmer 1966).

Manchem (sensitiven) Menschen kann eine kleine Ungerechtigkeit maßlos zusetzen. Das Gefühl der *Rechtskränkung („juridisches Min-*

derwertigkeitsgefühl" der Niederlage) kann unerträglich werden und zu einem dauernden Stachel des Kampfes, der Reklamationen gegen angebliche Ungerechtigkeiten, der endlosen Eingaben bei Gerichten usw. werden: *Querulantenwahn,* Kampfparanoia (vgl. Michael Kohlhaas von Heinrich von Kleist).

Sexuelle Minderwertigkeitsgefühle bei Verminderung oder Ausfall der Potenz (z.B. in Folge von Krankheiten der Geschlechtsorgane, des Rückenmarks, durch Alkoholismus) kann eine dauernde Selbstkränkung sein und zu wahnhafter Überzeugung von der Untreue des Partners führen: *Eifersuchtswahn* (d.h. nicht, daß jeder Eifersuchtswahn so zu verstehen sei).

Auch eine (unter dem Druck der Gesellschaftsnormen) nicht akzeptierte Homosexualität kann vielleicht zu wahnhafter Anfeindung führen (s. Fall Schreber, Freud 1911).

Wahn als Ersatzwirklichkeit für armselige Realität

Als *permanente schwere oder unerträgliche Selbstkränkung* können auch Armut, niedere Abkunft, unerfüllte Wünsche nach erotischer Beziehung oder nach Mutterschaft wirken. Die gesellschaftlich gesetzten Normen können solche Gegebenheiten zu einem Normendruck werden lassen.

Der Gesunde spürt den unerfüllten Wunsch, sucht allenfalls nach Erfüllungsmöglichkeiten – und leidet, wenn das nicht gelingt. Manche Menschen leiden aber nicht nur darunter, sondern müssen und können den Druck abwenden in einer *wahnhaften Kompensation* (hypothetische „erklärende" Interpretation). Der Kranke findet – um den Preis psychotischer Verrückung – den Wunsch im Wahn erfüllt: *der Wahn wird zur Ersatzwirklichkeit* (sog. desiderativer Wahn).

► Beispiele von Schizophrenie:

- Das 24jährige berufslose Mädchen wähnt sich in Spanien von einem Diplomaten D.R. umworben. Sie habe ihn nie gesehen, er trete durch Vermittler und Zeichen mit ihr in Verbindung, das Benehmen fremder Menschen, Straßensperren in B. usw. seien Zeichen von ihm an sie. Sie höre seine Stimme und könne über das Radio mit ihm sprechen. Er habe beim Öffnen des Autokofferdeckels von Heirat gesprochen, sie seien „geistig verheiratet", auch von ihren zwei Kindern habe er gesprochen, das eine sei sie selbst, das andere er.
- Die 33jährige chronisch Kranke steht in einer wahnhaften Beziehung zu einer Krankenschwester und regelt diese Beziehung über die Wahl bestimmter Nahrungsmittel. Wenn sie die Krankenschwester sieht oder wahnhaft mit ihr in Beziehung ist, hat sie Körperempfindungen wie beim Geschlechtsverkehr mit ihr (homoerotischer Liebeswahn).

So kann *erotische Unerfülltheit und Vereinsammung als Motivation eines Liebeswahns* angesehen werden: der wahnhaften Überzeugung, geliebt zu werden, das Ziel erotischer Wünsche zu sein, oder – in mehr negativer Form – Ziel erotischer Angriffe, ja Vergewaltigung zu sein. Dann kann aus dem Liebeswahn ein erotischer Verfolgungswahn werden.

► Beispiel von Schizophrenie:

Die alternde alleinstehende Frau möchte ihre Einsamkeit durchbrechen und sucht sich einen Liebhaber. Sie hat aber Angst dabei und weist vorhandene Bewerber ab. Sie entwickelt darauf einen erotischen Verfolgungswahn, sie werde von Mädchenhändlern gefangen und verschleppt.

Unerfüllter Kinderwunsch kann in der Psychose aufgehoben sein: im Wahn schwanger zu sein oder viele Kinder geboren zu haben. Wir wollen damit keineswegs behaupten, daß jeder Schwangerschaftswahn so zu verstehen sei, vor allem auch nicht der (selten) bei schizophrenen Männern vorkommende Wahn, sie würden Kinder gebären.

► Beispiel von Epilepsie und Schwachsinn:

Die junge Patientin wähnt sich schwanger, in ihrem Bauch sei eine Kugel, die sich drehe. Das sei ihr Kind (Patientin ist sterilisiert).

► Beispiel von Schizophrenie:

„Ich bin ein Tier ... Ich bin in anderen Umständen und werde ein Tier zur Welt bringen."

Armut, Minderintelligenz, unwichtige Rolle in der Gruppe und damit zusammenhängende *Kleinheits- und Minderwertigkeitsgefühle* können manchmal im Wahn aufgehoben werden: *Reichtumswahn,* vielfach verbunden mit *Abstammungswahn.*

S. Beispiel S. 223.

Unscheinbare („niedere") Abkunft kann ebenfalls einen dauernden Stachel des Minderwertigkeitsgefühles darstellen und kann im Wahn aufgehoben werden: *Abstammungswahn.* Damit ist nicht gesagt, daß alle Formen von Abstammungswahn in der gleichen Weise verständlich abzuleiten wären.

Die *Haft,* besonders die lebenslängliche Einzelhaft, ist eine dem Menschen unerträgliche Situation. Einsamkeit und Unfreiheit engen ein, nicht nur im äußeren Sinne der Einschränkung der Beweglichkeit, sondern auch im Sinne der festgelegten Zukunft. Es gibt keine Hoffnung mehr. In solcher Situation kann sich ein *Unschuldswahn* oder auch ein *Begnadigungswahn* entwickeln.

Ein alter Krebskranker entwickelte den Wahn, junge, d.h. neue Organe zu haben und nun unsterblich zu sein.

Es wäre denkbar (ist aber nicht erwiesen), daß mancher Heilswahn (der gelegentlich bei Schizophrenen vorkommt) seine Wurzel in der Angst des Krankheitsgefühls hat und eine wahnhafte Überwindung dieser unerträglichen Situation darstellt.

Wahn als Reaktion auf bestimmte sensorische Situationen und Halluzinogene (Tab. **22**)

- Sinnesisolation,
- Sinnesüberflutung (?),
- Halluzinogene.

Sinnesisolation. Sie kann *akzidentell* zustande kommen (z.B. bei Alleingängen im Gebirge, bei sehr isolierten Älplern, in Einzelhaft, bei Schiffbruch, bei Bergwerkunglück, bei Expeditionen durch die Arktis oder durch die Wüste, bei der Einzelfaltbootüberquerung des Atlantischen Ozeans). Die Berichte von solchen Erfahrungen sprechen von Depersonalisations-, Derealisationserlebnissen, *wahnhafter Situationsverkennung* und auch wahnhaft halluzinatorischer Wunscherfüllung: Land zu sehen, eine Oase anzutreffen, Zuspruch gebende Stimmen zu hören, aufgehoben und geführt zu sein.

Auch in der *experimentellen* Sinnesisolation, bei der die Abschirmung sensorischer Afferenz meist ausgeprägter ist als bei der akzidentellen Isolation, kommt es häufig zu *wahnhaften Situationsmißdeutungen:* z.B. der Käfig sei nicht dicht, es kämen Geräusche herein, es werde etwas in den Experimentierkäfig hineinprojiziert, Gas werde eingeleitet. In der Verkennung der Situation kann die Versuchsperson auch von der Panik gepackt werden, sie werde wahnsinnig gemacht.

Tabelle **22** Situativ bestimmter Wahn – Wahn bei sensorischer Isolierung und unter Halluzinogenen

Wahnmotivierende Situation	Motiv/Affekt	Wahnform	Nosologische Einordnung
Sinnesisolation Halluzinogene	Depersonalisation Derealisation Halluzination Illusion Angst	Bedrohungswahn wahnhafte Situationsdeutung	paranoide Reaktion, Halluzinogenpsychose experimentell akzidentell

Sinnesüberflutung. Diese scheint eine ähnliche Verarbeitung veranlassen zu können.

Halluzinogeneinfluß (akzidentell, experimentell). Hierunter kann es ebenfalls zu angstvollem Erleben von Depersonalisation und Derealisation, Halluzination, illusionärer Verkennung kommen. Der Betroffene weiß dann u. U. nicht mehr um die experimentelle Situation, *mißdeutet wahnhaft die Situation* (z. B. daß die Dosis zu hoch gewesen sei, daß er geisteskrank werde) und kann sich auch wahnhaft bedroht fühlen.

Wahnähnliche Situationsverkennungen beim Gesunden. Diese zeigt sich besonders im Zustand der Übermüdung, bei verkennungsfördernder Umgebung (Nacht, Nebel) und in ängstlich gespannter Erwartung.

► Beispiel:

Eine junge Frau hielt sich in einer Abendgesellschaft noch krampfhaft mit Kaffee und Nikotin wach. Sie fühlte sich dann „komisch" und unsicher und kam plötzlich auf die Idee, man habe ihr eine Droge (Haschisch) in den Kaffee getan. Sie sprach sich über ihre Befürchgung aus und beruhigte sich. Auf der später folgenden Autofahrt (allein) sah sie in den nächtlichen Alleebäumen Gespensterfratzen, erkannte das aber als Halluzination. Sie bekam Angst, sie könnte geisteskrank werden. Am nächsten Tag ging sie zur Freundin, immer in ängstlicher Erwartung neuer Halluzinationen, und sah im stark geschminkten Gesicht der Freundin einen Totenkopf.

Wahn bei verändertem Selbsterleben (Tab. **23**)

Bei der Besprechung des Ich-Erlebens haben wir auf die Möglichkeit wahnhafter Interpretation der Störungen der verschiedenen Ich-Dimensionen hingewiesen.

Daß die Thematisierung der Bedrohung der eigenen Lebendigkeit falsch sei, darf man nicht sagen. Der Kranke teilt uns mit seinem Wahn seine Existenzbedrohung mit, den Untergang seiner Existenz, den Zerfall seines Selbstseins und seiner Welt, sein eigenes Überwältigtwerden von den Menschen und Dingen, die Verfolger, die Gift sind für sein bedrohtes, zerbrechliches, eingeengtes Dasein. *Er nennt uns seine Lebenswirklichkeit.* Wir werden dem Kranken nur gerecht, wenn wir diese seine eigene Lebenswirklichkeit als solche anerkennen und ernst nehmen, niemals indem wir sie als „Wahn", als „Einbildung" abtun. Damit stoßen wir den Kranken weg – weiter in seine Einsamkeit. Das heißt natürlich *nicht,* daß wir den Kranken in seinem Wahn bestätigen! Auch wenn wir seine Einschätzung seiner Lebenswirklichkeit anerkennen, können und müssen wir uns doch als Vertreter der „Mitmenschen" klar abgrenzen: daß wir seine Wirklichkeit nicht so wie er „sehen", daß

Tabelle **23** Wahn als Bewältigungsversuch veränderten Ich-Erlebens (Interpretation, Erklärung, Ergänzung, Kompensation, Überkompensation)

Betroffene Dimension des Ich-Erlebens	**Interpretation**	**Kompensation und Überkompensation**	**Vorkommen**
Ich-Vitalität	hypochondrischer Wahn nihilistischer Wahn	Heilswahn	
	Untergangswahn	Heilandswahn Weltverbesserungswahn	Schizophrenie
	Weltuntergangswahn Verfolgungswahn	Welterneuerungswahn	
Ich-Aktivität	Fremdbeeinflussungswahn Verfolgungswahn	Omnipotenzwahn	
Ich-Identität	wahnhafter Identitätswandel	Abstammungswahn	
Ich-Konsistenz	Zerrissenheit, Zersplitterung, Selbst-/Weltuntergang Pluralität des Ich	Heilandswahn	
Ich-Demarkation	Fremdbeeinflussungswahn, Verfolgungswahn	magische Ausdehnung auf die ganze Welt, Verschmelzungserlebnisse	

wir sie nicht in bestätigender Weise nachvollziehen können. (Näheres zum Umgang mit dem Wahnkranken s. Scharfetter 1995, Kap. Therapie.)

Der *Ich-Vitalitätsstörung* kann zugeordnet werden:

- hypochondrischer Wahn,
- Untergangswahn,
- Weltuntergangswahn,
- Verfolgungswahn, Vergiftungswahn.

Es scheint so, als ob die Wahnentwicklung nicht dabei stehen bleiben müsse – gleichsam bei der Feststellung des Elends, z.T. in abnormer Sinngebung (Symbolisation) –, sondern daß unter besonderen, noch nicht erforschten Bedingungen, die als psychodynamisches Konstrukt („Abwehr“) denkbar sind, *die Wahnentwicklung leidentlastend wirkt:* es wäre denkbar, daß Heilswahn eine kompensatorische (überkompensatorische) Überwindung der eigenen Krankheitsangst sei, daß der Weltuntergang kompensiert (oder überkompensiert) werden könne in einem *Weltneuschöpfungs-, Welterneuerungs-, Weltverbesserungswahn,* im religiösen Gewande als *Propheten-, Heilands-, messianischer Wahn.*

Die phantasierte (oder phantasierbare) Überwindung wird – bei Verlust der Realitätskontrolle – im Wahn zur Lebenswirklichkeit.

Manchmal können sich auch *Schuldgefühle* über das eigene Gewissen hinaus ausdehnen zur Überzeugung von der *Schlechtigkeit der ganzen Welt.* Das kann Anlaß geben, die schlechte Welt zu überwinden.

► Beispiel von Schizophrenie:

Die Patientin geriet nach einem Vergewaltigungsversuch in eine Depression mit Versündigungsgefühlen und Schwangerschaftsangst. Das Schuldgefühl führte zum Wahn, die schlechte Welt zu überwinden und eine neue Welt zu gründen.

Auch die *Ich-Konsistenzstörung* kann – in der Ausbreitung des Gefühls der Zerrissenheit – *zum Wahn der Zersplitterung, der Explosion der Welt,* ja des Universums überhaupt werden. Eine Rettung entsteht im Welterneuerungs- und Heilandswahn.

► Beispiel von Schizophrenie:

Der junge Mann erfuhr 1971 eine Reihe von Ich-Störungen. „Ich bin nicht so wie die anderen Menschen“ (Alienation, Identität als Mensch, Gefühl eigenen Andersseins). „Wahrscheinlich bin ich gar nicht von dieser Welt... wieso sollte ich einen Namen haben? *„Ich bin in einem kosmischen Kampf zwischen zwei Galaxien,* der auch diese Welt erfaßt. Dieser Kampf wird im Geiste ausgeführt. ... *Ich bin das vollkommene Chaos“* (Ich-Zerrissenheit, kosmischer Kampf). Er fürchtete die Weltvernichtung durch eine Atomexplosion.
Bis 1974 ist unter dem Druck dieser Qual die Freisetzung von positiven Kräften gelungen. Der vorher depressive Kranke ist nun manisch und voller Kraftgefühl. Der Universumstreit ist reduziert auf die (zeitgeschichtlich naheliegende) Atomzerstörung der Welt. Diese wird nun prophylaktisch angehbar: der Kranke entwickelt Vorschläge zur Verhinderung des Atomkriegs durch Gründung einer harmonischen Völkergemeinschaft, kann dann Aktivität entfalten und die Gefahr abwenden. Er ist wieder geordnet und in sich einig.

Es gibt auch eine Verselbständigung der zersplitterten Teile: *Wahn der Duplizität und Pluralität.*

Pluralitätswahn:

► Beispiel von Schizophrenie:

„Ich bin wir.“

Der *Ich-Aktivitäts- und Ich-Demarkationsstörung* ist der *Fremdbeeinflussungswahn* und der *Verfolgungswahn* zugeordnet. Wenn die eigene Aktivität verloren ist, liegt alle Macht bei den anderen. Spekulativ wäre denkbar, daß die Grenzenlosigkeit und Aktivitätsaufhebung überkompensiert würde in einem wahnhaften Gefühl der *Omnipotenz*, der magischen Befähigung und Kreativität.

Omnipotenz:

- Beispiel von Schizophrenie:

  „Geistig hat sich das Blatt seit Weihnachten bei mir gewendet. Jetzt habe ich alle geistige Macht und Einsicht."
  Befähigung zum Gedankenlesen, -beeinflussen, zu telepathischen Ferngesprächen, zur Hypnose.
  „Gott kann ich sein – ich will auch Gott sein."
  „Mein Geist kann in einen anderen Körper schlüpfen und mit ihm machen, was er will."

Omnipotenz kann sich auch im Eingreifen in Geschehnisse des Universums kundgeben: *kosmologischer-astronomischer Wahn, kosmogonischer Wahn* (Weltschöpfung).

- Beispiel von Schizophrenie:

  „Sonne und Mond sind ineinander gegangen. ... Die Sonne frißt die Sterne, wenn sie viele gefressen hat, wird sie stärker. Je nachdem, ob sie blaue oder rote Sterne frißt, gibt es Sonnenflecken oder keine." Der Kranke hat Gewalt über die Sonne, reißt sie hinter den Wolken hervor und macht das Wetter. Der Mond, wenn er im Wachstum ist, spricht zum Patienten und ruft ihn: „Komm." Das bedeutet, er solle sterben. Hier ist die Ausdehnung der Grenzenlosigkeit der Existenz und ihrer Macht deutlich verbunden mit der Bedrohung durch die Auflösung der Existenz (Sterben).

Etymologie von Wahnsinn und Wahn

Was weiß die Sprache vom Wesen des Wahns?

Die Wörter Wahnsinn und Wahn haben nach der Auffassung der Etymologen verschiedene Herkunft (s. Duden Bd. 7, 1963, Hofer 1953, Wasserzieher 1963).

Wahnsinn (-witz, vgl. Demenz)

Wahn ist alt- und mittehochdeutsch *wan* (leer), urverwandt mit gotisch *vans* (mangelnd, leer), lateinisch *vanus,* vastus (leer). Aus dem gleichen indogermanischen Stamm ist das Wort Wüste abgeleitet. Sinn ist ursprünglich Gang, Weg der Gedanken.

Wahn-sinnig heißt also: leer von Sinnen, des Verstands (Witz) ermangelnd.

Wahn

Das Wort stammt aus der indogermanischen Wurzel *wen* (das auch in unserem neuhochdeutschen „gewinnen“ steckt), d.h. nach etwas suchen, trachten, wünschen, verlangen, erhoffen, begehren, erwarten, annehmen im Sinne von vermuten. Dazu gehört germanisch, mittel- und althochdeutsch *wan:* Erwartung, Vermutung, Meinung, Verdacht (vgl. Arg-wohn). Aus derselben indogermanischen Wurzel stammt englisch to win, germanisch wunsch, wine (wini), d.i. Freude (vgl. die Namen Winfried, Erwin), lat. venus (Liebe), altindisch vanas (Verlangen, Lust) und vanati (Liebe).

Die Herkunft des Worts Wahn weist also schon darauf hin, daß dabei ein Streben wirkt (Motivation), ein Wunsch, daß etwas gewonnen, daß etwas angenommen wird. Wir kennen das sonst heute nur mehr in der peiorativen Form des Argwohns.

Paranoid

Wahn ist paranoides Erleben.

- *Paranoid:* Es kommt vom griechischen πάρα, νοῦς, νόος, d.i. Sinn, Einsicht, Vernunft. Paranoid ist also eine Erkenntnis und Sinngebung, die an der allgemein mitmenschlich geteilten, gemeinsamen Erfahrung der Welt vorbeigeht (gestörter Realitätsbezug).

Die heute öfter gefundene Einschränkung von „paranoid“ in der Bedeutung Verfolgungswahn (paranoid persecution, persecutory delusion) ist falsch.

Delusion

Im Englischen heißt Wahn *delusion* – von lat. deludere, -lusi, -lusum, d.h. vorspielen, vorgaukeln. Im Wahn erscheint dem Kranken eine (vom Standpunkt der Mitmenschen aus beurteilt) irreelle Welt.

Delirium

Im Lateinischen (und in den romanischen Sprachen) heißt Wahn *delirium,* von de lira ire, d.h. aus der (Acker-)Furche geraten – also aus der mitmenschlich gemeinsamen Welt herausgerückt (verrückt) sein.

Gewinn im Wahn – finale Betrachtungsweise

Daß auch im Wahn Sinn sein könne und daß Wahn einer Notwendigkeit entspreche, drängt sich bei der näheren Betrachtung des Wahns im lebensgeschichtlichen Zusammenhang auf. Manche Kranke lassen uns das auch wissen; so sagte einer zu Storch (1965): „Ich bilde mir selbst die Welt, um mich über das Klägliche hinwegzusetzen."

Zu Kretschmer (1963) sagte einer, auf die Realität hingewiesen: „Was wollen Sie mit der Realität, ich finde sie scheußlich." Und Frau K. sagte im Gespräch über ihre schöne Wahnwelt: *„Das ist mein Leben, meine Freiheit, mein Ziel."*

Aber die Wahnwelt ist selten schöner als die mitmenschlich gemeinsame Welt. Manchmal (und vielfach nur teilweise, episodisch) gelingt im Wahn eine glücklichere Welt – freilich um den Preis psychotischer Vereinsamung. Manche Rollenerhöhung im Wahn hoher Abstammung, Macht, Besitz, Auftrag, Partnerschaft, Mutterschaft usw. bringt den Kranken einen Zuwachs, einen Gewinn an Selbstgefühl. Damit solcher Wahn aus dem „affektiv gesteuerten Wahnbedürfnis" (Bleuler 1906) entstehen kann, sind besondere Voraussetzungen notwendig, z.B. Minderintelligenz, Demenz, akute Wahnepisoden mit Bewußtseinsumdämmerung (z.B. ekstatische Glückserlebnisse bei Eingebungen im Dämmerzustand) oder hoch akut desintegrative Psychoseformen.

Bei manchen Wahnformen liegt die finale Interpretation als *Wunscherfüllung* nahe: Abstammungswahn, Heilswahn, Heilandswahn, Weltverbesserungswahn, Erfinderwahn, Omnipotenzwahn, Liebeswahn, Schwangerschaftswahn, Mutterschaftswahn, Reichtumswahn, Begnadigungswahn, Unschuldswahn.

Hier gelingt sozusagen die *Selbstrettung im Wahn* (Kant, O., 1927 a, b, 1930, Kahn 1929), die *Flucht in eine autistische Sonderwelt*, weg von der unerträglichen Realität.

Doch das sind nicht die häufigen Wahnformen, die Mehrzahl der Wahnkranken leidet und ist gequält. Wie kann man da noch eine finale Betrachtungsweise anwenden? Sicher kann man diese Interpretationsweise spekulativ sehr weit treiben, so etwa, wenn man hervorhebt, daß der Kranke im Verfolgungswahn eine intensive (wenn auch negative) Zuwendung erfährt und damit aus der Vereinsamung heraustritt („lieber verfolgt werden als einsam sein"),[6] daß Verfolgungswahn auch unerträgliche Nähe vermeiden helfe, daß der Kranke im Heilands- und Heilswahn sich altruistisch um andere kümmern kann und daß beides eine Rollenerhöhung bringe. Oder beim Abstammungswahn: „Ich muß von einer anderen Mutter sein, denn so wie meine Mutter zu mir war, das kann eine wirkliche Mutter nicht sein."

---

6 Zum „Gemeinschaftsbedürfnis bei Hingabeunfähigkeit" s. Kehrer (1928), Kant, O. (1930). Beide Autoren trugen zur finalen Betrachtungsweise des Wahns bei; s. auch Kahn (1929).

Man wird auch beim *Verleugnungswahn* an Finalität denken. Es gibt ihn in positiver und negativer Form.

▶ Beispiel von Wahnpsychose bei Epilepsie:

Für Frau K. lebt ihre (längst verstorbene) Mutter immer noch, sie läßt ihren Tod nicht wirklich sein für sie. Zugleich bestreitet sie, daß sie einen Bruder habe, sie nimmt ihn selbst bei Besuchen nicht zu Kenntnis (wohl aber akzeptiert sie seine Geschenkpakete).

Solche final-interpretativen Spekulationen kann man konstruieren, aber kaum durch Tatsachen erhärten. Eher kann man manchmal (besonders den schizophrenen) Wahn als einen *Versuch der Bewältigung des veränderten Selbsterlebens* verstehen, wie wir es auf S. 243 ausgeführt haben. Ein erster Schritt der Bewältigung wäre die *Thematisierung* und die *Verbalisierung* des Wahns: ein Versuch, die unheimliche, angstauslösende Erfahrung wenigstens einmal festzustellen, in einer Interpretation der eigenen Selbsterfahrung. Daß dazu noch *Überwindungsversuche* zur Kompensation und Überkompensation des Widerfahrnisses, der Sprung in eine neue Erfahrung, die der Wahnwelt, komme, ist eine Vermutung.

Die Angst übt einen „Zwang zur Sinnentnahme" (Straus, zit. nach v. Baeyer in: Schulte u. Tölle 1972, S. 2) aus, drängt zur Sinngebung und Deutung. Aus dem Gefühl: „Ich verstehe mich und die Welt nicht mehr" wird im Wahn die Einsicht „Ich verstehe", vielleicht sogar: „Ich verstehe besser als früher." *Wahn als Sicherungsmaßnahme gegen das bedrohliche Unvertraute.*

Dem *Betroffensein* des Kranken und seiner *Abhängigkeit von anderen* entspräche der Beeinflussungs- und der Verfolgungswahn. Das Gegenstück wäre die *Abhängigkeit anderer vom Kranken:* Ich-Erhöhung in der Omnipotenz, im Welterneuerungs-, Weltverbesserungs-, messianischen Wahn und im Erfinderwahn. Die *Überwindung der Einsamkeit* im Verfolgungswahn und im altruistischen Heils- und Heilandswahn brächte eine neue psychotische Gemeinschaft. Die Verleugnung oder die Flucht aus der unerträglichen Schicksalswirklichkeit führt zur *Scheinfreiheit im Wahn.*

Damit ist freilich noch nichts darüber gesagt, warum einem Menschen in unerträglicher Schicksalslage der Aufbau einer Wahnwelt gelingt. Auch wenn wir den Wahn verstehen können und ihn als lebensgeschichtlich sinnvoll ansehen können, heißt das noch nicht, daß wir in der Lage sind, das Auftreten des Wahns zu erklären.

Vorkommen des Wahns

Inhalt und Struktur des Wahns allein (ohne den gesamten psychopathologischen Kontext) erlauben noch keine diagnostische Zuordnung.

Experimentelle Situationen

Hierbei (Bewußtseinsveränderung, sensorische Deprivation und Isolierung, Halluzinogenwirkung u.a.) kann es zu wahnhaften Mißdeutungen der Situation kommen (die „Realität" wird verkannt und es tritt Verfolgungs-, Vergiftungswahn auf). Ähnliches ist gelegentlich akzidentell möglich (vgl. S. 242).

Wahnbildung als erlebnisreaktive Entwicklung

Meist mißtrauisch-paranoide Beeinträchtigungshaltung bei Schwerhörigen, körperlicher Schwäche, Behinderung, Verkrüppelung, im Alter.[7] Hinfälligkeit und Vereinsamung sind die Grundlagen, *die Verunsicherung wird als Wahn thematisiert.* Beeinträchtigungshaltung bei politisch Verfolgten und Inhaftierten.

Bei Versetzung in (sprach-)fremde Umgebung können (meist unreife, wenig gefestigte) Menschen in eine wahnartige Beeinträchtigungshaltung geraten. Wenn die ortsansässige Bevölkerung unfreundlich gesinnt ist, kann sich das steigern (sog. Ausländerparanoid).

In Haft, besonders Einzelhaft, kann sich eine paranoide Haftpsychose entwickeln: Wahn der Vernichtung, auch als Vergiftungswahn (z.B. es werde Gas in die Zelle geleitet, z.T. mit entsprechenden Geruchshalluzinationen), es sei Gift im Essen u.ä. Eine andere Wahnform in Haft ist der Unschuldswahn und der Begnadigungswahn. Häufiger ist eine mißtrauisch-paranoide Beeinträchtigungshaltung.

Zu den erlebnisreaktiven Wahnentwicklungen gehören ferner *sensitiver Beziehungswahn und Paranoia* (s. spezielle Psychiatrie). Kolle (1931) hat für die Verwandten von Paranoiakranken eine erhöhte Schizophreniemorbidität nachgewiesen. Die Trennung von Paranoia und paranoider Schizophrenie ist willkürlich.

---

[7] In vielen solchen Fällen kommt man ohne die Annahme noch anderer disponierender Faktoren (genetischer und in der Persönlichkeit gelegener) kaum aus.

Wahn bei Affektpsychosen

Wahn bei Affektpsychosen (besonders Depression) ist deutlicher aus der pathologischen Stimmung abzuleiten (synthym und holothym) als der schizophrene Wahn, bei dem die Formung durch zeitgeschichtliche und lebensgeschichtliche Umstände (Pathoplastik) offenbar eine größere Rolle spielt und die Affektveränderung weniger klar und einheitlich ist (sog. katathymer Wahn).

Depression

Die depressive Verstimmung, das Darniederliegen der Vitalgefühle mit all der Verunsicherung, den Ängsten, den Insuffizienzgefühlen und Schuldgefühlen kann zum melancholischen Wahn führen, in dem das stimmungsmäßig Gegebene zur Gewißheit (zur Lebenswirklichkeit) wird.

Angst um das leibliche Wohl:

- *Krankheitswahn (hypochondrischer Wahn) und Untergangswahn:* Wahnhafte Überzeugung, krank zu sein, zu verrotten, zu verfaulen, zu verwesen, schließlich gar nicht mehr zu sein.
  Wahn wirtschaftlichen Untergangs, zu verhungern, zu verarmen.

Dieser Untergangswahn („ich bin nicht mehr", „ich lebe gar nicht") kann sich auch auf die Lebensgefährten ausdehnen (z.B. „Meine Frau, meine Kinder sind auch nicht mehr"), schließlich auf die ganze Welt im *nihilistischen Wahn* (Lit. s. Weber 1938). Der depressiv eingeengten und darniederliegenden Existenz geht die Welt überhaupt verloren.

Das Erleben eigenen Verwesens (oft auch mit entsprechenden Geruchshalluzinationen, Fäulnis-, Leichen-, Friedhofgeruch) kann zur sekundären Wahnbildung führen: Beziehungswahn.

▶ Beispiele:

- „Ich verfaule, man riecht es schon, die Menschen weichen mir aus, ich merke es ihnen an, daß sie mich meiden, sogar die Amseln sind weggeflogen von mir".
- „Ich falle allen zur Last, so wie ich bin".

Das kann Selbstmordimpulse provozieren oder verstärken.

Beispiel:

Verfolgungswahn:
„Man will mich vernichten".

Schuld- und Verurteilungs-, Verdammungswahn:
Kleine allmenschliche Schwächen, „Sünden", Vergehen gegen weltliche oder religiöse Ordnungsgesetze werden vergrößert zur untragbaren, untilgbaren Last für den Melancholiker. Dann quält ihn nicht nur der Selbstvorwurf der Existenzverfehlung, sondern die Angst vor Strafverfolgung, vor Exekution, vor Verdammnis, er kann ewige Höllenqualen für sich bestimmt „wissen".

Manie

Bei der Affektpsychose Manie tritt Wahn selten auf. Gelegentlich aber kann sich die Selbstüberhöhung in den Größen- und Kraftgefühlen zum Wahnhaften steigern (Größenwahn, Megalomanie). Hier bestimmt die manisch-expansive Stimmung das Selbst- (und Welt-)Erleben ganz. Das stimmungsmäßig Gegebene wird zur Lebenswirklichkeit, zur Wahngewißheit. Es ist keine feste Grenze anzugeben zwischen wahnhafter und nicht wahnhafter Selbstüberschätzung. Solche Bestimmung geschieht nach der Verhaltensweise des Manikers (nimmt also am jeweiligen soziokulturellen Standard Maß).

Einfacher manischer Größenwahn:

Beispiel:

Riesige Besitzungen, Vermögen, viele attraktive Geschlechtspartner zu haben u.a.

In seiner Bodenlosigkeit und Existenzausdehnung kann dem Maniker schwindeln (wie ein Höhenschwindel), d.h. er kann unsicher und ängstlich werden ob seines „Höhenflugs" (z.B. „Ich habe zuviel Luft im Kopf" – „zuviel Luft unter den Füßen"), ob des Verlassens der bisherigen Ordnungen und Bindungen.

Daraus und aus dem Zusammenprall manischer Selbstüberschätzung und Expansivität mit der wirklichen Alltagsenge kann es zu *sekundären Wahnbildungen* kommen: Beeinträchtigungs-, Verfolgungs-, auch Eifersuchtswahn.

Beispiel:

Man wolle ihm an sein Vermögen, neide es ihm, wolle ihn bestehlen, berauben u.ä.

Wahn bei Schizophrenen

Die Selbst- und damit Weltveränderung des Schizophrenen, das Unvertrautwerden in der Entfremdung (Derealisation, Depersonalisation) ist bereits Wahnstimmung. Diese kann zunächst noch unthematisiert („es ist etwas los, es kommt etwas heran" usw.) bestehen und dann plötzlich oder allmählich im Bedeutungsbewußtsein (im „Aufgehen" der Bedeutung) ein Thema ergreifen.

Die Wahnthemen Schizophrener sind so vielgestaltig wie ihre Lebensschicksale überhaupt. Es geht um das Bestehen des Selbstseins (s. Ich-Bewußtsein). Zur Klinik schizophrenen Wahns s. Huber u. Gross 1977, Huber 1982, Scharfetter 1995).

Wahn bei körperlich begründeten Psychosen

Wahn bei akuten körperlich begründeten Psychosen

Wahnhafte Situations- und Personenverkennung kommt im Delirium und im Dämmerzustand vor.

Beispiele:

- Ein Deliranter wähnt sich an seinem Arbeitsplatz in seiner Berufsarbeit tätig (sog. Beschäftigungsdelir).
- Ein traumhaft verworrener Epileptiker im Dämmerzustand ist gebannt von optischen Halluzinationen und ekstatischen Eingebungserlebnissen.
- In der Alkoholhalluzinose werden oft bedrohende Stimmen von Menschen halluziniert, die einen Anschlag auf das Leben des Halluzinanten planen (Bedrohungsdelirium, Bilz 1967). In seiner Angst flüchtet der Verfolgungswahnkranke u. U. blindlings, springt aus dem Fenster o. ä.

Wahn bei chronischen körperlich begründeten Psychosen

Beim chronischen organischen Psychosyndrom jeder Genese kann es zur Wahnbildung kommen.

Beziehungs- und Beeinträchtigungswahn entstehen auf dem Boden psychoorganisch begründeter *Verunsicherung* und *Vereinsamung*, vielfach schon entwickelt, bevor das amnestische Psychosyndrom ausgeprägt ist. Dann wird die Natur der Psychose leicht verkannt, z. B. Choreophrenie bei Chorea Huntington, progressive Paralyse.

Eine besondere Gruppe von Psychosen, bei der verschiedenste Wahnformen auftreten können, sind die *schizophrenieartigen Psychosen bei Epilepsie.*

Bei chronischer *Toxikomanie* (Alkohol, Amphetamin, Kokain) gibt es verschiedenen Wahnbildungen.

Auf dem Boden eines chronischen *Alkoholismus* kann sich eine Beeinträchtigungshaltung entwickeln, manchmal vorwiegend als sexuelle Beeinträchtigungshaltung (Eifersuchtswahn).

Bei manchen Hirnabbaukrankheiten (z.B. zerebraler Arteriosklerose) tritt mit Leibhalluzinationen (des Juckens, Kribbelns, Kriechens usw.) ein *Dermatozoenwahn* auf: die wahnhafte Überzeugung, auf der Haut trieben viele kleine Tiere (z.B. Insekten, Würmer) ihr Unwesen. Gelegentlich werden diese Plagegeister auch wahnhaft im Leib (in den Därmen, in den Geschlechtsteilen, in der Blase usw.) erfahren: *Enterozoenwahn.*

Psychoorganisch begründeter Intelligenzabbau mit Urteilsschwäche ermöglicht manchmal den Weg in einen Größenwahn (z.B. bei Pick- oder Alzheimer-Hirnatrophie, bei progressiver Paralyse u.a.).

Beispiel:

Siehe S. 219 (Morbus Pick).

Bei psychoorganisch kranken Depressiven gibt es das Délire de négation *(Verneinungswahn),* den *Kleinheitswahn* (Mikromanie) (Lit. Cotard 1882) bis zum *wahnhaften generellen Nihilismus* (s. dort). Das Gegenteil ist das sogenannte Délire d'énormité.

Beispiel:

Der Kranke darf nicht Stuhl absetzen, weil davon das ganze Haus, ja die ganze Stadt überschwemmt würde, so daß alle ersticken müßten.

Verlauf des Wahns

Was aus einem Wahn in der weiteren Lebensgeschichte wird, hängt ganz von der Grundkrankheit, von der nosologischen Zugehörigkeit des Wahns (und damit von den Möglichkeiten der Therapie) ab.

Wahn bei Affektpsychosen

Er klingt mit der affektpsychotischen Phase ab, er verschwindet einfach, es ist entweder gar keine Rede mehr von ihm, oder er gilt als irrige Einbildung.

Wahn bei körperlich begründeten Psychosen

Zum Beispiel bei progressiver Paralyse, Morbus Pick u.a.

Er kann im Fortschreiten des hirnorganischen Abbaus in der zunehmenden Demenz untergehen, nachdem er vielleicht vorher unter der starken Urteilsschwäche noch besonders groteske Formen angenommen hat.

Aber auch der Wahn bei körperlich begründeten Psychosen ist von der Situation des Kranken abhängig. Kann man ihm die Einsamkeit, die Ungeborgenheit und die Unmöglichkeit der Verständigung nehmen, so verschwindet oft auch der Wahn.

Wahn in besonderen Situationen

In Isolation und Angst in kulturfremder Umgebung auftretender Wahn klingt mit der Aufhebung der Situation ab.

Wahn bei Schizophrenen

Er ist sehr von der Schwere der Erkrankung abhängig und von der Therapie.

Akute psychotische Episoden mit flüchtigem, wenig strukturiertem Wahn klingen oft spontan oder unter psychotherapeutischer und/oder neuroleptischer Behandlung rasch ab. In chronischen Verläufen kann der Wahn jahrelang festgehalten werden. Die Kranken können lernen, mit ihrem Wahn umzugehen: sie leben in „doppelter Buchführung“ (Bleuler 1911) Wahnwirklichkeit und mitmenschlich gemeinsame Wirklichkeit nebeneinander. Manche lernen ihre „krankhaften“ und nichtkrankhaften Erfahrungen auseinanderzuhalten – und auf die „krankhaften“ (Halluzinationen, Wahn usw.) nicht mehr zu reagieren, vielfach auch solche Erfahrungen gar nicht mehr mitzuteilen.

Bei phasenhaften Verläufen kann durch Jahre hindurch immer der gleiche Wahn auftreten und mit der Phase wieder verschwinden. Er wird dann abgeschaltet, verleugnet, vergessen, vielleicht noch als „Einbildung“ erwähnt, hat aber kein handlungsbestimmendes Gewicht mehr. Manchmal kann er auch sekundär rationalisiert werden (Befriedigung des Kausalitätsbedürfnisses) und damit erledigt sein.

Lebensgeschichtlich-erlebnisreaktive Wahnentwicklungen

Sie sind vielfach chronisch, der Wahn bleibt u.U. lebenslang bestehen, der Kranke braucht das Gehäuse des Wahns für seine Existenz. Vielleicht kann auch einmal zum Fortbestand beitragen, daß das Eingeständnis des Krankhaften eine zu belastende Selbstkränkung wäre.

Wirkung des Wahns auf die Umwelt

Viele Alleinstehende isolieren sich in ihrem Wahn immer mehr und ziehen sich ganz zurück. So kann der Wahn z.B. am Arbeitsplatz, bei den Nachbarn u.U. lange unerkannt bleiben.

Beispiel:

Wir erfuhren bei Familienstudien von einem Wahnkranken, der (in ländlicher Gegend) noch nie von einem Arzt gesehen wurde. Seit Jahren lebt er allein in einer Dachkammer, deren Türe mit vielen Schlössern verriegelt ist. Nur einer alten Tante erzählt er gelegentlich, daß er sich vor allem nachts vor Verfolgern fürchte, daß er bedrohende Stimmen höre, daß man ihn plage. Sonst weiß niemand von seinem Erlebnis. Er geht in all den Jahren seiner Arbeit nach, wechselt oft die Stelle, da er sich unrecht behandelt fühlt, was er aber am Arbeitsplatz nicht mitteilt.

Aber auch bei manchen in ihrer Familie, mit Freunden, Lebensgefährten lebenden Wahnkranken kann der Wahn oft lange nicht als solcher erkannt werden. Das hängt sehr von dem Mitteilungsbedürfnis des Kranken und auch von der Wahnthematik ab.

Beispiel:

Ein Verfolgungswahn mit Sicherungs- oder Verteidigungsmaßnahmen, ein Eifersuchtswahn mit Anschuldigungen an den Partner wird viel eher bemerkt und erkannt werden als ein lange zurückgehaltener hypochondrischer oder Schuldwahn, ein still verschlossener Wahn der besonderen Beziehung oder des Beobachtetwerdens.

Es braucht im allgemeinen ein ziemliches Ausmaß von ungewohnten, unverständlichen und nicht akzeptablen Verhaltensweisen, bis die Angehörigen ein Familienmitglied als krank erkennen. Auch dann kann – in Abhängigkeit von dem oft wechselhaften Verhalten des Kranken – die Stellungnahme schwanken zwischen der Annahme als krank, Ablehnung und „Entschuldigung" durch Alter, „Überarbeitung", Schwierigkeiten am Arbeitsplatz oder in Beziehungen u.ä.

Die Wahnkrankheit eines Familienmitglieds oder Lebensgefährten ist eine *schwere Belastung für die Partner.* Wahn ist befremdlich, unheimlich, ruft Angst und Ablehnung hervor, er zerstört oft die Gemeinschaft. *Therapeutische Hilfe muß auch den Gefährten des Wahnkranken zuteil werden!*

Es sind 4 hauptsächliche Möglichkeiten der Einstellung zum Wahnkranken herauszuheben (Schulte 1968, 1972):

Distanzierung

Abrücken vom Kranken führt zu seiner weiteren Isolierung, zu Scheidung, Trennung, Hospitalisation. Die Distanzierung in negativer

Gegenübertragung ist für Angehörige, Pflegepersonal, Psychiater eigens zu beachten!

Akzeptierung

Annahme des Kranken auch bei richtiger Einschätzung des Krankheitscharakters gibt ihm die Möglichkeit, mit dem Wahn im Gemeinschaftsverband zu bleiben, hält ihm den Weg aus dem Wahn offen (und allenfalls die Rückkehr aus der Klinik). In Kulturen mit magischem religiösem Weltbild kann der Kranke eher unter den Seinen bleiben als in der industrialisierten städtischen Zivilisation.

Prolongierung

Gelegentlich kann dem Partner eines Kranken am Fortbestand der Krankheit liegen: er hat den Partner mehr und sicherer für sich, solange er krank ist.

Partizipation

Manchmal wird der Wahn von Angehörigen oder Lebensgefährten geteilt, bestätigt, sogar bestärkt (*konformer Wahn*, Baeyer 1932). Selten bildet sich – auf dem Boden hereditärer Disposition und besonders bindender psychodynamischer Gegebenheiten – eine *symbiontische Psychose* (Scharfetter 1970) aus: ein Partner (Induzierter) wird vom Erstererkrankten (Induktor) „induziert" und partizipiert so, daß er selbst produktiv psychotisch wird. Das sind die seltenen Fälle, wo der Wahn selbst noch kommunikativ wirken kann.

Wahn in transkultureller Sicht

Die interkulturell vergleichende Psychiatrie hat unser Wissen vom Wahn bereichert (Murphy 1967, Pfeiffer 1994). Die Sozial- und Kulturrelativität auch dieser Weise des Erlebens und Verhaltens wird bei Querschnitts- und historischen Vergleichen deutlich.

Wahn gibt es überall auf der Erde. Der Mensch scheint grundsätzlich wahnfähig.

Der soziokulturelle Status hat einen Einfluß auf:

- Wahnbereitschaft, damit Wahnhäufigkeit,
- Wahninhalt, Wahnthematik,

- Wahnformung (-ausgestaltung),
- Verlauf und Ausgang.

Kultureller Einfluß auf die Tendenz zur Wahnbildung

Es ist ein kulturell verschiedener Druck anzutreffen, Erklärung für Erfahrungen zu geben. Die rational-technische Ausrichtung der industrialisierten städtischen Kulturen scheint hier besonders fördernd (Murphy 1967).

Die Erklärungen hängen vom kulturell angebotenen Weltbild ab (z.B. ob in der Kultur zwei „Welten", eine gewöhnliche Alltagsrealität und eine transintelligible Anderwelt, unterschieden werden).

Paranoide Schizophrenie scheint in städtischen Gebieten häufiger zu sein als in ländlichen (auf dem Land begegnet an sich mehr Unberechenbares und wird so hingenommen). In asiatischen Kulturen mit geringeren rational erklärenden Tendenzen gibt es vermutlich weniger wahnbildende Schizophrenien (eher Simplexformen). Menschen aus Kulturen mit ubiquitärem Geisterglauben entwickeln weniger Wahn, solange sie in ihrer Kulturgesellschaft bleiben; sie geraten stark in den Wahn, wenn sie aus ihrem kulturellen Verband herausgenommen werden.

Konfrontation mit Unbekanntem bringt mehr wahnhafte Verarbeitung als bei Vorbereitung auf das Kommende (z.B. bei Immigranten). Kulturen mit starkem Gewicht gefühlshaft-irrationaler Bereiche bilden weniger individuellen Wahn, weil die Gemeinschaft die Überzeugung übernimmt.

Menschen aus Kulturen, die sich unter Druck verändern müssen, sind u.U. zu paranoiden Reaktionen auf diesen Veränderungsdruck genötigt.

Kultureller Einfluß auf den Wahninhalt

Während die Hauptthemen der Verfolgung und Beeinträchtigung, religiöser Wahn, Weltuntergangswahn, Schuldwahn, Verarmungswahn, hypochondrischer Wahn ubiquitär sind, ist die Art und Weise, wie sie ausgestaltet werden, vom religiösen (und teilweise auch politischen) Hintergrund abhängig.

Zum magischen Weltbild gehören der Geisterglaube und Verhexungswahn, zur judäochristlichen Kultur der Schuldwahn und der Weltuntergangswahn (welche beide im Islam und im Buddhismus kaum vorzukommen scheinen).

„Lokale" Wahnthemen sind z.B. der Wahn ehelicher Untreue in Indien, der Wahn, verlobt oder verheiratet zu werden, in Irland (Murphy 1967).

Der „Zeitgeist" und das allgemeine Wissen beeinflussen die thematische Ausgestaltung (Kranz 1955, 1967).

Während z.B. zu Beginn des Jahrhunderts die Beeinflussung durch Parapsychologie, Hypnose u.ä. noch häufiger war, kommt mit der Technisierung mehr die technisch-physikalische Beeinflussung bzw. Verfolgung (Strahlen, elektrischer Strom, Radar, Abhörgeräte, Funk usw.). Wie weit die Verbreitung anatomischen Wissens auf den hypochondrischen Wahn einen Einfluß hat, ist noch nicht bekannt.

Kultur und Wahnformung

In europäischen Kulturen, besonders bei Deutschstämmigen, besteht eine stärkere Ausarbeitung des Wahns und eine größere Neigung zur Chronifizierung. In Indien kommt es kaum zu strukturiertem Ausbau des Wahns (und die Unterscheidung von Wahn, phantasievoller Erfindung, Spiel ist oft sehr schwierig; Murphy 1967).

Kultur und Verlauf des Wahns

Kulturell gegebener Erklärungs- und Rechtfertigungsdruck in europäischen Kulturen führt zu Fixierung und Chronifizierung. Aufnahme des Wahns in den kollektiven Glauben, Annahme als Verhexung und Exorzismus ermöglichen eher ein Ablassen vom Wahn.

Hypothesen zum Wahn

Psychoanalyse

Wahn entsteht durch Projektion, Freud versteht die Projektion als einen Abwehrmechanismus, der vom Über-Ich nicht gestattete, vom Ich nicht assimilierbare Inhalte, Wünsche, Strebungen, Triebe Personen oder Dingen der Außenwelt zuschiebt. Damit kann Unlust und Angst vermieden werden.

Am Fall Schreber entwickelte Freud (1911) die Hypothese: Die homosexuelle Tendenz des „Ich liebe ihn" muß unter dem Druck des Über-Ich in ein „Ich hasse ihn" verkehrt werden. Wenn diese Umkehr nicht genügt, verwandelt die Projektion das „Ich hasse ihn" in „Ich werde gehaßt".

Allgemein heißt das: Nicht assimilierbare Triebe lösen Schuldgefühle aus; diese sind schwer erträglich und werden durch Projektion abgewehrt. Statt der Selbstvorwürfe des schlechten Gewissens werden Beschimpfungen und Drohungen, erotische Anträge usw. aus der Umwelt laut (Stimmen, Verfolgungs-, Liebeswahn). Diese sollen eher erträglich sein als die Selbstanschuldigung oder Scham.

Wahn ist in dieser Auffassung eine *Notlösung, um unerträgliche Kränkungen des Selbstgefühls abzuwehren,* eine phantastische Befriedigung infantiler Wünsche. Jede intensiv abgewehrte Strebung könne in bestimmten Lebenssituationen in den Wahn führen, wenn die Realitätskontrolle versage: bei Kritik- und Urteilsschwäche, bei starkem Affektdruck (unerfüllte Wünsche, Triebkonflikt).

Freud weist auf die *Beziehungen von Traum und Psychose*, besonders Wahn, hin (Traumdeutung, Abriß der Psychoanalyse. Der Wahn und die Träume in W. Jensens „Gradiva"). Wie im Traum gibt es auch im Wahn eine Wunscherfüllung. Im Verfolgungswahn erscheint letztlich die Selbstkritik des Über-Ich, projiziert auf die Außenwelt. Für den Größenwahn übernahm Freud die Interpretation von Abraham (1980) als Rückzug der Libido aus der Außenwelt auf das Ich, was zu einer Inflation des Ich führe. Der Vorgang diene der Abwehr unbewußter Minderwertigkeitsgefühle und sei ein Spiegel der infantilen Omnipotenz.

Mehrfach weist Freud auf „das Stück historischer Wahrheit" im Wahn und meint, daß man „in der Anerkennung des Wahrheitskerns einen gemeinsamen Boden finden" könne, „auf dem sich die therapeutische Arbeit entwickeln kann". (Der Wahn und die Träume in W. Jensens „Gradiva", S. 108, Konstruktionen in der Analyse, S. 55) (Lit. s. Freud 1906–1909, Abraham 1980, Fenichel 1971, Nunberg 1971).

Analytische Psychologie

Jungs Auffassung vom Wahn ist eng an die von Freud und Bleuler angeschlossen. Er befaßt sich mit dem Wahn bei der „Hysterie" und bei der Schizophrenie. Wahn komme aus unbewältigten affektgeladenen Komplexen und durch „Fixierung der Affekte" (Neisser) zustande (Über die Psychologie der Dementia praecox). In einem Vortrag 1908 (Der Inhalt der Psychose) stellt er den finalen Gesichtspunkt stärker heraus: „Das unverkennbare Streben der Kranken, mit und in ihrem Wahn etwas auszudrücken." Damit will er Freuds Konzept der phantastischen Befriedigung infantiler Wünsche erweitern. Hier sind auch erste Hinweise auf *Parallelen von Wahninhalten und mythologischen Themen,* die dann in „Wandlungen und Symbole der Libido" weiter ausgeführt sind. Der Vergleich von *Wahn und Traum* wird 1939 (Über die Psychogenese der Schizophrenie) wieder aufgegriffen und mit dem Hinweis auf das Auftauchen archetypischer Bilder aus dem kollektiven Unbewußten weitergeführt. 1958 (Die Schizophrenie) kommt dieses Thema wieder. In der Schizophrenie taucht „Material" aus dem kollektiven Unbewußten auf; ein unterdrückter heftiger Affekt ruft „immer intensive Kompensationserscheinungen seitens des Unbewußten" hervor. „Diese äußern sich einmal in Wahnbildungen und in Träumen."

In „Das Unbewußte in der Psychopathologie" interpretiert Jung den Eifersuchtswahn des Alkoholikers als unbewußte Kompensation des nicht mehr Liebens. „Die Liebe zur Frau ist nicht völlig erloschen, sie ist nur unbewußt geworden. Aber aus dem Bereich des Unbewußten kann sie jetzt nur in Form von Eifersucht wieder erscheinen" (Lit. s. Jung 1968).

Individualpsychologie

Hier steht die finale Betrachtung ganz im Vordergrund: *Wahn dient dazu, die Niederlage im Leben zu verdecken.* Im Verfolgungswahn werden vom Kranken selbst Schwierigkeiten geschaffen, die als Rechtfertigung gleichsam diese Niederlage entschuldigen (Lit. s. Adler 1920).

Paläopsychologie

Das Jackson-Gesetz von der regelhaften Freilegung tieferer, phylogenetisch älterer zerebraler Funktionsschichten durch Hirnschädigung wurde für die Paläopsychologie das „Gesetz der krankheitsbedingten phylogenetischen Regression" (Heinrich 1965) genannt. Danach ist Wahn bei körperlich begründeten Psychosen Ausdruck eines Abbaues differenzierter auf niedrigere zentralnervöse Leistungen. Paranoide Welterfahrung ist als mythisch-archaische Lebensform Ausdruck dessen, was eine Krankheit an Hirnleistungen noch möglich sein läßt.

Zur zerebralen Schädigung kommt eine „thymogene Dekompensation" (durch Angst), die unter Mitwirkung psychoorganischer Kritikschwäche und durch das Erlebnis eigener Insuffizienz zur Psychosemanifestation führt.

Das paranoide Syndrom ist durch eine starr eingeschlossene (enkletische) Umweltbeziehung (durch Subjektzentrismus), durch Unfreiheit und Formelhaftigkeit des Reagierens gekennzeichnet (Lit. s. Storch 1959, 1965, Ploog 1964, Heinrich 1965, Bilz 1967).

Gestaltpsychologie

Conrad (1958) stellt die Stadien der Wahnentwicklung als Gestaltwandel schizophrenen Erlebens dar, nachdem vorher schon Bash (1955) gestaltpsychologische Konzepte für die Psychopathologie eingebracht hatte (Bash konzipiert Wahn als Störung des Intuierens).

Trema (Furcht und Zittern)

Das Verlorengehen der gewohnten Ordnung führt zur Stimmung des Verändertseins (von Selbst oder Umwelt), der Fremdheit (Depersonalisation, Derealisation), der Unheimlichkeit, Unvertrautheit; Unruhe und Angst herrscht. In dieser Wahnstimmung gibt es noch keine thematische Festlegung.

Apophänie (das Inerscheinungtreten) und Anastrophe (Wendung)

Aus der Wahnstimmung des Tremas hebt sich eine neue Physiognomie der Umgebung ab. Derealisation, Sinnestäuschungen und Denkstörungen (Protopathik hat Vorrang vor Epikritik) bereiten den Weg für das abnorme Bedeutungsbewußtsein des Wahns. In der Anastrophe (Wendung) erfährt der Kranke die Ich-Zentrierung in der Wahnwelt, sein Gefangensein im starren Subjektzentrismus. Das Wahnthema wird ausgeformt, der Wahn evtl. systematisiert. Der Kranke isoliert sich in einer autistisch-dereellen Welt, in der er sich nicht mehr mit anderen verständigen kann.

Apokalypse

Im Stadium der Apokalypse kommt es zu einem Zerfall des Ich-Erlebens, zu einem *Gestaltzerfall,* mit Störungen des Denkens und Fühlens und katatonen Symptomen.

Conrad zeigt, wie der Überstieg (Binswanger 1965) aus der wahnhaften Welterfahrung in die nicht wahnhafte nicht mehr gelingt, wie dem Kranken die „kopernikanische Wende“ nicht mehr möglich ist (Lit. s. Conrad 1958, Matussek 1963).

Kybernetik

Im Zentrum dieser Betrachtung steht das Konzept einer Filterstörung (Reglerstörung) und einer pathologischen Überwachheit.

Der Gesunde verhält sich in seiner Umgebung unter ständiger Voraussetzung von Wahrscheinlichkeit. Kleine Wahrscheinlichkeiten, d.h. unwahrscheinliche Möglichkeiten schließen wir aus, größere erachten wir als sicher, mittlere werden in den Überlegungen berücksichtigt. Die Grenze zwischen den vernachlässigten und den berücksichtigten Wahrscheinlichkeiten ist nicht starr, sie hängt von äußeren Gegebenheiten ab: Sich-gefaßt-Machen auf eine Unwahrscheinlichkeit einerseits, Vernachlässigen einer Wahrscheinlichkeit andererseits. Hier liegt eine Regulation vor, abhängig von der Situation. In potentiell gefährlichen Situationen berücksichtigen wir auch extreme Wahrscheinlichkeiten.

Die Umwelt enthält für uns viele Zeichen. Die Information aus der Umwelt verhält sich umgekehrt proportional zur Wahrscheinlichkeit, mit der wir etwas erwarten, d. h. Unerwartetes, das zutrifft, bringt Informationszuwachs, Nichteintritt von etwas sehr Wahrscheinlichem ebenso.

Ein Defekt dieser Regulation (Filter) hat zur Folge, daß viel mehr Informationen eingeholt werden, weil die Selektion des Unwichtigen nicht gelingt. Ein Mensch mit gestörter Regulation wird überschwemmt von Informationen, die er nicht mehr einstufen, nicht mehr bewältigen kann. Dann wird ihm die Umwelt auffallend, d. h. unerwartet, vielfach bedeutungsvoll und unheimlich.

Die unangepaßte Wahrscheinlichkeitsschätzung der banalen Alltagserwartung führt zu einem verstärkten Bedeutungserleben. Dem entspricht die überwache Gespanntheit auf äußere Eindrücke (Lit. s. Feer 1970).

Neurophysiologie

Sie geht von den Beobachtungen bei experimenteller sensorischer Isolation aus. Art und Ausmaß der psychopathologischen Erfahrung hängen von Vollständigkeit und Dauer der Isolation ab, vom Ausmaß der dabei auftretenden Angst, dem Zeitpunkt des Lebens, in dem das Experiment stattfindet. Die wahnartigen Reaktionen hängen um so weniger von der Persönlichkeit ab, je vollständiger und länger die Isolation ist.

Das Nervensystem ist für ein normales Funktionieren auf ein volles Einströmen von Afferenz angewiesen. Ist dieser Zufluß gestört (sensorische Isolation, Sinnesfehler usw.), so kommt es zu psychischer Desintegration: Halluzination und Wahn sind Ausdruck gestörter Realitätskontrolle, die als komplexe Leistung des Gesamtorganismus aufgefaßt wird.

Mehrdimensionale Betrachtung

Gaupp (1920, 1938, 1947) nahm (am Beispiel der Kampfparanoia des Hauptlehrers Wagner) das *Ineinandergreifen psychoreaktiver und endogener Faktoren* für die Wahnentwicklung an. Auf dem Boden einer hypothetischen endogenen (hereditären) Disposition (sog. Anlage) entwickelt sich bei einer besonderen Persönlichkeitsart durch die lebensgeschichtlichen Umstände der Wahn.

Wagner, auf gutes Ansehen bedacht, wähnte nach einem sodomitischen Akt, daß das ganze Dorf von seiner Verfehlung wisse und üble Gerüchte über ihn verbreite. Da beschloß er, Rache zu nehmen, und zündete das Dorf an.

Kretschmer (1966) hat in seinen Studien zum sensitiven Beziehungswahn die „Dynamik typischer Reaktionsmuster" zwischen Charakter, Umwelt und lebensgeschichtlicher Erfahrung (Schlüsselerlebnis) weiter ausgebaut. Eine sensitive Persönlichkeit kann den Stachel der Selbstkränkung, den sie einmal erfahren hat, nicht überwinden und gerät dann – unter bestimmten Umweltbedingungen (Ausgesetztsein, Alleinsein u. ä.) – in den Wahn (Lit. Gaupp 1920, 1938, 1947, Kretschmer 1966).

Existenzanalyse, Daseinsanalytik und Daseinsanalyse

In phänomenologisch-hermeneutischen (interpretativ-deutenden) Studien über das Dasein des Schizophrenen auf der Basis von Heideggers Daseinsanalytik wird das schizophrene In-der-Welt-sein existential (und nicht mehr kategorial) vergegenwärtigt (Kunz 1931, 1962, 1972, Binswanger 1955, 1957, 1965, Laing 1959, Storch 1959, 1965, Kuhn 1963, Blankenburg 1967, 1971). Im Wahnkranken zeigt sich eine Störung der Mitweltlichkeit, der Sympathiegefühle im Sinne von Max Scheler, eine Störung der intersubjektiven Konstitution des Menschen (Blankenburg), eine Kommunikationsstörung (Befangensein im ἴδιος κόσμος = Eigenwelt). Die schizophrene Abwandlung des In-der-Weltseins, sein Scheitern, sein Verfehlen des Lebenswegs, sein Zerbrechen der Daseinsordnung kann im Wahn als „Selbstexplikation schizophrenen Daseins" (Kunz) Ausdruck finden. Blankenburg (1971) zeigte den Verlust der „natürlichen Selbstverständlichkeit", gewissermaßen des selbstverständlichen Zuhauseseins, die Unbehaustheit, Heimatlosigkeit des schizophrenen Menschen, der damit aus der Einbettung in die zwischenmenschliche Alltagsrealität herausfällt, während er andererseits seine Mitmenschen durch diese unfaßbaren neuen Selbstverständlichkeiten (idiosynkratischen Gewißheiten) erschrecken kann.

Diese Existenzanalyse entzieht sich ihrem Wesen nach einem kurzen Referat. Ihre Bereiche sind vorwiegend vertiefte Einzelstudien. Ihr Wert liegt vor allem darin, den Ganzheitscharakter jedes menschlichen Krankseins und die damit einhergehende Weltveränderung gezeigt zu haben.

Die *Daseinsanalyse* (Boss 1971, 1974) zeigt – in einer Weiterentwicklung der auf der Philosophie Heideggers beruhenden Existenzanalyse – die *Entschränkung* und die *Verschlossenheit* des „exquisit soziologischen Phänomens“ *schizophrenen Daseins, zwei Weisen der einen Unmöglichkeit, das eigene Selbstsein in Freiheit seinem je eigenen Weltbereich offenhalten zu können* im Vernehmen und Antworten. Die Folge ist ein hilfloses Ausgesetztsein, ein Ge- und Befangensein, eine Überwältigung sogar von Alltäglichem (Verfolgungswahn, Beeinflussungswahn, Autismus), eine Ohnmacht, der die Allmacht der anderen entspricht. Die Entschränkung des Daseins kann zur Ausdehnung, Aufblähung im Wahn bedeutenden Wirkens, Rolle usw. führen.

Sogenannte anthropologische Psychiatrie

Diese Richtung ist im deutschen Sprachraum von Zutt (1958, 1963) und Kulenkampf (1955, 1956) vorgetragen worden. Sie sieht die Psychose als das Ergebnis des Zusammenbruchs der gewohnten Daseinsordnung des „gelebten welthaften Leibes“, gekennzeichnet durch Entbergung, Entgrenzung, Standverlust. Im Zentrum des paranoiden Erlebens (in Betracht gezogen wird hauptsächlich der Verfolgungswahn) wird Erblicken und Erblicktwerden gesehen.

15. Antrieb (Grundaktivität)

Definition

Antrieb nennt man – sehr global und wenig scharf – die im Ausdruck sich kundgebende Grundaktivität eines Menschen.

Funktionen

Antrieb ist ein Konstruktbegriff zur Bezeichnung der hypothetischen belebenden Kraft für alle psychischen und physischen Leistungen des Menschen.[1] Der Antrieb bestimmt ihre „Lebendigkeit“, Schnelligkeit, Regsamkeit, die allgemeine Vitalität, Tätigkeits- und Reaktionsbereitschaft (Spontaneität und Reagibilität). Er ist eine hypothetische Grundlage für Aufmerksamkeit, Zuwendung, Anteilnahme (affektiver Bereich), Interesse, sensorische, kognitive Leistungen i. w. S., für das Denken, das Entscheiden und die Willensleistungen, für die (motorische) Beweglichkeit und für das Triebverhalten.

Der Antrieb ist selbst nicht zielsetzend. Seine Ausrichtung auf ein Ziel wird bestimmt durch Motivation, Bedürfnis, Trieb und Wille.

Beobachtungen der Humanpsychologie und der vergleichenden Ethologie (Tinbergen 1952, Lorenz 1963, Eibl-Eibesfeldt 1969, 1970) legen die Annahme einer weitgehend ungerichteten Grundaktivität nahe, die sich bei Fehlen von bedürfnisbefriedigenden Zielen in wachsender motorischer Unruhe solche sucht (Leerlaufhandlungen, Appetenzverhalten von Craig 1918), beim Antreffen von Zielen erst thematisch ausrichtet und sich in Triebhandlungen entlädt.

Das Antriebsverhalten des Menschen ist individualcharakteristisch. Der individuelle Antrieb, die Regsamkeit und Tatkraft bestimmen das „persönliche Tempo“, das neben der Grundstimmung eine wesentliche Komponente des Temperaments ist.

In der Antriebslage zeigt sich auch die Umweltabhängigkeit des Menschen:

Fehlen Außenreize, die die Aktivität stimulieren, so tritt Langeweile auf (Bilz 1960) mit einer Herabsetzung der gesamten Aktivität bis zur

---

[1] Vgl. die Begriffe Libido i. S. v. C. G. Jung, vitale Energie, Elan vital (H. Bergson).

Schläfrigkeit, mit Gähnen, mit „sinnleeren", ungerichteten, ziellosen, z. T. gleichförmig wiederholten Bewegungen (Stereotypien). Die Bedeutung der Anregung aus der Umwelt für die Entwicklung ist zu ersehen aus folgender klinischer Beobachtung:

Bei Kindern kann durch das Fehlen von adäquaten Anregungen Hospitalismus entstehen: Verlangsamung der Psychomotorik, Passivität bis zur Apathie, leerer Gesichtsausdruck, Störung der normalen mitmenschlichen affektiven Beziehungen (Spitz 1960).

Anatomische und physiologische Grundlagen

Antrieb entspricht als Konstruktbegriff nicht einer heraushebbaren Einzelfunktion. Er ist zu denken als das Resultat des geordneten Zusammenspiels der zerebralen Funktionen und ist als solcher nicht ausschließlich einer bestimmten Hirnregion zuzuordnen (wie etwa der Substantia reticularis, dem Thalamus, dem Dienzephalon und limbischen System, dem Stirnhirn, deren intakte Funktionen allerdings in ihrer Gesamtheit Antrieb ermöglichen). Der Gesundheits- und Kräftezustand des ganzen Organismus, sein Stoffwechsel- und hormonales Gleichgewicht, das Lebensalter, der 24-Stunden-Rhythmus beeinflussen den Antrieb.

Prüfung

Wir erfahren Antrieb in der Selbstbeobachtung und in der Befragung dazu, mittelbar durch die vom Antrieb abhängigen affektiv-kognitiven, sensorischen, motorischen usw. Aktivitäten.

Die Antriebslage wird aus der Verhaltensbeobachtung im Quer- und Längsschnitt erschlossen. Die individuelle „Lebendigkeit", der Einfallsreichtum, die Flüssigkeit und Beweglichkeit der Sprache und Emotionalität sowie die gesamte Motorik geben Kunde von der Antriebslage.

Formale deskriptive Psychopathologie des Antriebs

Antriebsverminderung

Antriebsarmut, Antriebsmangel, Antriebshemmung.

Die gebräuchliche Unterscheidung von Antriebsarmut und -hemmung ist nicht eindeutig zu leisten und unterbleibt deshalb.

Dem Untersucher wird Antriebsarmut sichtbar an der Aspontaneität bis Apathie, an der spärlichen, u.U. verlangsamten Motorik, der einförmig schwunglosen Redeweise, der Einsilbigkeit, der Einfallsarmut, der dürftigen Aufmerksamkeit, der erschwerten allgemeinen Anregbarkeit. Mangelnde Entschlußbereitschaft und -fähigkeit sowie Willenlosigkeit (Abulie) kennzeichnen solche Menschen. Schwer antriebsarme Menschen versinken, in Ruhe gelassen, manchmal in sich selbst und verharren stumm und reglos (Stupor).

Antriebssteigerung

Antriebsgesteigerte Menschen weichen gegenüber ihrem individualtypischen Verhalten ab: sie sind lebhafter als sonst, haben mehr Schwung und Initiative, es fällt ihnen mehr ein, sie sprechen mehr und rascher, sie sind beweglicher und regsamer. Manche fühlen sich auch unruhig. Sie sind ständig in Bewegung, laufen herum, ringen mit den Händen (Agitiertheit), vollführen Kratz- und Wischbewegungen, trommeln mit den Fingern. Antriebssteigerung geht häufig (aber nicht immer) mit erhöhter Aggressivität einher. In schweren Fällen steigert sich die Unruhe bis zur schweren allgemeinen Erregung und zur Tobsucht. Den vermehrten Rededrang, oft auch mit schnellerem Reden (Tachyphasie) verbunden, nennt man Logorrhö.

Vorkommen der Antriebsanomalien

Persönlichkeitskennzeichnende Eigenheiten des Antriebsniveaus

Antriebsarme Menschen sind schwunglos, lahm, wenig tatkräftig, vitalitätsarm, stumpf, gleichgültig oder schwerblütig, entscheidungsschwach, auch willenlos-passiv.

Den Gegenpol bilden die betriebsam Hypomanischen (Kretschmer 1961), die Hyperthymen, die tatkräftig wendigen, aktiven, leistungsstarken Menschen.

Erworbene Antriebsstörungen

Antriebsverminderung oder -vermehrung (bzw. -enthemmung) können erworben werden durch:

Allgemeine körperliche Leiden. Bei allen schweren („kräftezehrenden“) *Körperkrankheiten* (z.B. Infektionen, Krebsleiden, Blutkrankheiten) und bei Stoffwechselleiden (z.B. Leberzirrhose, Nierenversagen) kommt es zu einer Antriebsverminderung.

Endokrine Störungen. Bei Erkrankungen des endokrinen Systems (Störungen des Hormonhaushalts) entwickelt sich das sog. endokrine Psychosyndrom (Bleuler): Es ist außer durch Veränderung der Affektivität (Verstimmbarkeit) vor allem durch Störungen des Antriebs (zuweilen auch einzelner Triebe) gekennzeichnet. Bei Hypophyseninsuffizienz, bei Unterfunktion der Schilddrüse (Hypothyreose), der Nebennierenrinde (Morbus Addison), der Keimdrüsen (Hypogonadismus) ist der Antrieb vermindert. Die Überfunktion der Schilddrüse (Hyperthyreose) führt zu Antriebssteigerung mit u.U. hochgradiger allgemeiner Unruhe.

Diffuse Gehirnkrankheiten. Bei chronischen diffusen Hirnschäden des Erwachsenen entwickelt sich das sog. organische Psychosyndrom (Bleuler), das in fortgeschrittenem Stadium neben den Erinnerungsstörungen (amnestisches Psychosyndrom) und der Denkverarmung wesentlich charakterisiert ist durch Affektstörungen und Antriebsverminderungen im Sinne von Aspontaneität, Abstumpfung, Apathie, manchmal allerdings auch durch episodische Unruhezustände. Beim sog. apallischen Syndrom (Kretschmer 1940), der Enthirnungsstarre bei schwerster Schädigung des gesamten Großhirns, erlischt schließlich jede Spontaneität des Kranken.

Bei diffusen zerebralen Schädigungen im Kindesalter kann sich eine schwere Oligophrenie (Intelligenzmangel) entwickeln, manchmal mit dauernder starker Steigerung der Motorik, einer dauernden Erregung (Erethismus). Erethismus gibt es aber auch ohne Oligophrenie bei „minimal brain damage" mit Hyperaktivitätssyndrom („Zappler"). Andere Oligophrene können apathisch, stumpf und „lahm" sein.

Regional begrenzte Hirnschäden. Bei *lokalisierten Hirnschäden* kann sich das sog. hirnlokale Psychosyndrom (Bleuler) einstellen, das, erscheinungsbildlich dem endokrinen Psychosyndrom gleichend, außer durch Veränderungen der Stimmung und der Einzelantriebe (z.B. Freßsucht, dranghafte sexuelle Handlungen) durch eine Steigerung oder Minderung des Antriebs gekennzeichnet ist. Es scheint, daß es vor allem Störungen (z.B. Tumoren, Blutungen, enzephalitische Herde) in den basalen Anteilen des Temporallappens, im Mittelhirn und Hypothalamus (zusammengefaßt im limbischen System) sind, die zu solchen Verhaltensstörungen führen können.

Wie weit auch Störungen anderer Hirnregionen spezifische (und in der Diagnostik topologisch verwertbare) psychopathologische Ausfallerscheinungen hervortreten lassen, ist umstritten. So wurden das apathisch-gleichgültige Wesen, die Indolenz und die Gemütsabstumpfung bei Schäden der Stirnhirnkonvexität,[2] die Enthemmung (Reizbarkeit, Wutanfälle) und der Abbau der ethischen und ästhetischen Gefühle sowie gelegentlich läppisch-alberne Witzelsucht (Moria) bei Schäden der Stirnhirnbasis (Orbitalhirnschäden) beschrieben. Für das Zwischenhirn sei eine Periodik von Antriebsarmut und normalem Antrieb kennzeichnend, hier bei erhaltener selbstreflexiver Stellungnahme des Kranken. Bei Erkrankungen der Stammganglien (Morbus Parkinson, Chorea Huntington) kommt es in fortgeschrittenen Stadien auch zu Antriebsverarmung und Abstumpfung.

Antriebsveränderungen bei funktionellen (sog. endogenen) Psychosen:

- *Schizophrenie:* Bei der akuten Schizophrenie sind die Antriebsveränderungen in erster Linie bei der sog. katatonen Schizophrenie eindrücklich. Man pflegt die akinetisch-stupuröse Form von einer hyperkinetischen Form, der katatonen Erregung, zu unterscheiden. Bei der chronischen Schizophrenie ist häufig eine Antriebsarmut zu beobachten (sog. Negativschizophrenie, besser: Negativsyndrom der Schizophrenie; Apathiesyndrom, Mundt 1985). Es gibt zahlreiche Versuche, den Antriebsdefekt chronisch Schizophrener als eine zentrale Störung des „schizophrenen Prozesses" aufzufassen. Dabei darf nicht übersehen werden, daß durch die Dauerhospitalisierung im geschützten, wenig stimulierenden Milieu einer Anstalt manche Antriebsdefekte auch gezüchtet werden können (Institutionalismus, Hospitalismus).
- *Affektpsychosen:* Die *Manie* ist charakterisiert durch einen Antriebsüberschuß, durch eine Steigerung des Vitalitätsgefühls, Einfallsreichtum, interessierte Beteiligung, Vermehrung und Beschleunigung des Redeflusses (Logorrhö und Tachyphasie), manchmal auch durch schwere Erregung (manische Tobsucht).
  Die *Depression* hingegen ist gekennzeichnet durch Antriebsminderung, durch einen Niedergang der Vitalgefühle, Schwächegefühle, Schwung- und Initiativelosigkeit, Entscheidungsunfähigkeit, Einfallsarmut und Denkhemmung, Rückzug der Interessen, Bewegungsarmut bis zum sog. depressiven Stupor. Die sog. agitierte

---

2 Die Abstumpfung auch gegenüber quälenden depressiven Verstimmungen, gegenüber Zwangsantrieben und schwersten dauernden Schmerzen, gegen die man anders nicht ankommt, wurde durch den hirnchirurgischen Eingriff der *Leukotomie* (Läsionen im Gyrus cinguli, in den frontothalamischen Bahnen, im Stirnhirn) angestrebt.

Depression zeigt sich in einem aufgeregt fahrigen, dauernd unruhigen Wesen. Die leere, ungerichtete Antriebssteigerung führt zu stereotypem Jammern, Stöhnen, Seufzen, Herumfingern, Hin- und Herlaufen. (Achtung auf die Gefahr des suizidalen Raptus.)

Psychoreaktive, neurotisch und psychopathische Antriebsstörungen. Schon bei einer durchaus noch in den normalpsychologischen Bereich fallenden Traurigkeit oder Vergrämtheit kommt es häufig vorübergehend zu einem Initiativeverlust. Beim posttraumatischen Syndrom nach schwer traumatisierenden lebensgeschichtlichen Erfahrungen (z.B. Konzentrationslagerhaft, s. Matussek 1971; v. Baeyer u. Mitarb. 1964) und bei depressiven Entwicklungen mit Grübelzwängen und Phobien besteht häufig eine Antriebsverminderung. Besonders ausgeprägt kann das bei der sog. Residualneurose sein, der chronifizierten, weitgehend fixierten Neurose (Ernst 1959).

Pharmakologische Antriebsbeeinflussung. Die Hypnotika (Schlafmittel) bewirken Antriebsverminderung, Müdigkeit und Schlaf. Koffein (in Kaffee und Tee) und Nikotin sind weltweit gebrauchte Anregungsmittel. Die sog. Psychostimulanzien oder Psychoenergizer (Amphetamine, Methylphenidat, Kokain, Ekstasy) führen vorübergehend zu einer Antriebssteigerung. Manche Antidepressiva (z.B. Imipramin) können den Antrieb steigern. Die Neuroleptika hingegen führen zu einer Antriebsdämpfung, in höheren Dosen zu Antriebslähmung.

16. Motorik

Definition

Motorik ist Haltung und Bewegung des handelnden Menschen.

In Mimik, Gestik, Haltung, Einzelbewegungen und kombinierten Bewegungsabläufen drücken sich sein Wesen, sein Selbstbewußtsein, seine Stimmung, seine Intelligenz, seine Wachheit, seine Gerichtetheit, sein Wollen, seine Triebe usw. aus.

Funktion

Motorik ist Verhalten – und Verhalten eine Funktion der Erfahrung. Wir nehmen eine Haltung ein und handeln. Beides können wir nur als ganze Menschen: Wir tragen das eigene Existieren in unserem verharrenden oder bewegten (Emotion) willentlichen oder unwillkürlichen Verhalten, in Haltung, Ruhe und Bewegung aus.

Das motorische Verhalten ist nur künstlich aus dem Ganzen des Menschendaseins (vom verbalen, kognitiven, gnostischen, affektiven, konativen usw. Verhalten) zu trennen. Es gibt uns ein Bild vom lebendig bewegten Menschen, von der Weise, wie er sich in seiner Welt befindet, wie er den Anspruch von Menschen und Dingen vernimmt, auffaßt und beantwortet.

Die Sprache weiß davon in großer Vielfalt zu sagen: Einer trägt den Kopf hoch, hält sich gut, bewahrt Haltung und Gesicht (oder verliert sie), steht auf eigenen Füßen fest im Leben, kann standhalten, besteht das Leben. Einer schleppt sich mühsam durchs Leben; einer setzt sich über Menschen und Dinge, Widerstände hinweg, erhebt sich über andere (ist überheblich), nimmt Hindernisse im Flug. Einer fällt bei Widrigkeiten um oder springt, fällt von einer Vereinbarung, von einer Gruppe ab, zieht sich zurück, läuft davon. Einer tritt den Menschen und Dingen entgegen, geht an sie heran, ist ein Draufgänger, packt sie mutig, stürmisch, zaghaft, richtig, verkehrt an, geht mit ihnen um. Einer geht aufrecht durchs Leben (vgl. Straus 1960), einer gebrochen, gebeugt. Einer drückt sich, krümmt, windet sich. Einer kriecht vor anderen oder liegt gar vor ihnen am Boden, unterwirft sich. Einer, der verlegen ist, fühlt sich in einer falschen Lage. Einer ist bei einer Bewegung gespannt. Einer ist verbohrt, hat sich verfahren, ist verschroben (falsch geschraubt), verdreht.

Ein Kind wird erzogen, ist vielleicht verzogen. Einer, der sich in der Hand hat, weiß sich zu zügeln. Ein Stolzer trägt den Kopf, die Nase hoch. Ein Mensch mit wenig Wirklichkeitssinn schwebt in den Wolken, ist vielleicht verstiegen (Binswanger 1949), einer sprunghaft. Einer ist rasch bei der Hand, handfertig, eilfertig, schwingt sich zu etwas auf, rafft sich zusammen. Einer ist lahm, niedergedrückt, am Boden zerstört. Einer ist ein steifer, sperriger, hölzerner Mensch, ein anderer schlacksig. Einer hält, bewegt sich, denkt schief. Wir bringen einen anderen in eine Lage oder sehen uns selbst in eine bestimmte Lage versetzt. Wir richten jemanden durch Trost wieder auf, geben ihm Halt, stützen ihn. Ein Übeltäter, ein Verbrecher legt anderen etwas in den Weg, er verwirkt sich das Vertrauen. Ein Raufbold, ein Totschläger legt jemanden um. Einer, der umgekommen ist, ist verschieden. Einer faßt gut auf, vernimmt etwas (Vernunft!), deckt etwas auf, entdeckt etwas. Einer versteht sich auf etwas, kann auf Zusammenhänge hinweisen, kann seinen Standpunkt vertreten, ein Urteil abgeben, kann verfügen, einen Bann verhängen. Ein Dummkopf denkt verschwommen, unterscheidet nicht klar. Ein Gelassener läßt die Dinge geschehen, ein anderer regt sich auf, ist von etwas angetan. Einem, der in guter Verfassung ist, geht es gut. Ein solcher kann manches verwinden. Einer rümpft die Nase, verzieht das Gesicht, verbirgt sein „wahres“ Gesicht, hält Augen und Ohren offen, verschließt die Augen vor etwas. Einer hat etwas im Auge, es sticht ihm etwas ins Auge. Einer, der als guter Geselle in seinem Gruppenverband verharrt, gilt als linientreu. Ein Abtrünniger (abtrennen) muß abgeschieden leben oder wird als verrückt aufgefaßt.

Diese kleine, keineswegs vollständige, unsystematische Sammlung von Beispielen soll an die *ganzheitliche Bedeutung der Motorik* als menschliches Verhalten erinnern.

Ein großer Teil der Motorik läuft unwillkürlich, ohne Überlegung, Absicht, Bemühung ab. Viele Fertigkeiten (skills) erwerben wir übend und vollziehen sie dann als komplexe Handlungen „automatisch“ (z.B. Schwimmen, Radfahren, Autofahren), ohne die einzelnen Bewegungen jedesmal genau überwachen zu müssen.

Grundlagen

Die Grundlagen der Motorik sind die zentralnervösen und peripheren Bewegungssysteme:

- Pyramidenbahnsystem (Willkürmotorik),
- extrapyramidales System (unwillkürliche Motorik),
- das Zusammenspiel von afferenten und efferenten Nervenleitungen,
- der Bewegungsapparat von Knochen, Gelenken, Sehnen, Muskeln.

Jeder Mensch hat seine ihm eigene, ihn als vererbtes Merkmal charakterisierende Motorik, die sich im Verlaufe seines Lebens und nach seiner persönlichen Eigenart und nach den Gebräuchen, Normen und Vorbildern seiner Gruppe entwickelt. Sie wird von seiner jeweiligen Gesamtverfassung beeinflußt: Den Vergrämten, Traurigen, den Lustigen usw. erkennen wir nicht nur an seinen Worten, sondern vielmehr gesamthaft an seinem Bewegungsausdruck in Mimik, Gestik, Tempo, Elastizität, Zähigkeit der Bewegung, Kopf- und Rumpfhaltung usw. (s. auch Antrieb).

Die Motorik lernen wir früh – nach angeborenen Schemata und in Nachahmung: die Mimik am Gesicht der Mutter, das Handeln im Tasten, Greifen, Halten usw. Sie ist entscheidend für die Entwicklung des Ich-Bewußtseins (s. dort).

Prüfung

Beobachtung in der spontanen und aufgetragenen Bewegung. Körperbefund (neurologische Untersuchung). Für die klinische Psychiatrie ist die Beobachtung von Kranken auch außerhalb der Gesprächssituation, im Zusammensein mit anderen Patienten, mit den Angehörigen, auf Spaziergängen, in Ferienlagern, beim gemeinsamen Turnen, bei Spiel und Fest, Arbeit usw. wichtig. Das wird leider oft vernachlässigt.

Beispiele für Beschreibungsmöglichkeiten s. S. 272f.

Pathologie der Motorik

Übersicht:

Motorische Schablonen

Tic

Tourette-Syndrome (maladie des tics)

Hypokinese, Akinese, Stupor
- Stupor bei Schizophrenie (katatoner Stupor)
- Stupor bei schwerster gehemmter Depression: depressiver Stupor
- Stupor als unmittelbare Reaktion: psychogener Stupor
- Stuporartige Zustände beim akuten exogenen Reaktionstyp

Hyperkinese, katatone Erregung, Raptus

Grimassen, Fratzenschneiden, Paramimie

Haltungsverharren (Katalepsie), Haltungsstereotypie

Negativismus

Motorische Stereotypien

Echopraxie (Haltungs- und Bewegungsimitation)

Bizarres und inadäquates Verhalten

Die Einzelbeschreibung von Störungen der Motorik darf auch hier nicht dazu verleiten, Auffälligkeiten und Abweichungen als Einzelerscheinungen isoliert zu sehen. Vielmehr müssen wir sie jeweils als das annehmen, was sie sind: Kundgabe von gesamtmenschlichen Erlebnis- und Verhaltensweisen. Meist sind sie auch in der seltsamsten Form noch auf irgendeine Art Mitteilung für uns, die es zu verstehen gilt, um der Lebenswirklichkeit des Kranken gerecht zu werden.

Für die Unterscheidung psychopathologisch relevanter motorischer Störungen ist die Kenntnis der *neurologischen* und *orthopädischen Bewegungsstörungen* Voraussetzung. Das ermöglicht erst die Trennung von organischen und psychogenen Apraxien, Lähmungen, Hinken und anderen Bewegungsabnormitäten. Man muß die Bewegungsarmut, die Steifigkeit und die Grundhaltung des Parkinsonisten kennen und die unwillkürlichen, unregelmäßig grobausfahrenden bei der Chorea, die langsamen gelenksüberdehnenden bei der Athetose und die drehenden bei der Torsionsdystonie. Sog. Formes frustes einer beginnenden Chorea Huntington können schwer von psychogenen Störungen zu unterscheiden sein, können fälschlich als ticartige Erscheinungen für psychogen gehalten werden.

Auch der Schiefhals (Tortikollis) kann differentialdiagnostische Schwierigkeiten bereiten. Es gibt ihn auf rheumatischer Grundlage, aber auch gelegentlich als abnorme Stellung bei Psychosen (Katatonie).

Motorische Schablonen

Die Differenzierung von Bewegungsstörungen kann vor allem dort schwierig werden, wo bei Hirnkranken phylogenetisch und ontogenetisch frühere Bewegungsabläufe in sog. motorischen Schablonen (Kretschmer 1953, 1958) auftreten: Kauen, Schlucken, Schmatzen, Lutschen, Saugen (sog. orales Greifen), Wischen, Kratzen, Kreisbewegungen, Strampeln können bei Hirnabbaukrankheiten verschiedenster Art (zusammen mit dem amnestischen Syndrom) vorkommen, aber auch beim sog. psychomotorischen Anfall der Temporallappenepilepsie und in regressiven Ich-Zuständen.

Tic

Meist gleichförmig (stereotyp) wiederholte Bewegung in Mimik oder Gestik, die, abhängig von der Stimmung und Spannung, in verschiedener Häufigkeit und Intensität zwangsartig wiederholt wird, d.h. willentlich nicht unterdrückt werden kann. Zum Tic im weiteren Sinne kann man auch den sog. Schreibkrampf rechnen. Es handelt sich um psychogene Störungen.

Tourette-Syndrome (maladie des tics)

Ticartige Bewegungsstörungen in der Mimik (auch mit Grimassen) und Gestik, Schulterzucken, Armewerfen, -schleudern u.ä. Unartikulierte Laute (Grunzen, Schmatzen u.ä.), gelegentlich obszöne Worte (Kakolalie).

Das Tourette-Syndrom kommt auf verschiedener Grundlage vor: bei Hirnabbaukranken, auch bei anderen (z.B. psychogenen) Psychosen.

Hypokinese, Akinese, Stupor

Armut an Bewegungen (Hypokinese) bis Reglosigkeit (Akinese) im Stupor.

Spontan oder auf Anregung in Gang kommende Bewegungen werden seltener, der Kranke zeigt auch kaum oder keine mimischen Bewegungen (Hypo-, Amimie). In der völligen Regungslosigkeit ist er fast immer auch stumm (Mutismus). Die Kranken sehen einen oft nicht an, können aber doch auch herumblicken. Der Gesichtsausdruck kann manchmal indifferent oder jedenfalls schwer zu deuten sein, drückt aber oft auch melancholische Qual, schwere Bedrückung und Ratlosigkeit, Angst aus. Besonders ängstliche Stupuröse können auch „gespannt“ wirken: sie wirken so, als ob sie jederzeit in eine plötzliche Aktion (Angriff oder Flucht) übergehen könnten.

Manchmal lehnen die Kranken Nahrung, ja auch Flüssigkeit ab (Notwendigkeit künstlicher Ernährung). Manche bewegen sich noch, um ihre Bedürfnisse zu verrichten. Andere sind inkontinent. Es kommt aber auch Stuhl- und Harnverhaltung vor (so daß Katheterismus und Einlauf nötig werden).

Am Blick und an der (meist gespannten) Muskulatur ist zu erkennen, daß der Kranke dabei wach ist. Über die Bewußtseinsklarheit sind oft während des Stupors keine sicheren Aussagen zu machen. Manchmal kann man nach Abklingen des Stupors mit dem Kranken über sein Erleben während der Zeit des Stupors sprechen und darüber Auskunft erhalten.

Auch der Stupor ist kein grundsätzlich neues Zeichen: Stuporähnliche Zustände kommen auch beim Gesunden in plötzlichem Schreck, großer Angst und Ratlosigkeit und in der Panik vor (vgl. Totstellreflex verfolgter Tiere).

Vorkommen

Da man mit dem Kranken während des Stupors nicht oder nur sehr schwer in Beziehung treten kann, ist die Differentialdiagnose des Stupors oft sehr schwierig, ohne neurologische Untersuchung (mit EEG) und ohne Anamnese oft unmöglich.

Stupor bei Schizophrenie (katatoner Stupor)

Der katatone Stupor ist zu verstehen als ein Erstarren in Angst und Schreck und Ratlosigkeit bei schwerster Bedrohung des Ich-Bewußtseins in seinen verschiedenen Dimensionen (s. dort). Wer nicht mehr weiß, daß er noch lebt, wer seiner selbst nicht mehr als Erlebender und Handelnder gewiß ist, wer die Einheit und Abgrenzung seiner selbst nicht mehr sicher weiß, wer seiner Identität verlustig gegangen ist, der kann erstarren.

Daher kann alles, was zu einer neuen Gewißheit des Ich-Erlebens führt, im katatonen Stupor therapeutisch wirksam werden: Wem die Ich-Identität verlorengegangen ist, der kann manchmal durch ganz spontanes Anreden mit dem Eigennamen (!) sich seiner selbst wieder vergewissern. Einem anderen Kranken kann man zu seiner Ich-Aktivität zurückverhelfen, wenn man mit ihm turnt, Atemübungen und dergleichen macht. Es ist klar, daß bei solch schwerem Betroffensein der rein verbale therapeutische Zugang allein oft nicht mehr genügt. Neuroleptische Dämpfung oder Elektroschock allein ist nie genug, man muß sich des Kranken ganz annehmen.

▶ Beispiel von Schizophrenie:

Der junge Kranke war im Substupor. Als ich ihn überraschend mit „Du, Werner" anredete, flüsterte er nach langem Schweigen: „Ja, wenn Sie so zu mir sagen, dann weiß ich wieder, wer ich bin."
Demselben Kranken half auch das Berühren und Benennen der einzelnen Gliedmaßen, deren einheitliches Zusammengehörigsein er in seinem Ich-Konsistenzzerfall nicht mehr zur Verfügung hatte. Unter diesen Maßnahmen spürte er sich selbst wieder, fand wieder zu sich zurück.

Andere Kranke können nur schwer aus dem Stupor herausgeholt werden. Auch wenn sie gar nicht sichtbar reagieren, tut ihnen aber doch (wie man nachträglich erfährt) gut, wenn man sie in diesem Zustand nicht allein läßt, sondern bei ihnen bleibt, mit ihnen spricht. Manchmal gelingt es dann, mit ihnen ein paar Schritte zu gehen – und dann ist der erste therapeutische Schritt schon getan, der Weg zurück in eine gemeinsame Welt geöffnet.

Andere katatone Stuporen haben die Überwältigung (Bannung) von halluzinatorischen und wahnhaften Erlebnissen zur Grundlage, z.B. in der Ekstase.

Stupor bei schwerster gehemmter Depression: depressiver Stupor

Die Überwältigung von Angst und Schuld, von Devitalisierung und Untergang, schwere Ratlosigkeit und totale Entschlußunfähigkeit bei völliger Antriebsverarmung können solche Ausmaße annehmen, daß der Kranke erstarrt.

Erfahrungsgemäß kann der auflockernde Zugang zu einem Kranken im depressiven Stupor noch schwieriger sein als zu einem katatonen.

Stupor als unmittelbare Reaktion: psychogener Stupor

Bei manchen Fällen kann Stupor als Reaktion auf schweren Schock, Schreck, in der Panik auftreten: vor Angst erstarren. Das kommt bei Katastrophen vor, bei Überwältigung von schlimmen Nachrichten (Tod eines Kindes, Verlassenwerden), aber auch z.B. vor und während Examina (sog. Examensstupor).

Stuporartige Zustände beim akuten exogenen Reaktionstyp

Zum Beispiel bei Vergiftungen (pharmakogener Stupor, Neuroleptika!), bei Enzephalitis, bei Epilepsie, bei schweren Infektionskrankheiten (z.B. Typhus).

Gerade diese Art Stuporen mahnen zur genauesten neurologischen, internistischen usw. Untersuchung jedes Stuporkranken.

Der Stupor kann je nach seiner Natur Minuten bis Stunden, ja bis Wochen andauern. Das hängt ab von der Art des Stupors und von der Möglichkeit, die richtige Therapie zu finden.

Hyperkinese, katatone Erregung, Raptus

Katatone können manchmal aus dem Stupor heraus plötzlich in schwere Erregung geraten *(Raptus)*, fortdrängen, toben, schreien, gegen die Wände und Türen anrennen oder einen gerade Anwesenden angreifen.

Andere Zeichen der Erregung sind auf und ab Laufen, Aufspringen, Fingern, Nesteln, Händeringen, sich selbst Kratzen (gelegentlich bei agitierten Depressiven), Seufzen, Schimpfen, lautes inadäquates Gelächter.

Viele Erregungszeichen kann man bei erethischen Oligophrenen sehen. Auch Selbstverletzung (Automutilation) kommt vor.

Der *katatone Bewegungssturm* ist als Ausdruck von Angst zu verstehen: Es ist ein verzeifeltes Anrennen, um sich selbst noch zu spüren, um sich der eigenen Aktivitätsmöglichkeit zu versichern (s. Ich-Bewußtsein). Das zu bedenken ist wichtig für einen differenzierten Einsatz von

Psychopharmaka: Hochdosierte Neuroleptika können hier verschlechternd wirken – die Verzweiflung wird gesteigert, und die Erregung erfordert dann maximale Dosen. Besser ist es, sofern möglich, die Erregung in Bahnen zu lenken (z.B. Turnen, Medizinball). Manchmal ist es eine panikartige Flucht vor halluzinierten Verfolgern oder ein „Umschlag" von Flucht in Angriff.

Grimassen, Fratzenschneiden, Paramimie

Am ehesten bei der katatonen Schizophrenie: Ein Teil dieser Symptome dürfte (wie manche Hyperkinese und Stereotypie) mit dem gestörten Ich-Bewußtsein zusammenhängen: sich selbst nicht mehr sicher spüren und dagegen krampfhaft ankämpfen. Andere Verstehensmöglichkeiten zeigen sich, wenn man an die Mimik Verlegener, Bedrückter, Gehemmter, Ratloser, Stauniger, Gequälter, Grinsender, Unentschiedener, Ambivalenter usw. denkt.

Paramimie (affektinkongruenter mimischer Ausdruck) beim hebephrenen Typ der Schizophrenie.

Haltungsverharren (Katalepsie), Haltungsstereotypie

Starres Beibehalten unnatürlicher Haltung, in denen die Kranken lange verweilen. Sie sind fast nur zu beobachten, wenn man sich therapeutisch nicht genügend um sie kümmert.

Manchmal halten die Kranken ihnen passiv vorgegebene Gliedmaßenstellungen lange Zeit bei, verhalten sich also, als ob ihre Gliedmaßen aus Wachs wären, sind wie Automaten (wächserne Biegsamkeit, Flexibilitas cerea). Diese Symptome sind Ausdruck der Ich-Aktivitätsstörung. „Tätige Gemeinschaft" (Bleuler) in Gymnastik, Spiel, Werk sind die wichtigste Therapie.

Vorkommen

Meist bei katatonen Schizophrenien.

Negativismus

Manche Kranke sperren sich gegen jede Bewegung, zu der sie aufgefordert werden oder die man ihnen geben will. Man kann einen „passiven" Negativismus (Verweigern) und einen „aktiven" (das Gegenteil des Verlangten tun) unterscheiden. Man kann vermuten, daß das oft ein bedrohtes Ich-Aktivitätsbewußtsein zur Grundlage hat, indem jede aufgedrängte Bewegung als Überwältigung empfunden wird und Widerstand hervorruft.

Motorische Stereotypien

Gleichförmig wiederholte Bewegungen verschiedenster Art. Es kann sich um einfache Bewegungen (z.B. Wischen, Kratzen) oder um komplizierte Bewegungsabläufe handeln.

Einfache Stereotypien (Schnäuzeln, Wischen, Stoßen) sieht man am häufigsten bei Hirnkranken (z.B. Hirnatrophie, zerebrale Arteriosklerose, Enzephalitis). Sie treten mit einem psychoorganischen Syndrom, mit einem akuten exogenen Reaktionstyp und manchmal auch mit neurologischen Herderscheinungen zusammen auf.

Komplizierte Stereotypien sehen wir vor allem bei akut katatonen Schizophrenien. Es gilt, sie zu verstehen (was nicht immer eindeutig gelingt), indem wir vom Erleben des Betroffenen erfahren (s. Ich-Bewußtsein).

▶ Beispiel von Schizophrenie:

Der junge Mann macht in seinem substuporösen Zustand immer wieder langsame *Kreisbewegungen* mit seinen vor sich hingehaltenen Händen. Auf die Frage, warum er das mache, sagt er schließlich: *„Dann weiß ich, daß ich mich noch bewegen kann."* Diese Stereotypie dient der Selbstversicherung des Kranken in seiner bedrohten Ich-Aktivität. Die wiederholte Bewegung gibt ihm die Möglichkeit, sich seiner selbst wieder zu vergewissern.
Manchmal *hyperventiliert* dieser Kranke für einige Minuten (forciertes Atmen). Er mache das, damit er wisse, daß er noch lebe. Die elementarste Lebensfunktion des Luftaustauschs wird krampfhaft wiederholt zur Selbstvergewisserung.

Häufig sieht man bei Katatonen stereotype Bewegungen der Hände, wobei die Kranken auf ihre Hände starren. Da die Hände und das Gesicht besondere Bedeutung für das Ich-Bewußtsein haben, liegt die Annahme nahe, daß auch solche Bewegungen der Selbstvergewisserung der eigenen Aktivitätsmöglichkeiten und der eigenen Identität dienen.

Diese Annahme findet ihre Bestätigung in der manchmal überraschenden therapeutischen Wirksamkeit von spontanen Berührungen der Hände durch den Therapeuten oder in gemeinsamen Turnübungen (Bewegungstherapie).

Chronische eingeschliffene Stereotypien können manchmal (bei ungenügender Therapie) über Jahre festgehalten werden.

▶ Beispiel von Schizophrenie:

Der Kranke ist seit Jahren fast wortlos und ohne verständliche Mitteilung, verrichtet fleißig seine Arbeit. Jedesmal, wenn man ihn grüßt, erhebt er die

Hand zum Gruß und dreht sich dabei um seine eigene Achse. Nach über 3 Jahrzehnten gelang die Aufschlüsselung seiner neologistischen „Geheimsprache" – er konnte sich wieder mitteilen und sagen, was ihn zu seinen merkwürdigen Parakinesen nötigt. Er muß sich immer nach rechts um 360° drehen: beim Grüßen, beim Zubettgehen, beim Niedersetzen, nachdem er vorher Besteck und Stuhl in gleicher Art gedreht hat. Außerdem muß er eine Bewegung nach hinten oben machen: mit Rumpf und Kopf und erhobenem Arm oder wenigstens rudimentär mit dem Kopf, mit den Augenbrauen, mit der Nase, wobei er die Luft ausstößt und die Augen schließt. Das komplizierte *Vermeidungsritual* hat folgenden Sinn: die Rechtsdrehung verhindert das Abweichen nach links (= schlecht = nicht mehr sein, „Abknickung", „Beschädigung"). Wenn Linksabknickung einträte, „geht die Zeit nicht mehr weiter" (d.i. steht das Leben still, zeitigt sich sein Dasein nicht mehr). Seine Welt ist voller negativer Zeichen, die ihm „ins Auge stechen" und „Beschädigung" bewirken. Dies zu vermeiden, dient die Bewegung nach hinten oben.

Zu den Stereotypien gehört auch das ständige auf und ab Gehen, vergleichbar dem hin und her Wandern eines gefangenen Wilttiers im Käfig. Man sieht sie in gut geführten Kliniken kaum mehr. Manches stereotype auf und ab Wandern hat wohl auch den Sinn, damit ein eigenes „Revier" im Raum abzugrenzen. Andere Stereotypien können Abwehrhaltungen gegen Körperhalluzinationen sein, andere Verlegenheits-, Wegwischbewegungen usw. (Klaesi 1922).

Das Sprechen (Verbigeration), Schreiben, Zeichnen, Malen mancher Schizophrener kann stereotyp sein.

Echopraxie (Haltungs- und Bewegungsimitation)

Der Kranke ahmt automatenhaft, echoartig, vorgezeigte Bewegungen (besonders der Gliedmaßen) nach. Manchmal kann es auch zu echoartigen Wort- und Satzwiederholungen kommen (Echolalie).

Das Symptom ist am ehesten bei Schizophrenen zu beobachten und hängt mit der Ich-Aktivitätsstörung (s. dort) zusammen: Wer sich nicht mehr selbst als intentional handelnd erfährt, neigt dazu, die Bewegungen anderer nachzuahmen *(Echosymptome)* oder einmal begonnene Bewegungen zu wiederholen *(Stereotypie)* oder sich gegen aufgedrängte Bewegungen zu wehren *(Negativismus)*.

► Beispiel von Schizophrenie:

„Wenn ich andere sehe und sprechen höre, so kann es geschehen, daß ich ebenso spreche und mich bewege – und dann Angst habe, daß ich die anderen bin. Ich weiß, daß es nicht so ist, aber ich habe doch die Angst.
Wenn jemand hinkt, muß ich langsamer gehen."
Echosymptome bei bedrohtem Ich-Aktivitäts- und -Identitätserleben.

Bizarres und inadäquates Verhalten

So nennt man ungewöhnliches, der Situation nicht angepaßtes Verhalten, das von dem kulturell und sozial bestimmten Standard abweicht.

Dazu gehört sog. „unanständiges" Verhalten (Spucken, Rülpsen, Flatus u.a.), „ordinäres" Reden. Distanzloses, anbiederndes Verhalten.

Posen (engl. posturing): Annehmen und Beibehalten von Körperhaltungen, die den landesüblichen Gepflogenheiten nicht entsprechen.

Manierismen: Geziertes, stilisiertes, oft „süßliches" Gehabe. Manieriert kann auch der Redestil, das Schreiben, das Zeichnen und Malen sein.

Manche Kranke unterbrechen eine begonnene Bewegung, ziehen z.B. die den Löffel zum Munde führende Hand wieder zurück oder verharren auf halbem Weg (Intentionshemmung, Ambitendenz, Fremdbeeinflussung, s. Ich-Aktivität).

17. Aggression

Definition

Aggression (aggressives Verhalten). Verbaler oder tätlicher Angriff auf Lebewesen oder Dinge.

Aggressivität. Bereitschaft, Gestimmtheit zu Aggressionen, Angriffigkeit.

Umfang des Begriffs Aggression:

Verhalten (verbal, averbal, tätlich)
welches eine *Person*
und zwar eine andere Person (Fremdaggression)
oder den Täter selbst (Autoaggression)
oder eine *Sache*
(evtl. als Surrogat der Person)
verletzt, schädigt
ausbeutet, mißbraucht (z.B. sexuell),
kränkt, beleidigt, herabsetzt, erniedrigt,
entwertet, behindert, beraubt, ins Unrecht setzt
einengt
vertreibt
tötet

Funktion

Aggression heißt vom Wort her: herangehen, an jemanden oder an etwas darangehen; ein mit einer gewissen Energie und Zielstrebigkeit geschehendes Herantreten an Menschen oder Dinge.

Aggression in diesem weiteren Sinne (die keineswegs nur destruktiv ist) ist ein wesentlicher Teil unseres mitmenschlichen Verhaltens überhaupt. Sie ist zur Selbst- und zur Arterhaltung notwendig. Aggression in diesem weiten Sinne braucht jedes Lebewesen, um seine Rolle in der Gruppe, um seinen Platz zu behaupten (Territorium, Behausung, Bau, Ruhestätte, Nahrungs-, Jagd- oder Weidegebiet) oder um seinen Sexualpartner zu gewinnen und zu behalten (Paarungskämpfe).

Auch beim Menschen ist eine gewisse Aggressivität, eine Bereitschaft, tatkräftig an Menschen und Dinge heranzugehen, notwendig, um sich in der Welt überhaupt durchzusetzen, um seinen Weg zu gehen, seine persönliche oder berufliche Laufbahn (Rolle, Rang, Wettstreit) einzuschlagen mit dem Herangehen-an, Ergreifen und Bewältigen der dabei sich zeigenden Möglichkeiten, Aufgaben, Widerstände usw. So verstandene Aggressivität macht bereit, Probleme anzupacken, an eine Sache heranzugehen usw.

Dieser weite Begriff der Aggression verliert sich aber völlig in dem übergeordneten der allgemeinen Aktivität (Handlungsbereitschaft, Initiative, s. Antrieb). Für ethologische und psychopathologische, im besonderen auch forensische Zwecke ist die *engere Fassung des Begriffes Aggression* vorzuziehen: *Aggression ist das Verhalten, das auf Vertreibung, Kränkung, Entwertung, Ausbeutung, Beschädigung, Verletzung oder Tötung eines Menschen, eines Tieres, einer Sache zielt oder diese impliziert.* Dem aggressiven Verhalten ist der Affekt der Wut, des Zornes, des Ärgers, aber auch der Angst (Aggression als Verzweiflung, wenn einer in die Enge getrieben ist) und/oder der Lust, Gier, Verlangen zugeordnet.

Tabelle **24** hilft den weiten Bereich von Aggression zu ordnen.

Tabelle **24** Einteilung der Aggressionen

Aktiv	passiv
Handlung	Unterlassung (Vernachlässigung)
Physisch	nichtphysisch (verbal, averbal)
Bewußt	unbewußt
Beabsichtigt	unbeabsichtigt
Ernst	spielerisch, probierend, übend
Direkt	indirekt (z. B. Verleumdung, Sachbeschädigung)
Offen	unoffen, verdeckt
Spontan	reaktiv
Defensiv	offensiv
Gegen Menschen	gegen Sachen (u. U. als Surrogat)
Gegen andere	gegen sich selbst (mit/ohne Selbsttötungstendenz)
Affektive, expressive (aus Wut)	instrumentelle (sachlich zum Erreichen eines Ziels)
Keine	gemischte (z. B. mit Sexualität gemischte)
Gesellschaftlich akzeptierte	sanktionierte (juristisch, ethisch, moralisch), pathologische

In der Literatur heben sich im wesentlichen zwei alternative Konzepte über die Aggression hervor (Übersicht: Averill 1983):

Aggression sei ein angeborener Trieb. So z.B. die Lorenz-Schule (Lorenz 1963, 1969; Eibl-Eibesfeldt 1969) und die Psychoanalyse. Adler sprach vom Aggressionstrieb, und Freud sah darin einen Abkömmling des Todestriebs Thanatos. Die Konsequenz dieses Konzepts für die Aggressionsbewältigung ist: Aggression müsse wie alle anderen Triebe „entladen", „ausgelebt" werden, sonst gebe es „Störungen", falls nicht eine Verdrängung, Sublimation o.ä. gelänge.

Aggression sei erworben und sei Reaktion (Reiz-Reaktions-Modell). Durch Lernen, durch Erfahrung und als Reaktion (auf Frustration, Repression, vor allem aber auf Aggression) würden Aggressionen geweckt. Im wesentlichen wird Aggression psychosoziogenetisch verstanden und lerntheoretisch interpretiert.

Es ist ein gewisses Grundpotential an Aggressionsbereitschaft (Aggressivität) als dem Menschen eigentümlich anzunehmen. Wie weit diese Aggression aber gelebt wird oder gar gelebt werden muß, hängt sehr von den Umweltbedingungen ab. Bei entsprechender Bereitschaft genügt schon ein Bagatellanlaß. Es ist *nicht* richtig, von einem Aggressionstrieb zu sprechen. Die Aggressivität unterliegt vielmehr dem Verhalten und bestimmt es in vielen Bereichen, u.a. auch das Triebverhalten. Darum kann Aggression verschiedene Triebhandlungen mitbestimmen, formen.

Zentralnervöse Repräsentanten der Aggression

Im Zwischenhirnbereich sind Zentren anzunehmen, deren Reizung aggressives Verhalten, Angriff und Wut auslösen können, andere, deren Reizung solches Verhalten dämpfen und unterdrücken kann (Hess 1962, Delgado 1967). Die Aktionsbereitschaft dieser Zentren ist offenbar vom Hormonspiegel (z.B. Sexualhormone), von der Neurotransmitteraktivität, von Pharmaka (z.B. Amphetamine) beeinflußt.

Prüfung

Die Aggression wird aus dem Gesamtverhalten ersehen. Sie äußert sich in der Motorik (Bewegung, Mimik, Gestik), in lautlichen Kundgaben: Schreien, Drohen, Beschimpfen, Verwünschen usw.

Die folgenden Kriterien helfen bei der Einschätzung des Aggressionsrisikos:

Aggression/psychopathologische Symptome und Syndrome[1]**:**

- reizbare Verstimmungen, reaktiv oder autochthon,
- Labilität, Affektlabilität, -inkontinenz,
- gereizt, ärgerlich, dysphorisch, moros,
- verbale Aggressionen, Drohungen in Wort, Mimik, Gestik,
- gespannt,
- mißtrauisch, argwöhnisch,
- Wahn der Beeinträchtigung, Verfolgung, evtl. mit Halluzinationen,
- ängstlich erregt – gespannt,
- gehetzt, ungeduldig,
- depressiv-mißmutig mit Anschuldigung anderer,
- Vorgeschichte von verbalen oder tätlichen Aggressionen (persönlich oder familiär):
  - Grausamkeiten gegen Mensch, Tier, Sache (Beschädigung, Brandstiftung),
  - Grausamkeiten gegen sich selbst (Selbstschädigung),
- Phantasien von Gewalt,
- Freude an Gewaltdarstellungen,
- schlechte Impulskontrolle:
  - mangelhafte Selbststeuerung, Acting out,
  - Fehlen von Reflexion und Sprachfähigkeit,
- Kränkbarkeit:
  - narzißtische Verwundbarkeit,
  - schlechte Frustrationstoleranz, beleidigbar,
  - abhängig von narzißtischer Gratifikation,
- sozial-interaktives Defizit an Empathie, Sympathie, Toleranz.

Pathologie der Fremdaggression

Übersicht:

Erhöhung der Aggressivität

Verminderung bzw. Hemmung der Aggressivität

Ursachen, Motive, Anlässe für Aggression
Allgemeine Motive für Aggressionen, d. h. unabhängig von der diagnostischen Gruppe
Aggression bei Schizophrenen

---

[1] In Anlehnung an Tardiff 1988 (S. 535).

Aggression beim psychoorganischen Syndrom
Aggression bei Depressiven
Aggression bei Manischen
Wut bei Borderline-Persönlichkeiten
Andere Aggressionsquellen

Erhöhung der Aggressivität

Sie führt zu Angriffsimpulsen (Raptus):

- Schimpfparoxysmen,
- Zerstörungswut,
- Gewalttätigkeit,
- Tobsuchtsanfall.

Vorkommen

Habituell als Persönlichkeitsart. Bei sog. antisozialen Persönlichkeiten. Sie sind vor allem forensisch von Bedeutung, weil sie für Gewaltverbrechen gefährdet sind. Exzitierende Drogen und/oder Alkohol können durch Kontrollschwächung provozierend wirken, besonders in bestimmten sozialen Situationen (z. B. Sich-hervortun, Wirtshausraufer).

Psychoreaktiv. Bei Wut, Zorn, Angst, Verzweiflung. Als psychogene Haftreaktion ist der „Zuchthausknall" bekannt (blinde Zerstörungswut, Dreinschlagen, Gewalttätigkeit). Psychoreaktive Aggressionen werden durch alkoholbedingte Enthemmung (oder durch stimulierende Drogen) gefördert. Bei unreifen, u. U. dazu noch unterintelligenten Menschen, auch bei Dementen kommt es leichter zu einem Kontrollverlust.

Neurotisch. Bei neurotischer Unausgeglichenheit, bei narzißtischen und Borderline-Persönlichkeiten, in sorgenbelasteten Lebenslagen, bei spannungsreichen Beziehungen besteht oft eine erhöhte Aggressivität, Reizbarkeit, Empfindlichkeit.

Organische Psychosen. Im Alkoholrausch, im epileptischen Dämmerzustand. Beim postenzephalitischen Parkinsonismus kann es zusammen mit Augenmuskelkrämpfen (okulogyren Krisen) zu Angriffsimpulsen kommen, z. B. jemanden zu würgen.

Bei allgemeiner Hirnschädigung (organisches Psychosyndrom) kommt es manchmal durch Kontrollverlust zu erhöhten reaktiven Aggressionen (Reizbarkeit mit impulsiver Tätlichkeit).

Beim hirnlokalen Psychosyndrom (z.B. nach Schädeltrauma) gibt es raptusartige Gewalttätigkeit, ähnlich beim endokrinen Psychosyndrom.

Manie. Bei der gereizten Form der Manie gibt es tobsuchtartige Gewalttätigkeit. Viel häufiger ist die verbale Aggression: Beschimpfung, Beleidigung, Entwertung.

Schizophrenie. Bei der katatonen Erregung sind Gewalttätigkeiten gefürchtet. Bei paranoid Schizophrenen (besonders mit Verfolgungswahn) gibt es verbale und tätliche Angriffe als Verteidigung oder aus Rache.[2]

Paranoide Erkrankungen. Gewaltakte bei Eifersuchtswahn, Querulantenwahn.

Wirkungen von psychoaktiven Substanzen i.S. der Steigerung der Aggressivität und/oder Enthemmung der Kontrolle. Alkohol, Psychostimulanzien (Amphetamine, Methylphenidat), Kokain, Inhalationsmittel, gelegentlich sog. Halluzinogene.

Verminderung bzw. Hemmung der Aggressivität

Habituell als Persönlichkeitsart. Bei asthenischen, lahmen, passiven Menschen.

Bei allen körperlichen Leiden, die schwächen.

Reaktiv. Bei Kummer, Gram, Sorgen.

Bei organischen Psychosen mit Demenz. Hier ist häufig, aber keineswegs immer, im Rahmen einer allgemeinen Aktivitätsminderung mit Apathie eine Herabsetzung der Aggressivität da.

---

[2] Zur Gewalttätigkeit Geisteskranker s. Böker u. Häfner (1973). Unter allen untersuchten Gewalttätern sind 3% geistesgestört i.w.S. Das entspricht der Häufigkeit der Geistesstörung i.w.S. unter der Erwachsenenbevölkerung. Geisteskranke und Geistesschwache werden nicht häufiger zu Gewalttätern als Geistesgesunde. Unter den geisteskranken Gewalttätern stehen die Schizophrenen an der Spitze. Wichtige neue Übersicht s. Marzuk, P.M.: Arch. gen. Psychiat. 53 (1996) 481–486.

Depression. Bei fast allen Formen der Depression ist die Aggressivität herabgesetzt (s. dazu aber auch den Hinweis auf Selbstmord und Selbstverletzungsimpulse) oder drückt sich indirekt in Kritik, Herabsetzung, Nörgeln, mißmutig-gereizter Stimmung aus. Dies kann für Lebenspartner und Behandlungspersonal belastend sein.

Chronische Schizophrenie. Hier gibt es passive, lahme, antriebslose, willenlose, dann vielfach auch aggressionslose Haltung.

Ursachen, Motive, Anlässe für Aggression

Für den Umgang mit aggressiven Patienten ist es wichtig herauszufinden, welches die Ursachen/Motive sind. Danach richtet sich das Verhalten im pflegerisch-therapeutischen Umgang. Es gibt nicht für jedes Motiv rezeptartige Regeln. Aber das Verstehen bestimmt die Haltung/Einstellung des Therapeuten mit und hilft ihm, eher das adäquate Verhalten zu kreieren.

Im folgenden sind in Hinblick auf den therapeutisch-pflegerischen Umgang Motive und Bedingungen zu Aggression in bestimmten nosologischen Gruppen dargestellt.

Allgemeine Motive für Aggressionen, d. h. unabhängig von der diagnostischen Gruppe

- Wut über das Eingesperrtsein, die Freiheitsbehinderung,
  - über die Überwältigung,
  - über die Medikation (besonders Injektion),
- Wut und Ärger über die eigene Behinderung im Leben, das Kranksein, Wut und Ärger aus Minderwertigkeitsgefühlen, Ohnmachtserleben,
- Wut über die eigene Niederlage mit
  - Scham,
  - Trotz gegen das Schicksal,
  - Rache an den anderen, der Gesellschaft,
- Ressentiment über Krankheit und Lebensniederlagen und Wut gegen alle, denen es nicht so schlecht geht wie dem Patienten,
- Reaktion auf die Aggression anderer,
- Wut über (im Verhältnis zum Bedürfnis) mangelhafte Zuwendung, Aufmerksamkeit, Mitleid, Liebe.

Aggression bei Schizophrenen

(Zusätzlich zu den allgemeinen Motiven.)

- Bei Verfolgungs-, Beeinträchtigungswahn,
- bei wahnhafter Mißdeutung der Umgebung (bei Umgebungsverkennung),
- bei Fremdsteuerung
  - im Handeln,
  - im Denken,
  - im Fühlen,
- als Reaktion auf akustische Halluzinationen:
  - Stimmen, die sich einmischen,
  - Stimmen, die beschimpfen,
  - Stimmen, die aufhetzen,
- als Reaktion auf als lästig, bedrängend, einengend empfundene Nähe anderer Menschen (Störenfriede),
- aufgrund von Verlust der Sozialdistanz (Störung der Handhabung der Dimensionen Nähe/Distanz), z.B. anderen zu nahe kommen: Distanzlosigkeit provoziert bei anderen Aggression; dies führt beim Patienten zu Aggression,
- Aggression im Rahmen von „Verrücktspielen" aus Rache, Trotz, Scham.

NB: Aggression als Reaktion auf mangelhafte Selbstwahrnehmung, besonders Störung der Ich-Vitalität, -Aktivität, -Konsistenz, -Demarkation, -Identität (s. eigene Darstellung).

Überaktivität, u.U. aggressive Aktivität, überwindet Untergangsangst, Panik der Auflösung, Desintegration.

(Besonders wichtiges Aggressionsmotiv bei Schizophrenen, das zu wenig beachtet wird, dabei für die Therapie sehr wichtig ist.)

Aggression beim psychoorganischen Syndrom

Intellektuelle, kognitive und mnestische Schwäche, Affektlabilität, Affektinkontinenz disponieren manchmal zu erhöhter Aggressivität.

- Wut über eigene Behinderung, Schwäche, Hilflosigkeit, Abhängigkeit (z.B. nach Apoplexie, Aphasie, mnestische Störung, Unfähigkeit, sich verbal verständlich zu machen und Ansprüche anzumelden),
- mangelhafte Übersicht/Einsicht über/in die Situation, u.U. auch Desorientierung,
- wahnhafte, halluzinatorische, illusionäre Umgebungsverkennung (z.B. Personenverkennung, Bestehlungswahn, Angst vor Überfall, Raub, Beeinträchtigungsgefühl).

Aggression bei Depressiven

- Nörgeln, Sticheln, Schmollen: unoffene Aggression, besonders gegen Partner (NB: Gegenübertragung),
- Tyrannisieren mittels „Kranksein": Herrschen über andere, die Rücksicht nehmen sollen,
- Negativismus: Sichsträuben bei Wunsch nach Aufmerksamkeit,
- Demonstration des Elends: Appell um Zuwendung, Schonung,
- Suiziddrohungen als Aggression.

Aggression bei Manischen

- Entladung von Überaktivität,
- aus Kraftgefühl und Überheblichkeit (Raufhändel), Prahlerei,
- aus Defizit an Sozialgefühl (Distanz nicht einhalten, Sicheinmischen),
- bei Größenwahn, der mit der Realität zusammenprallt.

Wut bei Borderline-Persönlichkeiten

- Gerichtete Wut (Haß und Aggression) bindet freie Angst,
- schützt vor unerträglicher Selbstkonfrontation (Leere),
- erhält die Grenzen,
- gibt dem Selbst Gefühl von Kraft, Macht,
- ermöglicht Gefühl, lebendig da zu sein,
- wehrt Schuldgefühle ab,
- überwindet das Objekt, weist es weg (Abhängigkeitsangst).

Andere Aggressionsquellen

- Wut, Ärger (statt Trauer) über *Sinnesbehinderung* und Erschwerung des Umgebungskontakts (Blindheit, Taubheit),
- Wut, Ärger über Körperbehinderung (Größe, Aussehen, Verkrüppelung),
- Gereiztheit bei Schmerzen,
- Gereiztheit bei Schlafstörungen, Übermüdung,
- Reaktion auf Schwachsinn und entsprechende Abhängigkeit, Versagen, Spott,
- Reaktion auf Eifersucht (z. B. Alkoholismus),
- Wut über vermeintliche Kritik bei schlechtem Gewissen (Alkohol),
- „freisteigende" Aggressionen. Verstimmungen bei Epileptikern,
- als Impulshandlung: hirnlokales Psychosyndrom.

Selbstaggression (Autoaggression)

Offene Aggression gegen sich selbst findet man im konkret-manifesten direkten Verhalten von *Selbsttötung (Suizid)* und in nichtsuizidaler Selbstschädigung *(Automutilation)*.

Verdeckte Autoaggression meint eine negative Einstellung zu sich selbst: sich selbst keinen Wert geben, sich nicht achten, unsorgfältig mit sich umgehen. Damit ist ein sehr weites Feld von Verhaltensweisen und Einstellungen angesprochen: *Selbstvernachlässigung* in Hygiene, Kleidung, Nahrung, Schlaf-wach-Rhythmik, Unsorgfältigkeit in der Wahl von Beziehungspersonen (z.B. sich ausnützen, ausbeuten, verführen lassen, sich von anderen schlecht, herabsetzend usw. behandeln lassen).

Suchtmittelgebrauch mit schädlichen gesundheitlichen und sozialen Folgen. Es ist aber auch das *Selbstzerstörerische* in der Wut, Ressentiment, Haß und Trotz gegen andere, gegen sich selbst, gegen das Leben überhaupt, angesprochen in der verinnerlichten Form des Sich-Verrennens in Selbstentwertung, Selbstherabsetzung, in falscher Lebensführung, in ein manchmal masochistisches, lustvoll-triumphales, öfter eher wütend-gequält verzweifeltes indirektes Sich-selbst-Zerstören.

Manche Kranke sind sich solcher Einstellungen und Wirkungen bewußt. So sagte M. (jahrelange schwere Schizophrenie): „Ich habe mich bewußt durch Akte der Selbstzerstörung kaputt gemacht." Die Bedeutung solcher verdeckten und indirekten autopathogenen Verhaltensweisen für das Psychotischwerden, -bleiben und für Rückfälle scheint mir groß. Sie ist kaum erforscht.

Suizid und Parasuizid

Die Selbsttötung ist von den nicht auf Tötung, sondern auf Unterbrechung oder Änderung einer unerträglichen Situation zielenden parasuizidalen Handlungen zu unterscheiden (auch wenn es einen Überschneidungsbereich gibt und die Unterscheidung schwierig sein kann).

Suizid ist die vollendete Autoaggression. Gelegentlich ereignet sich vorher noch eine Fremdaggression: Tötung von Partnern, Kindern, ehe der Täter selbst aus dem Leben geht (erweiterter Suizid).

Selbstverständlich ist suizidales Verhalten niemals nur aus der Perspektive von Aggression zu betrachten!

In unserer Kultur herrscht die Tendenz, jede Suizidhandlung als pathologisch zu werten, sei es als Resultat einer pathologischen Entwicklung, sei es in seiner Assoziation zu psychiatrischen Krankheiten.

Die Häufigkeitsverteilung variiert stark. Männer, alleinstehende und ältere Menschen begehen eher Suizid, Frauen eher Suizidversuche.

Besondere *Risikogruppen* sind Depressive jeder nosologischen Art (ca. 10–15% Mortalität an Suizid), Süchtige, besonders Alkoholiker (ca. 10%), Schizophrene (ca. 5%), Borderline-Persönlichkeiten.

Das *präsuizidale Syndrom* (Ringel 1953) kennzeichnet die psychologische Situation vor dem Suizid. Es besteht aus:

- einer 4fachen Einengung, die Situation, die Interessen- und Wertwelt, die Affektdynamik und die Isolation betreffend,
- einer Aggression, welche nicht offen und konstruktiv „nach außen" getragen werden kann und
- zu Selbstzerstörungsphantasien führt.

Die Affektlagen, in denen Suizide meist geschehen, sind die der ausweglosen Bedrückung, Hoffnungslosigkeit, Verzweiflung, Einsamkeit, Verlassenheit, der Angst vor Stand-, Halt-, Beziehungsverlust, der Ohnmacht, andere Lösungen zu finden, Schuldgefühle, Selbstzweifel, Selbstentwertung und Stimmungen der Wut (auf sich selbst, auf andere, an denen man sich nicht rächen kann, auf das grausam-lieblose Leben), des Trotzes, des Zerstörenwollens, des verzweifelt-lustvollen Auslöschens.

Vielfältig sind auch die *psychodynamischen Motive* zum Suizid. Sie können interpretativ hypostasiert sein oder bewußt. Vielen Suizidhandlungen kann die Bedeutung eines Appells (so geht es nicht weiter, so kann, mag ich nicht leben, es muß sich etwas ändern, kümmert euch um mich, denkt wenigstens an mich u.v.a.) zugeschrieben werden. Manche Selbsttötung geschieht in rasendem Selbsthaß, auch als Selbstbestrafung in überwältigenden Schuldgefühlen, Suizid als Sühne, Buße für schuldhafte Strafwürdigkeit. Manchmal wirkt Suizid wie ein trotziger Racheakt, ein grausamer Mahnruf an die Hinterbliebenen, welcher auf deren Gewissen drückt. Suizid in der Ohnmacht, seine Wut über Kränkungen an deren Verursacher auszutragen, kann als invertiertes (retroflektiertes) Homizid gedeutet werden. In anderen Suiziden mögen ein Streben nach Wiederherstellen ursprünglicher Einheit und Geborgenheit (vor jeder Trennung von Mensch und Welt), Wiedervereinigung mit verlorenen Partnern, auch Phantasien von Erneuerung und (besserer) Wiedergeburt wirken. Bei manchen schwer Ich-kranken Menschen erscheint die Selbsttötung wie ein letzter verzweifelter Ich-Akt. Wie viele Suizide zu Recht „Freitod" im Sinne besonnen-überlegter, ruhig-klarer Entscheidung und Ausführung genannt werden können, wissen wir nicht.

Differenzierung der Suizidalität zur Einschätzung des Suizidrisikos

Spricht der Patient von sich aus über Todessehnsucht, -wünsche, -gedanken, -absichten, -impulse, so ergibt sich aus diesen klaren oder zu vermutenden Andeutungen der Einstieg in das weitere klärende Gespräch. Wenn der Patient aber nicht von sich aus das Thema der Unerträglichkeit seiner Situation, der Angst und Verzweiflung, Hoffnungslosigkeit, Resignation und Entmutigung und deren Verknüpfung mit suizidalen Themen anschneidet, so muß der Helfer das von sich aus taktvoll ansprechen. Gleichzeitig signalisiert der Helfer damit dem potentiell Suizidalen sein verstehendes und einfühlendes Teilnehmen (Empathie und Sympathie). Für das vorsichtige Abtasten der Suizidalität können zweckmäßig 3 Bereiche differenziert werden:

- Besteht vorwiegend eine allgemeine, vielleicht sogar nur vage *Erlösungssehnsucht* in dem Sinne: Tod wäre das Ende aller Plage, Sterben bedeutet Leidverlöschen.
- Aktive oder sich aufdrängende *Suizidgedanken*. Hierbei handelt es sich um konkrete Phantasien, vielleicht sogar Pläne für eine aktive Selbsttötung. Wie steht die Person dazu: Sind sie Ich-synton oder Ich-dyston? Bestehen vielleicht schon gezielte Pläne hinsichtlich der Mittel zur Selbsttötung, des Orts und der Zeit?
  Hat der Patient vielleicht schon Mittel vorbereitet (Sammeln von Medikamenten, Bereitstellen von Waffen, Seil, Gedanken an eine bestimmte Brücke, Hochbau, Bahngeleise, Tunnel u.ä.)? Bestehen schon Vorstellungen, wo der Suizid stattfinden sollte (z.B. um zu rasche Auffindung zu vermeiden)?
  Gibt es Hinweise auf eine ins Auge gefaßte bestimmte Zeit für die Selbsttötung? Beachte dabei im besonderen auch Jahres- und Gedenktage, die suggestive Wirkung von früheren eigenen Suizidversuchen, Suiziden in der Familie, im Bekanntenkreis, von Prominenten oder in den Medien (TV).
- Kommen dem Patienten *Suizidimpulse?* Imperatives Andrängen von Selbsttötungsantrieben, die als Ich-fremd empfunden werden, sind weiter zu differenzieren: Wann kommen sie vor allem (z.B. in schlaflosen Nächten, an einem einsamen Wochenende, unter Alkoholeinfluß oder in der Nachwirkung des Alkoholkonsums, Kater)? Wie stellt sich der Patient zu den Suizidimpulsen? Möchte er, daß die Impulse endlich durchschlagen, z.B. weil er selbst nicht den Mut für eine eigenaktive gezielte Handlung hat, und daß dann alles vorbei sei? Wehrt sich der Patient gegen die Impulse? Wie schätzt er

seine Kraft ein, den Impulsen zu widerstehen (Cave: Schwächung in Schlaflosigkeit, Zermürbung, Übermüdung, depressiven Abstürzen, Alkohol- und anderem Drogeneinfluß)? Wenn der Klient noch Widerstand gegen die Impulse hat: Was hilft ihm gegen die Impulse (z.B. Scham, Prestige, Schuldgefühle, Rücksichtnahme, Glaubenseinstellungen)?

Selbstschädigung (Automutilation)

Damit ist die konkrete Selbstschädigung gemeint – im Gegensatz zur indirekten in Sucht und anderem gesundheitsgefährdendem Verhalten – auch dann, wenn diese automutilativen Handlungen verheimlicht und/oder verleugnet werden.

Definition:
Automutilation bezeichnet eine Beschädigung, Deformation des eigenen Körpers mit den Kriterien:

- selbstzugefügt,
- eigenaktiv,
- direkt, unmittelbar, konkret,
- soziokulturell nicht akzeptiert,
- nicht direkt lebensbedrohlich,
- nicht offenkundig suizidal oder parasuizidal,
- funktionell-final motiviert (bewußt/unbewußt) oder eher als Automatismus ablaufend.

Syndrom – Differenzierung:

- *Automanipulation von Krankheiten:* Absichtliches (d.h. nicht gleich freiwilliges), selbstinduziertes Herbeiführen einer Krankheit oder von Symptomen, weil Kranksein (Infirmität) als die einzig erträgliche Weise der Existenz erscheint. Verschiedene unbewußte Motivationen sind anzunehmen (engl. facticious disorder).
- *Münchhausen-Syndrom:* Vorgetäuschte oder künstlich herbeigeführte Symptome zu einem offensichtlichen Zweck: im Spital versorgt zu sein, die Sozialhilfe für Kranke zu erhalten.
- *Automutilation:* Selbstverletzung (Schneiden, Brennen, Schlagen) nicht suizidaler Art bei verschiedenen psychiatrischen Krankheiten (z.B. Borderline-Störungen), bei verschiedener Motivation.
- *Simulation:* Vortäuschung somatischer oder psychischer Symptome zu bestimmtem Zweck, z.B. Haftentlassung, Arbeitsbefreiung (u.U. Absentismus).

- *Aggravation:* Verstärkung geringer Symptome zu bestimmtem Zweck: Die Krankenrolle einnehmen zu dürfen, Geld (Krankengeld, Rente u.ä.) zu erhalten.

Bei der Automanipulation von Krankheiten geht es final um die Vorteile der Krankenrolle, beim Münchhausen-Syndrom als Spitalpatient (Versorgung, Unterkunft, Sozialleistungen, Entkommen aus der Haft). Solcher Sozialparasitismus gipfelt in Aggravation und Simulation von Psycho- und Soziopathen, Kriminellen. Selbstgesetzte Krankheiten können aber auch Ausdruck schwerer Lebensangst sein: eine pervertierte Form von Health-, Care-, Love-, Attention seeking behaviour aus Ich-Schwäche, Hilflosigkeit, Unreife, Ressentiment.

Demgegenüber ist die *Automutilation als Symptom anderer psychiatrischer Krankheiten* abzugrenzen (Scharfetter 1984, Favazza 1987, Walsh u. Rosen 1988): Es geht dabei nicht um das Erreichen der Krankenrolle, sondern die Selbstschädigung geschieht

- aus anderen, interpretativ zugänglichen Motiven bei Depressiven, Schizophrenen, Borderline-Persönlichkeiten,
- ohne erkennbare psychologische Motive gewissermaßen „neurologisch" als Reflex, Automatismus, Stereotypie, bei Oligophrenie, Epilepsie, Narkolepsie.

Zum ersten Punkt: Depressive können sich in leerer Gehetztheit (agitierte Depression) selber reiben, kratzen, die Haare raufen, ausreißen (Trichotillomanie), anschlagen. Andere Selbstverletzungen Depressiver (abgesehen von suizidalen Akten) sollen der Selbstbestrafung dienen (z.B. Abhacken einer Hand als Strafe für Masturbation). Die Selbstschädigung von Schizophrenen kann sehr vielfältig motiviert sein: z.B. Impulsabwehr (ein schizophrener Mann verätzte sich mit Lauge Lippen, Zunge, Mund, um seine Mutter nicht mit seinen Zähnen anzufressen). Selbstkastration zur Triebabwehr und zur Transzendierung der Geschlechtertrennung. Ausstechen, -drücken eines Auges (oder beider), um „nicht sehen" zu müssen. Ein Schizophrener schnitt sich das Symbol einer Rose in seine Lippen. Manchmal kann in Selbstverletzungen ein (verfehlter) autotherapeutischer Versuch gesehen werden: im Schmerz, im Anblick des Blutes seine Lebendigkeit wieder zu erfahren, seine Grenze zu spüren. Dies gibt wichtige Hinweise auf die Therapiebedürftigkeit (Scharfetter 1995).

Die selbstinduzierten Schäden bei Persönlichkeitsstörungen sind sehr vielfältig hinsichtlich der „Organwahl" und Schädigungstechnik (z.B. Ohrmuscheldefekte, artefizielle Blutarmut, Selbstinfektion der Bauchhöhle mittels Injektion einer Stuhlaufschwemmung, zahlreiche

Hautschäden, Dermatitis artefacta u. v. a.) und hinsichtlich der Motivation. Bei hospitalisationsbedürftigen Borderline-Persönlichkeiten kann selbstverletzendes Verhalten (Brennen, Schneiden, Kratzen, Schlagen) die Aufmerksamkeit der Betreuer fixieren und recht zwiespältige Gegenübertragungen provozieren.

Für die Therapeuten und für ihre Supervision ist die Motiv-Funktions-Klärung wichtig. Deshalb ist hier eine Zusammenstellung der Funktionen der Automutilation gegeben (nach Sacchse 1987).

Funktionen der Automutilation (in Fremdinterpretation):

- *Intrapersonale Funktionen:*
  - Regression auf pathologisch symbiotische Erlebnisverarbeitung mit Gefahr der Fragmentierung,
  - Regression mit Bewußtseinsveränderung (Trance),
  - Automutilation verhindert Dissoziation/Fragmentierung des Ich,
  - Selbstbestrafung zur Entlastung des Ich vom überstrengen Über-Ich – „kleiner" Suizid (stellvertretend für „großen" Suizid),
  - Abwehr von Depression, Schmerz, Einsamkeit, Langeweile,
  - Abwehr von (schizophrener) Psychose: „Ich-Plombe" (wie Perversion),
  - Abwehr von Depersonalisation,
  - Narzißtischer Gewinn aus Symptom (Macht, Stolz).
- *Interpersonelle Funktionen der Selbstschädigung:*
  - Prä-/averbaler Appell,
  - Agieren einer projektiven Identifizierung (das widersprüchliche Eigene zwischen Hilflosigkeit und symbiotischer Abhängigkeit und Autonomie- und Machtstreben wird agierend im anderen provoziert),
  - Flucht aus sozialer Überforderung.

18. Zwänge und Phobien

- *Synonym:*
  - Zwang = Anankasmus.
  - Phobien = Zwangsbefürchtungen.

Zwänge und Phobien werden aufgrund von Gemeinsamkeiten zusammen besprochen. Gemeinsam ist der Verlust der Handlungsfreiheit bei erhaltener selbstreflexiver Stellungnahme. Viele Zwangshandlungen geschehen auf Grund von bestimmten Befürchtungen. Auch bestehen Zwänge und Phobien (vielfach zusammen) bei ähnlichen Persönlichkeiten (Anankasten, Phobiker s. dort).

Zwänge

Definition

Zwänge sind imperative Erlebnisse, die mit dem Gefühl der Unausweichlichkeit und der Machtlosigkeit des eigenen willentlichen Widerstrebens erfahren werden und die sich trotz des Widerstands des Kranken, der die Zwänge in selbstreflexiver Stellungnahme als unsinnig, unangemessen (d.h. ohne Grund beherrschend) erkennt, aufdrängen. (Damit ist auch der Unterschied gegenüber Impulshandlungen genannt.)

Zwänge können im Bereich des Denkens, Vorstellens, Fragens, Sprechens, Zählens, in bestimmten Antrieben zu Handlungen, auch Vermeidungen auftreten.

Der Kranke erkennt den Zwang als etwas von ihm selbst Ausgehendes (im Gegensatz zu den „Befehlen“ und der Fremdbeeinflussung Schizophrener). Aber er steht nicht zu dem Zwang, er lehnt ihn ab (d.h. egodyston), versucht sich dagegen zu wehren, erlebt dabei aber die Ohnmacht seines Widerstrebens. So ist beim Zwang die Ich-Qualität der Erlebnisse und Akte vorhanden, aber der Kranke fühlt sich nicht frei in seinem Denken, Entscheiden, Handeln.

Zwänge müssen inhaltlich an sich nicht unsinnig sein. Als unsinnig oder jedenfalls ungerechtfertigt wird aber ihre Persistenz und Penetranz und ihre Neigung zum ständigen gleichförmigen Wiederholen empfunden.

Einteilung der Zwänge

Zwangsdenken: zwanghaft persistierende Denkinhalte

Zwangsideen, -gedanken, -vorstellungen, -erinnerungen, -fragen, -grübeln.

Sie treten oft wie ein Gegenimpuls gegen eine Situation auf: z. B. als sich Aufdrängen von obszönen Szenen, von gotteslästerlichen Gedanken in der Kirche, während der Predigt und ähnliches. Zwangsgrübeln bzw. Zwangsfragen: Warum steht der Baum da? Warum ist die Welt? Warum bin ich?

Zwangsimpulse

Zwanghaft gegen den Widerstand des Kranken sich aufdrängende Antriebe zu bestimmtem Tun. Der Impuls muß nicht unbedingt zur Handlung führen. Zum Beispiel etwas zu kontrollieren (Kontrollzwang): immer wieder überprüfen müssen, ob die Haustüre geschlossen, das Licht, der Gas-, der Wasserhahn abgedreht ist. Der Drang, obszöne Worte auszustoßen (Koprolalie), zu zählen oder zu rechnen (Arithmomanie).

Zwangsimpulse anderer Art, z. B. dem eigenen Kind ein Messer in den Leib zu rennen, es aus dem Fenster zu werfen, die am Tisch gegenüber sitzende Frau mit dem Brotmesser zu durchbohren, sich selbst aus dem Fenster, über die Brücke zu stürzen und ähnliches, setzen sich praktisch nie bis zur tatsächlichen Ausführung der Handlung durch; sie können den Kranken aber sehr schwer beunruhigen und alle seine Kräfte für die Abwehr des Impulses in Anspruch nehmen.

Zwangshandlungen

Meist auf Grund von Zwangsimpulsen oder Zwangsbefürchtungen (s. Phobien) vorgenommene Handlungen von Zwangscharakter. Häufig ist der Putzzwang und der Waschzwang, z. B. auf Grund von krankhafter Beschmutzungs- und Bakterienfurcht. Viele Zwangshandlungen betreffen die Ausscheidungsvorgänge (Defäkation, Miktion) oder die Körperpflege, die nur unter Einhalten bestimmter Vorsichtsmaßnahmen, Rituale, Vermeidungen geschehen können.

Meist wird dabei ein Zwangsritual ausgeführt, was auf den magischen apotropäischen (abwehrenden) Charakter der Handlung hinweist. Das Ritual wird in genau vorgegebener Form, oft in bestimmter

Häufigkeit der Wiederholung ausgeführt. Nach Abwicklung des Rituals tauchen oft Zweifel auf, ob es auch richtig nach Vorschrift eingehalten wurde. Das kann zu endlosen Wiederholungen der Zwangsrituale führen.

Zwangshandlungen beeinträchtigen das freie Leben des Kranken sehr schwer, ja sie können auf Jahre hinaus völlig von dem Kranken Besitz ergreifen, so daß er arbeitsunfähig wird (in der ständigen Besorgung seiner „Pflichten"), sich um seine Familie nicht mehr kümmern kann oder auch sich selbst schädigt (z.B. Ekzeme, Wundwerden der Haut durch übermäßiges Waschen oder Gebrauch von Desinfizientien).

Vorkommen von Zwängen

Klinisch ist zwischen dem Auftreten einzelner Zwänge als Begleitsymptome verschiedener psychiatrischer Erkrankungen und der sog. Zwangskrankheit zu unterscheiden, die durch Zwänge als dominante Symptome das Leben eines Menschen schwer beeinträchtigen kann.

Einzelne Zwangssymptome

Sie können auch den *Gesunden in bestimmten Umständen* befallen, z.B. in Langeweile (Zählzwang), in Zuständen von Ermüdung oder Erschöpfung, bei Schlafstörungen (Zwangsgrübeln, -erinnerungen).

Von besonderer klinischer Bedeutung sind *Zwangssymptome als Begleiterscheinung von organischen Psychosen* (z.B. nach Enzephalitis, hier besonders Zwangsimpulse), bei endogenen Psychosen: Zwangssymptome können einer Schizophrenie lange vorangehen oder sie begleiten. Endogen *Depressive* werden nicht selten von Zwängen und zwanghaften Befürchtungen geplagt, die mit dem Abklingen der depressiven Phase wieder verschwinden (sog. anankastische Depression).

Zwangskrankheit

Sie wird auch Zwangsneurose genannt (engl. obsessional, compulsive states). Hier ist der Patient über lange Zeit, manchmal lebenslang, gleichförmig oder wellenförmig, beherrscht von Zwängen und Befürchtungen jeder Art und Intensität.

Die Zwangskrankheit ist geprägt von verschiedensten Zwängen und Zwangsbefürchtungen (Beispiele s. S. 301), oft begleitet von allgemeiner Angst mit den entsprechenden vegetativen Begleiterscheinungen (engl. autonomic anxiety) oder von hypochondrischen Befürchtungen (z.B. Herzphobie), depressiven Verstimmungen, gelegentlich mit Depersonalisationserscheinungen.

Epidemiologie

Die Häufigkeit des Vorkommens der Zwangskrankheit in der Allgemeinbevölkerung (Prävalenz) beträgt 0,5%. Frauen sind häufiger betroffen als Männer (50–70% der Fälle). Die Mehrzahl der Fälle stammt aus guten sozialökonomischen Verhältnissen.

Persönlichkeit

Die meisten Zwangskranken sind besondere Persönlichkeiten (*anankastische Persönlichkeiten*, engl. obsessional personality): Sie sind bei guter Intelligenz oft rigid, perfektionistisch, haben einen hohen ethischen Anspruch, sind skrupulös, übergewissenhaft, ängstlich bedacht auf die Einhaltung von Ordnung im Äußeren und im ethisch-moralischen Bereich (Prinzipienreiter). Sie neigen andererseits zu Neid, Geiz, Kleinmut, Mißgunst und liebloser Machtausübung gerade in ihrer Prinzipienreiterei (z.B. als Erzieher), sie sind charakterisiert durch den Kontrast zwischen hohem Triebanspruch (Es) und strengem Gewissen (Über-Ich).

Verlauf und Ausgang

Die Zwangskrankheit beginnt früh (oft schon bald nach dem 10. Lebensjahr, bis zum 20. Lebensjahr sind ungefähr die Hälfte aller Fälle schon manifest geworden) und meist allmählich, oft ohne erkennbaren Anstoß, manchmal nach einem belastenden Ereignis (z.B. Tod eines Angehörigen). Die Krankheit steigert sich langsam oder verläuft durch viele Jahre einförmig oder wellenförmig. Etwa $^1/_3$ aller Zwangskranken behalten ihre Symptome bis zum Lebensende gleich, $^1/_3$ bessert sich im Alter, $^1/_3$ verschlechtert sich.

▶ Beispiel von Erstickungsphobie:

Ein fettsüchtiges, dysplastisches Mädchen von ca. 22 Jahren klagt über schwerste Atembeklemmung mit Todesangst. Die biographische Anamnese ergibt, daß sie von zuhause aus nicht den ersehnten Krankenschwesterberuf erlernen durfte, sondern zum Geldverdienen in die Fabrik gehen mußte. Das Mädchen, bedrängt von einem unglücklichen und unfreien Zuhause, allein geblieben wegen seines Äußeren, ohne Freundin und ohne Freund, muß mit Neid auf die gleichaltrigen Mädchen sehen, die ihre Freunde haben. Ausgerechnet ihr widerfährt es nun, daß sie in einer Kondomfabrik arbeiten muß, um dort von früh bis spät die Dichte von Präservativen (durch Aufblasen) zu prüfen. Die ausweglos scheinende und als solche besonders akzentuierte Lebenssituation führt zu dem phobischen Syndrom.

- Beispiel von Putzzwang:

Eine bisher gesunde Frau erkrankt im mittleren Lebensalter an einem Putzzwang, der sich bei genauerem Befragen als ein zwanghaftes Wegwischen von Goldstaub, den sie überall zu sehen glaubt, erweist. Der Zwang hatte sich entwickelt, als die Frau einen immer noch geliebten Jugendfreund nach langen Jahren wiedergetroffen hatte, der sie seinerzeit „mein Gold" zu nennen pflegte. Die Wiederbegegnung hat die Frau in schwerste Gewissenskonflikte gegenüber ihrem Ehemann und ihren Kindern gebracht. Sie wollte das Erlebnis „wegwischen" (Beispiel von Weitbrecht 1963, S. 117).

- Beispiel von Schluckzwang:

Ein junger depressiver Mann mit einer Kodeinsucht klagt über andauernde Schluckzwänge. Bei der psychoanalytischen Behandlung kommt ihm die Erinnerung an den Beginn des Zwangs: Er hatte als 6jähriger, als seine Mutter ihn zum Beten anhielt, statt des Gebets gedacht: „Meine Mutter – die Kuh." Damals begann der Schluckzwang, dessen Deutung als fortgesetztes Hinunterschlucken der verpönten Äußerung naheliegt.

Phobien

Definition

Zwanghafte Befürchtungen, die sich angesichts bestimmter Situationen oder Objekte aufdrängen, obwohl diese solche Ängste nicht selbstverständlich und für jedermann rechtfertigen.

Phobien unterscheiden sich von den gewöhnlichen Angstsymptomen dadurch, daß bei ihnen (was eben ihre Zugehörigkeit zu den Zwangssymptomen begründet) die zwingende Übermacht der Befürchtung kombiniert ist mit der (völligen, teilweisen oder zeitweiligen) intellektuellen Einsicht in ihre Unbegründetheit (vom Gegenstand her) und mit der Erfahrung eines inneren Widerstands dagegen. Die Phobien drängen zu bestimmten Handlungen, die z.T. eigens benannt werden (z.B. Waschzwang) oder zu sog. Zwangsunterlassungen (-vermeidungen).

Arten der Phobien

Zwangsbefürchtungen werden je nach dem Gegenstand oder der Situation mit speziellen Namen belegt. Die neologistische (wortneubildende) Potenz der Psychiater konnte sich darin ausleben. Es hat keinen Sinn, die Namen alle zu merken.

Darum sind hier nur einige Beispiele gegeben:

- Akarophobie (Furcht vor Hautparasiten),
- Agoraphobie (Furcht vor offenen Plätzen, Straßen usw.),
- Aichmophobie (Furcht vor spitzen Gegenständen, sich oder andere damit zu verletzen),
- Akrophobie (Furcht vor Höhen),
- Aquaphobie (Furcht vor Wasserflächen, -läufen)[1],
- Bakteriophobie (Furcht vor Keimen),
- Klaustrophobie (Furcht vor geschlossenen Räumen),
- Erythrophobie (Furcht vor dem Erröten),
- Keraunophobie (Furcht vor dem Blitz),
- Koprophobie (Furcht vor Beschmutzung durch Kot, Staub usw.),
- Mysophobie (Furcht vor Berührung, Beschmutzung),
- Nyktophobie (Furcht vor der Nacht),
- Panphobie (Furcht vor sehr vielen Dingen, in vielen Situationen usw.),
- Phobophobie (Furcht vor der Angst),
- Zoophobie (Furcht vor Tieren).

Heute wird die *Sozialphobie* noch eigens genannt, die Furcht, mit (besonders fremden, unvertrauten) Menschen zusammen zu sein; sie hat viele Gemeinsamkeiten mit der Agora- und Klaustrophobie, soweit es sich um menschenerfüllte offene oder geschlossene Räume handelt.

NB: Bestimmte hypochondrische Ängste, die auch anfallsartig als akute Krisen auftreten können, tragen z. T. heute noch die Bezeichnung Phobie. Sie gehören aber nicht zu der hier genannten engen Begriffsfassung von Phobie, sondern zur Hypochondrie (s. dort).

- Herzangst (Kardiophobie): Angst vor Herzinfarkt, Herztod,
- Erstickungsangst,
- Krebsangst (Kanzerophobie).

Akute schwere Angstkrisen mit vegetativen Symptomen werden heute als *Panikattacken* bezeichnet.

[1] Nicht zu verwechseln mit Hydrophobie, einer älteren Bezeichnung für die Tollwut (Lyssa).

19. Impulshandlungen

Definition

Überwältigend durchschlagende (d.h. ausgeführte) unreflektierte (unbesonnene) Handlungen als Folge eines freiheitseinschränkenden imperativen Drangs. Im Fehlen jeder selbstreflexiven Kontrolle (Bedenken) werden die Folgen solcher Handlungen nicht bedacht oder berücksichtigt. Willentliche Hemmungen treten entweder gar nicht auf oder vermögen sich nicht gegen den Drang durchzusetzen.

Vielen solchen Dranghandlungen scheint zunächst eine weitgehend ziel- und richtungslose (amorphe) Entladungstendenz voranzugehen.

Pathologie

Impulshandlungen sind ihrer Entstehung nach (ätiologisch) heterogen, d.h. sie kommen bei den verschiedensten Krankheiten, Reaktionen und Entwicklungen vor, z.B. bei Hirnkranken (z.B. Epilepsie, Enzephalitis), bei Endokrinopathien, bei Melancholikern, Schizophrenen, bei Persönlichkeitsgestörten und bei Anpassungsstörung (Tab. **25**, S. 306–307).

Übersicht:

Poriomanie (Dromomanie, Fugue)
„Sammeltrieb“ (engl. collectionism)
Pyromanie
Kleptomanie (Stehlsucht)
Dipsomanie

Poriomanie (Dromomanie, Fugue)

Dranghaftes, unvermittelt imperativ auftretendes Weglaufen, zielloses Herumirren. Kommt bei Verstimmungszuständen reaktiver, endogenpsychotischer, psychopathischer (dissozialer), epileptischer Natur vor, bei Kindern und Jugendlichen als Reaktion auf häusliche oder schulische Konflikte.

„Sammeltrieb" (engl. collectionism)

Anhäufen von sinnlosen Gegenständen (z.B. Papierfetzen, Zigarettenstummel). Gelegentlich bei schlecht gepflegten chronisch Schizophrenen, bei Oligophrenen, bei Dementen, bei verschrobenen Sonderlingen.

Pyromanie

Dranghaftes Feuerlegen (Brandstiften) bei Persönlichkeitsgestörten, bei Epilepsie, aufgrund von Eingebungen und wahnhaften Verknüpfungen bei Schizophrenen, aus Lust und Genuß am Feuer und/oder Wichtigsein als Retter (Feuerwehr), aus Haß, Trotz oder Rache bei sich gekränkt fühlenden Minderbegabten (Lit. s. de Boor 1955, Többen 1971, ferner Göppinger u. Witter 1972).

Kleptomanie (Stehlsucht)

Plötzlicher (meist wiederholter) Drang, oft wertlose Gegenstände, die nicht benötigt werden, zu stehlen. Wird verschieden gedeutet: als Lustgewinn daran, Verbotenes zu tun; „verschobene" sexuelle Befriedigung durch Stehlen; „Rache" für emotionale oder materielle Deprivation in der Kindheit; Aggressionen gegen die Gesellschaft. Das gelegentliche Stehlen durch Fetischisten (s. dort) ist hingegen auf die Beschaffung eines bestimmten Objekts gerichtet, das als Fetisch fasziniert (Lit. s. Bräutigam 1973).

Zu unterscheiden ist das „gewissenfreie" Stehlen von Dissozialen.

Dipsomanie

Zu den dranghaft auftretenden Verhaltensweisen wird ferner gelegentlich noch die Dipsomanie gerechnet (periodische Trunksucht, Quartalsäufer): periodisch auftretende, imperative Trunksucht bei Menschen, die sonst nicht chronische Alkoholiker sind. Kommt bei (meist depressiven oder mißmutigen) Verstimmungszuständen reaktiver, psychopathischer, affektpsychotischer, epileptischer Natur vor. Die Trinkexzesse am Zahltag rechnet man nicht hierher.

Tabelle **25** Zur Differentialdiagnose krankhafter Aktionen

	Impulshandlung	Dranghandlung	Zwangshandlung
Gerichtetheit	gezielt, nicht geplant	ziellos automatenhaft	gezielt zu bestimmtem Zweck
Geordnetheit	geordnet	amorph	geordnet
Auftreten	wiederholt	wiederholt	meist ritualhafte Einzelhandlung, meist wiederholt
Erinnerung	erhalten oder vermindert	vermindert oder aufgehoben	voll erhalten
Bewußtsein	klar, evtl. eingeengt	eingeengt, evtl. umdämmert	klar
Innere Stellungnahme, Ich-Syntonie – Dystonie	triebartige Handlung ohne Stellungnahme und/oder Gegenwehr	keine eigene Stellungnahme	innerer Widerstand, Kampf gegen Zwang Ich-dyston
Subjektive Wirkung	bringt Genuß	evtl. subjektiver Effekt (Entspannung)	primär: Befriedigung des Zwangs sekundär: Zweifel Abwehr
Genese	vielfältig (organisch, Verstimmungen, psychotisch, u. a.)	organische Enzephalitis, Epilepsie, Tourette-Syndrom) und psychogen-psychotische Ursachen	psychodynamisch (Triebabwehr) oder lernpsychologisch interpretiert
Beispiele	Priomanie Kleptomanie Kollektivismus	Aggression, Automutilation, Weglaufen	Zwang als Begleitsymptom oder Zwangskrankheit

Fremdgesteuerte Handlung	Geordneter - Dämmerzustand	Amnestische Episode
gezielt	für Einzelhandlung (z. B. Reise) vorhanden	für Einzelhandlung vorhanden
evtl. geordnet	geordnet	geordnet
einmalig oder wiederholt	Stunden – Tage einmalig	1 – 12 Stunden meist einmalig
erhalten	vermindert oder fehlend	fehlend
klar evtl. eingeengt	eingeengt	Bewußtsein klar, Orientierung erhalten
Befehl von Ich-fremder Macht (Ich-Aktivität)	keine (automatenhafte)	keine (läuft ab)
keine offensichtliche Entspannung, keine Schuld, Reue	keine	keine
Schizophrenie evtl. andere	Epilepsie psychogener Dämmerzustand	vaskulär, toxisch traumatisch (Hirnerschütterung), psychogen
meist Aggressions-, Autoaggressions- oder Suizidhandlung	Verreisen in epileptischen Dämmerzustand	psychedelische, posttraumatische und dissoziative Bewußtseinszustände

20. Bedürfnis-Trieb-Wille

Unter konativen Funktionen (lat. conatus = Trieb) faßt man in Abgrenzung gegenüber den kognitiven, affektiven, motorischen Funktionen zusammen:

- Bedürfnis (engl. need),
- Trieb (engl. drive),
- Instinkt (engl. instinct),
- Motivation (engl. motivation),
- Willen (engl. will, intention).

Definitionen

Sie sind vielfach unscharf und uneinheitlich. Oft wird auch die Natur der verwendeten Termini ungenügend vergegenwärtigt, d.h. ob sie ein erlebbares Phänomen bezeichnen (z.B. Bedürfnis) oder ob sie Konstrukte sind (z.B. Trieb, Instinkt). Die Begriffe umfassen z.T. unmittelbar Feststellbares (Trieb- und Instinkthandlungen), z.T. als Befindlichkeiten (z.B. Bedürfnis) der Selbstbeobachtung Zugängliches, mittelbar im Gespräch Erfahrbares oder aus dem Verhalten Erschlossenes. Wir fassen für unsere Zwecke die Begriffe folgendermaßen:

- *Bedürfnis* (Phänomenbegriff): ein als Verlangen erlebtes Streben nach einem bestimmten Gegenstand, Zustand, Tun.
- *Trieb* (Konstruktbegriff): Tendenz zur Befriedigung bestimmter primärer (das sind angeborene) Bedürfnisse.
- *Instinkt* (Konstruktbegriff): Angeborenes Verhaltensmuster zur Trieberfüllung.
- *Motivation:*
  - Als Phänomenbegriff: Durch Bedürfnisse bestimmte, mehr oder weniger klar erfahrbare Stimmung (Affekt), die zu bedürfnisbefriedigenden Handlungen bewegt.
  - Als Konstruktbegriff: Hypothetischer Aktivierungsfaktor.
- *Wille* (Phänomenbegriff): Zielgerichtetes Streben (Absicht, Intention) auf Grund kognitiv verarbeiteter Motivation.

Übersicht und Einteilung

Übersicht über die Bedürfnisse und bedürfnisbefriedigenden Handlungen

Primäre Bedürfnisse: angeboren, nicht erlernt

- Einem lebensnotwendigen Bedarf (zur Aufrechterhaltung der Homöostase) entsprechende, d.h. der Selbsterhaltung dienende Bedürfnisse:
  Starr, nicht aufschiebbar, geringerer Einfluß des Erworbenen (Geprägten, Gelernten):
  - Hunger (Appetit),
  - Durst,
  - Atmung,
  - Darm- und Blasenentleerung,
  - Schlafbedürfnis,
  - Gefahrschutz.
- Nicht einem lebensnotwendigen Bedarf entsprechende Bedürfnisse: Aufschiebbar, mehr Freiheitsgrade der Bedürfnisbefriedigung, größerer Einfluß des Erworbenen (Gelernten) gegenüber dem instinktmäßig Festgelegten:
  - Sexualtrieb,
  - Sozial- oder Gemeinschaftstrieb,
  - Brutpflegetrieb,
  - Bewegungs- und Spieltrieb,
  - Explorationstrieb (Neugier, Entdeckungstrieb).

Sekundäre Bedürfnisse

Im Leben erworbene (konditionierte) Bedürfnisse sind sehr vielfältig und individuell variierend, z.B. Appetitvarianten, Rauchen u.v.a.

Klinisch-praktische Einteilung der Triebe

Für praktische Zwecke bewährt sich immer noch die grobe Zweiteilung der vitalen Triebe nach der Funktion, die sie hauptsächlich erfüllen (finale Betrachtung).

Selbsterhaltungsfunktion

- Hunger,
- Durst,
- Schlaf- und Aktivitätsbedürfnis,
- Gefahrschutz (Verteidigung, Flucht).

Arterhaltungsfunktion

- Sexualtrieb,
- Brutpflege.

Grundlagen und Determinanten

Anatomische Repräsentanzorte

Sie sind für Triebe, teilweise auch für Triebhemmung und Enthemmung, aufgrund neurophysiologischer stereotaktischer Reizversuche in der Zwischenhirnregion (Hypothalamus) vermutet worden (Hess 1962). Die Befunde sprechen für eine anatomische und physiologische Verankerung der polaren Triebstruktur (Antrieb und Hemmung).

Hormonelle und Stoffwechselsituation

Das Insulin und der Blutzuckerspiegel bestimmen (zusammen mit der Füllung und Leere des Magen-Darm-Trakts) Hunger und Sättigung, Geschlechtshormone (u.a.!) den Sexualtrieb. Verschiedene Hormone wirken auf den Wasser- und Elektrolythaushalt und beeinflussen damit u.a. den Durst.

Sensorische Afferenz

Die gesamte sensorische Afferenz bestimmt die Triebspannung mit, d.h. all das, was an akustischen, optischen, olfaktorischen, taktilen Reizen an den Menschen herankommt, kann auf die verschiedenen Bedürfnisse fördernden oder auch hemmenden Einfluß haben. Damit ist auf die Bedeutung sozialer Einflüsse (verstärkend oder hemmend) hingewiesen.

Lernprozesse

Lernprozesse und eingeschliffene Gewohnheiten des Individuums und seiner Sozietät bestimmen das Auftreten von primären Bedürfnissen und vor allem die Ausführung der bedürfnisbefriedigenden Handlungen mit.

Prüfung

Meist im Gespräch in Eigen- oder Fremdanamnese oder aus der Beobachtung zu erfahrendes Triebverhalten.

- *Bemerkungen zum Triebausdruck:* Das durch Fremdbeobachtung erfahrbare Triebverhalten kann theoretisch verstanden werden als Ergebnis von Triebstärke und Triebhemmung. Sog. triebhaftes Verhalten muß nicht Ausdruck eines überstarken Triebs sein, sondern kann durch ungehemmtes Nachgeben (Mangel an Kontrolle, Enthemmung) zustande kommen und triebschwaches Verhalten kann Ausdruck überstarker, angstbedingter Triebhemmung bei vielleicht normaler Triebstärke sein. Triebhaft nennt man Menschen, die den jeweils ankommenden Impulsen, oft auch Trieben im engeren Sinne, unmittelbar nachgeben, die sich selbst nicht in Kontrolle haben. Solche Menschen verfallen daher leichter auch der Verführung einer Situation (z. B. Sexualverbrechen). In der Manie ist die Triebhaftigkeit im Rahmen der Vitalitätssteigerung überhaupt und auch in der manischen Enthemmung gesteigert. In der Depression sind die gesamte Antriebshaftigkeit und alle Einzeltriebe vermindert. Auch bei schweren zehrenden Allgemeinerkrankungen nehmen Antrieb und Einzeltriebe stark ab.

Pathologie

Übersicht:

Hunger
- Übermaß: Freßsucht (Polyphagie, Bulimie)
- Verminderung oder Ausfall des Hungers
- Qualitative Anomalien des Appetits

Durst

Schlaf- und Aktivitätsbedürfnis

Gefahrschutz

Motivation und Wille

Hunger

Übermaß: Freßsucht (Polyphagie, Bulimie)

Übermäßiges Eßbedürfnis und Essen führt vielfach zur Fettsucht (Obesitas, Adipositas). Bei der Bulimie kann provoziertes Erbrechen und Abführmittelgebrauch eine Fettsucht vermeiden helfen.

Vorkommen

- *Organisch:* Bei Hypothalamuserkrankungen, gelegentlich auch bei diffusen Hirnschäden.
- *Psychogen-neurotisch:* Nahrungs-, im besonderen Süßigkeitszufuhr als Ersatzbedürfnisbefriedigung in chronischer emotionaler „Frustration", in chronischer Konfliktspannung (zur „Beruhigung") usw. („Kummerspeck").
- *Psychotisch:* Gelegentlich bei Schizophrenen.

Verminderung oder Ausfall des Hungers

Inappetenz, Anorexie.

Vorkommen

- *Organisch:* Bei schweren Allgemeinerkrankungen, Erschöpfung, Fieber, vor allem aber auch bei zentralnervösen Erkrankungen verschiedenster Art.
- *Psychogen-neurotisch:* Vielfach bei traurigen Verstimmungen (Gram, Kummer usw.).
  Die *Anorexia nervosa* (meist bei Mädchen) ist eine psychogene Eßstörung: Nahrungsreduktion und Abmagerung bis zu lebensgefährlichen Auszehrungen. Solche Anorexie kommt „rein" oder in Verbindung mit bulimischen Attacken, mit und ohne Erbrechen und Abführen, vor.
- *Psychotisch:* Endogen Depressive verlieren meist jeden Appetit. Bei manchen negativistischen oder auch etwa an einem Vergiftungswahn leidenden Schizophrenen kann es zur Nahrungsverweigerung kommen.

Qualitative Anomalien des Appetits

Picae nennt man die besonderen Gelüste, die gelegentlich bei Schwangeren, manchmal bei Psychotikern vorkommen.

Essen von ungenießbaren Dingen kommt gelegentlich bei Persönlichkeitsstörungen, Psychotikern, Unterintelligenten vor, z. B. Koprophagie (Kotessen), Nekrophagie bzw. Anthropophagie (Leichnamessen, Kannibalismus).

Nägel-, Löffelschlucken sind keine Appetitstörungen. Solche Zweckgerichtetheit kommt vor, um in ein Krankenhaus zu kommen (sog. Münchhausen-Syndrom). Manchmal versuchen Strafgefangene, auf solche Weise aus dem Gefängnis in ein Spital zu kommen, wo sie dann leichter entfliehen können.

Durst

Übermaß des Dursts: Polydipsie.

Vorkommen

- *Organisch:* Bei (hypophysärem oder renalem) Diabetes insipidus. Dabei bewirkt der Ausfall des antidiuretischen Hormons, daß die Niere nicht genügend Wasser rückresorbiert und daher zuviel Flüssigkeit abgibt, so daß chronischer Durst besteht. Auch bei Nierenerkrankungen, bei bestimmten Pharmaka kann vermehrter Durst auftreten.
- *Psychogen-neurotische Polydipsie:* Sie wird als orale Ersatzbefriedigung, auch als Reinigung (Spülung) gedeutet.
- *Psychotisch:* Gelegentlich als Angewohnheit von Schizophrenen, wobei dann auch die Flüssigkeitsquelle abnorm sein kann: z. B. Wasser aus der WC-Schüssel trinken.
- *Divide:* Bei der Dipsomanie kommt es periodisch zu Alkoholtrunksucht. Dabei steht nicht der effektive Durst als vielmehr das Bedürfnis nach Alkohol im Vordergrund. Manche Dipsomanie hat eine periodische endogene oder reaktive Verstimmung zur Grundlage.

Ausfall von Durst im Sinne von zu wenig spontaner Flüssigkeitsaufnahme kommt bei apathisch-depressiven Zuständen und bei psychoorganisch Kranken vor. Im Rahmen von allgemeiner Nahrungsverweigerung gibt es auch Trinkverweigerung (bei katatoner Schizophrenie, Vergiftungswahn).

Schlaf- und Aktivitätsbedürfnis

Sie werden in der allgemeinen Psychopathologie selten zusammen angesehen.

Hypersomnie. Übermäßiges Schlafbedürfnis, bei schweren erschöpfenden Körperkrankheiten, bei manchen Asthenikern und bei manchen Depressiven (depressives Sich-in-den Schlaf-Flüchten).

- *Divide:* Die Schlafanfälle des Narkoleptikers.

Hyposomnie, Insomnie. Zu wenig oder gar kein Schlaf, Differenzierung nach Einschlaf-, Durchschlafstörungen, frühem Erwachen. Häufiges Symptom bei Depressiven. Der Maniker hat oft weniger Schlafbedürfnis.

Schlaf-wach-Umkehr. Gelegentlich bei nächtlichen Erregungszuständen von Hirnkranken (oft mit Verwirrung, Desorientierung).

Aktivitätsbedürfnis. Dieses wurde bereits unter dem Stichwort Antrieb behandelt.

Gefahrschutz

Gelegentlich kann es zu einem Ausfall des natürlichen Verteidigungs- bzw. Fluchtverhaltens kommen, z.B. bei schwer Oligophrenen, bei Schizophrenen mit schwerem Antriebsdefizit und schwerem Autismus (andererseits kann Gefahr den Schizophrenen auch aus seinem Autismus herausreißen).

Motivation und Wille

Motivation und Wille bzw. ihre Störungen werden in der allgemeinen deskriptiven Psychopathologie selten eigens erörtet.

Motivation ist kaum direkt beobachtbar, meist ein hypothetisches Interpretationskonstrukt zur Erklärung von „auffälligem" Verhalten. Tatsächlich ist die funktionelle und finale Interpretation von Verhalten als Ausdruck von motivierendem Selbst- und Umwelterleben, von Selbstrettungsmaßnahmen (autotherapeutische Anstrengung) (s. dazu Scharfetter 1995, S. 100), von Suchtverfallenheit, Zwängen, Impulshandlungen wichtig.

Willensstörungen. Sie werden wenig eigens beachtet, obwohl sie doch praktisch wichtig sind. Am ehesten werden sie in der forensischen Psychiatrie reflektiert (Fähigkeit, einer Einsicht in das Unrecht einer Tat gemäß zu handeln).

Das Wollen ist eine hochkomplexe Leistung. Seine Störungen resultieren aus vielen möglichen, denkbaren Voraussetzungen: psychoorganische, charakterliche, psychotische.

Abulie. Fehlen des Wollens bzw. willentlich gesteuerten intentionalen Handelns.

Hypobulie. Schwäche des eigenen Wollens. Gleichgültigkeit, Apathie, Wurstigkeit, Haltlosigkeit, Verführbarkeit.

Hyperbulie. Überstarkes, u.U. gegen sich selbst und andere rücksichtsloses Streben. Fanatismus im Erfinden, unter der Führung sog. „überwertiger Ideen", im Religiösen (Religionskampf, Missionarismus), im Politischen (Extremismus, Terrorismus).

„Überwertige Ideen" nennt man lebensbestimmende Leitgedanken, Ziele, Ideale, die so sehr dominieren, allein beherrschend werden können (Monoideismus, Monomanien), daß sie ihre Träger in eine rücksichtslose (gegen sich selbst und andere) Eingleisigkeit, Intoleranz, Isolierung, Entfremdung, schließlich Dysfunktionalität gegenüber den Aufgaben der Lebensbewältigung bringen und dadurch Krankheitswert erhalten.

21. Sexualität

Definition

In der männlich – weiblichen Differenzierung, in der Geschlechtspolarisierung begründetes Erleben und Verhalten gegenseitiger Anziehung (Attraktion) und ganzheitlicher psychophysischer (also nicht nur genitaler) Kontaktnahme. Es umfaßt das *Geschlechtsbewußtsein* (vom eigenen und vom anderen Geschlecht), das *Geschlechtsverlangen* (Sexualtrieb, Libido) und das *Geschlechtsverhalten* (kopulatives Verhalten).

Grundlagen

Geschlechtschromosomen. Sie bestimmen das *genetische* (gonosomale) *Geschlecht:* männlich = XY, weiblich = XX.

Gonaden (Keimdrüsen). Sie bestimmen das *gonadale Geschlecht.* Das Y-Chromosom induziert durch den Einfluß des Hormons Androgen auf das Sexualzentrum im Zwischenhirn in einer frühen fetalen Entwicklungsperiode die Hodendifferenzierung (Testes). 2 X-Chromosome bestimmen die Entwicklung der Eierstöcke (Ovarien).

Somatisches Geschlecht. Die Entwicklung der Gonaden führt auf hormonalem Wege (Androgen, Östrogen, Gestagen) während der spezifisch sensiblen fetalen Organisationsphasen zur Entwicklung des somatischen Geschlechts: Es entwickeln sich die inneren und äußeren Geschlechtsteile als primäre Geschlechtsmerkmale und die sekundären Geschlechtsmerkmale.

„Psychisches Geschlecht." Genetisches, gonadales und somatisches Geschlecht bilden die Voraussetzung dafür, daß sich unter den verschiedensten postnatalen Einflüssen psychosozialer Art das „psychische Geschlecht" entwickeln kann: das Geschlechtsselbstverständnis (Geschlechtsbewußtsein), das Geschlechtsverlangen (Sexualtrieb) und das Geschlechtsverhalten (kopulatives Verhalten). Die Sexualhormone bestimmen die Triebstärke, aber nicht die Triebrichtung. Für diese ist die gesamte Entwicklung eines Individuums in der Gemeinschaft Voraussetzung.

Entwicklung

Über den Entwicklungsgang der Sexualität weiß man noch wenig empirisch Gesichertes, nicht einmal darüber, ab welchem Alter etwa man von sexuellen Gefühlen eines Kindes sprechen kann.

Menarche (12.–14. Lebensjahr) und Ejakularche (13.–14. Lebensjahr) geben nur den Beginn der Fertilitätsperiode an (die Jahresangaben gelten für den mitteleuropäischen Bereich).

Für eine normale Entwicklung von Geschlechtsbewußtsein, Geschlechtsempfinden und -verhalten ist eine gesunde psychosoziale Umgebung beim Aufwachsen nötig: Beziehung zu Mutter, Vater und den übrigen Familienmitgliedern, vor allem den Geschwistern und zugleich all den Gespielen verschiedenen Geschlechts. Die von der Sexualität untrennbare Persönlichkeitsentwicklung ist außer durch die oben genannten somatischen Voraussetzungen (die in ihren diesbezüglichen Prägungsphasen wirken) von sozialen Faktoren wie ethischen, religiösen, kulturellen Einflüssen sowie durch die gesamte lebensgeschichtliche Erfahrung und Situation mitbestimmt (Schelsky 1955). In dieser Entwicklung entfaltet sich die Sexualität des Menschen, die selbst auf Sozialbildung, auf Wir-Bildung angelegt ist, auf eine „Intention des Du" (Frankl 1959). Die Sexualität ist ein „ganzleibliches", im mitmenschlichen Bezogensein des Menschen gründendes Verhalten und ist „nur" mit zunehmender sexueller Erregung auf die Geschlechtsregion zentriert.

Den größten Einfluß hat das Konzept von Freud, das wir hier wegen seiner Verbreitung und seiner Bedeutung für die Interpretation von sexuellen Deviationen wiedergeben (nach Freud 1924 und Abraham 1971) (Tab. **26**), auch wenn vieles davon keineswegs empirisch gesichert ist und im Besonderen die Zuschreibung von „polymorpher Perversion" an Kinder als Selbstrepräsentation des Autors und des damaligen Zeitgeistes imponiert.

Nach Freud kann die Libidoentwicklung auf jeder Stufe stehenbleiben (durch Konditionierung, Fixation, Regression) und so zu Perversionen führen (Freuds Annahme einer „polymorph-perversen" Sexualität des Kindes).

Besondere sensible Prägungsphasen für die Sexualität des Menschen scheinen die frühe Kindheit und dann wieder die Pubertät zu sein. Nur in der Gesellschaft von Artgenossen und nur durch rechtzeiti-

Tabelle **26** Das psychoanalytische Schema der psychosexuellen Entwicklung

Alter (Jahre)	**Libidinöse Organisation**	**Objektliebe**	**Zugehörige Abnormitäten**
1/2	1. orales Stadium (Saugen) oral passiv	ohne Objekt Autoerotismus	Autoerotismus
1	2. orales Stadium (Beißen, Essen) oral aggressiv	(polymorph-pervers) Narzißmus Einverleibung des Objekts, präambivalent	Oralismus
2	1. anales Stadium (Lust aus Kotabgabe) eliminativ	ambivalente Partialliebe	Masochismus
3	2. anales Stadium (Lust aus Kotverhaltung) retentiv	(polymorph-pervers)	Sadismus
3	frühe genitale Phase urethrales Stadium (Lust aus Urinabgabe)	(polymorph-pervers)	Urethralismus
4 5	frühe genitale Phase phallisches Stadium (Lust durch Manipulation am eigenen Genitale)	Objektliebe mit Ausschluß der Sexualorgane Masturbation	Exhibitionsimus
6	frühes genitales Stadium	Objektliebe (ödipal)	Homosexualität Potenzstörungen, Frigidität
12	Latenzzeit		
Pubertät Erwachsener	spätes (reifes) genitales Stadium	reife heterosexuelle genitale Sexualität (postödipal)	

ges spielerisches Üben des ganzheitlichen „Umgangs" mit Menschen, durch Lernen von Vorbildern und von sprachlich Mitgeteiltem, aber auch durch Lernen von Angst- und Schmerzbewältigung kann sich eine normale Beziehungsfähigkeit und normale Sexualität entwickeln.

Die Frage nach der Norm

Das Urteil darüber, was auf dem Gebiet der Sexualität normal ist, ist sehr abhängig von den zeit- und ortsgebundenen soziokulturellen, religiösen und zivilisatorischen Umständen, von traditionsgeprägten moralisch-ethischen Einstellungen und schwankt demnach stark. Es ist meist ein dogmatisches Urteil. Die alte mitteleuropäische „Psychopathia sexualis" (Krafft-Ebing 1918, Hirschfeld 1926 u.a.) war nach den Erfahrungen völkerkundlicher Forschung (Malinowski 1962, Mead 1949, 1959) und systematischer statistischer Untersuchung mit Direktbefragung und Fragebogen (Kinsey 1948, 1953) überholt. Die Sexualität war in dieser Entdogmatisierung erst frei geworden für die Forschung. (Übersicht über Formen der Sexualität s. Ford u. Beach 1968, Marshall u. Suggs 1971.)

Im Zentrum des Sexualverhaltens des geschlechtsreifen Menschen steht die Paarung, der Koitus (Kopulation, Kohabitation). Für das koitale Sexualverhalten kann als Norm formuliert werden:

Normal ist eine koitale Sexualhandlung, die mit einem heterosexuellen Partner in einer Weise stattfindet, daß

- *eine Befruchtung stattfinden könnte,*
- *keiner der Partner dabei leidet oder Schaden nimmt.*

Anderes, nichtkoitales Sexualverhalten von geschlechtsreifen Menschen kann erst dann als abnorm gelten, wenn es nicht nur als Einleitungs- oder Begleitverhalten, sondern – trotz Gelegenheit zu koitalem Verhalten – ausschließlich oder vorwiegend praktiziert wird. Erst dann spricht man von *sexuellen Deviationen.* Je weiter vom normalen Koitusverhalten abweichend, je unreifer das Sexualverhalten, je starrer seine Durchführung, je mehr eine suchtartige Abhängigkeit besteht, um so berechtigter erscheint der Ausdruck der *Perversion.*

NB: Sexualität ist *eine* Dimension zwischenmenschlicher Beziehung. Alle Sexualstörungen sind als Zeichen von Beziehungsstörungen weit über den „nur" sexuellen Bereich hinaus aufzufassen!

Pathologie

Einteilung der Sexualstörungen s. Übersicht.

Diese Einteilung ist schematisch aufgliedernd. Sie nimmt auf die Schwere der Deviation keine Rücksicht. Überschneidungen kommen häufig vor.

Übersicht:

Abnormes Sexualobjekt (Paraphilie)
- Autosexualität (Sexualbetätigung ohne Partner)
- Homosexualität (gleichgeschlechtlicher Geschlechtspartner)
- Infantosexualität (Kind als Geschlechtspartner)
- Gerontophilie (Greis, -in als Geschlechtspartner)
- Bestiosexualität (Tier als Geschlechtsobjekt)
- Nekrophilie (Leichnam als Geschlechtsobjekt)
- Fetischismus (nichtgenitale Objekte)

Abnorme Sexualpraktiken
- Oralismus (Mund)
- Nekrophagie, Koprophilie (Kot), Koprophagie, Urolagnie (Harn)
- Analismus (Anus)
- Urethralismus (Harnröhre)
- Sadismus
- Masochismus
- Voyeurismus (Skoptophilie, Schaulust)
- Exhibitionismus (Zeigelust)
- Frotteurismus (extragenitales Reiben)
- Transvestitismus

Ablehnung des eigenen biologischen Geschlechts

Abnormitäten der Triebstärke
- Hypersexualität
- Hyposexualität

Potenzstörungen

Abnormes Sexualobjekt

Autosexualität

- *Synonym:* Sexueller Ipsismus, Selbstbefriedigung.

Definition

Jede sexuelle Handlung, die an der eigenen Person ausgeführt wird.

Die häufigste Form der Autosexualität ist die *Masturbation* (Onanie). *Masturbation gilt nur als abnorm, wenn sie im Erwachsenenalter und bei vorhandenen Möglichkeiten normaler Geschlechtsbetätigung die einzige gewünschte und praktizierte Form der sexuellen Betätigung ist.* Dementsprechend gilt auch eigene Genitalmanipulation im Kindesalter, Masturbation in der Pubertät sowie bei Erwachsenen bei Mangel an heterosexuellen Kontakten (sog. Notonanie) keineswegs als abnorm. Masturbation ist vor allem dann abnorm, wenn sie suchtartig oder zwanghaft betrieben wird, oft weniger aus sexuellem Bedürfnis denn als „Entspannungsmittel" (zur Minderung von Nervosität, zum Einschlafen) oder als Selbststimulation zur Abwehr der Leere.

Das Problem der Masturbation als ausschließlicher Sexualbetätigung liegt in der weitgehenden narzißtischen Abkapselung und in der sexuellen Selbstgenügsamkeit, die immer weiter wegführt von einer normalen heterosexuellen Kontaktaufnahme. Pathologische Autosexualität gibt es noch in verschiedenen Varianten: als masochistische Autosexualität, als Autoanalismus, Autourethralismus.

Homosexualität

- *Synonyme:* Homophilie, Lesbentum.

Es mag manchen erschrecken oder zur Entwertung provozieren, die Homosexualität in einer Psychopathologie aufgeführt zu sehen. In diesem Buch ist an vielen Stellen auf Erfahrungen, Phänomene, ja Symptome verwiesen, die *nicht* an sich einfach als pathologisch angesehen werden dürfen. So ist es auch mit der Homosexualität als Variante der Geschlechtsorientierung. Erst das Leiden darunter und/oder die Ausgrenzung aus der Gemeinschaft der „Normalen" und die Entwertung kann sie zur Beschwerde werden lassen.

Definition

Erotische Anziehung, sexuelle Erregung (und evtl. Befriedigung) durch Umgang mit gleichgeschlechtlichen Partnern.

Es darf nicht einfach jede Attraktion zwischen Menschen gleichen Geschlechts (wie in Freundschaften) als homosexuell bezeichnet werden. Auch ist der Begriff einer eindeutigen Homosexualität (als Neigung oder Praxis) abzutrennen vom psychoanalytischen Begriff der latenten Homosexualität.

Schwierigkeiten der Abgrenzung

Sie liegen einmal in der *bisexuellen Anlage* als Möglichkeit des Menschen. Zwischen Homosexualität und Heterosexualität gibt es eine breite Streuung mit einem Mittelfeld einer zeitlebens bestehenden Bisexualität. Ferner besteht gegen das Ende der Pubertät als Durchgangsstadium der normalen psychosexuellen Entwicklung eine Neigung zur Homoerotik vor der endgültigen heterosexuellen Ausrichtung *(Entwicklungshomosexualität).* Schwierigkeiten der Abgrenzung entstehen weniger auf dem Gebiet der *Nothomosexualität* aus Mangel an heterosexuellen Kontakten (im Gefängnis, auf See, im Militärdienst usw.) bei Menschen, die an sich nicht homosexuell orientiert sind (Beispiel für die Situationsabhängigkeit). In manchen Völkerschaften gehen homosexuelle Praktiken (meist zwischen Männern und Knaben vor der Initiation) dauernd neben heterosexuellen Praktiken einher (Malinowski 1962, Ford u. Beach 1968).

Vorkommen

Dauernde und ausschließliche homosexuelle Praktiken kommen bei Männern in ca. 4%, bei Frauen in ca. 2% der Fälle vor. Homosexuelle Erfahrung aber ist viel häufiger (Kinsey), d.h. homosexuellen Kontakt bis zum Orgasmus haben jeweils von den erwachsenen Männern ca. 37%, von erwachsenen Frauen ca. 13% erlebt.

Genese der Homosexualität

Sie ist nicht bekannt. Bei einer Kerngruppe (sog. primäre Homosexuelle) werden organische Veränderungen im Gehirn vermerkt. Andererseits ist aber auch eine reine und ausschließliche Psychogenese aller Fälle der Homosexualität nicht genügend gesichert. *Homosexualität ist hinsichtlich der Entstehung heterogen* und ist es auch hinsichtlich der Bereitschaft und Art, homosexuelle Neigungen zu praktizieren, und hinsichtlich des Wunschs nach therapeutischer Befreiung von der homosexuellen Neigung und hinsichtlich der Zugänglichkeit für ein therapeutisches Verfahren.

Aus der Erfahrung der therapeutischen Praxis ergab sich bei verschiedenen Autoren eine Dreiergruppierung der Homosexualität (Boss 1966, Feldman u. McCulloch 1971, Bräutigam 1972).

Primäre Homosexualität

Sie ist vermutlich anlagebedingt, konstitutionell. Über ihre Ursache und Entstehung ist nichts Verläßliches bekannt. Man kann hier eine biologische Ursache vermuten.

In den Träumen primär Homosexueller treten nie heterosexuelle Elemente in Erscheinung. Bei solchen Homosexuellen besteht auch kein

Wunsch, von ihrer Neigung befreit zu werden. Sie sind nicht in diesem Sinne therapierbar. Falls sie in persönliche oder soziale Schwierigkeiten geraten, geht es in der Therapie mehr darum, ihnen zu einer Anerkennung der eigenen Neigung und zum Abbau von Minderwertigkeitsgefühlen zu verhelfen.

Sekundäre Homosexualität

Dabei besteht aus verschiedensten Gründen Angst vor der Heterosexualität. Die sekundäre oder *Hemmungshomosexualität* wird als Ersatzverhalten für die (aus Angst verdrängte) Heterosexualität angesehen.

In den Träumen solcher Homosexueller treten immer wieder heterosexuelle Elemente in Erscheinung (d.h. im Traum können solche Menschen heterosexuelle Beziehungen leben).

Viele dieser Homosexuellen gelten als unreif. Sie haben Angst vor der Sexualität überhaupt: der eigenen, weil sie sie aufgrund früherer Erfahrung mit Brutalität gleichsetzen; der der Frau, weil sie sich selbst nicht sicher sind in ihrer Geschlechtsrolle. Diese Homosexuellen leiden oft unter ihrer Neigung, wünschen therapeutische Befreiung davon und sind einer Therapie auch besser zugänglich.

Psychotische Homosexualität

Damit bezeichnet Boss (1966) die Homosexualität, die mit der in der schizophrenen Existenzschrumpfung zunehmenden Einschränkung der Beziehungsmöglichkeiten einhergehen kann. In manchen Fällen solcher Homosexualität denkt man auch an die Deutung, daß der Partner zur Stärkung der eigenen defizitären, schwachen, unsicheren Männlichkeit/Weiblichkeit gesucht wird.

Soziale Probleme der Homosexuellen

Homosexuelle leiden vielfach unter der Verachtung und Verpönung ihrer Neigung durch die Gesellschaft (heute akzentuiert als besondere HIV-Risikogruppe). Ausgestoßen leben sie (besonders Männer) im Verborgenen und vereinsamen (vor allem im Alter). Manche entwickeln eine chronische Ressentimenteinstellung gegenüber der Gesellschaft, manche geraten in chronische depressive Entwicklungen hinein. Darin kann es zu sekundärem Alkoholismus und anderen Süchten (Drogen) kommen, auch zu Selbstmord.

- *Forensische Bedeutung der Homosexualität:* Homosexueller Umgang mit Minderjährigen ist strafbar.

Die Verpönung der Homosexualität in der Gesellschaft kann dazu führen, daß Homosexuelle erpreßt werden. Angst vor der Entdeckung der Homosexualität kann gelegentlich auch Anlaß zu Mord werden. Diebstahl, Beraubung und dergleichen kommt (wie im heterosexuellen Prostituiertenmilieu) auch unter Homosexuellen ähnlicher Kreise vor.
Es gibt eine homosexuelle Prostitution (Strichjungen), vielfach von Menschen, die selbst gar nicht eindeutige homosexuelle Neigungen haben.

Infantosexualität

- *Synonym:* Pädophilie.

Definition

Sexuelles Verlangen nach, sexuelle Befriedigung in geschlechtlichem Kontakt mit sexuell unausgereiften Menschen.

Infantosexualität gibt es in homosexueller und heterosexueller Form (ca. 75% der Fälle). Sie tritt meist bei gehemmten und kontaktschwachen Menschen auf, die zu erwachsenen Sexualpartnern keinen Zugang finden. Man kann sie bei Psychopathen, Alkoholikern, Oligophrenen treffen, gelegentlich bei Greisen. Die Sexualhandlungen sind meistens masturbatorisch, oral, anal, exhibitionistisch.

- *Forensische Bedeutung:* Die Infantosexualität ist strafbar. Die Kinder können bei pädophilen Akten Verletzungen erleiden.

NB: Inzest und verwandtes Mißbrauchsverhalten ist auch eine Manifestation von Infantosexualität.

Gerontophilie

Definition

Sexuelles Verlangen nach und evtl. sexuelle Befriedigung in Kontakt mit Greisen.

Sie ist sehr selten und praktisch ohne besondere Bedeutung. Es sind hetero- und homosexuelle Varianten bekannt.

Bestiosexualität

- *Synonym:* Zoophilie, Sodomie.

Definition

Gebrauch eines Tiers als Sexualobjekt.

Vorkommen

Die Angaben darüber sind sehr unsicher, da die Mehrzahl der Fälle gar nie zur Beobachtung kommen dürfte. Nach Kinsey hatten sich 8% der Männer, ca. 3,6% der Frauen in den USA irgend einmal sodomitisch betätigt. Zoophilie scheint in erster Linie in der Situation von Triebnot vorzukommen. Bei Hirten, Bauernjungen, gelegentlich bei Minderintelligenten; bei brutalen Menschen, besonders als Rauschdelikt, kann es zu bestiosexuellen Akten kommen. Häufig sind zoophile Akte kombiniert mit Sadismus (z.B. den Stiel einer Gabel in die Scheide eines Rinds oder Pferds zu stoßen) (s. v. Hentig 1962).

Die Bestiosexualität hat mehr eine forensische und veterinärmedizinische Bedeutung (Tierquälerei, Beschädigung von Tieren) als eine psychiatrisch-therapeutische. Zoophilie ist in Europa nicht strafwürdig (es sei denn als Tierquälerei).

Nekrophilie

Definition

Gebrauch eines toten Körpers als Sexualobjekt.

Vorkommen

Sehr selten, meist mit anderen Perversionen (z.B. Sadismus, Oralismus und anderen) verknüpft. Nekrophilie ist bei Männern und Frauen bekannt. Nekrophile sind offenbar vielfältig abnorme Menschen: Oligophrene, Persönlichkeitsgestörte (Antisoziale), anderweitig Behinderte, die aus irgendwelchen Gründen nicht zu befriedigenden Sexualbeziehungen zu lebenden Menschen kommen. Die Bedeutung der Nekrophilie ist in erster Linie eine forensische (Leichenschändung). Gelegentlich kann aber nekrophile Neigung auch zu Mord führen (vgl. auch Nekrophagie (Lit. s. Spoerri 1959).

Fetischismus

Definition

Sexuelle Erregung und Befriedigung durch Ersatzobjekte. Das sind extragenitale Körperteile (wie Fuß, Haar usw.) und verschiedene Gegenstände (Wäsche, Kleidungsstücke, Strumpf, Schuh, Pelz, Schnuller, Perücke usw.).

Vorkommen

Meist bei Männern, als heterosexueller und homosexueller Fetischismus. Auch als Infantofetischismus.

Der Fetisch vertritt nicht nur den menschlichen Partner, sondern löscht ihn aus. Vor dem ganzen Partner, besonders vor seinen Genitalien, besteht zu viel Angst; so wird er gemieden und ein Substitut gesucht.

Psychoanalytische Deutung: In der prägenitalen Entwicklungsstufe entstandene Aberration: Fixation auf das erste Liebesobjekt (Mutterbrust). Dazu kommt oft ein sadistisches Element: Der Fetisch wird oft gewaltsam behandelt und zerstört.

- Der Fetischismus hat in erster Linie forensische Bedeutung, weil er zu Diebstahl (Kleptomanie), Überfällen, auch Raub führen kann.

Abnorme Sexualpraktiken

(Abnorme Art, sexuelle Erregung/Befriedigung zu erreichen.)

Oralismus

- *Synonym:* Penilingus (Fellatio) ist orale Betätigung am Penis. Coitus per os. Cunnilingus heißt die orale Sexualbetätigung an dem weiblichen Genitale.

Definition

Sexuelle Befriedigung durch orale Betätigung (Saugen, Schlecken, Beißen usw.) an den Sexualorganen.

Vorkommen

Oralismus kommt hetero- und homosexuell vor, als aktiver und als passiver Oralismus.

Oralismus ist eine häufige und durchaus nicht abnorme Sexualpraktik bei beiden Geschlechtern. Zur Deviation wird Oralismus erst, wenn ein Individuum darauf als ausschließlicher und allein befriedigender Sexualbetätigung fixiert ist.

- *Deutung:* Oralismus ist die Sexualpraktik, die durch das Saugen des Kindes an der Brustwarze der Mutter bestimmt ist. Dementsprechend wird Oralismus auch als Fixation auf einer frühen libidinösen (oralen) Entwicklungsstufe gedeutet. Oralismus weist also auf eine unreife, unvollständige, eventuell stehengebliebene psychosexuelle Entwicklung.

Nekrophagie, Koprophilie, Koprophagie, Urolagnie

Definition

Sexuelle Erregung durch Verzehren von getöteten Opfern. Oft werden dabei gerade die Genitalien gegessen. Nekrophagie ist sehr selten, scheint ein Delikt von schwer abnormen Persönlichkeiten zu sein.

Auch zur Koprophilie und Urolagnie (sexuelle Erregung durch Umgang mit Kot, Urin, Speichel) und zur Koprophagie (sexueller Lustgewinn durch Essen solcher Substanzen) scheinen Beziehungen zu bestehen.

Analismus

- *Synonyme:* Analverkehr, Coitus per anum, Päderastie.

Definition

Gebrauch des Anus und Mastdarms zur sexuellen Stimulation und Befriedigung.

Vorkommen

Analismus kommt als heterosexuelle und homosexuelle Sexualpraktik vor (und macht bei den Homosexuellen ca. 20% der Sexualpraktiken aus). Es gibt einen aktiven und einen passiven Analismus. Seltener ist der Autoanalismus, bei dem es durch instrumentelle Einführung in den Anus (z.B. Flaschen) zur sexuellen Erregung kommt.

In manchen Kulturen (z.B. in Neu Guinea) gibt es einen homosexuellen Analverkehr zwischen Männern und Knaben in dem magischen Glauben, daß das die Knaben erst richtig zu Männern reifen lasse.

Die psychoanalytische *Deutung* des Analismus spricht von einer Fixierung und Regression auf einer analen Entwicklungsstufe. Auch denkt man an einen Ersatz der Vagina durch den Anus durch Prägung oder Konditionierung.

Urethralismus

Definition

Gebrauch der Harnröhre (Urethra) zur sexuellen Stimulation und Befriedigung.

Urethralismus kommt meist als Autourethralismus vor: Einführung von Gegenständen in die Harnröhre, die dann oft auch in die Blase gelangen. Nach kasuistischen Berichten kommen alle möglichen Dinge auf diese Weise in die Blase (z.B. Fieberthermometer).

Sadismus

- *Synonym:* Aktive Algolagnie, Plagelust.

Definition

Sexuelle Erregung und Befriedigung durch Schmerzzufügen und/oder Erniedrigung, Auslieferung des Partners.

Vorkommen

Über die Häufigkeit ist nichts Sicheres bekannt; offenbar vorwiegend bei Männern. Sadismus kann sich mit allen möglichen anderen Perversionen kombinieren. Es gibt nicht nur hetero- und homosexuellen Sadismus, sondern auch infanto-, bestiosexuellen Sadismus sowie polymorphen Sadismus.

Die Methoden des Sadisten sind in erster Linie Schlagen, Schneiden, Beißen, Fesseln usw. von Brust, Gesäß, Genitale. Sadismus hat in erster Linie forensische Bedeutung, wenn er zur Verletzung des Sexualobjekts oder gar zum Lustmord an ihm führt.

Verbindungen von sexuellem Sadismus und nichtsexueller Grausamkeit (Brutalität) sind wahrscheinlich.

Eine Sonderform des Sadismus ist die Erotophonie: dabei werden derbobszöne Worte auf ein wehrloses Opfer (z.B. Frauen in karitativem Telephondienst) ausgeschüttet.

Der sexuelle Sadist kann seine mitmenschlichen Gefühle nur als Grausamkeit ausdrücken. Er ist „nur“ denen gefährlich, die er (wäre er normal) lieben würde. Er ist oft impotent und kann seine sexuelle Entspannung nur durch sadistische Akte erreichen.

Freud (1920 – 1924, Jenseits des Lustprinzips) nahm folgende Möglichkeiten an:

1. Todestrieb (Thanatos) ist gegen das eigene Ich gerichtet.
2. Sexuelle Lust am Töten entsteht durch die Kombination von Libido (Eros, Lebenstrieb) mit Thanatos. So entsteht zunächst Masochismus.
3. Masochismus wird invertiert (umgekehrt) und externalisiert als Sadismus.

Masochismus

- *Synonym:* Passive Algolagnie.

Definition

Sexuelle Erregung und Befriedigung durch Schmerzleiden, Selbstunterwerfung, -preisgabe.

Masochismus gibt es heterosexuell, homosexuell und als Automasochismus.

Masochismus beim Mann

Die *Methoden* sind Plagerei, auch Selbstplagerei durch Schlagen, Beißen, Zwicken, Fesseln, Strangulation, elektrische Reizung, Penisumschnürungen usw. Dies kann zu Verletzungen und auch zu tödlichen Selbstunfällen führen.

Masochismus bei der Frau

Auch ihn gibt es heterosexuell, homosexuell und als Automasochismus. Die Methoden sind ähnlich wie beim Mann. Beim Automasochismus können auch Gegenstände in das Genitale eingeführt werden, in die Harnröhre (masochistischer Urethralismus), in die Blase, in den Mastdarm (masochistischer Analismus), was zu chirurgischer Intervention führen kann.

Voyeurismus

- *Synonym:* Skoptophilie, Voyeurtum, Schaulust.

Definition

Sexuelle Erregung und Befriedigung durch die Beobachtung anderer Menschen beim Ausziehen, im Bad, besonders aber bei sexueller Betätigung.

Die an sich harmlose Deviation kommt ausschließlich bei Männern, besonders bei kontaktschwachen Menschen vor, denen nahe Begegnung unmöglich ist. Voyeurismus wird als Fixierung der infantilen Schaulust gedeutet.

Exhibitionismus

- *Synonym:* Zeigelust.

Definition

Sexuelle Erregung und Befriedigung durch Zurschaustellen des Genitales vor anderen Menschen.

Kommt meist beim Mann vor, meist hetero-, seltener auch homosexuell. Exhibitionismus ist aufzufassen als ein aus Angst verfehlter Sexualappell (psychoanalytisch als Fixation infantiler Zeigelust).

Exhibitionismus hat insofern eine forensische Bedeutung, als er das häufigste Sexualdelikt ist.

Frotteurismus

Definition

Sexuelle Erregung und Befriedigung durch Reiben, Sich-drücken, Stoßen an anderen Menschen.

Meist im Gedränge vieler Menschen (Kino, Versammlung, Tram usw.). Oft kombiniert mit anderen Perversionen, wie Exhibitionismus und Fetischismus.

Transvestitismus

- *Synonym:* Transvestismus, Travestie, Eonismus.

Definition

Sexuelle Lust am Tragen der Kleidung des dem eigenen entgegengesetzten Geschlechts.

Es ist also sozusagen ein nur in den Kleidern vollzogener Geschlechtswechsel und Lust an diesem Wechsel. Manchmal betrifft der Kleiderwechsel nur die Unterwäsche. Transvestitismus tritt oft nur temporär in Erscheinung (z. B. unter Alkohol). Er kommt bei heterosexuell (ca. 50%) und homosexuell Veranlagten vor, bei Männern häufiger als bei Frauen. Ursachen sind nicht bekannt.

Forensisch hat der Transvestitismus Bedeutung durch Kombination mit Diebstahl von Kleidern, mit Exhibitionismus, mit Fetischismus.

Ablehnung des eigenen biologischen Geschlechts

Diese Syndrome sind oft ungünstig benannt als *Geschlechtsidentitätsstörung* (engl. gender identity disorder). Aber gerade darum geht es hier nicht, sondern darum, daß eine Person (männlich oder weiblich) sehr wohl sich anatomisch als dem männlichen bzw. weiblichen Geschlecht zugehörig erkennen, identifizieren kann und muß – aber eben diese Geschlechtszugehörigkeit ablehnt, nicht annehmen will oder kann. Deshalb heißt dieses Syndrom im Englischen gender dysphoria (Green u. Money 1969, Fisk 1973, Brown 1990). Einige fühlen sich psychisch dem anderen Geschlecht näher oder gleich: konträres Geschlechtsbewußtsein. Es besteht bei unabweisbarer morphologischer Geschlechtszugehörigkeit ein leidvoller Wunsch, dem anderen Geschlecht anzugehören. Im deutschen Schrifttum hält sich der Ausdruck *Transsexualismus*: Die betroffenen Menschen wünschen oft operative und/oder hormonelle morphologische Geschlechtsumwandlung (neue Übersichten s. Sigusch u. Mitarb. 1978, Pfäfflin u. Junge 1992, Becker u. Hartmann 1994).

Hinsichtlich der sexuellen Orientierung gibt es hetero- und homophile Transsexuelle.

Das Syndrom ist uneinheitlich und keineswegs als Krankheitskategorie zu stilisieren. Vor allem aber ist es in jedem Fall im gesamten Kontext der Persönlichkeit, ihrer Konstitution und psychosozialen Sozialisationsbedingungen sowie mit Aufmerksamkeit auf allfällige (häufig, aber nicht notwendig zu findende) Psychopathologie zu studieren: Reifungs- und Persönlichkeitsstörungen verschiedener Art (besonders vom Borderline-Typ), schizophrene Erkrankungen u.a. Von der einbettenden Psychopathologie wird die Entscheidung für oder gegen eine operative Geschlechtsumwandlung und deren Prognose abhängen.

Vorkommen

Meist bei Männern, die Frauen sein wollen. Das Verhältnis männlich : weiblich ist beim Transsexualismus 3 : 1. Häufigkeit. ca. 1,5 auf 100 000 Menschen.

NB: Transsexualität ist zu unterscheiden von der Intersexualität (Hermaphroditismus, Zwitter) (Overzier 1961). Dabei wird meist die angelernte Geschlechtsrolle übernommen und nicht die biologische.

Abnormitäten der Triebstärke

- *Hypersexualität und Hyposexualität:* Diese Begriffe sind nicht genau zu umreißen, weil die Frage nach dem Durchschnitt der Sexualwünsche oder

Sexualbetätigung eines Individuums kaum genau zu beantworten ist (nur als statistisches Mittel) und weil so vieles auf die Sexualität Einfluß hat: körperliche Gesundheit, Erholungs- bzw. Ermüdungszustand, Lebensalter, Reizafferenz (die positive Antwort vom Partner her), die Gelegenheit zu sexueller Betätigung, die Affektlage, Temperament u. v. a.

Hypersexualität

- *Synonyme:* Hypersexualität beim Mann heißt auch Satyriasis, bei der Frau Nymphomanie.[1]

Mögliche Grundlagen der Hypersexualität

Psychologische Gründe. Sie sind sehr mannigfaltig, z. B. spielen Impulsivität und ungehemmte Wesensart für die Äußerung sexueller Wünsche eine besondere Rolle. Manchmal kann hypersexuelles Verhalten auch verstanden werden als narzißtische Selbstbestätigung in immer neuen sexuellen „Eroberungen". Zum Teil kann sich darin aber auch gegen den gegengeschlechtlichen Elternteil gerichtete Abneigung zeigen, die generalisiert als Haß gegen das andere Geschlecht überhaupt erscheint (mit der Tendenz, immer neu darüber zu siegen, zu triumphieren, es sich zu unterwerfen).

Zwanghaft-impulsives und suchtartiges Sexualverhalten in immer neuen Eroberungen und nachfolgendem Wegstoßen zeigt oft deutlich die Dynamik der Abwehr von Angst, Ekel, Haß und die forcierte Selbstbestätigung.

Bei Männern kann dies zu sexuellen Belästigungen von Frauen (z. B. am Arbeitsplatz) und zu grenzüberschreitendem Mißbrauch (z. B. als Therapeut, Lehrer) führen.

Psychotische Begründung der Hypersexualität. Bei organischen Psychosen kann es zu einer Enthemmung, zu einer mangelnden Kontrolle und Beherrschung kommen, bei endogenen Psychosen (wie bei der Manie) ebenfalls zu einer Enthemmung, wohl auch zu einer echten Steigerung der sexuellen Bedürfnisse im Rahmen der Vitalitätssteigerung. Bei der Manie kommt es dann oft zu einer wahllosen Promiskuität, zu sexueller Verwahrlosung mit den Folgen venerischer Infektion und Schwängerung. Die Sexualität bei den Schizophrenen ist im ganzen weniger einheitlich als bei den Manischen. Gelegentlich gibt es scheinbare Hypersexualität infolge von Hemmungslosigkeit und man-

---

[1] Der Ausdruck Erotomanie ist uneinheitlich verwendet und daher zu vermeiden. Er wird sowohl für Hypersexualität wie für Liebeswahn gebraucht.

gelnder Kontrolle bei schizophrenen Frauen, manchmal auch eher zu verstehen als Anklammerungstendenz und Selbstbestätigung denn als erhöhtes Sexualverlangen. Manche zentralnervöse Erkrankungen (Zwischenhirn, Epiphyse, Temporallappen) scheinen zu Hypersexualität führen zu können.

Hormonell. Zufuhr von männlichen Sexualhormonen führt sowohl beim Mann (vor allem, wenn er selbst zu wenig solcher Hormone bildet) als auch bei der Frau zu einer Steigerung der Sexualität.

Medikamentös-toxisch. Die sog. Aphrodisiaka entfalten ihre Wirkung (sexuell erregend) vor allem lokal durch ihre Wirkung auf die Durchblutung der Geschlechtsorgane). Das bekannteste Mittel ist Yohimbin.

Hyposexualität

- *Synonym:* Asexualität, Anerotik.

Vorkommen

Bei allgemeinem (körperlichen und seelischen) *Infantilismus* bei gehemmten, ängstlichen Menschen (s. Impotenz).

Bei der endogenen *Depression* kommt es fast regelmäßig zu einem Erlöschen der Sexualität. Mit der *schizophrenen Kontaktstörung* geht ebenfalls oft ein Nachlassen jeder sexuellen Kontakte einher.

Hormonell. Beim Hypo- und beim Agonadismus (Unterfunktion bzw. Fehlen der Keimdrüsentätigkeit), bei Kastraten und bei Verabreichung von antiandrogenen Substanzen (Cypoteronazetat).

Organisch. Bei allgemein zehrenden Erkrankungen, bei allen ausgedehnten zentralnervösen Erkrankungen und auch bei chromosomalen Abnormitäten (Abnormitäten der Geschlechtschromosomen) kann es zu Hyposexualität kommen. Medikamentös: Neuroleptika dämpfen die Sexualität, in kleineren Dosen verzögern sie die Ejakulation.

Potenzstörungen

Definition

Als sexuelle Potenz wird die Fähigkeit bezeichnet, einen potentiell zur Befruchtung führenden Geschlechtsverkehr auszuüben. Eine Störung dieser Potenz heißt allgemein Impotenz. Dabei sind die *Unfruchtbarkeit* (Sterilität, Zeugungsunfähigkeit, Impotentia generandi) und die *Kohabitationsunfähigkeit* durch Störungen beim Vollzug des Geschlechtsverkehrs (die Impotentia coeundi, kurz Impotenz) begrifflich auseinanderzuhalten.

Beim Mann zählen dazu die Herabsetzung oder das Fehlen der Libido, die Unfähigkeit zur Erektion (Impotentia erigendi), die Störungen der Ejakulation (Impotentia ejaculandi, Ejaculatio praecox und Ejaculatio retardata).

Bei der Frau gehören dazu die sexuelle Anästhesie oder *Frigidität* (Geschlechtskälte), das Fehlen des Orgasmus (Anorgasmie), Muskelverspannungen (Adduktorenspasmus) und Scheidenkrampf *(Vaginismus)* sowie Schmerzen beim Geschlechtsverkehr *(Dyspareunie)*.

Ursachen

Organische Ursachen

Erkrankungen des zentralen Nervensystems (Gehirn und Rückenmark), schwere Allgemeinerkrankungen (z.B. Leber) und urologische Erkrankungen verschiedenster Art können zu Impotenz führen. Ferner können höhere Dosen von Medikamenten (Neuroleptika und andere Psychopharmaka, Antiandrogene) die Libido und die sexuellen Reaktionen so stark dämpfen, daß Impotenz eintritt.

Von den psychischen Ursachen sexueller Funktionsstörungen sind Partnerschaftskonflikte, in der Persönlichkeit gelegene Probleme (Angst, Depression, Unsicherheit, Forderungen an sich selbst oder vom Partner, Dominanz, Unterwerfung, Abhängigkeit, Sollmuster idealen sexuellen Vollzugs u.v.a.) und Fehlentwicklungen der sexuellen Interaktion (Spannung, Angst vor Versagen, Liebesentzug u.a.) zu bedenken.

Anhang

Inzest

Der Inzest spielt für die Psychiatrie mit ihren präventiven und psychoterapeutischen Anliegen eine wichtige Rolle. In den letzten Jahren wurde durch eine Enttabuisierung des Themas die große Häufigkeit von Inzest (besonders Vater-Tochter-Inzest) und die z.T. schweren und lebenslang währenden Folgeerscheinungen in Form des posttraumatischen Psychosyndromes (eng. posttraumatic stress disorder) mit chronischer Depressivität, vitalen Einbußen, mannigfachen vegetativen und psychosomatischen Störungen, Beziehungs- und Sexualstörungen deutlich. Der Einblick in die scheinbar (nach außen hin) intakten, gar „seriösen" Familien und in das rücksichtslos ausbeuterische Verhalten, wenn es um sexuelle Triebwünsche und Machteinflüsse geht, trägt mit bei zur (heilsamen!) Verunsicherung der „Experten", was denn „normal" sei, wieviel Brutales, Rücksichtsloses, Egozentrisches, Unempathisches, Hemmungsloses (nicht nur in der Trieberfüllung) zur „statistischen Norm" gehört! Dabei muß heute auch vor gar so sicher auftretenden unilinearen Kausalerklärungen Vorsicht geübt werden (allzuviel Pathologie, z.B. Borderline, wird kausal mit Inzest „erklärt"). Für Kausalmodelle ist im Auge zu halten, daß Inzest ja nur ein, allerdings gewaltiger, Ausdruck einer pathogenen Interaktion viel allgemeinerer Art ist.

Was außer Sexualpraktiken direkter (genitaler) und indirekter (außergenitaler) Art alles zum Begriff Inzest gerechnet werden muß, ist nicht einfach festzulegen (Umgang mit der Nacktheit, Zärtlichkeitsverhalten z.B.).

Das Trauma des realen Inzests ist sehr ernst zu nehmen. Die Differenzierung von supponiertem, gar vom Therapeuten suggeriertem, durch Amnesierung „vergessenen" Inzest und realem Inzest kann schwierig sein. Die forciert geforderte Erinnerung kann retraumatisieren. Zu warnen ist vor dem False memory syndrome: unter dem Druck des „Experten" gestaltet sich eine Pseudoerinnerung.

Inzestopfer sind gefährdet, bei unseriösen Therapeuten in eine Wiederholung der Grenzverletzung und Ausbeutung zu geraten.

Literatur

A

Abraham, K.: Die psychosexuellen Differenzen der Hysterie und der Dementia praecox. Zbl. ges. Neurol. Psychiat. 31 (NF 19) (1908) 521–533

Abraham, K.: Psychoanalytische Studien. In: Gesammelte Werke, hrsg. von J. Cremerius, Fischer, Frankfurt/M. 1971

Achte, K.A.: Zum Einfluß der Kultur auf die schizophrenen Wahnvorstellungen. Psychiat. fenn. (1971) 45–50

Ackner, B.: Depersonalisation. I. Aetiology and phenomenology. II. Clinical syndromes. J. ment. Sci. 100 (1954) 838–872

Adler, A.: Praxis und Theorie der Individualpsychologie. Bergmann, München 1920

Akthar, S., J. Anderson-Thomson jr.: Narcissistic personality disorder. Amer. J. Psychiat. 139 (1982) 12–20

Al-Jssa, I.: Gender and Psychopathology. Academic Press, New York 1982

Allen, C.: A Textbook of Psychosexual Disorders. Oxford University Press, London 1969

Allport, F.H.: Theories of Perception and the Concept of Structure. Wiley, New York 1955

Ambrose, A.: Stimulation in Early Infancy. Academic Press, London 1969

Ammon, G.: Dynamische Psychiatrie. – Grundlagen und Probleme einer Reform der Psychiatrie. Luchterhand, Neuwied/Rhein 1973

Andreasen, N.C.: Schizophrenia: positive and negative symptoms and syndromes. Karger, Basel 1990

Arbeitsgemeinschaft für Methodik und Dokumentation in der Psychiatrie (AMDP): Das AMDP-System. Manual zur Dokumentation psychiatrischer Befunde, Aufl. Hogrefe, Göttingen 1995

Argelander, H.: Das Erstinterview in der Psychotherapie. Wissenschaftliche Buchgesellschaft, Darmstadt 1970

Arieti, S.: Interpretation of Schizophrenia. Brunner, New York 1955

Arnold, O.H.: Innere Sprache und Begriffsbildung beim Schizophrenen. Wien. Z. Nervenheilk. 26 (1969) 213–222

Avenarius, R.: Der Größenwahn. Erscheinungsbilder und Entstehungsweise. Springer, Berlin 1978

Averill, J.R.: Anger and Aggression. An Essay on Emotion. Springer, New York 1982

B

v. Baeyer, W.: Über konformen Wahn. Z. ges. Neurol. Psychiat. 140 (1932) 398–438

v. Baeyer, W.: Erlebnisbedingte Verfolgungsschäden. Nervenarzt 32 (1961) 534–538

Balint, M.: Primary Love and Psychoanalytic Technique. Hogarth Press, London 1952

Balint, M.: Therapeutische Aspekte der Regression. Rowohlt, Hamburg 1973

Bancroft, J.: Grundlagen und Probleme menschlicher Sexualität. Enke, Stuttgart 1985

Barsky, A.J., G.L. Klerman: Overview: Hypochondriasis, bodily complaints and somatic styles. Amer. J. Psychiat. 140 (1983) 273–283

Bartley, S.H.: Principles of Perception. Harper & Row, New York 1969

Bash, K.W.: Lehrbuch der allgemeinen Psychopathologie. Thieme, Stuttgart 1955

Bay, E.: Agnosie und Funktionswandel. Eine hirnpathologische Studie. Springer, Berlin 1950

Becker, H., U. Hartmann: Geschlechtsidentitätsstörungen und die Notwendigkeit der klinischen Perspektive. Fortschr. Neurol. Psychiat. 62 (1994) 290–305

Bellak, H.K., Gediman, L., M. Hurvich: Ego Functions in Schizophrenics, Neurotics and Normals. Wiley, New York 1973

Benedetti, G.: Der psychisch Leidende und seine Welt. Hippokrates-Verlag, Stuttgart 1964

Benedetti, G.: Die Positivierung des schizophrenen Erlebens im therapeutischen Symbol. Nervenarzt 54 (1983 a) 150-157

Benedetti, G.: Todeslandschaften der Seele. Vandenhoeck & Ruprecht, Göttingen 1983 b

Benedetti, G.: Psychotherapie der Schizophrenie. Schweiz. Arch. Neurol. Neurochir. Psychiat. 132 (1983 c) 207-213

Benedetti, G.: Die Schizophrenie als Dialektik von psychotischen Formen und psychologischen Inhalten. Schweiz. Arch. Neurol. Neurochir. Psychiat. 132 (1983d) 325-336

Benedetti, G.: Psychotherapie als existentielle Herausforderung. Vandenhoeck & Ruprecht, Göttingen 1992

Beringer, K.: Der Meskalinrausch, Springer, Berlin 1927; Neuaufl. 1969

Berkowitz, L.: Aggression. A Social Psychological Analysis. McGraw-Hill, New York 1962

Berner, P.: Das paranoische Syndrom. In: Monographien aus dem Gesamtgebiet der Neurologie und Psychiatrie. H. 110, hrsg. von M. Müller, H. Spatz, P. Vogel. Springer, Berlin 1965

Berning, D., J.E. Meyer, V. Pudel: Psychogene Polydipsie. Arch. Psychiat. Nervenkr. 215 (1972) 396-406

Berze, J., H.W. Gruhle: Psychologie der Schizophrenie. Springer, Berlin 1929

Bilz, R.: Langeweile. Nervenarzt 31 (1960) 433-443

Bilz, R.: Menschliche Aggressivität. Z. Psychother. med. Psychol. 17 (1967) 157-178; 197-202

Bilz, R.: Der Wahn in ethologischer Sicht. Stud. gen. 20 (1967) 650-660

Binswanger, L.: Vom anthropologischen Sinn der Verstiegenheit. In: Ausgewählte Vorträge und Aufsätze, Bd. II, hrsg. von L. Binswanger. Francke, Bern 1955

Binswanger, L.: Über die manische Lebensform (1945). In: Ausgewählte Vorträge und Aufsätze, Bd. II, hrsg. von L. Binswanger, Francke, Bern 1955

Binswanger, L.: Ausgewählte Vorträge und Aufsätze. Francke, Bern 1955

Binswanger, L.: Schizophrenie. Neske, Pfullingen 1957

Binswanger, L.: Melancholie und Manie. Neske, Pfullingen 1960

Binswanger, L.: Wahn. Neske, Pfullingen 1965

Blackmore, S.: Out-of-body-Experiences in schizophrenia. J. nerv. ment. Dis. 174 (1986) 615-619

Blanck, G., R. Blanck: Ego Psychology: Theory and Practice. Columbia Universitiy Press, New York 1974

Blanck, G., R. Blanck: Ego Psychology II. Psychoanalytic Developmental Psychology. Columbia Universtiy Press, New York 1979

Blankenburg, W.: Die anthropologische und daseinsanalytische Sicht des Wahns. Stud. gen. 20 (1967) 639-650

Blankenburg, W.: Der Verlust der natürlichen Selbstverständlichkeit; ein Beitrag zur Psychopathologie symptomarmer Schizophrenien. Enke, Stuttgart 1971

Blankenburg, W., A. Zilly: Gestaltwandel im schizophrenen Wahnerleben? In: Gestaltwandel psychiatrischer Krankheitsbilder, hrsg. von J. Glatzel. Schattauer, Stuttgart 1973 (S. 129-143)

Blankenburg, W.: Grundlagen der Psychopathologie. Nervenarzt 49 (1978) 140-146

Blankenburg, W.: Autonomie- und Heteronomie-Konzepte in ihrer Bedeutung für die psychiatrische Praxis. In Janzarik, W.: Psychopathologie und Praxis. Enke, Stuttgart 1985 (S. 29-46)

Bleuler, E.: Affektivität, Suggestibilität, Paranoia. Marhold, Halle 1906

Bleuler, E.: Das autistisch-undisziplinierte Denken in der Medizin und seine Überwindung. Springer, Berlin 1927; 5. Aufl. 1966

Bleuler, E.: Dementia praecox oder Gruppe der Schizophrenien. In: Handbuch der Psychiatrie, Spez. Teil 4, Hrsg. von G. Aschaffenburg. Deuticke, Wien 1911

Bleuler, E.: Die Prognose der Dementia praecox (Schizophreniegruppe). Allg. Z. Psychiat. 65 (1908) 436-464

Bleuler, E.: Lehrbuch der Psychiatrie, 11. Aufl. neubearb. von M. Bleuler, Springer, Berlin 1969 (S. 99-104)

Bleuler, E.: Primäre und sekundäre Symptome der Schizophrenie. Zbl. ges. Neurol. Psychiat. 124 (1930) 607-646

Bleuler, E.: Zur Unterscheidung des Physiogenen und des Psychogenen bei der Schizophrenie. Allg. Z. Psychiat. 84 (1926) 22–37

Bleuler, M.: Endokrinologische Psychiatrie. In: Psychiatrie der Gegenwart, 1. Aufl. Bd. I/1b, hrsg. von H.W. Gruhle, R. Jung, W. Mayer-Gross, M. Müller. Springer, Berlin 1964 (S. 161–252)

Bleuler, M.: Endokrinologische Psychiatrie. Thieme, Stuttgart 1954

Bobon, J. Angst, D., U. Baumann, H. Helmchen, H. Hippius: The AMDP-System in Pharmacopsychiatry. Karger, Basel 1983

Böker, W., H. Häfner: Gewalttaten Geistesgestörter. Springer, Berlin 1973

de Boor, W.: Zur Psychologie und Psychopathologie der Brandstiftung. Fortschr. Neurol. Psychiat. 23 (1955) 367–378

Boring, E.G.: Sensation und Perception in the History of Experimental Psychology. Appleton-Century-Crofts, New York 1942

Boss, M.: Sinn und Gehalt der sexuellen Perversionen. Huber, Bern 1966

Boss, M.: Grundriß der Medizin. Huber, Bern 1971

Boss, M.: Schizophrenes Kranksein im Lichte einer daseinsanalytischen Phänomenologie. Vortrag Japan, Okt. 1973

Brauer, R.: Depersonalisation phenomena in psychiatric patients. Brit. J. Psychiat. 117 (1970) 509–515

Bräutigam, W.: Analyse der hypochondrischen Selbstbeobachtung. Beitrag zur Psychopathologie und zur Pathogenese mit Beschreibung einer Gruppe von jugendlichen Herzhypochondern. Nervenarzt 27 (1956) 409–418

Bräutigam, W.: Die sexuellen Verirrungen. In: Psychiatrie der Gegenwart, Bd. II/1, 2. Aufl., hrsg. von K.P. Kisker, J.E. Meyer, M. Müller, E. Strömgren. Springer, Berlin 1972 (S. 523–586)

Bräutigam, W.: Stichwort Kleptomanie. In: Lexikon der Psychiatrie, hrsg. von C. Müller. Springer, Berlin 1973

Bräutigam, W.: Anthropologie der Neurose. In: Neue Anthropologie, Bd. VI, hrsg. von H.-G. Gadamer, P. Vogler. Thieme, Stuttgart 1974 (S. 114–137)

Bräutigam, W., U. Clement: Sexualmedizin im Grundriß. Thieme, Stuttgart 1989

Brown, G.R.: A review of clinical approaches to gender dysphoria. J. clin. Psychiat. 51 (1990) 57–64

Bruch, H.: Eating Disorders: Obesity Anorexia nervosa and the Person within. Basic Books, New York 1973

Burchard, M.: Psychopathologie. Neue Beiträge zu Klinik und Praxis. Schattauer, Stuttgart 1981

Burger, J.O.: Zur Psychologie der Organgefühle und Fremdheitsgefühle. Z. ges. Neurol. Psychiat. 1 (1910) 230–241

C

Canguilhem, G.: Das Normale und das Pathologische. Ullstein Taschenbuchverlag, Berlin 1979

Castañeda, C.: The Teachings of Don Juan. Penguin, Harmondsworth 1970

Chang, S.C.: The Self: A Nodal Issue in Culture and Psyche – An Eastern Perspective. Am J. Psychother. 36 (1982) 67–81

Chrisman, N.J.: The health seeking process: an approach to the natural history of illness. Culture, Medicine and Psychiatry 1 (1977) 351–377

Ciompi, L.: Affektlogik. Über die Struktur der Psyche und ihre Entwicklung. Ein Beitrag zur Schizophrenieforschung. Klett-Cotta, Stuttgart 1982

Cobb, S.: Awareness, Attention, and Physiology of the Brain Stem. Experiments in Psychopathology. Proc. Amer. psychopath. Assoc. 45th meeting (1957) 194–204

Collett, P.: Structure and content in cross-cultural studies of self esteem. Int. J. Psychol. 7 (1972) 169–180

Conrad, K.: Aphasie, Agnosie, Apraxie. Fortschr. Neurol. Psychiat. 19 (1951) 291–325

Conrad, K.: Die beginnende Schizophrenie, 1. Aufl. Thieme, Stuttgart 1958, 3. Aufl. 1971

Cooper, D.: Psychiatrie und Antipsychiatrie. Suhrkamp, Frankfurt/M. 1971

Corning, P.A., C.H. Corning: Toward a general theory of violent aggression. Soc. Sci. Inform. 11 (1972) 7–36

Cotard, J.: Du delier des negations. Arch. Neurol. (Paris) 4 (1882) 153; 282

Craig, W.: Appetites and aversions as constituents of instincts. Biol. Bull. Woods Hole 34 (1918) 91–107

Curtius, F.: Individuum und Krankheit. Springer, Berlin 1959

Cutler, B., J. Reed: Multiple personality. Psychol. Med. 5 (1975) 18–26

D

Delgado, J.M.R.: Aggression and defence under cerebral radio control. In: Aggression and Defense. Neural Mechanisms and Social Patterns. ULCA Forum in Medical Sciences, ed. by C.D. Clemente, D.B. Lindsley. University of California Press, Berkeley/Kalif. 1967 (171–193)

Deusinger, J.M.: Theoretische Überlegungen zur Selbstkonzeptforschung in der Psychiatrie. Institut für Psychologie, Frankfurt/M. 1980

Deusinger, J.M.: Die Frankfurter Selbstkonzeptskalen. Hogrefe, Göttingen 1986

Diagnostic and Statistical Manual of Mental Disorders DSM-IV. American Psychiatric Association, Washington D.C. 1994

Dittrich, A.: Ätiologie-unabhängige Strukturen veränderter Wachbewußtseinszustände. Ergebnisse empirischer Untersuchungen über Halluzinogene I. und II. Ordnung, sensorische Deprivation, hypnagoge Zustände, hypnotische Verfahren sowie Reizüberflutung. Enke, Stuttgart 1985

Dittrich, A., C. Scharfetter: Ethnopsychotherapie. Enke, Stuttgart 1987

Dörner, K.: Sexualhormonabhängige Gehirndifferenzierung und Sexualität. Springer, Wien 1972

Dörner, K., U. Plog: Irren ist menschlich oder Lehrbuch der Psychiatrie/Psychotherapie. Psychiatrie Verlag, Wunstorf 1978

Drews, S., K. Brecht: Psychoanalytische Ich-Psychologie. Suhrkamp, Frankfurt/M. 1975

Duden: Etymologie. Bibliographisches Institut, Mannheim 1963

Dührssen, A.: Die biographische Anamnese unter tiefenpsychologischem Aspekt. Vandenhoeck & Ruprecht, Göttingen 1981

Duncker, H., K. Kulhaneck: Syndromatik der Psychosen und Neurosen. Scheuzeck, München 1982

Duncker, K.: Zur Psychologie des produktiven Denkens, Springer, Berlin 1974

E

Ebbecke, U.: Physiologie des Bewußtseins in entwicklungsgeschichtlicher Betrachtung. Thieme, Stuttgart 1959

Eibl-Eibesfeldt, I.: Liebe und Haß: Zur Naturgeschichte elementarer Verhaltensweisen, Piper, München 1970

Eicher, W.: Transsexualismus: Möglichkeiten und Grenzen der Geschlechtsumwandlung. Fischer, Stuttgart 1983

Eisenberg, L.: Interface between medicine and psychiatry. Comprehens. Psychiat. 20 (1979) 1–14

Ellenberger, H.F.: The Discovery of the Unconscious. Basic Books, New York 1970

Ellis, H.D., J.-P. Luauté, N. Retterstøl: The Delusional Misidentification Syndromes (Proceedings of the Conference on Delusional Misidentification Syndromes, Paris 1993). Karger, Basel 1994

Ellis, N.R.: Handbook of Mental Deficiency. McGraw-Hill, New York 1963

Engel, G.L.: Psychological Development in Health and Disease. Saunders, Philadelphia 1962

Erikson, E.: Growth and crises of the „healthy personality", In: Symposium on the healthy personality, vol. 2; ed. by M.E.J. Senn. Macy, New York 1950

Erikson, E.H.: Childhood and Society. Norton, New York 1950

Erikson, E.H: Jugend und Krise, 2. Aufl. Klett, Stuttgart 1974 (Engl.: Identity – Youth and Crisis 1968)

Ernst, K.: Die Prognose der Neurosen. In: Monographien aus dem Gesamtgebiete der Neurologie und Psychiatrie, H. 85, hrsg. von M. Müller, H. Spatz, P. Vogel. Springer, Berlin 1959

Ey, H.: Das Bewußtsein. de Gruyter, Berlin 1967 (franz. Aufl. 1963)

Ey, H.: Traite des hallucinations. Masson, Paris 1973

Eysenck, H.J.: The Biological Basis of Personality, Thomas, Springfield/Ill. 1967

Eysenck, H.J.: Intelligence assessment: a theoretical and experimental approach Brit. J. educ. Psychol. 37 (1967) 81–98

Eysenck, H.J.: Race, Intelligence and Education. Temple Smith, London 1971

Eysenck, H.J.: Handbook of Abnormal Psychology, 2. ed. Pitman, London 1973

F

Fabrega, H.J.: The ethnography of illness. Soc. Sci. & Med. 13 a (1979) 565–576

Faust, V. Psychiatrie: Ein Lehrbuch für Klinik, Praxis und Beratung. Fischer, Stuttgart 1995

Favazza, A.R.: Bodies under Siege. Self-mutilation in Culture and Psychiatry. Johns Hopkins Univ. Press, Baltimore 1987

Federn, P.: Ich-Psychologie und die Psychosen. Huber, Bern 1956 (engl.: Ego Psychology and the Psychoses. Basic Book, New York 1952)

Feinstein, A.R.: Clinical judgment. Williams & Wilkins, Baltimore 1967

Feldman, M.P., M.J. MacCulloch: Homosexual Behaviour: Therapy and Assessment. Pergamon Press, Oxford 1971

Feldman, H.: Hypochondrie. In: Monographien aus dem Gesamtgebiete der Psychiatrie. Bd. VI, hrsg. von H. Hippius, W. Janzarik, M. Müller, Springer, Berlin 1972

Fenichel, O.: Perversionen, Psychose. Charakterstörungen. Internationaler Psychoanalytischer Verlag, Wien 1931

Fenichel, O.: The Psychoanalytic Theory of Neurosis. (1. ed. 1946) Routledge & Kegan, London 1971

v. Feuchtersleben, E.: Lehrbuch der ärztlichen Seelenkunde. Gerold, Wien 1845

Fischer, R.: Cartography of inner space. In: Hallucinations, ed. by R.K. Siegel, L.Y. West, Wiley, London 1975

Fischer-Homberger, E.: Der Begriff Krankheit als Funktion außermedizinischer Gegebenheiten. Sudhoffs Arch. Gesch. Med. 54 (1970) 225–241

Fischer-Homberger, E.: Hypochondrie, Melancholie bis Neurosen. Huber, Bern 1970

Fisk, N.: Gender dysphoria syndrome. In Laub, D.R., P. Gandy: Proceedings of the 2nd Interdisciplinary Symposium on Gender Dysphoria Syndrome. Stanford 1973

Flegel, H.: Schizophasie in linguistischer Deutung. Springer, Berlin 1965

v. Foerster, H.: Entdecken oder Erfinden. In Einführung in den Konstruktivismus. Oldenbourg, München 1985 (S. 27–68)

Ford, C.S., F.A. Beach: Formen der Sexualität. Rowohlt, Hamburg 1968

Ford, Ch.V.: The Somatizing Disorders. Illness as a Way of Life. Elsevier, New York 1983

Fraisse, P.: Zeitwahrnehmung und Zeitschätzung. In: Handbuch der Psychologie, Bd. I: Allgemeine Psychologie, 1. Der Aufbau des Erkennens, 1. Halbbd. Wahrnehmung und Bewußtsein, hrsg. von K. Gottschaldt, Ph. Lersch, F. Sander, H. Thomae. Hogrefe, Göttingen 1966 (S. 656–690)

Frankl, V.E.: Theorie und Therapie der Neurosen. Urban & Schwarzenberg, Wien 1956

Frankl, V.E.: Psychogene Potenzstörungen. In: Handbuch der Neurosenlehre und Psychotherapie, Bd. II, hrsg. von V.E. Frankl, V.E. v. Gebsattel, J.H. Schultz. Urban & Schwarzenberg, München 1959 (S. 610–632)

Frederiks, J.A.M.: Agnosias. In: Handbook of Clinical Neurology, vol. IV, ed. by P.J. Vinken, G.W. Bruyn. North-Holland Publishing Co., Amsterdam 1969

Freedman, B.J.: The subjective experience of perceptual and cognitive disturbances in schizophrenia. Arch. gen. Psychiat. 30 (1974) 333–340

Freeman, Th., J.L. Cameron, A. McGhie: Studies on Psychosis. Tavistock, London 1965

Freidson, E.: Profession of Medicine. Dodd Mead, New York 1970

Freud, Anna: Das Ich und die Abwehrmechanismen. Kindler, München 1936

Freud, H.: Psychopathological aspect of stuttering. Amer. J. Psychother. 7 (1953) 689–705

Freud, S.: Bemerkungen über einen Fall von Zwangsneurose (1906–1909). Gesammelte Werke, Bd. VII. Fischer, Frankfurt/M. 1968

Freud, S.: Das Ich und das Es (1924). Gesammelte Werke, Bd. XIII. Fischer, Frankfurt/M. 1968

Freud, S.: Das ökonomische Problem des Masochismus (1924). Gesammelte Werke, Bd. XIII. Fischer, Frankfurt/M. 1948

Freud, S.: Der Wahn und die Träume in W. Jensens „Gradiva" (1906–1909). Gesammelte Werke, Bd. VII. Fischer, Frankfurt/M. 1968

Freud, S.: Die Abwehrneuropsychosen (1894). Gesammelte Werke, Bd. I. Fischer, Frankfurt/M. 1968

Freud, S.: Die Ich-spaltung im Abwehrvorgang (1938). Gesammelte Werke, Bd. XVII. Fischer, Frankfurt/M. 1968

Freud, S.: Drei Abhandlungen zur Sexualtheorie (1904–1905). Gesammelte Werke, Bd. V. Fischer, Frankfurt/M. 1948

Freud, S.: Fetischismus. Gesammelte Werke, Bd. XIV (1925–1932). Fischer, Frankfurt/M. 1948

Freud, S.: Hemmung, Symptom, Angst (1926). Gesammelte Werke, Bd. XIV. Fischer, Frankfurt/M. 1968

Freud, S.: Jenseits des Lustprinzips (1920 bis 1924). Gesammelte Werke, Bd. XIII. Fischer, Frankfurt/M. 1968

Freud, S.: Konstruktion in der Analyse (1932–1939). Gesammelte Werke, Bd. XVI. Fischer, Frankfurt/M. 1968

Freud, S.: Neue Folgen der Vorlesungen zur Einführung der Psychoanalyse (1932). Gesammelte Werke, Bd. XV. Fischer, Frankfurt/M. 1968

Freud, S.: Neurose und Psychose (1924 b). Gesammelte Werke, Bd. XIII. Fischer, Frankfurt/M. 1968

Freud, S.: Psychoanalytische Bemerkungen über einen autobiographisch beschriebenen Fall von Paranoia (Dementia paranoides) (1911). Gesammelte Werke, Bd. VIII. Fischer, Frankfurt/M. 1968

Freud, S.: Über die Berechtigung, von der Neurasthenie einen bestimmten Symptomenkomplex als Angstneurose abzutrennen (1894). Gesammelte Werke, Bd. I. Fischer, Frankfurt/M. 1968

Freud, S.: Über die Psychogenese eines Falles von weiblicher Homosexualität (1920). Gesammelte Werke, Bd. XII. Fischer, Frankfurt/M. 1948

Freud, S.: Über einige neurotische Mechanismen bei Eifersucht, Paranoia und Homosexualität (1920–1924). Gesammelte Werke, Bd. XIII. Fischer, Frankfurt/M. 1968

Freud, S.: Vorlesungen zur Einführung in die Psychoanalyse (1916–1917). Gesammelte Werke, Bd. XI. Fischer, Frankfurt/M. 1968

Freud, S.: Weitere Bemerkungen über die Abwehr-Neuropsychosen (1896). Gesammelte Werke, Bd. I. Fischer, Frankfurt/M. 1968

Freud, S.: Zur Einführung des Narzißmus (1913–1917). Gesammelte Werke, Bd. X. Fischer, Frankfurt/M. 1968

Freund, K.: Homosexualität. Rowohlt, Hamburg 1969

Fromm, E.: Anatomie der menschlichen Destruktivität. Deutsche Verlagsanstalt, Stuttgart 1974

Frosting, J.: Das schizophrene Denken. Thieme, Leipzig 1929

Furneaux, W.D.: Intellectual abilities and problemsolving behavior. In: Handbook of Abnormal Psychology, ed. by H.J. Eysenck. Pitman, London 1960

Fuchs, T.: Coenästhesie: Zur Geschichte des Gemeingefühls. Z. klin. Psychol. 43 (1995) 103–112

G

Gadamer, H.-G., P. Vogler: Neue Anthropologie, Bd. VI. Thieme, Stuttgart 1974

Gaertner, R., G. Buchholz, K. Georgi: Zur vergleichenden Psychologie von Psychiatern und Chirurgen. In Bochnik, H.J., W. Richtberg: Psychologie für Psychiatrie und Medizin. Beltz, Weinheim 1985 (S. 198–219)

Garfinkel, H.: Conditions of successful degradation ceremonies. Amer. J. Sociol. 61 (1956) 420–424

Garfinkel, P.E., D.M. Garner: Anorexia nervosa, a multidimensional perspective. Brunner Mazel, New York 1982

Gaupp, R.: Der Fall Wagner, Eine Katamnese, zugleich ein Beitrag zur Lehre von der Paranoia. Z. ges. Neurol. Psychiat. 60 (1920) 312–327

Gaupp, R.: Die Lehre von der Paranoia. Nervenarzt 18 (1947) 167–169

Gaupp, R.: Krankheit und Tod des paranoischen Massenmörders Hauptlehrer Wagner. Eine Epikrise. Z. ges. Neurol. Psychiat. 163 (1938) 48–82

Gauron, E.F., J.K. Dickinson: Diagnostic decision making in psychiatry. Arch. gen. Psychiat. 14 (1966) 225–237

v. Gebsattel, V.E.: Zeitbezogenes Zwangsdenken in der Melancholie. Nervenarzt 1 (1928) 275–287

v. Gebsattel, V.E.: Über Fetischismus. Nervenarzt 2 (1929) 8–20

v. Gebsattel, V.E.: Zur Frage der Depersonalisation. Nervenarzt 10 (1937) 169–178

v. Gebsattel, V.E.: Die Störungen des Werdens und Zeiterlebens im Rahmen psychiatrischer Erkrankungen. In: Gegenwartsprobleme der psychiatrisch-neurologischen Forschung, hrsg. von Ch. Roggenbau, Enke, Stuttgart 1939

v. Gebsattel, V.E.: Die phobische Fehlhaltung. In: Handbuch der Neurosenlehre und Psychotherapie, Bd. II, hrsg. von V.E. Frankl, V.E. v. Gebsattel, J.H. Schultz. Urban & Schwarzenberg, München 1959

Ghysbrecht, P.: Doppelselbstmord. Reinhardt, München 1961

Giese, H.: Der homosexuelle Mann in der Welt. Enke, Stuttgart 1958

Giese, H.: Psychopathologie der Sexualität. Enke, Stuttgart 1962

Giese, H.: Die Sexualität des Menschen. Handbuch der medizinischen Sexualforschung. Enke, Stuttgart 1971

Gill, M.: The Collected Papers of David Rapaport. Basic Books, New York 1967

Gittelson, N.L., Dawson-Butterworth: Subjective experience of sexual change in female schizophrenics. Brit. J. Psychiat. 113 (1967) 491–494

Gittelson, N.L., S. Levine: Subjective experience of sexual change in male schizophrenics. Brit. J. Psychiat. 112 (1966) 779–782

v. Glasersfeld, E.: Konstruktion der Wirklichkeit. In: Einführung in den Konstruktivismus. Oldenbourg, München 1985 (S. 1–26)

Glatzel, J.: Die akute Katatonie. Acta psychiat. scand. 46 (1970) 151–179

Glatzel, J.: Über das Entfremdungserlebnis. Z. Psychother. med. Psychol. 21 (1971) 89–99

Glatzel, J.: Zum Begriff des Symptoms in der Psychopathologie. Nervenarzt 43 (1972) 33–36

Glatzel, J.: Allgemeine Psychopathologie. Enke, Stuttgart 1978

Glatzel, J.: Spezielle Psychopathologie. Enke, Stuttgart 1981

Glatzel, J.: Der interaktionale Ansatz. In: Psychopathologische Konzepte der Gegenwart, hrsg. von W. Janzarik. Enke, Stuttgart 1982

Glover, E.: The concept of dissociation. In: On the Early Development of the Mind. International University Press, New York 1943

Goethe, J.W.: Beobachten und Denken. Gedenkausgabe der Werke, Briefe und Gespräche, Bd. XVII. Artemis, Zürich 1952 (S. 723)

Goffman, E.: Asylums. Anchor Books, Port Duglas 1961

Goldberg, D.P., B. Cooper, M.R. Eastwood, H.B. Kedward, M. Shepherd: A standardized psychiatric interview for use in community surveys. Brit. J. prev. soc. Med. 24 (1970) 18–23

Goldstein, K.: Language and Language Disturbances. Grune & Stratton, New York 1948

Goldstein, K., A. Gelb: Psychologische Analysen hirnpathologischer Fälle auf Grund von Untersuchungen Hirnverletzter. Z. Psychol. Physiol. Sinnesorg. 83 (1920) 1–94

Göppert, H.: Zwangskrankheit und Depersonalisation. Karger, Basel 1960

Gottesmann, I.I.: Genetic aspects of intelligent behavior. In: Handbook of Mental Deficiency; ed. by N.R. Ellis. McGraw-Hill, New York 1963

Gottschaldt, K., Ph. Lersch, F. Sander, H. Thomae. Handbuch der Psychologie. Hogrefe, Göttingen 1966

Graumann, C.-F.: Bewußtsein und Bewußtheit. Probleme und Befunde der psychologischen Bewußtseinsforschung. In: Handbuch der Psychologie, Bd. I, 1. Halbbd. hrsg. von K. Gottschaldt, Ph. Lersch, F. Sander, H. Thomae. Hogrefe, Göttingen 1966 (S. 79–127)

Green, R., J. Money: Transsexualism and Sex Reassignment. Johns Hopkins Press, Baltimore 1969

Grof, S.: Psychedelische Therapie und holonome Integration. In: Dittrich, A., C. Scharfetter: Ethnopsychotherapie. Enke, Stuttgart 1987 (S. 162–180)

Grof, S.: Topographie des Unbewußten. LSD im Dienst der tiefenpsychologischen Forschung. Klett-Cotta, Stuttgart 1978

Gruhle, H.W.: Über den Wahn bei Epilepsie. Z. ges. Neurol. Psychiat. 154 (1936) 395

Gruhle, H.W.: Über den Wahn. Nervenarzt 22 (1951) 125

Gruhle, H.W.: Verstehende Psychologie-Erlebnislehre, 2. Aufl. Thieme, Stuttgart 1956

Grunberger, B.: Vom Narzißmus zum Objekt. Suhrkamp, Frankfurt/M. 1976

Guggenbuehl-Craig, A.: Macht als Gefahr beim Helfer. Karger, Basel 1983

H

Haase, H.J.: Zur Psychodynamik und Pathoplastik paranoider und paranoidhalluzinatorischer Psychosen bei alleinstehenden Frauen. Fortschr. Neurol. Psychiat. 6 (1963) 308 – 322

Häfner, H.: Hypochondrische Entwicklungen. Nervenarzt 30 (1959) 529 – 539

Hallowell, A.I.: Culture and Experience. University of Pennsylvania Press, Philadelphia 1955

Hartmann, H.: Contribution to the metapsychology of schizophrenia. In: The Psychoanalytic Study of the Child, vol. VIII. International University Press, New York 1953

Hartmann, H.: Ich-Psychologie und Anpassungsproblem (1939). Neuaufl. in: Psyche 14 (1960) 81 – 164

Hartmann, H.: Essays on Ego Psychology. International University Press, New York 1964 a

Hartmann, H.: Zur psychoanalytischen Theorie des Ich (7 Aufsätze). Psyche 18 (1964 b) 330 – 474

Hartmann, H.: Die Grundlagen der Psychoanalyse (Leipzig 1927). Neuaufl. Klett, Stuttgart 1972

Hartmann, H., E. Kris, R.M. Loewenstein: Comments on the formation of psychic structure. In: Psychoanalytic Study of the Child, Vol. II. International University Press, New York 1946 (pp. 11 – 38)

Hartwich, P.: Schizophrenie und Aufmerksamkeitsstörungen. Zur Psychopathologie der kognitiven Verarbeitung von Aufmerksamkeitsstörungen. Springer, Berlin 1980

Hartwig, P., E. Steinmeyer: Experimentelle Untersuchungen und faktorenanalytische Interpretation zur Antriebsstruktur Hebephrener und Gesunder. Zbl. ges. Neurol. Psychiat. 207 (1974) 328 – 329

Hegel, G.W.F.: Phänomenologie des Geistes (1. Aufl. 1807). Ullstein, Frankfurt/M. 1970

Heidegger, M.: Gelassenheit. Neske, Pfullingen 1959

Heidegger, M.: Unterwegs zur Sprache. Neske, Pfullingen 1959

Heidegger, M.: Was heißt denken? Niemeyer, Tübingen 1971

Heidegger, M.: Sein und Zeit (1. Aufl. 1927). Niemeyer, Tübingen 1972

Heiman, P., A.F. Valenstein: The psychoanalytical concept of aggression and integrated summary. Int. J. Psychoanal. 53 (1972) 31 – 35

Heinrich, K.: Zur Bedeutung der Stammesgeschichte des menschlichen Erlebens für Neurologie und Psychopathologie. Homo 16 (1965) 65 – 77

Helmchen, H.: Bedingungskonstellationen paranoid-halluzinatorischer Syndrome. Springer, Berlin 1968

Henseler, H.: Die Theorie des Narzißmus. In: Psychologie des 20. Jahrhunderts, Bd. II. Kindler, München 1976 (S. 459)

v. Hentig, H.: Soziologie der zoophilen Neigung. – Beiträge zur Sexualforschung. Rowohlt, Hamburg 1962

Hermann, T.: Sprache. In: Einführung in die Psychologie, Bd. V, hrsg. von C.F. Graumann. Huber, Bern 1972

Herrmann, Th.: Psychologie der kognitiven Ordnungen. de Gruyter, Berlin 1965

Hess, W.R.: Psychologie in biologischer Sicht. Thieme, Stuttgart 1962; 2. Aufl. 1968

Hirschfeld, M.: Geschlechtskunde, Püttmann, Stuttgart 1926

Hitson-Weidman, H., J.M. Sussex: Cultural values and ego functioning in relation to the atypical culture-bound reactive syndromes. Int. J. soc. Psychiat. 17 (1971) 83 – 100

Hofer, G.: Der Mensch im Wahn. bibl. psychiat. neurol. (Karger, Basel) 136 (1968)

Hofer, G.: Zum Terminus Wahn. Fortschr. Neurol. Psychiat. 21 (1953) 93 – 100

Hofstätter, P.R.: Psychologie. Fischer, Frankfurt/M. 1957

Hole, G.: Über das Gewißheitselement im Glauben und im Wahn. Confin. psychiat. (Basel) 14 (1971) 65 – 90; 145 – 173

Holt, R.R., L. Luborsky: Personality Patterns of Psychiatrists. A study of Methods for Selecting Residents. Basic Books, New York 1958

Holzhey, H.: Kants Erfahrungsbegriff, Schwabe, Basel 1970

Holzhey, H.: Wissenschaft/Wissenschaften. Interdisziplinäre Arbeit und Wissenschaftstheorie. Schwabe, Basel 1974

Hörmann, H.: Psychologie der Sprache. Springer, Berlin 1967; Neudruck 1970

Huber, G.: Wahn (1954–1963). Fortschr. Neurol. Psychiat. 32 (1964) 429–489

Huber, G.: Die klinische Psychopathologie von Kurt Schneider. In: Psychopathologie als Grundlagenwissenschaft. hrsg. von W. Janzarik. Enke, Stuttgart 1979

Huber, G.: Möglichkeiten und Grenzen der klassischen Psychopathologie am Beispiel der Wahnforschung. In: Psychopathologische Konzepte der Gegenwart, hrsg. von W. Janzarik. Enke, Stuttgart 1982

Huber, G., G. Gross: Wahn. Enke, Stuttgart 1977

Hunger, J.: Zum Krankheits-, Normen- und Verantwortungsbegriff in der psychiatrischen Begutachtung. Psychiat. clin. 6 (1973) 211–225

Huppmann, G.: Zum Begriff der Norm in der Deutschen Psychiatrie (vom Jahre 1800 bis zur Gegenwart). Inaug.-Diss., Würzburg 1975

Husserl, E.: Ideen zu einer reinen Phänomenologie und phänomenologischen Philosophie (1. Aufl. 1913). Nijthoff, Haag 1950

I

International Classification of Diseases. ICD-10. World Health Organization (WHO), Genf 1993

IPSS der WHO = International Pilot Study of Schizophrenia 2. Report, ed. by WHO: Schizophrenia and Follow-up Study. Wiley, Chichester 1979

J

Jackson, H.: Croonian lectures, 1884–1887. In: Selected Writings. Hooddler Stoughton, London 1932

Jacob, H.: Wandlungen, Möglichkeiten und Grenzen der klinisch-psychiatrischen Exploration. In: Festschrift zum 65. Geburtstag von H. Bürger-Prinz. Randzonen menschlichen Verhaltens. Beiträge zur Psychiatrie und Neurologie. Enke, Stuttgart 1962 (S. 62–75)

Jacobson, E.: The Self and the Object World. International University Press, New York 1964

Jahrreiss, W.: Störungen des Denkens. In: Handbuch d. Geisteskrankheiten, Bd. I, hrsg. von O. Bumke. Springer, Berlin 1928

James, W.: Varieties of Religious Experience. Modern Library, New York 1902

Janzarik, W.: Der lebensgeschichtliche und persönlichkeitseigene Hintergrund des cyclothymen Verarmungswahns. Arch. Psychiat. Nervenkr. 195 (1956) 219–233

Janzarik, W.: Der Wahn in strukturdynamischer Sicht. Stud. gen. 20 (1967) 628–638

Janzarik, W.: Der Wahn schizophrener Prägung in den psychotischen Episoden der Epileptiker und die schizophrene Wahnwahrnehmung. Fortschr. Neurol. Psychiat. 23 (1955) 533–546

Janzarik, W.: Die hypochondrischen Inhalte der cyclothymen Depression in ihren Beziehungen zum Krankheitstyp und zur Persönlichkeit. Arch. Psychiat. Nervenkr. 195 (1957) 351–371

Janzarik, W.: Dynamische Grundkonstellationen in endogenen Psychosen. Ein Beitrag zur Differentialtypologie der Wahnphänomene. Springer, Berlin 1959

Janzarik, W.: Strukturdynamische Grundlagen der Psychiatrie. Enke, Stuttgart 1988

Janzarik, W.: Zur Differentialtypologie der Wahnphänomene. Nervenarzt 30 (1959a) 153–159

Janzarik, W.: Zur Klinik und Psychopathologie des hypochondrischen Syndroms. Nervenarzt 30 (1959) 539–545

Jaspers, K.: Die Trugwahrnehmungen. Z. ges. Neurol. Psychiat. 4 (1912) 289–354

Jaspers, K.: Psychologie der Weltanschauungen, 3. Aufl. Springer, Berlin 1925

Jaspers, K.: Die Sprache. Piper, München 1964

Jaspers, K.: Allgemeine Psychopathologie, 9. Aufl. 1973

Jensen, A. E.: Mythos und Kultur bei Naturvölkern. Steiner, Wiesbaden 1951

Johnson, J.: Psychopathia sexualis. Brit. J. Psychiat. 122 (1973) 211–218

Jung, C.G.: Über die Psychologie der Dementia praecox. Der Inhalt der Psychose. Das Unbewußte in der Psychopathologie. Psychogenese bei Geisteskranken. Über die Psychogenese der Schizophrenie. Die Schizophrenie. In: Gesammelte Werke, Bd. III: Psychogenese der Geisteskrankheiten. Rascher, Zürich 1968

Jung, R.: Neurophysiologie und Psychiatrie. In: Psychiatrie der Gegenwart, 1. Aufl., Bd. I/1a, hrsg. von H.W. Gruhle, R. Jung, W. Mayer-Gross, M. Müller. Springer, Berlin 1967 (S. 325–928)

K

Kahlbaum, K.L.: Die Katatonie oder das Spannungsirresein. Hirschwald, Berlin 1874

Kahn, E.: Über Wahnbildung. Arch. Psychiat. Nervenkr. 88 (1929) 435–454

Kamanitz, J.R., R.S. El-Mallakh, A. Tasman. Delusional misidentification involving the self. J. nerv. ment. Dis. 177 (1989) 695–698

Kandinski, V.: Kritische und klinische Betrachtungen im Gebiet der Sinnestäuschungen. Friedländer, Berlin 1885

Kant, O.: Beiträge zur Paranoiaforschung: I. Die objektive Realitätsbedeutung des Wahns. Z. ges. Neurol. Psychiat. 108 (1927a) 625–644

Kant, O.: Beiträge zur Paranoiaforschung: II. Paranoische Haltung in der Gesundheitsbreite. Z. ges. Neurol. Psychiat. 110 (1927b) 558–579

Kant, O.: Beiträge zur Paranoiaforschung: III. Allgemeine Gedanken zum Wahnproblem. Z. ges. Neurol. Psychiat. 127 (1930) 615–659

Kaplan, B: The Inner World of Mental Illness. Harper & Row, New York 1964

Karlson, J.L.: Inheritance of schizophrenia. Acta psychiat. scand. Suppl. 247 (1974)

Kasanin, J.S.: Language and thought in Schizophrenia. University of California Press, Berkeley/Calif. 1944

Kasper, S., H.-J. Möller: Angst und Panikerkrankungen. Fischer, Jena 1995

Kehrer, F.: Über Spiritismus, Hypnotismus und Seelenstörung, Aberglaube und Wahn. Arch. Psychiat. Nervenkr. 66 (1922) 381–438

Kehrer, F.: Paranoische Zustände. In: Handbuch der Geisteskrankheiten, Bd. VI, spez. T. II, hrsg. von O. Bumke. Springer, Berlin 1928 (S. 232–364)

Keller, W.: Philosophische Anthropologie – Psychologie-Transzendenz. In: Neue Anthropologie, Bd. VI, hrsg. von H.-G. Gadamer, P. Vogler. Thieme, Stuttgart 1975 (S. 3–42)

Kempe, P., J. Schönberger, J. Gross: Sensorische Deprivation als Methode in der Psychiatrie. Nervenarzt 45 (1974) 561–568

v. Kerekjarto, M., G.A. Lienert: Depressionsskalen als Forschungsmittel in der Psychopathologie. Pharmakopsychiat. 3 (1970) 1–21

Kernberg, O.F.: Borderline personality organization. J. Amer. psychoanal. Ass. 15 (1967) 641–685

Kernberg, O.F.: Factors in the psychoanalytic treatment of narcissistic personalities. J. Amer. psychoanal. Ass. 18 (1970) 51–85

Kernberg, O.F.: Early ego integration and object relations. Ann. N. Y. Acad. Sci. 193 (1972) 233–247

Kernberg, O.F.: Borderline Conditions and Pathological Narcissism, Jason Aronson, New York 1975

Kernberg, O.F.: Object Relations Theory and Clinical Psychoanalysis. Aronson, New York 1976

Kernberg, O.F.: The Structural Diagnosis of Borderline Personality Organization. In Hartcollis, P.: Borderline Personality Disorders. International Univ. Press, New York 1977 (pp. 87–121)

Keupp, H.: Psychische Störungen als abweichendes Verhalten. Urban & Schwarzenberg, München 1972

Kielholz, P.: Diagnose und Therapie der Depressionen für den Praktiker. Lehmanns, München 1971

Kimura, B.: Vergleichende Untersuchungen über depressive Erkrankungen in Japan und in Deutschland. Fortschr. Neurol. Psychiat. 33 (1965) 202–215

Kimura, B.: Phänomenologie des Schulderlebnisses in einer vergleichenden psychiatrischen Sicht. In: Beiträge zur vergleichenden Psychiatrie, Bd. 16: Aktuelle Fragen der Psychiatrie und Neurologie, hrsg. von N. Petrilowitsch. Karger, Basel 1967 (S. 54–65)

Kimura, B.: Zur Wesensfrage der Schizophrenie im Lichte der japanischen Sprache. In: Jahrbuch für Psychologie, Psychotherapie und medizinische Anthropologie, hrsg. von V. E. v. Gebsattel, P. Christian, W. J. Revers, H. Tellenbach. Alber, Freiburg 1969 (S. 28–37)

Kind, H.: Leitfaden für die psychiatrische Untersuchung. Springer, Berlin 1973

Kinsey, A. C., C. E. Martin, W. B. Pomeroy: Sexual Behaviour in the Human Male. Saunders, Philadelphia 1948

Kinsey, A. C. et al.: Das sexuelle Verhalten der Frau. Fischer, Frankfurt/M. 1953

Kinsey, A. C., P. H. Gebhard, C. E. Martin, W. B. Pomeroy: Sexual Behavior in the Human Female. Saunders, Philadelphia 1953

Kinsey, A. C. et al.: Das sexuelle Verhalten des Mannes. Fischer, Frankfurt/M. 1970

Kisker, K. P.: Kernschizophrenie und Egopathien. Bemerkungen zum heutigen Stand der Forschungen und zur Methodologie. Nervenarzt 35 (1964) 285–294

Kisker, K. P.: Der Egopath. Soc. Psychiat. 3 (1968) 19–23

Klaesi, J.: Über Bedeutung und Entstehung der Stereotypien. Karger, Berlin 1922

Klages, W., K. Behrends: Zur Struktur der schizophrenen Antriebsstörung. Arch. Psychiat. Nervenkr. 202 (1961) 504–512

Klages, W.: Der menschliche Antrieb. Thieme, Stuttgart 1967

Kläsie, J.: Über die Bedeutung der Stereotypien. Karger, Berlin 1922

Klein, Melanie: Die Psychoanalyse des Kindes. Internationaler Psychoanalytischer Verlag, Wien 1932

Kleinman, A.: Anthropology and psychiatry. Brit. J. Psychiat. 151 (1987) 447–454

Kleinman, A.: The Illness Narratives: suffering, healing and the human condition. Basic Books, New York 1988

Kleinman, A.: Rethinking Psychiatry. Free Press, McMillan, New York 1988

Kloos, G.: Das Realitätsbewußtsein in der Wahrnehmung und Trugwahrnehmung. Thieme, Leipzig 1938

Kloos, G.: Störungen des Zeiterlebens in der endogenen Depression. Nervenarzt 11 (1938) 225–244

Kockett, G., F. Dittmar: Verhaltenstherapie sexueller Störungen: Diagnostik und Behandlungsmethoden. Nervenarzt 44 (1973) 173–183

Kockott, G.: Männliche Sexualität. Hippokrates, Stuttgart 1988 a

Kockott, G.: Weibliche Sexualität. Hippokrates, Stuttgart 1988 b

Kockott, G.: Sexuelle Variationen. Hippokrates, Stuttgart 1988 c

Kohn, R.: Wohlbefinden und Mißbefinden. Psyche (Heidelberg) 12 (1958/59) 33–49

Kohut, H.: The Analysis of the Self. International University Press, New York 1971

Kohut, H.: Narzißmus. Eine Theorie der psychoanalytischen Behandlung narzißtischer Persönlichkeitsstörungen. Suhrkamp, Frankfurt/M. 1974

Kolle, K.: Die primäre Verrücktheit. Thieme, Leipzig 1931

Kongreß in Kiel 1961. Zbl. ges. Neurol. Psychiat. 162 (1961) 201–212

Kraepelin, E.: Psychiatrie. Ein Lehrbuch für Studierende und Ärzte, 5. Aufl. Barth, Leipzig 1896. 8. Aufl. 1909–15

v. Krafft-Ebing, R.: Psychopathia Sexualis, 15. Aufl. Enke, Stuttgart 1918

Kranz, H.: Das Thema des Wahns im Wandel der Zeit. Fortschr. Neurol. Psychiat. 23 (1955) 58–72

Kranz, H.: Wahn und Zeitgeist. Stud. gen. 20 (1967) 605–611

Kraus, A.: Sozialverhalten und Psychose Manisch-Depressiver. Eine existenz- und rollenanalytische Untersuchung. Enke, Stuttgart 1977

Kraus, A.: Bedeutung und Rezeption der Rollentheorie in der Psychiatrie. In: Die Psychologie des 20. Jahrhunderts, Bd. 10. Kindler, Zürich 1980 (S. 125–148)

Kretschmer, E.: Das apallische Syndrom. Z. ges. Neurol. Psychiat. 169 (1940) 576–579

Kretschmer, E.: Der Begriff der motorischen Schablonen und ihre Rolle in normalen und pathologischen Lebensvorgängen. Arch. Psychiat. Nervenkr. 190 (1953) 1–3

Kretschmer, E.: Körperbau und Charakter, 23. Aufl. Springer, Berlin 1961

Kretschmer, E.: Medizinische Psychologie, 12. Aufl. Thieme, Stuttgart 1963; 13. Aufl. 1971

Kretschmer, E.: Der sensitive Beziehungswahn, 4. Aufl. Springer, Berlin 1966

Kretschmer, E.: Hysterie, Reflex und Instinkt, 6. Aufl. Thieme, Stuttgart 1958; 7. Aufl. 1974

Kronfeld, A.: Über schizophrene Veränderungen des Bewußtseins der Aktivität. Z. ges. Neurol. Psychiat. 74 (1922) 15–68

Kuhn, R.: Zur Daseinsanalyse der Anorexia mentalis. Nervenarzt 22 (1951) 11–13; Nervenarzt 24 (1953) 191–198

Kuhn, R.: Daseinsanalyse und Psychiatrie. In: Psychiatrie der Gegenwart, 1. Aufl., hrsg. von H.W. Gruhle, R. Jung, W. Mayer-Gross, M. Müller, Bd. I/2: Grundlagen und Methoden der klinischen Psychiatrie. Springer, Berlin 1963 (S. 853–902)

Kuhlenkampff, C.: Entbergung, Entgrenzung, Überwältigung als Weisen des Standverlustes. Zur Anthropologie der paranoiden Psychosen. Nervenarzt 26 (1955) 89–95

Kuhlenkampff, C.: Erblicken und Erblicktwerden. Das für-andere-Sein (J. P. Sartre) in seiner Bedeutung für die Anthropologie der paranoiden Psychosen. Nervenarzt 27 (1956) 2–12

Kuhlenkampff, C., A. Bauer: Über das Syndrom der Herzphobie. Nervenarzt 31 (1960) 443–454; 496–507

Kummer, H.: Aggression bei Affen. In: Der Mythos vom Aggressionstrieb, hrsg. von A. Plack. List, München 1973 (S. 69–91)

Kunz, H.: Die existentielle Bedeutung der Psychoanalyse in ihrer Konsequenz für deren Kritik. Nervenarzt 3 (1930) 657–668

Kunz, H.: Die Grenze der psychopathologischen Wahninterpretationen. Z. ges. Neurol. Psychiat. 135 (1931) 671–715

Kunz, H.: Zur Theorie der Perversion. Mschr. Psychiat. Neurol. 105 (1942) 1–103

Kunz, H.: Die latente Anthropologie der Psychoanalyse. Schweiz. Z. Psychol. 15 (1956) 84–102

Kunz, H.: Die eine Welt und die Weisen des In-der-Welt-seins. Psyche (Stuttgart) 16 (1962) 58–80; 142–159; 221–239

Kunz, H.: Erfahrung, Wahngeschehen und Todesgewißheit. Z. klin. Psychol. Psychother. 20 (1972) 334–347

Kunz, H.: Die Erweiterung des Menschenbildes in der Psychoanalyse Sigmund Freuds. In: Neue Anthropologie, Bd. VI, hrsg. von H.-G. Gadamer, P. Vogler. Thieme, Stuttgart 1975 (S. 44–113)

Kutter, P.: Psychiatrische Krankheitsbilder. In: Die Krankheitslehre der Psychoanalyse, hrsg. von W. Loch. Hirzel, Stuttgart 1967

L

Ladee, G.A.: Hypochondriacal Syndromes. Elsevier, Amsterdam 1966

Lader, M.H.: Studies of anxiety. Brit. J. Psychiat. Spec. Publ. No. 3 (1969)

Laing, R.D.: The Divided Self. Tavistock, London 1959

Lang, H.: Struktural-analytische Gesichtspunkte zum Verständnis der schizophrenen Psychose. In: Psychopathologische Konzepte der Gegenwart, hrsg. von W. Janzarik. Enke, Stuttgart 1982

Lange, E., G. Poppe: Faktoren der sozialen Isolierung im Vorfeld paranoider Beeinträchtigungssyndrome des höheren Lebensalters. Nervenarzt 35 (1964) 194–200

Lange-Eichbaum, W., W. Kurth: Genie, Irrsinn und Ruhm, 6. Aufl. Reinhardt, München 1967

Langen, D.: Diagnostik aus dem sprachlichen Ausdruck. Dtsch. med. Wschr. 82 (1957) 1006–1009

Langer, D.: Der Transsexuelle: Eine Herausforderung für Kooperation zwischen psychologischer und chirurgischer Medizin. Fortschr. Neurol. Psychiat. 53 (1985) 67–84

Langfeldt, G.: The erotic jealousy syndrome. A clinical study. Acta psychiat. scand., Suppl. 151 (1961)

Laplanche, J., J.-B. Pontalis: Das Vokabular der Psychoanalyse. Suhrkamp, Frankfurt/M. 1973

Lehmann, L.S.: Depersonalization. Amer. J. Psychiat. 131 (1974) 1221–1224

Leischner, A.: Über den Verfall der menschlichen Sprache. Arch. Psychiat. Nervenkr. 187 (1951) 250–267

Lenz, H.: Glaube und Wahn. Fortschr. Neurol. Psychiat. 41 (1973) 341–359

Leonhard, K.: Aufteilung der endogenen Psychosen in der Forschungsrichtung von Wernicke und Kleist. In: Psychiatrie der Gegenwart, 2. Aufl., Bd. II/1. Springer, Berlin 1972

Levine, S.B.: Clinical sexuality. Psychiat. Clin. N. Amer. 18 (1995) 1

de Levita, J.E.: Der Begriff der Identität. (engl. 1965) Suhrkamp, Frankfurt/M. 1971

Lewis, A.: Problems presented by the ambiguous word „anxiety" as used in psychopathology. Israel Ann. Psychiat. 5 (1967) 105–121

Lewis, A.: Paranoia and paranoid: a historical perspective. Psychol. Med. 1 (1970) 2–12

Lewis, A.: „Endogenous" and „exogenous": a useful dichotomy? Psychol. med. 1 (1971) 191–196

Lhamon, W.T., S. Goldstone: The time sense. AMA (Chicago) Arch. Neurol. Psychiat. 76 (1956) 625–629

Loch, W.: Die Krankheitslehre der Psychoanalyse. Hirzel, Stuttgart 1967

Loch, W.: Über Begriffe und Methoden der Psychoanalyse. Huber, Bern 1975

Lorenz, K.: Über tierisches und menschliches Verhalten. Piper, München 1969

Lorenz, K.: Die Rückseite des Spiegels, Piper, München 1973

Lurija, A.R.: Die historische Bedingtheit individueller Erkenntnisprozesse. Verlag Chemie, Weinheim 1986

Luthe, R.: Das strukturale System der Psychopathologie. Springer, Berlin 1982

M

Mahler, M.S.: On Child Psychosis and Schizophrenia: Autistic and Symbiotic Infantile Psychosis, vol. VII International University Press, New York 1951 (pp. 286–305)

Mahler, M.S.: Autism and symbiosis, two extreme disturbances of identity. Int J. Psycho-Anal. 39 (1958) 77–83

Mahler, M.S.: On Human Symbiosis and the Vicissitudes of Individuation. International University Press, New York 1968

Mahler, M.S.: On the first three subphases of the separationindividuation process. Int. J. Psycho-Anal. 53 (1972) 333–338

Malinowski, B.: Geschlecht und Verdrängung in primitiven Gesellschaften. Rowohlt, Hamburg 1962

Marks, I.M.: Fears and Phobias. In: Personality and Psychopathology Series, Bd. V. Academic Press, New York 1969

Marks, I.M.: The origins of phobic states. Amer. J. Psychother. 24 (1970) 652–676

Marks, I.M.: Living with Fear. McGraw Hill, New York 1978/80

Marshall, D.S., R.C. Suggs: Human Sexual Behaviour. Basic Books, New York 1971

Martin, M.J.: Psychiatric problems of physicians and their families. Mayo Clin. Proc. 56 (1981) 35

Masson, M.: The Oceanic Feeling. Reidel, Dodrecht 1980

Masters, W.H., V.E. Johnson: Human Sexual Response. Little, Brown & Co., Boston 1966

Masters, W.H., V.E. Johnson: Human Sexual Inadequacy. Little, Brown & Co., Boston 1970 (Deutsch: Funktionelle Sexualstörungen. Akademische Verlagsgesellschaft, Frankfurt/M. 1972)

Matussek, P.: Untersuchungen über die Wahnwahrnehmung. 1. Mitt.: Veränderungen der Wahrnehmungswelt bei beginnendem, primärem Wahn. Arch. Psychiat. Nervenkr. 189 (1952) 279–319

Matussek, P.: Untersuchungen über die Wahnwahrnehmung, 2. Mitt.: Die auf einem abnormen Vorrang von Wesenseigenschaften beruhenden Eigentümlichkeiten der Wahnwahrnehmung. Schweiz. Arch. Neurol. Neurochir. Psychiat. 71 (1953) 189–210

Matussek, P.: Störungen des Sexuallebens. In: Handbuch der Neurosenlehre und Psychotherapie, Bd. II, hrsg. von V.E. Frankl, V.E. v. Gebsattel, J.H.

Schultz. Urban & Schwarzenberg, München 1959 (S. 580–598)
Matussek, P.: Psychopathologie II: Wahrnehmung, Halluzination und Wahn. In: Psychiatrie der Gegenwart, 1. Aufl., hrsg. von H.W. Gruhle, R. Jung, W. Mayer-Gross, M. Müller, Bd. I/2: Grundlagen und Methoden der klinischen Psychiatrie. Springer, Berlin 1963 (S. 23–76)
Maxwell, A.E.: Agreement among raters. Brit. J. Psychiat. 118 (1971) 659–662
Mayer-Gross, W., J. Stein: Psychopathologie der Wahrnehmung. In: Handbuch der Geisteskrankheiten, hrsg. von O. Bumke. Springer, Berlin 1928
Mayer-Gross, W.: Die Klinik. In: Handbuch der Geisteskrankheiten, Bd. IX, spez. Teil 5: Die Schizophrenie, hrsg. von O. Bumke. Springer, Berlin 1932 (S. 293–578)
McGhie, A.: Pathology of Attention. Sci. Behav. 10 (1969) 12
McKinnon, R.A., R. Michels: The Psychiatric Interview in Clinical Practice. Saunders, Philadelphia 1971
Mead, Margret: Male and Female. A Study of the Sexes in a Changing World. Morrow, New York 1949 (Deutsch: Mann und Weib. Das Verhältnis der Geschlechter in einer sich wandelnden Welt. Rowohlt, Hamburg 1958)
Mead, Margret: Geschlecht und Temperament in primitiven Gesellschaften. Rowohlt, Hamburg 1959
Meerwein, F.: Das ärztliche Gespräch, 2. Aufl. Huber, Bern 1974
Merleau-Ponty, M.: Phänomenologie der Wahrnehmung. de Gruyter, Berlin 1966
Mester, H.: Die Anorexia nervosa. Springer, Berlin 1981
Metzger, W.: Allgemeine Psychologie. 1. Der Aufbau des Erkennens. 1. Halbbd.: Wahrnehmung und Bewußtsein. In: Handbuch der Psychologie, Bd. I, hrsg. von K. Gottschaldt, Ph. Lersch, F. Sander, H. Thomae. Hogrefe, Göttingen 1966
Meyer, J.-E.: Die Entfremdungserlebnisse. Thieme, Stuttgart 1959
Meyer, J.-E.: Depersonalisation und Derealisation. Fortschr. Neurol. Psychiat. 31 (1963) 438–450
Meyer, J.-E.: Anorexia nervosa. Thieme, Stuttgart 1965
Meyer, J.-E.: Depersonalisation. Wissenschaftliche Buchgesellschaft, Darmstadt 1968
Mierke, K.: Konzentrationsfähigkeit und Konzentrationsschwäche. Huber, Bern, und Klett, Stuttgart 1966
Minkowski, E.: Die gelebte Zeit. Müller, Salzburg 1971 (orig. 1933)
Moses, P.J.: Die Stimme der Neurose. Thieme, Stuttgart 1956
Mrazek, P.B., C.H. Kempe: Sexually Abused Children and their Families. Pergamon Press, New York 1982
Mucha, H.: Der Katalepsie-Begriff von Kahlbaum bis zur Gegenwart. Psychiat. chir. 5 (1972) 330–349
Müller, C.: Mikropsie und Makropsie. Karger, Basel 1956
Mundt, Ch.: Das Apathiesyndrom der Schizophrenen. Springer, Berlin 1985
Murphy, H.B.M.: Cultural aspects of the delusion. Stud. gen. 20 (1967) 684–692
Murphy, J.M.: Psychiatric labeling in cross-cultural perspective. Similar kinds of disturbed behavior appear to be labeled abnormal in diverse cultures. Science 191 (1976) 1020–1028
Murray, H.: Thematic Apperception Test. Harvard University Press, Cambridge 1943

N

Nathan, P.E.: Cues, Decision and Diagnoses. Academic Press, New York 1967
Nietzsche, F.: Zur Genealogie der Moral (1887). Werke, Bd. II, hrsg. v. K. Schlechta. Hanser, München 1955 (S. 975)
Norman, D.A.: Learning and Memory. Freeman, San Francisco 1982
Nunberg, H.: Ichstärke und Ichschwäche. Int. Z. Pschoanal. 24 (1939) 49–61
Nunberg, H.: Allgemeine Neurosenlehre (1. Aufl. 1931). Huber, Bern 1971

O

Oberst, U.: Einige theoretische Ansätze zur Depersonalisation. Nervenarzt 54 (1983) 17–22
v. Orelli, A.: Der Wandel des Inhaltes der depressiven Ideen bei der reinen Melancholie. Schweiz. Arch. Neurol. Neurochir. Psychiat. 73 (1954) 217–287

Orthner, H.: Zentralnervöse Sexualsteuerung (Symposium 1969). Springer, Wien 1971a

Orthner, H.: Anatomie und Physiologie der Steuerungsorgane der Sexualität. In: Die Sexualität des Menschen, Handbuch der medizinischen Sexualforschung. hrsg. von H. Giese. Enke, Stuttgart 1971b (S. 446–545)

Overzier, C.: Die Intersexualität. Thieme, Stuttgart 1961

P

Parin, P., F. Morgenthaler: Ego and orality in the analysis of West Africans. Psychoanal. Stud. Soc. 3 (1964) 197–202

Pauleikhoff, B.: Der Eifersuchtswahn. Fortschr. Neurol. Psychiat. 35 (1967) 516–539

Pauleikhoff, B.: Der Liebeswahn. Fortschr. Neurol. Psychiat. 37 (1969) 251–279

Pauleikhoff, B.: Statistische Untersuchung über Häufigkeit und Thema von Wahneinfällen bei der Schizophrenie. Arch. Psychiat. Nervenkr. 191 (1954) 341–350

Pauleikhoff, B.: Über Veränderungen des Situationsgefüges bei dementen Erscheinungsbildern. Nervenarzt 26 (1955) 510–515

Pauleikhoff, B.: Die Katatonie (1868 bis 1968). Fortschr. Neurol. Psychiat. 37 (1969) 461–496

Payk, Th. R.: Mimik und Physiognomie in der Psychopathologie. Psychiat. clin. 6 (1973) 271–287

Peters, G., J. T. Fitzsimons, I. Peters-Haefeli: Control Mechanism of Drinking. Springer, Berlin 1974

Peters, L. G., D. Price-Williams: A phenomenological overview of trance. Transcult. Psychiat. Res. Rev. 20 (1983) 5–39

Peters, U. H.: Strukturelle Psychopathologie. In: Psychopathologische Konzepte der Gegenwart, hrsg. von W. Janzarik. Enke, Stuttgart 1982 (S. 117–126)

Petrilowitsch, N., R. Baer: Zyklothymie 1964–1969. Fortschr. Neurol. Psychiat. 38 (1970) 601–692

Pfäfflin, F., A. Junge: Geschlechtsumwandlung: Abhandlungen zur Transsexualität. Schattauer, Stuttgart 1992

Pfeiffer, W. M.: Transkulturelle Psychiatrie. Thieme, Stuttgart 1994

Piaget, J.: Psychologie der Intelligenz, 3. Aufl. Rascher, Zürich 1967

Piaget, J.: Erkenntnistheorie der Wissenschaften von Menschen. Ullstein, Frankfurt/M. 1972

Piaget, J.: Einführung in die genetische Erkenntnistheorie. Suhrkamp, Frankfurt/M. 1973

Piaget, J., Bärbel Inhelder: Die Entwicklung des räumlichen Denkens beim Kinde. Klett, Stuttgart 1971

Piro, S.: La dissociation semantique. Ann. med.-psychol. 118 II. (1960) 407–436

Plack, A.: Der Mythos vom Aggressionstrieb. List, München 1973

Ploog, D.: Verhaltensforschung und Psychiatrie. In: Psychiatrie der Gegenwart, 1. Aufl. Bd. I/1b, hrsg. von H. W. Gruhle, R. Jung, W. Mayer-Gross, M. Müller. Stuttgart 1964 (S. 291)

Plügge, H.: Zur Phänomenologie des Leib-Erlebens besonders bei inneren Krankheiten. Jb. Psychol. Psychother. 5 (1958) 155–168

Plügge, H.: Hypochondrische Patienten in der inneren Medizin. Nervenarzt 31 (1960) 13–19

Pohlen, M.: Schizophrene Psychosen. Ein Beitrag zur Strukturlehre des Ich. Huber, Bern 1969

Popper, K. R.: Conjectures and Refutations. The Growth of Scientific Knowledge, Basic Books, New York 1963

Popper, K. R.: Objektive Erkenntnis. Ein evolutionärer Entwurf. Hoffmann & Campe, Hamburg 1973 (Engl.: Objective Knowledge. Clarendon Press, Oxford 1972)

Powers, W. T.: Behaviour: The Control of Perception. Aldine, Chicago 1973

Prince, R. H.: Psychotherapy as the manipulation of endogeneous healing mechanisms: A transcultural survey. Transcult. Psychiat. Res. 13 (1976) 115–133

Propping, P.: Psychiatrische Genetik. Springer, Berlin 1989

Q

Quint, H.: Über die Zwangsneurose; Studie zur Psychodynamik des Charakters und der Symptomatik. Vandenhoeck & Ruprecht, Göttingen 1971

R

Rafaelson, O.J., H. Helmchen: Depression, Melancholie, Manie. Thieme, Stuttgart 1982

Rapaport, D.: On the psychoanalytic theory of thinking (1950). In: The collected Papers of David Rapaport, ed. by M. Gill. Basic Books, New York 1967 (pp. 313–328)

Raskin, D.E., K.E. Sullivan: Erotomania. Amer. J. Psychiat. 131 (1974) 1033–1035

Reich, W.: Die sexuelle Revolution. Fischer, Frankfurt/M. 1971

Reich, W.: Die Entdeckung des Orgons. Die Funktion des Orgasmus. Fischer, Frankfurt/M. 1972

Reimer, F.: Das Syndrom der optischen Halluzinose. Thieme, Stuttgart 1970

Riemann, F.: Grundformen der Angst. Reinhardt, München 1961

Ringel, E.: Der Selbstmord. Maudrich, Wien 1953

Rix, K.J.B., R.P. Snaith: The psychopathology of body image. Brit. J. Psychiat. 153 (1988) Suppl 2

Robinson, W.P.: Language and Social Behaviour. Penguin. Harmondsworth/Middlesex 1972

Ruffin, H.: Leiblichkeit und Hypochondrie. Nervenarzt 30 (1959) 195–203

Rümke, H.C.: Über die Klinik und Psychopathologie der Zwangserscheinungen. In: Eine blühende Psychiatrie in Gefahr, hrsg. von H.C. Rümke, Springer, Berlin 1967

Rümke, H.C.: Zur Phänomenologie und Klinik des Glücksgefühls. Springer, Berlin 1924

Rutter, M.: Normal psychosexual development. J. Child Psychol. 11 (1971) 259–263

S

Sachse, U.: Selbstbeschädigung als Selbstfürsorge. Forum Psychoanal. 3 (1987) 51–70

de Saint-Exupéry, A.: Der kleine Prinz. Arche, Zürich 1950

Schafer, R.: Mechanisms of defense. Int. J. Psycho-Anal. 49 (1968) 49–62

Scharfetter, C.: Symbiontische Psychosen. Huber, Bern 1970

Scharfetter, C.: Streifzüge in die Geschichte des Schizophreniebegriffs. Schweiz. Arch. Neurol. Neurochir. Psychiat. 112 (1973) 75–85

Scharfetter, C.: Depressive, schizophrene, schizoaffektive Erkrankungen. Schweiz. Rundsch. Med. (Praxis) 70 (1981) 200–205

Scharfetter, C.: Ego-psychopathology: The concept and its empirical evaluation. Psychol. Med. 11 (1981b) 273–280

Scharfetter, C.: Das Ich-Bewußtsein Schizophrener. Das Konstrukt, seine therapeutischen Konsequenzen, seine empirische Ausarbeitung. In: Psychopathologie. Neue Beiträge zu Klinik und Praxis, hrsg. J.M. von Burchard. Schattauer, Stuttgart 1981

Scharfetter, C.: Psychotic Anxiety. The Psychopathology of Ego-Consciousness in the Schizophrenic Syndrome. In Okasha, A.: Proceedings of the Symposium on Psychopathology of Anxiety and its Management, Cairo 1981. World Psychiatric Association, Cairo (1981) (pp. 271–286)

Scharfetter, C.: Abnormität, Krankheit, Therapie in der Psychiatrie. Die Differenzierung der Devianz und das Konstrukt Krankheit. Vom Schamanen zum Psychotherapeuten. Selbstverlag, Zürich 1982

Scharfetter, C.: Differentialdiagnose der Halluzinationen aus dem Gesichtspunkt des Psychopathologen. In Karbowski, K.: Halluzinationen bei Epilepsien und ihre Differentialdiagnose. Huber, Bern 1982 (S. 101–114)

Scharfetter, C.: Ich-Psychopathologie des Schizophrenen Syndroms. In: Psychopathologische Konzepte der Gegenwart, hrsg. von W. Janzarik. Enke, Stuttgart 1982

Scharfetter, C.: Von der Psychopathologie zur Lehre vom Psychiatrischen Handeln. In Dörner, K.: 33. Gütersloher Fortbildungswoche 1981. Psychiatrie-Verlag, Rehburg-Loccum 1982 (S. 1–15)

Scharfetter, C.: Die Angst in der Psychose. In Götze, P.: Leitsymptom Angst. Springer, Berlin 1984 (S. 51–58)

Scharfetter, C.: Automanipulation von Krankheit. Selbstinduzierte, aggravierte, simulierte Krankheit und die

Automutilation. Schweiz. med. Wschr. 114 (1984) 1142–1149
Scharfetter, C.: Symptom. Quantifizierung – Klassifikation – Interpretation. In Battegay, R., J. Glatzel, W. Pöldinger, U. Rauchfleisch: Handwörterbuch der Psychiatrie. Enke, Stuttgart 1984 (S. 529–532)
Scharfetter, C.: Die Angst des schizophrenen Menschen. In Faust, V.: Angst – Furcht – Panik. Hippokrates, Stuttgart 1986 (S. 106–110)
Scharfetter, C.: Paranoid-halluzinatorische Zustandsbilder bei drogeninduzierten Psychosen. In Olbrich, H.M.: Halluzination und Wahn. Springer, Berlin 1987 (S. 42–51)
Scharfetter, C.: Schizophrenie: Definition, Abgrenzung, Geschichte. In Kisker, K.P., H. Lauter, J.E. Meyer, C. Müller, E. Stromgren: Psychiatrie der Gegenwart, Bd. 4: Schizophrenien, 3. Aufl. Springer, Berlin 1987 (S. 1–38)
Scharfetter, C.: Der spirituelle Weg und seine Gefahren, 3. Aufl. Enke, Stuttgart 1994
Scharfetter, C.: Schizophrene Menschen, 4. Aufl. Psychologie Verlags Union, München 1995
Scharfetter, C.: The Self-Experience of Schizophrenics: Empirical Studies of the ego/self in Schizophrenia, Borderline Disporders and Depression. Private Publication, Zürich 1995
Scharfetter, C., G. Benedetti: Leiborientierte Therapie schizophrener Ich-Störungen. Schweiz. Arch. Neurol. Neurochir. Psychiat. 123 (1978) 239–255
Schätzing, E.: Die weibliche Impotenz. Das Frigiditätsproblem. In: Handbuch der Neurosenlehre und Psychotherapie, Bd. II, hrsg. von V.E. Frankl, V.E. v. Gebsattel, J.H. Schultz, Urban & Schwarzenberg, München 1959 (S. 599–609)
Scheff, T.J.: Das Etikett „Geisteskrankheit". Soziale Interaktion und psychische Störung. Fischer, Frankfurt/M. 1973
Scheid, W.: Über Personenverkennung. Zbl. ges. Neurol. Psychiat. 157 (1937) 1–16
Scheler, M.: Zur Phänomenologie und Theorie der Sympathiegefühle und von Liebe und Haß. Niemeyer, Halle 1913
Scheller, H.: Über das Wesen der Orientierung. Nervenarzt 34 (1963) 1–4
Schelsky, H.: Soziologie der Sexualität. Rowohlt, Hamburg 1955
Schilder, P.: Selbstbewußtsein und Persönlichkeitsbewußtsein. In: Monographie aus dem Gesamtgebiet der Neurologie und Psychiatrie, H. 9., hrsg. von M. Müller, H. Spatz, P. Vogel. Springer, Berlin 1914
Schilder, P.: Wahn und Erkenntnis. In: Monographien aus dem Gesamtgebiete der Neurologie und Psychiatrie, H. 15, hrsg. von M. Müller, H. Spatz, P. Vogel. Springer, Berlin 1918
Schilder, P.: Entwurf zu einer Psychiatrie auf psychoanalytischer Grundlage (1. Aufl. 1925). Suhrkamp, Frankfurt/M. 1973
Schmidbauer, W.: Die sogenannte Aggression. Hoffmann & Campe, Hamburg 1972
Schmidt, G.: Der Wahn im deutschsprachigen Schrifttum der letzten 25 Jahre (1914–1939). Zbl. ges. Neurol. Psychiat. 97 (1940) 113–143
Schmidt, G.: Liebeswahn. Fortschr. Neurol. Psychiat. 18 (1951) 623–634
Schmidt-Knäbel, S.: Schizophrene Sprache in Monolog und Dialog. Psycholinguistischer Beitrag zu einer Charakteristik psychotischer Sprechakte mit Vorschlägen für das Gespräch in Klinik und Psychotherapie. Buske, Hamburg 1983
Schmiedbauer, W.: Die hilflosen Helfer. Rowohlt, Hamburg-Reinbeck 1983
Schmiedbauer, W.: Helfer als Beruf. Rowohlt, Hamburg-Reinbeck 1983
Schmitz, H.: Der leibliche Raum. System der Philosophie, Bd. III/1. Bouvier. Bonn 1964–1969
Schneider, C.: Die Psychologie der Schizophrenen. Thieme, Leipzig 1930
Schneider, C.: Die schizophrenen Symptomverbände. Springer, Berlin 1942
Schneider, K.: Die Lehre vom Zwangsdenken in den letzten 12 Jahren. Z. ges. Neurol. Psychiat. 16 (1918) 113–146
Schneider, K.: Psychopathologie der Gefühle und Triebe. Thieme, Leipzig 1935
Schneider, K.: Zum Begriff des Wahns. Fortschr. Neurol. Psychiat. 17 (1949) 26–31

Schneider, K.: Über den Wahn. Thieme, Stuttgart 1952

Schooler, C., S.E. Feldmann: Experimental Studies of Schizophrenia. Psychonomic Press, Goleta/Kalifornien 1967

Schorsch, G.: Zur Theorie der Halluzinationen. Barth, Leipzig 1934

Schorsch, G.: Sexualstraftäter. Enke, Stuttgart 1971

Schraml, W.J., U. Baumann: Klinische Psychologie, Bd. I, 3. Aufl. Huber, Bern 1975

Schraml, W.J., U. Baumann: Klinische Psychologie, Bd. II. Huber, Bern 1974

Schulte, W.: Die gesunde Umwelt und ihre Reaktion auf Psychosen und Psychopathien. In: Psychiatrie und Gesellschaft, hrsg. von H. Ehrhardt, D. Ploog, H. Stutte. Huber, Bern 1958

Schulte, W.: Die Auswirkungen der Schizophrenie auf ihre Umwelt. Nervenarzt 39 (1968) 98–104

Schulte, W., R. Tölle: Wahn. Thieme, Stuttgart 1972

Schwarz, St.: Is there a schizophrenic language? Behav. and Brain Sci. 5 (1982) 579–626

Scott, C.D., J. Hawk: The Health of Health Care Professionals. Butterworth & Brunner Mazel, 1986

Sedman, G.: A phenomenological study of pseudohallucinations and related experiences. Acta psychiat. (Kbh.) 42 (1966) 35–70

Sedman, G.: Theories of depersonalisation. A reappraisal. Brit. J. Psychiat. 117 (1970) 1–14

Sedman, G.: An investigation of certain factors concerned in the etiology of depersonalisation. Acta psychiat. scand. 48 (1972) 191–219

Segal, L.: Das 18. Kamel oder die Erfindung der Welt. Zum Konstruktivismus Heinz von Foersters. Piper, München 1986

Séglas, M.J.: De l'obsession hallucinatoire et de l'hallucination obsédante. Ann. méd.-psychol. 50 (1982) 119–129

Semrad, E.V., L. Greenspoon, St. E. Fienberg: Development of an ego profile scale. Arch. gen. Psychiat. 28 (1973) 70–77

Shepher, J.: Incest. A Biosocial View, Academic Press, London 1983

Shepherd, M.: Morbid jealousy: some clinical and social aspects of a psychiatric symptom. Brit. J. Psychiat. 107 (1961) 687–753

Shepherd, M., O.L. Zangwill: Handbook of Psychiatry 1. General Psychopathology. Cambridge University Press, London 1983

Siegel, R.K., L.J. West: Hallucinations, Behavior, Experience and Theory. Wiley, New York 1975

Sigusch, V.: Ergebnisse zur Sexualmedizin. Karger, Basel 1972

Sigusch, V. et al.: Transsexualität. In Sigusch, V.: Sexualität und Medizin. Kiepenheuer und Witsch, Köln 1978

Slater, E., V. Cowie: The Genetics of Mental Disorders. Oxford University Press, London 1971

Sneshnewski, A.W.: Schizophrenie: Multidisziplinäre Untersuchungen. Thieme, Leipzig 1977

Sommer, R., H. Osmond: Autobiographies of former mental patients. J. ment. Sci. 106 (1960) 1030–1032; J. ment. Sci. 107 (1961) 648–662

Spitz, R.: Autoerotism reexamined: The role of early sexual behaviour patterns in personality formation. In: The Psychoanalytic Study of the Child. vol. XVII. International University Press, New York 1962 (pp. 283–315)

Spitz, R.: Eine genetische Feldtheorie der Ichbildung. Fischer, Frankfurt/M. 1972 (Engl.: A Genetic Field Theory of Ego Formation. International University Press, New York 1959)

Spitz, R.: The First Year of Life. International University Press, New York 1965

Spitz, R.: Die Entstehung der ersten Objektbeziehungen. Klett, Stuttgart 1960

Spitz, R.: Vom Säugling zum Kleinkind, Klett, Stuttgart 1967

Spitzer, M.: Halluzinationen. Springer, Berlin 1988

Spitzer, M.: Was ist Wahn? Springer, Berlin 1989

Spoerri, Th.: Nekrophilie. Karger, Basel 1959

Spoerri, TH.: Sprachphänomene und Psychose. Karger, Basel 1964

Stevenson, I.: The Diagnostic Interview, 2. Aufl. Harper & Row, New York 1971

Stierlin, H.: Die Gestaltung und Übermittlung des Wahns in der Familie. Stud. gen. 20 (1967) 693–700
Stockert, F.G.: Über Umbau und Abbau der Sprache bei Geistesstörung, Mschr. Psychiat. Neurol., Beih. 49 (1929)
Stoller, R.J.: Overview: The impact of new advances in sex research on psychoanalytic theory. Amer. J. Psychiat. 130 (1973) 241–251
Storch, A.: Das archaisch-primitive Erleben und Denken der Schizophrenen. Springer, Berlin 1922
Storch, A.: Bewußtseinsebenen und Wirklichkeitsbereiche in der Schizophrenie. Zbl. ges. Neurol. Psychiat. 82 (1923) 321–341
Storch, A.: Beiträge zum Verständnis des schizophrenen Wahnkranken. Nervenarzt 30 (1959) 49–58
Storch, A.: Wege zur Welt und Existenz des Geisteskranken. In: Schriftenreihe zur Theorie und Praxis der Psychotherapie, Bd. VIII, hrsg. von E. Wiesenhütter. Hippokrates-Verlag, Stuttgart 1965
Storr, A.: Human Aggression. Penguin, Harmondsworth/Middlesex 1969/70
Störring, G.E.: Besinnung und Bewußtsein. Thieme, Stuttgart 1953
Stransky, E.: Über Sprachverwirrtheit. Marhold, Halle 1905
Straus, E.: Die Ästhesiologie und ihre Bedeutung für das Verständnis der Halluzinationen. Arch. Psychiat. Nervenkr. 182 (1949) 301–332
Straus, E.: Die Formen des Räumlichen. Ihre Bedeutung für die Motorik und die Wahrnehmung. Nervenarzt 3 (1930) 633–656
Straus, E.: Ein Beitrag zur Pathologie der Zwangserscheinungen. In: Psychologie der menschlichen Welt, hrsg. von E. Straus. Springer, Berlin 1960
Straus, E.: Gesammelte Schriften: Die aufrechte Haltung. Eine anthropologische Studie. In: Psychologie der menschlichen Welt, hrsg. von E. Straus. Springer, Berlin 1960
Straus, E.: Geschehnis und Erlebnis, zugleich eine historiologische Deutung des psychischen Traumas und der Renten-Neurose. Springer, Berlin 1930
Straus, E.: Vom Sinn der Sinne. Springer, Berlin 1935
Straus, E.: Das Zeiterlebnis in der endogenen Depression und in der psychopathischen Verstimmung. Mschr. Psychiat. Neurol. 68 (1928) 640–656
Sullivan, H.St.: The Interpersonal Theory of Psychiatry. Norton, New York 1953
Sullivan, H.St.: The Psychiatric Interview. Tavistock, London 1954
Sullivan, H.St.: Schizophrenia as a Human Process. Norton, New York 1962
Symposium on Sexual Dysfunction. Brit. J. Psychiat. 190 (1982) 69–101
Szasz, Th.S.: The Myth of Mental Illnes. Harper & Row, New York 1961 (Deutsch: Geisteskrankheit – ein moderner Mythos? Walter, Olten – Freiburg i. Br. 1972)

T

Tardiff, K.: Violence and the Violent Ptient. In Hales, R.E., A.J. Frances: Psychiatry Update. Amer. Psychiat. Assoc., Annual Review 6 (1987) 447–566
Tardiff, K.: The Violent Patient. Psychiat. Clin. N. Amer. 11, No. 4. Saunders, Philadelphia 1988
Tellenbach, H.: Melancholie. Springer, Berlin 1961
Tellenbach, H.: Die Begründung psychiatrischer Erfahrung und psychiatrischer Methoden in philosophischen Konzeptionen vom Wesen des Menschen. In: Neue Anthropologie, Bd. VI, hrsg. von H.-G. Gadamer, P. Vogler. Thieme, Stuttgart 1974 (S. 138–181)
Teulie, G.: La schizophasie. Ann. med.-psychol. 89 (1931) 113–123; 225–233
Thile, R.: Zum Begriff und zur Pathologie der Drangerscheinungen. Psychiat. Neurol. med. Psychol. (Lpz.) 5 (1953) 51–59
Thomae, H.: Anorexia nervosa. Klett, Stuttgart 1961
Thomae, H.: Motivation. In: Handbuch der Psychologie, Bd. II, hrsg. von K. Gottschaldt, Ph. Lersch, E. Sander, H. Thomae. Hogrefe, Göttingen 1965 a
Thomae, H.: Die Motivation menschlichen Handelns. Kiepenheuer & Witsch, Köln 1965 b
Torndike, R.L.: Intellectual status and intellectual growth. J. educ. Psychol. 57 (1966) 121–127

Tinbergen, N.: The Study of Instinct. Clarendon Press, Oxford 1952 (Deutsch. Instinktlehre, vergleichende Erforschung angeborenen Verhaltens, 3. Aufl. Parey, Berlin 1956)

Többen, H.: Beiträge zur Psychologie und Psychopathologie der Brandstifter. Springer, Berlin 1971

Tseng, W.-S., J.F. McDermott: Culture, Mind and Therapy. Brunner/Mazel, New York 1981

V

Vaillant, G.E.: Theoretical hierarchy of adaptive ego mechanisms. Arch. gen. Psychiat. 24 (1971) 107–118

Vaillant, G.E.: Empirical Studies of Ego Mechanisms of Defense. American Psychiatric Press, Washington 1986

Vetter, H.J.: Language Behavior in Schizophrenia. Thomas, Springfield/Ill. 1968

Volkart, R.: Einzelhaft: Eine Literaturübersicht. Schweiz. Z. Psychol. 42 (1983) 1–24

W

Walsh, B.W., P.M. Rosen: Selfmutilation. Theory, Research and Treatment. Guilford, New York 1988

Wasserzieher, E.: Woher? Dümmler, Bonn 1963

Watzlawick, P., J.H. Weakland, R. Fisch: Lösungen. Zur Theorie und Praxis menschlichen Wandels. Huber, Bern 1974

Watzlawick, P.: Kommunikation und Interaktion in psychiatrischer Sicht. In: Psychiatrie der Gegenwart, Bd. I/1, 2. Aufl. hrsg. von K.P. Kisker, J.E. Meyer, C. Müller. Springer, Berlin 1979 (S. 599–626)

Weber, A.C., C. Scharfetter: The syndrome concept: history and statistical operationalizations. Psychol. Med. 14 (1984) 315–325

Weber, A.: Über nihilistischen Wahn und Depersonalisation. Karger, Basel 1938

Wechsler, D.: Die Messung der Intelligenz Erwachsener, 2. Aufl. Huber, Bern 1961

Weitbrecht, H.-J.: Über die Hypochondrie. Dtsch. med. Wschr. 76 (1951) 312–315

Weitbrecht, H.J.: Psychiatrie im Grundriß, 1. Aufl. Springer, Berlin 1963; 3. Aufl. 1973

WHO: International Classification of Diseases, 10. Aufl. Huber, Bern 1993

WHO: Report of the International Pilot Study of Schizophrenia. World Health Organization, Genf 1973

Whorf, B.L.: Sprache, Denken, Wirklichkeit. Rowohlt, Hamburg 1963

Wieck, H.H.: Lehrbuch der Psychiatrie. Schattauer, Stuttgart 1967

Wieser, St., T. Itil: Die Aufbaustufen der primitiven Motorik. Arch. Psychiat. Nervenkr. 191 (1954) 450–462

Willi, J.: Die Schizophrenie in ihrer Auswirkung auf die Eltern. Arch. Neurol. Neurochir. Psychiat. 89 (1962) 426–463

Wing, J.K.: Standardization of Clinical Assessment. In: Psychiatric Epidemiology, ed. by E.H. Hare, J.K. Wing. Oxford University Press, London 1970 (pp. 91–108)

Winkler, W.Th.: Zum Begriff der Ich-Anachorese beim schizophrenen Erleben. Arch. Psychiat. Nervenkr. 192 (1954) 234–240

Winkler, W.Th.: Übertragung und Psychose. Huber, Bern 1971

Winkler, W.Th., St. Wiesner: Die Ich-Mythisierung als Abwehrmaßnahme des Ich, dargestellt am Beispiel des Wahneinfalles von der jungfräulichen Empfängnis und Geburt bei paraphrenen Episoden. Nervenarzt 30 (1959) 75–81

Winokur, G.: Depression: The Facts. Oxford University Press, Oxford 1981

Wiseman, S.: Intelligence and Ability. Penguin, Harmondsworth-Middlesex 1967

Wolff, Charlotte: Psychologie der lesbischen Liebe. Rowohlt, Hamburg 1973

Wolpe, J.: Experimental neuroses as learned behaviour. Brit. J. Psychol. 43 (1952) 243–268

Wulff, E.: Der Hypochonder und sein Leib. Nervenarzt 29 (1958) 60–71

Wulff, E.: Psychiatrischer Bericht aus Vietnam – Grundfragen der transkulturellen Psychiatrie. Sprachbarrieren als Hindernisse psychiatrischer Forschung. In: Psychiatrie und Klassengesellschaft. (Athenäum) Fischer, Frankfurt/M. 1972

Wylie, R.C.: The Self Concept, University of Nebraska Press, Lincoln/Nebr. 1961

Wyrsch, J.: Über den Zustand des Bewußtseins bei Schizophrenen. Wien. Z. Nervenheilk. 14 (1958) 121–135

Wyss, D.: Die tiefenpsychologischen Schulen von den Anfängen bis zur Gegenwart, 3. Aufl. Vandenhoeck & Ruprecht, Göttingen 1970

Wyss, D.: Lehrbuch der medizinischen Psychologie und Psychotherapie. Vandenhoeck & Ruprecht, Göttingen 1971

Wyss, D.: Beziehung und Gestalt. Vandenhoeck & Ruprecht, Göttingen 1973

Y

Yarrow, M.R., Ch.G. Schwartz, H.S. Murphy, L.C. Deasy: The psychological meaning of mental illness in the family. J. Soc. issues 11 (1955) 12–24

Z

Zeh, W.: Die Amnesien. Thieme, Stuttgart 1961

Zerbin-Rüdin, E.: Ein Beitrag zur Frage der Zwangskrankheit, insbesondere ihrer hereditären Beziehungen. Arch. Psychiat. Nervenkr. 191 (1953) 14–54

v. Zerssen, D.: Diagnose. In: Lexikon der Psychiatrie, hrsg. von C. Müller. Springer, Berlin 1973

Zimmerli, W.: Wissenschaftskrise und Wissenschaftskritik. Schwabe, Basel 1974

Zubin, J.: Classification of the behaviour disorders. Ann. Rev. Psychol. 18 (1967) 373–401

Zutt, J.: Das psychiatrische Bild der Pubertätsmagersucht. Arch. Psychiat. Nervenkr. 180 (1948) 776

Zutt, J.: Versuch einer anthropologischen Grundlegung der psychiatrischen Erfahrung. In: Psychiatrie der Gegenwart, 1. Aufl., hrsg. von H.W. Gruhle, R. Jung, W. Mayer-Gross, M. Müller, Bd. I/2: Grundlagen und Methoden der klinischen Psychiatrie. Springer, Berlin 1963 (S. 763–852)

Zutt, J., C. Kulenkampff: Das paranoide Syndrom in anthropologischer Sicht. Springer, Berlin 1958

Lexika

Battegay, R., J. Glatzel, W. Pöldinger, U. Rauchfleisch: Handwörterbuch der Psychiatrie, 2. Aufl. Enke, Stuttgart 1992

Birnbaum, K.: Handwörterbuch der Medizinischen Psychologie. Thieme, Leipzig 1930

Hinsie, L.E., R.J. Campell: Psychiatric Dictionary, 4. ed. Oxford University Press, London 1970

Moor, Lise: Lexique français-anglais-allemand des termes usuels en psychiatrie, neuro-psychiatrie infantile et psychologie pathologique, 2. ed. L'expansion Scientifique Française, Paris 1969

Müller, C.: Lexikon der Psychiatrie, 2. Aufl. Springer, Berlin 1986

Neugebauer, J., C. Weil: Common psychiatric terms in 4 languages (World Psychiatric Association). Sandoz, Basel 1971

Peters, U.H.: Wörterbuch der Psychiatrie und medizinischen Psychologie. Urban & Schwarzenberg, München 1974

Sachverzeichnis

K

L

M

N

S

T